북대서양조약기구(NATO)

—이론 · 역사 · 쟁점

서강학술총서
034

북대서양조약기구 (NATO)

이론 · 역사 · 쟁점

이수형 지음

서강대학교출판부

서강학술총서 034
북대서양조약기구(NATO)
—이론 · 역사 · 쟁점

초판발행 | 2012년 1월 2일
지 은 이 | 이수형
발 행 인 | 이종욱
편 집 인 | 우찬제
발 행 처 | 서강대학교 출판부
등록번호 | 1978년 9월 28일 제313-2002-170호

주 소 | 서울특별시 마포구 신수동 1번지
전 화 | (02) 705-8212
팩 스 | (02) 705-8612

ISBN 978-89-7273-194-8 94390
ISBN 978-89-7273-139-9(세트)

값 28,000원

* '서강학술총서'는 SK SUPEX 기금의 후원으로 제작됩니다.

필자는 「미국－서유럽 국가들 간의 중거리핵무기(INF) 논쟁과 NATO의 이중결정」으로 박사학위(한국외국어대학교, 1998년)를 받은 이후 지난 10여 년 이상 북대서양조약기구(NATO)를 중심으로 펼쳐지는 유럽 안보와 국제안보 연구에 천착해왔다. 유럽이나 미국 등 해외 경험과 인적 네트워크가 별로 없는 국내 박사로서 필자가 NATO 연구에 천착하게 된 것은 무엇보다도 한미동맹의 변화와 발전에 대한 필자의 학문적 관심 때문이었다. 즉, 필자는 다음과 같은 문제의식을 갖고 한미동맹의 변화와 발전을 위한 지적 배경으로 NATO 연구에 관심을 갖게 되었던 것이다.

우선, 지난 냉전시대뿐만 아니라 오늘날에 와서도 NATO에 대한 연구는 지리적으로 우리와 멀리 떨어져 있는 유럽 안보에 대한 이해에만 그치는 것이 아니라 아직도 냉전의 적폐에서 벗어나지 못하고 있는 한반도와 동북아시아 안보에도 지대한 영향과 함의를 가지고 있다는 문제의식이다. 물론, NATO와 한미동맹은 유럽과 한반도라는 지리적 상이함과 다자주의 동맹과 쌍무 동맹이라는 기본적 차이가 존재한다. 그럼에도 불구하고 NATO와 한미동맹은 냉전이 공고화되어가는 과정에서 미국을 중심으로 결성된 자유민주주의의 집단방위 안보협력체라는 공통점을 가지고 있다.

둘째, 기본적으로 NATO와 한미동맹은 강대국과 약소국이 체결한 비대칭 동맹인 '자율성 ↔ 안보 교환 동맹'으로 출발하였다. 비대칭 안보 동맹에서 약소국은 강대국으로부터 유무형의 안보 자산을 확보하여 자국의 생존력을 강화하는 데 목적이 있다면, 강대국은 약소국의 정책 결정 과정에 영향력을 행사하고자 하는 경향이 강하다. 그렇기 때문에 비대칭 동맹에서는 안보 상황에 따라 동맹 회원 국가들 간에 갈등이 일어날 개연성이 항상 잠재되어 있다. 특히, 지난 냉전시대 NATO를 중심으로 펼쳐졌던 미국과 서유럽 국가들 간의 안보적 상호작용에서 파생되는 동맹 딜레마는 오늘날의 한미동맹에도 많은 교훈과 시사점을 제공해주고 있다.

마지막으로, 세계화와 정보화로 회자되는 21세기 국제정치에서 변화하는 시대적 안보환경에 적응하기 위한 NATO의 변화 과정에서 파생되는 다양한 안보 쟁점들(동맹의 정체성, 동맹의 군사적 역할과 임무, 활동 영역, NATO의 정치적 · 군사적 구조조정, 유럽 국가들의 안보 자율성 강화 노력이 NATO에 미치는 영향, NATO와 다른 국제 안보 제도 및 주요 국가들과의 협력 확대 문제 등)은 이제 막 전략동맹으로 발전해나가고자 하는 한미동맹의 변화 과정에서 나타날 다양한 쟁점들과 그에 대한 해결책 및 한국의 동맹 정책과 전략에 대해 유의미한 시사점을 제공해줄 수 있을 뿐만 아니라 한미동맹 연구에 보다 풍부한 지식과 포괄적인 시각을 제공해준다는 필자의 판단이다.

이 책은 이런 문제의식을 반영하여 지난 10여 년 이상 필자가 생산한 NATO 관련 연구물들을 수정 · 보완하고 동시에 새롭게 추가한 글들로 엮어진 것이다. 아무쪼록 이 책이 국제정치(안보)에 관심이 있는 국내 독자들이 NATO를 이해하고 NATO와의 안보협력에 관심이 있는 일선의 실무자들에게 필요한 최소한의 기본 지식을 제공하는 데 지적 도움이 되었으면 한다.

모든 일이 그렇듯이 이 책을 집필하는 데 적지 않은 분들로부터 많은 도움을 받았다. 특히, 서강대학교 류석진 · 이근욱 교수의 도움에 다시 한 번 감사드리고자 한다. 아마도 이분들의 도움이 없었더라면, 이 책이 서강대학교 기획학술총서로서 발간되기 힘들었을 것이다. 또한 직간접적으로 수안보(수요일 안보 독회) 회원 여러분들의 따스한 조언과 애정 어린 질정에 감사드린다. 그리고 책 출간을 위해 정성을 다한 서강대학교 출판부 관계자 분들과 최지예 씨의 수고에 고마움을 전한다. 끝으로 사랑하는 아내 현정이의 헌신과 건강하고 바르게 크고 있는 재훈과 혜린에게 고마움을 표한다.

학문 열정의 새로운 충전을 위해

도곡동 연구실에서 이수형

차례

제2부 NATO의 변화와 발전

약어(Abbreviations)

ACCHAN: Allied Command Channel(해협연합군사령부)

ACE: Allied Command Europe(유럽연합군사령부)

ACLANT: Allied Command Atlantic(대서양연합군사령부)

ACO: Allied Command Operations(연합군작전사령부)

ACT: Allied Command Transformation(연합군변혁사령부)

ACTORD: Activation Order(행동화 명령)

ACTWARN: Activation Warning(행동화 경고)

AEW: Airborne Early Warning(조기경보기)

AFCENT: Allied Forces Central Europe(중유럽연합군)

AFNORTH: Allied Forces Northern Europe(북유럽연합군)

AFSOUTH: Allied Forces Southern Europe(남유럽연합군)

ANZUS: Australia, New Zealand, United States Security Treaty(호주 · 뉴질랜드 · 미국 안보조약)

APEC: Asia-Pacific Economic Cooperation(아시아 · 태평양경제협력)

AU: African Union(아프리카연합)

C3: Command, Control, and Communication(지휘 · 통제 · 통신)

CDM: Committee of Ministers of Defense(국방장관위원회)

CFM: Committee of Ministers of Foreign Affairs(외무장관위원회)

CIA: Central Information Agency(중앙정보국)

CINCHAN: Commander in Chief Europe(해협연합군사령관)

CENTO: Central Treaty Organization(중앙조약기구)

CIS: Communication and Information Systems(통신정보체제)

CMEA: Council for Mutual Economic Assistance(상호경제원조이사회)

COIN: Counterinsurgency(게릴라 진압작전)

CPG: Comprehensive Political Guidance(포괄적 정치지침)

CSCE: Conference on Security and Co-operation in Europe(유럽안보협력회의)

CSDP: Common Security and Defense Policy(공동안보방위정책)

DCI: Defense Capabilities Initiative(방위능력구상)

DC: Defense Committee(방위위원회)

DFEC: Defense Financial and Economic Committee(방위재정경제위원회)

DPC: Defense Planning Committee(방위기획위원회)

ECAP: European Capability Action Plan(유럽능력행동계획)

EAPC: Euro－Atlantic Partnership Council(유럽－대서양 동반자관계이사회)

EC: European Community(유럽공동체)

EDA: European Defense Agency(유럽방위청)

EDC: European Defense Community(유럽방위공동체)

EMU: European Monitory Union(유럽통화통합)

EPU: European Political Union(유럽정치통합)

ESDI: European Security and Defense Identity(유럽안보방위정체성)

ESDP: European Security and Defense Policy(유럽안보방위정책)

ESS: European Security Strategy(유럽안보전략)

EU: European Union(유럽연합)

FBS: Forward Based System(전진기지시스템)

FOTA: Future ROK－US Alliance Policy Initiatives(미래 한미동맹정책구상)

GATT: General Agreement for Tariff and Trade(관세와 무역에 관한 일반협정)

GCC: Cooperation Council for the Gulf(걸프협력이사회)

HHG: Helsinki Headline Goal(헬싱키 지침 목표)

HLG: High Level Group(고위그룹)

ICBM: Inter－Continental Ballistic Missile(대륙간탄도미사일)

ICI: Istanbul Cooperation Initiative(이스탄불협력구상)

IFOR: NATO－led Implementation Force(나토 주도 실행전력)

IMS: International Military Staff(국제군사참모진)

INF: Intermediate range Nuclear Forces(중거리핵무기)

ISAF: International Security Assistance Force(국제안전지원군)

JS: Joint Staff(합동참모진)

LRTNF: Long－Range Theatre Nuclear Forces(장거리전장핵무기)

MAP: Membership for Action Plan(회원자격행동계획)

MC: Military Committee(군사위원회)

MD: Mediterranean Dialogue(지중해 대화)

MPSB: Military Production and Supply Board(군수생산공급국)

NAC: North Atlantic Council(북대서양이사회)

NACC: North Atlantic Cooperation Council(북대서양협력이사회)

NACOSA: NATO Communication and Information Systems Operating and Support Agency(통신정보체제운영지원부서)

NC3A: NATO Consultation, Command and Control Agency(협의지휘통제부서)

NC3B: NATO C3 Board(협의지휘통제기구이사회)

NC3O: NATO Consultation, Command, and Control Organization (협의지휘통제기구)

NC3REPS: Group of National C3 Representatives(협의지휘통제대표그룹)

NCSA: NATO Communication and Information Systems Services Agency(통신정보체제서비스부서)

NDAC: Nuclear Defense Affairs Committee(핵방위업무위원회)

NICS – COA: NATO Integrated Communications Systems Central Operating Authority(통합통신체제중앙운영권위)

NATO: North Atlantic Treaty Organization(북대서양조약기구)

NPG: Nuclear Planning Group(핵기획그룹)

NRF: NATO Response Forces(나토 대응전력)

NSC: National Security Council(국가안전보장회의)

NSDD: National Security Decision Directive(국가안보결정지침)

OAS: Organization of American States(미주기구)

OSCE: Organization for Security and Cooperation in Europe(유럽안보협력기구)

PATO: Pro-American Treaty Organization(친미우호조약기구)

PBOS: Planning Board for Ocean Shipping(대양상선기획국)

PCC(NATO): Prague Capabilities Commitment(프라하능력공약)

PCC(WTO): Political Consultative Committee(정치협의위원회)

PfP: Partnership for Peace(평화를 위한 동반자관계)

PHPS: Post-Hostilities Planning Staff(전후기획조직)

PSI: Proliferation Security Initiative(확산방지구상)

RC: Regional Command(지역사령부)

RMA: Revolution in Military Affairs(군사혁신)

SACEUR: Supreme Allied Commander Europe(유럽연합군최고사령관)

SACT: Supreme Allied Commander Transformation(연합군변혁최고사령관)

SALT: Strategic Arms Limited Talks(전략무기제한협상)

SC: Strategic Command(전략사령부)

SCM: Security Consultative Meetings(한미안보협의회의)

SCO: Shanghai Cooperation Organization(상하이협력기구)

SEATO: Southeast Asia Treaty Organization(동남아시아조약기구)

SFOR: Stabilization Force(안정화전력)

SHAPE: Supreme Headquarters Allied Powers Europe(유럽연합군최고사령부)

SCG: Special Consultative Group(특별협의그룹)

SG: Special Group(특별그룹)

SEA: Single European Act(단일의정서)

SLOC: Sea Line Of Communication(해상교통로)

SNF: Short-range Nuclear Forces(단거리핵무기)

SOFA: Status Of Forces Agreement(주둔군지위협정)

SPI: Security Policy Initiative(한미안보정책구상)

START: Strategic Arms Reduction Treaty(전략무기감축협정)

TCPs: Tailored Cooperation Packages(맞춤형 협력 패키지)

TNF: Theatre-range Nuclear Forces(전장핵무기)

WEU: Western European Union(서유럽연합)

WTO: Warsaw Treaty Organization(바르샤바조약기구)

서론

왜 북대서양조약기구, NATO인가?

1. NATO 연구의 필요성

국제체제를 국제질서를 유지 · 발전시켜주는 일종의 '질서 유지 메커니즘'이라고 한다면, 흔히들 동맹을 국제체제의 엔진이자 기관차라고 한다. 이는 동서고금의 역사에 있어서 동맹이 차지하는 위상과 비중을 웅변적으로 대변하는 것으로 국제질서가 유지되고 국제체제가 작동하기 위해서는 그만큼 동맹이 필요하다는 것이다. 따라서 인류 역사의 흐름에 있어서 동맹은 기원전부터 존재해왔고, 특히 근대 국제체제가 본격적으로 가동되기 시작한 19세기 이래로 동맹은 국제정치의 연구 대상 중 가장 중요한 핵심 영역 중의 하나로 자리매김을 하였다.

두 국가 이상의 주권국가 간 공식적 · 비공식적 안보협력체로 정의되는 동맹에 대한 연구는 과거와 마찬가지로 오늘날에도 매우 중요하다. 수많은 국가들이 무정부적 국제체제에서 자신의 생존과 안보 능력을 확보하기 위한 중요 수단으로 동맹을 고려하는 것에서 알 수 있듯이, 동맹은 국가들의 안보적 상호작용과 국제체제의 역동성에 중요한 변수로 작용하는 것이다. 그렇기 때문에 국제정치의 대다수 국가들은 자신의 생존과 국가이익 증진을 위해 나름의 동맹정책을 갖고 있고, 또한 동맹 결성을 피하기 위해서라도 동맹정책에 관심을 가져야 할 것이다.

이 책은 '국제안보환경과 동맹의 상호작용'이라는 관점에서 NATO의 변화와 발전을 살펴보는 것이다. 필자가 오늘날 지구상에 존재하는 수많은 동맹 중에서 굳이 NATO를 연구 대상으로 선정한 것은 이 분야가 필자의 전공 영역이라는 단순한 자기합리화 논리 때문만은 아니다. 오히려 그보다는 오늘날 NATO가 보여주고 있는 국제안보적 위상과 역할, 그리고 미래 발전 방향 등을 고려했을 경우에 현존하는 그 어떤 동맹보다도 학문적 · 정책적 파급 영향이 클 뿐만 아니라 우리와의 안보적 연관성도 높아가고 있기 때문이다.

주지하다시피, NATO는 제2차 세계대전 이후 미국과 소련 간의 냉전이 공고화되어가는 와중에 탄생한 대서양 지역의 군사동맹이다. 흔히 대서양동맹이라 일컬어지는 NATO는 1949년 탄생 이후 오늘에 이르기까지 현존하는 그 어떤 동맹보다도 변화하는 국제안보환경에 잘 적응 · 발전해왔다. 물론, 이것이 의미하는 바는 NATO의 발전 과정에 있어서 커다란 위기나 동맹 회원국들 간 대립과 갈등이 존재하지 않았다는 것을 뜻하지는 않는다. 그보다는 오히려 NATO는 발전 과정에 있어서 그 어떤 동맹보다도 동맹 회원국들 간에 수많은 크고 작은 대립과 갈등이 있어왔기 때문에 대서양동맹의 발전사는 위기의 역사라고도 할 수 있을 것이다. 그럼에도 불구하고 현 시점에서 필자가 NATO에 대한 연구 및 이에 대한 이해를 강조하는 것은 다음과 같은 이유에서이다.

첫째, 학문적 영역에서 NATO는 현대 국제정치 연구에 있어서 국제안보에 대한 이론적 연구의 지평을 확장시키는 데 큰 기여를 해왔다. 일반적으로 동맹 연구는 현실주의 시각에 바탕을 두고 이루어져왔다. 현실주의는 동맹의 형성과 해체, 그리고 동맹이 국제정치에 미치는 영향 등을 설명하는 데 있어서 상당한 적실성을 보여주었다. 그러나 이와 못지않게 자유주의 시각에서도 동맹에 대한 연구가 진행되었으며, 특히 동맹의 지속성과 제도의 성격, 그리고 동맹의 정체성을 설명하는 데 나름의 적실성을 보여주었다. 이처럼, 동맹 연구에 대한 현실주의와 자유주의 시각은 나름의 이론적 설명 능력을 확보하기 위한 경험적 준거로서 공히 NATO를 대표적인 사례로 동원하였다. 정말로, 동맹 탄생 이후 NATO의 변화와 발전은 직간접적으로 현실주의와 자유주의 계열의 동맹이론에 많은 영향을 미쳐왔다. 동맹 연구가들은 자신들의 학파 입장에 상관없이 이론적 논쟁의 경험적 준거로서 NATO의 발전 과정에서 나타난 수많은 크고 작은 사례들을 동원하였다. 최근에 들어와서는 현실주의와 자유주의 이외에 구성주의 시각에서 NATO 사례를 중심으로 동맹 정체성을 분석하고자 하는 연구도 활발히 진행되고 있다.

둘째, 정책적 영역에서 NATO에 대한 연구는 국제안보환경의 변화와 이에 대한 세계 주요 국가들의 동맹정책을 이해하는 데 중요 지침이 되었다. NATO는 미국 · 캐나다의 북미 국가와 영국과 프랑스를 중심으로 한 서유럽 10개국으로 결성된 비대칭적 다자주의 동맹으로 출발하였다. 탄생 이후 NATO는 국제안보환경의 변화와 더불어 많은 변화와 발전을 이루었고, 그 과정에 있어서 NATO의 독특한 속성이 보다 선명하게 나타났다. 특히, 정치적 협의라는 NATO 메커니즘을 통해 나타난 미국과 유럽 국가들 간의 안보적 상호작용은 비단 NATO의 정책 변화뿐만 아니라 회원 국가들의 안보정책 및 이들 간의 정책적 입장 차이와 조율 등을 확인할 수 있는 좋은 경험적 사례를 제공하였다. 또한 비대칭 동맹이자 다자주의 동맹인 NATO에서 안보 자율성 문제를 중심으로 전개되는 미국과 유럽 국가들 간의 안보적 상호작용은 지난 냉전 시기뿐만 아니라 오늘날의 국제관계에 있어서도 다른 국가들의 동맹정책에 유의미한 시사점을 제공해주고 있다.

셋째, 현실의 경험적 영역에서 NATO의 변화와 발전은 직접적으로 국제안보 지형에 많은 영향을 미치고 있다. 탄생 당시 NATO는 회원국의 영토 방위에 초점을 둔 집단방위의 군사동맹으로 출발하였다. 그러나 오늘날의 NATO는 탄생 당시와는 여러 면에서 근본적인 차이를 보이고 있다. 우선, 동맹의 성격이 사실상 집단 안보로 변화해가고 있다는 점이다. 이와 맞물려 오늘날 NATO의 활동 영역은 회원국의 영토에만 머물러 있는 것이 아니라 유럽 지역을 넘어서 지구적 차원으로 확장되어나가고 있다. 또한 회원국이 28개국으로 늘어남에 따라 군사동맹체로 출발한 NATO는 주요 국제안보를 논의하는 새로운 국제적 정치포럼의 장으로 변화해가는 양상마저 보이고 있다. 특히, 2001년 9·11 테러 이후 NATO는 출범 초기의 비대칭적 대서양 군사동맹에서 군사력을 겸비한 지구적 정치포럼으로 발전해가는 변화상을 부각시키고 있다. 이러한 NATO의 변화는 NATO 자체의 성격 및 회원 국가들 간의 안보관계에 중대한 국제정치안보적 함의를 갖고 있을 뿐만 아니라 비전통적 안보가 중요시되는 오늘날의 국제안보환경에도 지대한 영향을 미치고 있는 것이다. 그러므로 NATO에 대한 연구는 유럽 안보질서의 변화와 흐름을 연구하는 중심축이자 미국과 유럽의 국제관계를 이해하는 출발점이며, 나아가 국제안보의 변화에 따른 주요 국가들의 동맹정책을 엿볼 수 있는 중요한 지침이 될 것이라 생각한다.

2. 책 구성과 핵심 내용

이 책 『북대서양조약기구(NATO): 이론 · 역사 · 쟁점』은 서론과 결론을 제외하고 총 3부 11장으로 구성되어 있다. 제1부에서는 동맹에 대한 이론적 해석과 국제체제와 동맹 유형의 상관관계를 살펴본다. 제2부는 NATO의 탄생과 발전, 그리고 변화 과정을 정치 · 군사적 측면을 중심으로 역사적으로 이해하는 것이다. 제3부는 동맹 정치의 맥락에서 NATO의 변화와 발전 과정에서 대두된 주요 쟁점을 중심으로 미국과 유럽 국가들 간의 정책적 입장 차이를 분석하는 것이다.

이런 맥락에서 이 책은 각 부의 성격에 따라 구성 방향과 강조점에 있어서 차이가 난다. 제1부(이론)의 집필 방향과 초점이 동맹에 관한 이론적 분석에 맞추어져 있다면 제2부(역사)의 구성과 내용은 NATO 탄생 이후부터 적어도 2009년에 이르기까지 NATO 60년의 역사적 발전과 변화상을 이해하는 것이다. 이런 점에서 제2부의 내용은 일종의 NATO 입문서나 개괄서의 성격이 강하다고 볼 수 있다. 한 가지 아쉬운 점은 필자의 지적 능력의 한계와 지면 관계상 NATO 60년의 변화 과정에서 나타난 주요 내용 모두를 포괄하지 못하고 있다는 점이다. 대신 여기에서는 필자의 판단에 따라 NATO의 정치 · 군사 구조의 변화와 발전을 중심으로 60년의 역사를 조망하고자 한다. 제3부(쟁점)는 제2부의 NATO에 대한 총괄적인 역사적 이해를 바탕으로 변화와 발전 과정에서 나타난 주요 쟁점에 대한 미국과 유럽 국가들 간의 안보적 이해관계를 '동맹 정치의 딜레마' 맥락에서 접근하고 있다. 그렇기 때문에 3부의 내용은 보다 분석적이고 논쟁적인 성격이 강하다. 특히, 3부의 내용들은 과거와 마찬가지로 현재 및 미래에 걸쳐 동맹의 변화 방향과 성격을 결정할 수 있는 매우 중요한 쟁점들이다. 이하에서는 각 장의 주요 내용을 간략하게 제시하고자 한다.

제1장: 국제정치이론과 동맹

국제정치 연구의 핵심이라 할 수 있는 국제정치이론은 제2차 세계대전을 전후로 오늘에 이르기까지 적어도 세 차례 이상의 대논쟁을 거치면서 현실주의 · 자유주의, 그리고 구성주의 시각이 주류 국제정치이론의 위상을 점하게 되었고, 그 과정에서 다양한 이론적 분파들을 양상하면서 발전해왔다. 1930년대 후반과 1940년대에 정립된 현실주의 시각, 1960년대와 1970년대에 들어와 정립된 자유주의 시각, 그리고 1980년대 후반 이후에 부각되기 시작한 구성주의 시각 모두는 그 자체 내의 다양한 입장 차이를 보이는 것도 사실이지만, 현실주의 시각은 권력과 안보의 정치, 자유주의 시각은 상호의존과 초국가적 정치, 그리고 구성주의 시각은 사회적 관계와 정체성의 정치로 요약될 수 있겠다.

이들 세 가지 시각은 국제정치 연구에 있어서 상이한 철학과 강조점을 보이고 있다. 물론 이들 세 가지 시각은 국제정치의 변화에 따라 자신들의 입장을 수정하기도 하고 또 어떤 측면에서는 상호 수렴되는 부분을 보여주고 있는 것도 사실이다. 그러나 이들 시각은 다음과 같은 측면에서 차이점이 보다 두드러진다. 즉, 국제정치에서 누가 행위자인가? 국제정치 과정의 특성은 무엇인가? 그리고 어떠한 종류의 결과가 국제체제의 성격을 나타내는가? 달리 표현하면, 국제정치에서 전체와 부분 간의 관계에 대해 현실주의 시각은 국가의 이익과 국가체제의 역동성 간의 항구적인 긴장을 가정한다. 자유주의 시각은 국제적 문제들에 대한 상호적 · 다자주의적 형태의 항구적인 적응의 과정이 이루어지는 다원주의적 정치체제를 가정한다. 그리고 구성주의 시각은 체제와 국가 간의 상호작용과 상호작용이 이루어지는 사회적 맥락을 중시한다.

여기에서는 오늘날 주류 국제정치이론의 3대 축을 형성하고 있는 현실주의 · 자유주의, 그리고 구성주의의 핵심적 명제나 가정들을 살펴보고 이들 시각이 동맹을 바라보는 입장이나 관점을 분석하고자 한다. 나아가 동맹에 대한 현실주의와 자유주의 시각의 공통점이나 차이점을 살펴보고, 동맹에 대한 구성주의 시각의 한계성을 제시하고자 한다.

제2장: 국제체제와 동맹

무정부적 국제체제에서 국가의 가장 중요한 일차적 목적은 국가의 생존이라 할 수 있다. 이에 따라 국가들은 경성균형전략을 통해 자신의 생존 능력을 강화하거나 당면 위협을 극복하고자 하는 경향을 보여왔다. 대부분의 국가들이 취해왔던 경성균형전략 중에서 가장 고전적인 수단 중의 하나가 바로 동맹이다. 동맹은 두 국가 이상의 주권국가 간 공식적 · 비공식적 안보협력체로 수세기 동안 국제정치의 핵심적 부분을 차지해왔다. 국제정치의 대다수 국가들은 자신의 생존과 국가이익 증진을 위해 나름의 동맹정책을 갖고 있었고, 또한 동맹 형성을 피하기 위해서라도 동맹정책에 관심을 가져야만 할 것이다. 따라서 국제정치에서 동맹에 대한 연구는 체계적으로 잘 발전해왔다.

특히, 동맹 연구는 국가들이 동맹을 형성하는 원인, 동맹이 국제정치에 미치는 영향, 그리고 동맹을 유지하거나 관리하는 데 있어서의 문제점 등에 대해 주로 관심을 두어왔다. 그럼에도 불구하고 보다 거시적 차원에서 국제체제의 변화가 동맹의 유형 및 기능에 미치는 영향에 대한 연구는 상대적으로 큰 관심을 갖지 못했다. 동맹의 유형을 구분하고 개념을 정의하며 유형에 따른 동맹의 특성과 기능을 분석하는 데 있어서 가장 중요한 요소 중의 하나는 회원국의 행동 제약의 상대적 자율성이라 할 수 있다. 이와 마찬가지로 동맹 형성의 궁극적 목적은 직간접적으로 전쟁 및 안보

위협과 불가분의 관계에 있기 때문에 전쟁의 성격과 안보위협의 속성은 동맹 유형의 또 다른 구성요소이다. 왜냐하면 전쟁의 성격과 그에 따른 전쟁 수행 방식의 변화, 그리고 안보위협의 속성 등에 따라 동맹의 유형과 기능이 변화하기 때문이다.

여기에서는 국제정치의 구조적 현실주의 이론에 바탕을 두고 국제체제의 변화가 동맹의 유형과 기능에 미치는 영향을 분석하는 것이다. 근대 국제체제가 본격적으로 작동하기 시작한 19세기 이래로 동맹의 유형과 성격은 체제의 성격에 따라 변화해왔다. 19세기의 다극체제에서 동맹의 성격과 유형은 기본적으로 국력집합의 정치형 동맹이 주를 이루었다. 20세기 중반 이후 등장한 냉전이라는 양극체제에서 동맹의 성격과 유형은 안보–자율성 교환의 주둔형 동맹 유형이 일반적이었다. 냉전 이후 미국 중심의 단극 상황에 이어 최근 주요 행위자들 간의 힘의 이동이 부각되는 21세기의 국제체제는 무극체제의 성격을 보이고 있는 가운데 동맹의 유형과 성격도 변화 조짐을 보이고 있다. 이와 관련하여 필자는 향후 새롭게 등장할 동맹 유형을 '능력형 동맹'이라고 정의하고자 한다. 다만, 여기에서 한 가지 유념해야 할 점은 동맹 유형은 기본적으로 지구적 체제 수준에서의 비교이기 때문에 지역적 안보체제의 특징에 따라 동맹 유형도 달라질 수 있다는 점이며, 또한 체제의 변화가 자동적으로 동맹의 유형을 결정하지는 않는다는 점이다.

제3장: NATO의 기원

NATO의 공식적인 역사 기록에 따르면, NATO 탄생의 법적 기반이 되는 북대서양조약 체결을 위한 첫 회담은 1948년 7월 6일에 워싱턴에서 미국 · 캐나다, 그리고 브뤼셀조약 국가들 간에 시작되었다. 따라서 공식적인 역사 기록에 입각한다면, NATO 탄생에 소요된 기간은 9개월 정도에 불과했다고 볼 수 있다. 어떤 기준과 원칙에 의해서 12개 국가들(미국 · 캐나다 · 영국 · 프랑스 · 벨기에 · 네덜란드 · 룩셈부르크 · 노르웨이 · 덴마크 · 아이슬란드 · 포르투갈 · 이탈리아)이 조약 서명국이 되었으며, 주권국가들에게 가장 중요한 안보와 관련된 군사동맹이 그렇게 짧은 기간에 걸쳐 탄생할 수 있었는가? 이러한 의문에 적절한 답을 구하기 위해서는 NATO의 공식적인 역사 기록 이전에 있었던 미국과 서유럽 국가들 간의 안보조약에 관한 협상과 이를 둘러싼 주요 국가들의 입장, 그리고 이들의 전후 외교정책을 분석해야 할 것이다. 이와 관련해서 가장 중요한 것은 ① 제2차 세계대전 이후 유럽의 안보 상황과 관련하여 동맹 탄생에 가장 적극적인 역할을 담당했던 영국의 입장, ② 처음에는 동맹 탄생에 소극적 입장을 보였던 NATO의 핵심 국가인 미국의 전후 안보정책, ③ 북대서양조약 초안 작성에 있어서 가장 중요한 역할을 했던 1948년 3월 말에 미국 · 영국, 그리고 캐나다 사이에 진행되었던 이른바 '펜타곤 비밀회의'이다.

특히, 동맹 탄생 과정에 있어서 관련 참여 국가들 사이에서 가장 첨예한 문제는 바로 회원국 자격 문제였다. 이는 향후 NATO 확대와도 불가분의 관계에 있는 문제로 어떤 기준에 의해서 어느 국가를 회원국으로 포함시키고 어느 국가를 배제하느냐의 매우 어려운 문제였다. NATO와 관련해서 회원국 자격을 정하는 데 있어서 지리 · 전략 · 정치라는 세 가지 요소가 가장 중요하게 작용하였다. 지리적 범위는 동맹의 방위 영역과 관련되었으며, 전략은 동맹의 군사적 역할과 관련되었다. 그러므로 '북대서양'이라는 지역적 개념은 단순히 지리적 범위를 의미하는 것이 아니라 지전략적 개념에 기초해 있는 것이다. 또한 정치는 회원국의 정치적 정체성을 의미하는 것으로 NATO가 단순한 군사동맹이 아니라 자유민주주의 국가로 동질적 가치를 표방하면서 정치공동체를 지향하고 있다는 동맹의 성격과 관련되었다. 따라서 12개 창설 회원국을 선정하는 데 있어서 이러한 세 가지 요건이 회원국 자격 조건으로 가장 중요하게 고려되었고, 지리 · 전략 · 정치라는 세 가지 회원국 자격 조건은 외부 상황의 변화에 따라 그 상대적 중요성이 달리 나타났다. 이러한 측면은 북대서양 조약에 서명한 12개국에 왜 특정 국가들이 배제되었고, 향후 이들이 왜 NATO 회원국이 되었는가를 설명해주는 부분이기도 하다.

제4장: NATO 정상회담

국가의 이익을 달성하기 위한 종합적인 대외정책의 수단으로서 외교는 고전적인 정책수단이자 외교정책 문제를 지속적으로 해결할 수 있는 최적의 수단 중의 하나이다. 특히, 제2차 세계대전 이후 오늘에 이르기까지 국가이익을 달성하기 위한 수단으로서 외교의 중요성은 보다 강조되고 있다. 이러한 외교의 발전 과정에 있어서 가장 중요하고 유의미한 변화 중의 하나는 국가원수나 정부 수반들의 공식적 만남이라 할 수 있는 정상외교의 발전 및 일반화 현상이라 할 수 있다.

이런 측면은 오늘날 다자주의 제도로 발전한 NATO에서도 목격할 수 있다. 탄생 당시 NATO는 하나의 군사적 다자 동맹이었다. 그러나 NATO는 다른 동맹에서는 쉽게 찾아볼 수 없는 '정치적 협의'라는 정책 결정 과정을 통해 변화하는 안보환경에 적극 대응하면서 군사동맹 이상의 국제안보제도로 발전해왔다. 그 과정에 있어서 중요한 역할을 담당해온 것이 바로 NATO 정상회담이었다. 정치적 협의의 기폭제 역할을 담당해온 NATO 정상회담은 시기에 따라 개최 빈도나 그 성격이 변화해왔다. 냉전 시기에 NATO 정상회담은 상대적으로 드물게 개최되었고, 또한 협의의 주제도 포괄적이라기보다는 군사안보적 측면에 집중되는 양상을 보여주었다. 이는 기본적으로 냉전이라는 국제정치의 특수한 상황에 따른 것으로 해석된다.

그러나 냉전 종식을 계기로 NATO 정상회담은 부쩍 증가하는 양상을 보이면서 정치적 협의의 주된 내용들도 군사안보적 성격보다는 정치 · 경제 · 안보 등 보다 광범위하고 포괄적인 측면이 부각되고 있다. 특히, 냉전 이후에 진행된 NATO 정상회담에서 나타난 한 가지 특징은 2001년의 9·11 테러를 계기로 정상회담의 핵심 의제가 근본적으로 변화하는 모습을 보여주고 있다는 점이다. 즉, 냉전 종식 이후부터 동맹 창설 50주년을 기념하여 열린 1999년 4월의 워싱턴 정상회담 때까지 정치적 협의의 핵심은 냉전 종식에 따른 중 · 동유럽의 불안정한 상황을 진정시키고 안정된 하나의 유럽을 구축하기 위한 다양한 정책 방안 모색에 초점이 맞추어졌다. 반면, 9·11 테러 이후 NATO 정상회담은 지구적 차원에 걸쳐 발생하는 테러와 같은 비대칭 안보 위협에 대처할 수 있는 방안 마련에 초점이 맞추어지면서 기존의 유럽이라는 지역적 수준이 아닌 지구적 수준에 걸쳐 발생하는 초국가적 · 비대칭 안보 위협에 적극 대응하기 위한 차원에서 정치적 협의의 핵심 의제들이 선정 · 논의되고 있다.

여기에서는 먼저 국제관계의 맥락에서 흔히 우리가 이야기하는 정상회담에 대한 일반론적 입장을 살펴보고자 한다. 다음으로는 냉전시기의 NATO 정상회담을 정치적 협의와 NATO 정상회담의 발전이라는 측면에서 고찰한다. 그리고 냉전 이후 NATO 정상회담의 변화와 발전을 ① 냉전 종식 이후 동맹 창설 50주년, ② 9·11 테러 이후 2010년에 이르기까지 NATO 정상회담의 변화 과정을 역사적으로 고찰한다.

제5장: NATO 확대

동맹의 확대란 신규 회원국 가입을 통해 동맹의 회원국 규모가 늘어나는 것을 의미한다. 일반적으로 동맹 확대는 쌍무동맹보다는 다자동맹에서 흔히 나타나는 현상이다. 신규 회원국 가입이라는 동맹의 확대는 다음과 같은 다양한 함의를 내포하고 있다. 첫째, 신규 동맹국의 가입은 동맹의 방위 영역의 확장과 구조적으로 맞물려 있다. 둘째, 동맹의 확대는 동맹의 군사지휘 구조 및 동맹의 군사적 역할 변화를 야기할 수 있으며, 궁극적으로 동맹의 정체성 변화를 야기할 수 있다. 그렇기 때문에 동맹 연구에 있어서 동맹의 확대는 흔히 목격되는 일반적인 현상은 아니다. 오히려 기존 동맹에서 회원국이 탈퇴하거나 아니면 동맹이 해체 또는 붕괴되는 것이 보다 일반적인 현상이라 할 수 있다.

이런 맥락에서 NATO 확대 역시 예외적인 현상이라 할 수 있다. NATO의 60년 역사에 있어서 동맹 확대는 냉전시기 세 번, 그리고 냉전 이후 네 번, 총 7차에 걸쳐 진행되면서 회원국 규모가 탄생 당시 12개국에서 오늘날에는 28개국으로 늘어났다. 지난 냉전시기에 NATO의 확대는 유럽 분단이라는 체제의 제약으로 주로 서유럽 지역에 국한되어 이루어졌다. 그러나 체제의 구조적 제약이 사라진 이후 NATO의 확대는 첫째, 근본적으로 변화된 유럽의 안보환경에 대한 미국의 영향력 확장, 둘째, 독자적인 안보 정체성 구축의 필요성과 내부 지향적인 안보 정향으로부터의 탈피를 모색하고자 하는 서유럽 국가들, 셋째, NATO 안보체제로의 가입을 열망하는 중 · 동유럽 국가들 간의 안보적 상호작용을 통해 진행되었다. 특히, 냉전 종식 이후 초기의 NATO의 확대 논의에 있어서 잠재적 지역 안보 딜레마를 극복하고자 한 중 · 동유럽 국가들의 안보정책은 NATO의 확대 과정에 있어서 매우 중요했고 사실상 NATO 확대의 촉매제 역할을 담당하였다.

여기에서는 먼저, 냉전시기 세 차례에 걸쳐 이루어진 NATO 확대 과정에 있어서 동맹 탄생 당시 회원국의 기준으로 제시되었던 ① 지리적 위치, ② 지정학적 함의, ③ 국내 정치체제의 성격이라는 세 가지 기준이 NATO의 확대에 미친 영향을 분석한다. 둘째, 냉전 이후 NATO의 확대 과정이 공식화되기 이전 비제그라드(Visegrad) 국가들로 상징되는 폴란드·헝가리·체코 등의 국가들이 직면한 지역적 안보 딜레마 및 이의 극복 대안으로 나타난 이들의 NATO 가입 결정 과정을 고찰한다. 셋째, 공격적 현실주의 논리에 입각하여 냉전 이후 미국의 NATO의 확대정책을 분석한다. 넷째, 냉전 종식 이후 NATO의 확대전략으로 등장한 평화를 위한 동반자 관계와 회원자격 행동계획의 주요 내용을 살펴본다.

제6장: NATO 전략개념

일반적으로 어느 한 국가나 동맹의 군사전략은 군사력 사용을 위한 기획과 관련된 것으로 군사력 사용 방법을 규정하는 독트린적 원칙, 목적과 관련된 군사력의 임무, 역할과 관련된 군사력의 운용, 그리고 장소와 관련된 군사력의 배치 등을 결정한다. 이러한 군사전략은 기본적으로 현존하는 위협이나 적성국의 군사능력 및 군사적 의도에 대한 평가, 주변국 및 국제안보환경의 변화에 대한 평가, 그리고 현재의 전략개념에 대한 평가 등을 거쳐 유지·변화된다고 볼 수 있다.

이런 측면에서 보았을 때, NATO가 시대적 안보환경의 변화에 적응하면서 오늘날까지 유지·발전해올 수 있었던 것은 다름 아닌 북대서양 조약에서 제시한 동맹의 가치와 절차에 부합하는 전략개념의 기능 때문이었다. NATO의 법적 토대가 되는 북대서양 조약이 체결 이후 오늘에 이르기까지 단 한 번의 수정·변화도 없었던 것과는 대조적으로 NATO의 전략개념은 주기적·지속적으로 갱신되면서 안보환경의 시대적 변화에 조응, 동맹의 존재와 역할 및 임무를 새롭게 규정하여 NATO의 정체성과 생명력을 유지·강화시켜왔던 것이다. 그러므로 북대서양 조약에 대한 동맹의 운영적·역동적 견해를 반영하는 NATO의 전략개념은 언제나 한 가지 이상의 목적을 위해 기능해왔고, 오늘날에는 적어도 내부적으로는 과거의 결정과 실행을 편찬하여 동맹의 토대를 강화하고 새로운 전략적 방향을 제공하는 기능과 냉전 종식 이후 새로운 외부적 기능인 공공외교의 기능을 가지고 있다.

역사적으로 NATO 전략개념은 동맹 탄생 직후인 1949년 12월 1일 '북대서양지역의 방위를 위한 전략개념(DC 6/1)'을 시작으로 1952년 12월 3일의 전략개념(MC 3/5, 전진방위전략), 1957년 5월 23일의 전략개념(MC 14/2, 대량보복전략), 1968년 1월 16일의 전략개념(MC 14/3, 유연반응전략), 1991년 11월의 신전략개념, 1999년 4월의 동맹의 전략개념, 그리고 2010년 11월의 동맹의 신전략개념으로 총 일곱 차례에 걸쳐 수정 · 변화되어 왔다.

냉전시기 NATO의 전략개념은 기본적으로 집단방위 차원에서 기획되었기 때문에 NATO 전략개념의 변화에 가장 중요한 변수는 다름 아닌 소련의 군사능력의 변화와 그 의도였다. 그렇기 때문에 냉전시기의 NATO 전략개념의 변화는 미국의 대소 안보전략의 변화와 연동되어 나타나고 있다는 점이다. 특히, 1950년대 중반 이후 NATO의 전략개념인 대량보복전략과 유연반응전략은 기본적으로 미국의 핵전략과 맥을 같이하고 있다고 해도 무리가 없을 것이다. 이는 냉전시기 당시 미국과 소련의 핵능력의 변화에 따라 미국의 핵전략이 변화되었고, 그러한 미국의 핵전략 변화는 당시 미국의 국가안보의 핵심 지역인 유럽안보를 책임지고 있던 NATO 전략개념의 변화에 그대로 반영되었기 때문이었다. 냉전 이후 NATO의 전략개념은 1991년의 신전략개념과 이를 수정 · 보완한 1999년의 전략개념, 그리고 2010년 NATO 정상회담에서 새롭게 채택된 신전략개념이다.

여기에서는 일곱 차례에 걸쳐 수정 · 변화된 NATO의 전략개념을 살펴보고, 그것이 NATO 및 국제안보에 미치는 함의를 분석하고자 한다.

제7장: NATO 정치 · 군사구조와 정보체제

NATO의 법적 기반인 1949년 4월에 체결된 북대서양 조약은 원래 정치적 목적을 통해 유럽의 재건을 책임지는 것이었다. 그렇기 때문에 조약의 군사적 성격은 정치적 목적을 달성하기 위한 수단이었고 조약에 있어서 가시적인 군사조직을 구축할 어떠한 조짐도 보이지 않았다. 이에 따라 NATO의 애초 구조도 군사조직이 없는 다소 느슨한 협의체의 모습을 보였었다. 그러나 1949년 8월에 있었던 소련의 핵실험과 1950년 6월의 한국전쟁을 계기로 미국은 임시적으로 유지하기로 했던 NATO를 다자주의의 원칙으로부터 제도화로의 재조직을 추구하는 방향으로 전환시켰다. 따라서 NATO 제도화는 다자주의 제도라는 특성에 내재되어 있는 정치적 성격과 군사동맹에 부합하는 성격 및 조직 강화, 그리고 신규 회원국 가입이라는 NATO 확대로 나타났다.

NATO의 정치 · 군사구조의 발전 과정에 있어서 가장 중요한 측면은 NATO의 독특한 속성과 NATO에 내재해 있는 역동성을 파악하는 것이다. 먼저, NATO의 독특한 속성은 공통적인 정치적 가치를 기반으로 탄생했다는 점으로, 이는 NATO의 모든 활동을 위한 초석이자 정책결정구조를 조건지우는 일련의 원칙, 규범, 그리고 규칙들을 구성한다. 또한 다자주의 제도로서 NATO에 내재해 있는 역동성을 파악하는 것은 NATO 구조를 이해하는 것이다. 왜냐하면 NATO의 정치 · 군사조직, 정책결정자, 그리고 조직들과 절차들로 구성되는 NATO의 구조는 회원 국가들의 이익과 NATO 자체의 이익이 절충되는 영역이기 때문이다. 그렇기 때문에 NATO의 정치 · 군사구조의 발전은 회원 국가들의 중 · 장기적 계획에 따른 것이 아니라 당시의 상황과 필요에 따라 점진적으로 발전한 것으로 이해할 필요가 있다. 이런 측면에서 NATO의 정치 · 군사구조의 변화를 살펴보면, NATO의 군사구조는 안보환경의 변화에 따라 조직의 구성과 역할, 그리고 전략개념의 변화에 따라 지속적인 변화 과정을 거쳐왔다. 그러나 NATO의 정치구조는 냉전시기에 창설 · 발전된 조직들이 냉전 종식 이후에도 큰 변화 없이 그대로 유지되어왔다고 볼 수 있다.

여기에서는 초창기(1949~1954) NATO의 정치 · 군사구조의 발전 과정을 간단히 살펴보고 냉전시기 NATO의 정치 · 군사구조의 변화와 냉전 이후의 NATO 군사구조의 변화를 고찰한다. 다만, NATO의 정치 · 군사 조직들이 매우 복잡하고 다층적이라는 점을 고려하여 여기에서는 가장 중요하면서도 가장 일반적인 NATO의 정치 · 군사구조에 초점을 둘 것이다. 또한 정보기술의 발전에 따라 군사력의 지휘통제가 그 어느 때보다도 중요해지고 있다는 점을 고려하여 NATO의 협의지휘통제기구의 조직과 기능을 개괄적으로 소개하고자 한다. 아울러 지난 냉전시기 NATO의 대항 동맹이었던 WTO 정치 · 군사구조도 함께 살펴봄으로써 과거나 지금이나 국내에 전혀 알려지지 않은 WTO 정치 · 군사구조에 대한 역사적 이해를 증진시키고자 한다.

제8장: NATO 군사 활동

1949년 4월의 워싱턴 조약을 통해 탄생한 NATO의 역할은 외부의 침략으로부터 회원국의 안보를 책임지는 집단방위를 수행하는 것이었다. 즉, NATO의 존재이유는 예나 지금이나 회원국 영토에 대한 외부의 무력행사가 있을 경우 조약 제5조에 근거하여 즉각적으로 집단대응을 하는 것이다. 따라서 지난 냉전시기에는 NATO 회원국에 대한 외부의 무력 공격이 존재하지 않았기 때문에 실제적인 NATO의 군사 활동은 전무하였다. 그러나 냉전 종식과 더불어 국제안보환경이 근본적으로 변하였고, 또한 새로운 안보위협이 등장함에 따라 NATO의 실제적인 임무는 과거의 집단방위 역할보다는 집단안보 역할이 주를 이루게 되었다. 특히, 1992년에 오슬로 각료선언에서 집단안보 역할을 공식화한 이후 NATO의 실질적인 군사 활동은 보스니아-헤르체코비나에서의 평화활동을 시작으로 다양한 지역에 걸쳐 다양한 목적의 직간접적인 군사 활동을 전개하고 있다. 1992년 6월의 오슬로 각료선언 이후부터 2011년 현재에 이르기까지 NATO의 군사 활동은 ① 보스니아-헤르체코비나(상황 종료), ② 코소보, ③ 아프가니스탄, ④ 리비아, ⑤ 지중해 해역에서의 대테러작전, ⑥ 수단의 다르푸(Darfur)에서의 아프리카연합(AU) 지원, ⑦ 걸프 지역과 아프리카 동북부에서의 해적 소탕작전, ⑧ 이라크 국방력 지원 등 총 8개의 크고 작은 군사 활동을 전개해왔다.

여기에서는 냉전 종식 이후 NATO의 직접적인 군사 활동이라 할 수 있는 ① 보스니아-헤르체코비나, ② 코소보, ③ 아프가니스탄, 그리고 ④ 리비아 군사 개입을 고찰하고자 한다. 특히, 냉전 종식 이후 NATO가 전개하고 있는 군사 활동의 성격은 비록 9·11 테러 이후 NATO 역사상 처음으로 북대서양 조약 제5조의 발동에 따라 집단방위 차원의 아프가니스탄 전쟁이 시작되었지만 기본적으로는 집단안보 역할 차원의 인도주의적 개입의 성격이 강하다. 또한 여기에서는 냉전 이후 NATO의 군사 활동과 유엔안보리와의 역학관계도 고찰하고자 한다. 왜냐하면 오늘날의 국제사회에서도 아직까지는 특정 국가의 주권에 개입하게 되는 국제사회의 집단적 강제 행동은 유엔헌장 제7장에서 확인할 수 있듯이 유엔안보리의 승인이 있어야 하기 때문이다. 물론, 유엔헌장 8장의 제53조에 따라 지역안보제도가 유엔의 권위 하에서 그러한 행동을 취할 수는 있으나 그 경우에도 안보리의 승인을 받아야만 한다. 그렇다면 NATO는 인도주의적 개입을 할 경우 유엔안보리의 승인을 받아야만 하는가? 만약 유엔안보리의 승인이 없을 경우에 NATO는 집단안보 차원의 인도주의적 개입 활동을 할 수 없는 것인가? 유엔안보리의 승인 없이 NATO의 집단안보 역할이 실행되었을 경우 국제사회는 이를 어떻게 규정해야 하는가? 등의 문제가 중요한 논쟁의 초점이 될 것이다.

제9장: 동맹의 안보 딜레마와 NATO

주권국가들 사이에서 이루어지는 공식 · 비공식 안보협력체인 동맹은 근대 국제체제 등장 이후 오늘에 이르기까지 국제안보의 핵심적 엔진이라 할 수 있다. 무엇보다도 권력 규모의 측면에서 강대국과 약소국 사이의 안보협력체인 비대칭 동맹에 있어서 회원 국가들은 동맹에 대한 의존성의 정도, 각자의 안보이익, 그리고 동맹에 대한 안보 공약의 정도에 따라 개별적 차원에서 기회비용의 편차를 경험하게 된다. 특히, 이러한 기회비용의 편차는 회원 국가들의 권력 규모와 지리적 차이로 인해 특정 위협을 상이하게 인식할 수도 있고 설사 공통적으로 인식한 위협에 대해서도 위협해소 방법을 둘러싸고 상이한 입장을 보일 수도 있다. 따라서 기회비용의 편차는 동맹 회원 국가들 간에 안보적 갈등 야기의 원인으로 작용하면서 위기 때에 회원 국가가 동맹을 탈퇴할 가능성과 그 자신이 원치 않는 갈등에 휩쓸릴 가능성에서 발생하는 긴장감에 직면하게 된다. 이러한 긴장감이 바로 포기와 연루라는 동맹의 안보 딜레마를 구성한다. 동맹의 안보 딜레마는 동맹 회원 국가들 간의 안보적 갈등을 강조하는 것으로 동맹 관리 측면에서 매우 중요한 부분이다. 이러한 동맹의 안보 딜레마는 안보(동맹) 계약의 측면에서도 분석할 수 있다.

일반적으로 동맹을 형성하는 국가들은 상호간의 계약(안보조약)을 통해 동맹을 형성하지만 안보와 관련된 계약 내용은 기본적으로 불완전성을 내포하고 있다. 따라서 안보 계약에서 명확하게 규정되지 않은 영역에서 파생하는 관계적 계약이론(the theory of relational contract)에 따른 잔여통제권(rights of residual control) 문제가 발생한다. 잔여통제권은 동맹 회원 국가들 간의 위계의 정도에 따라 달라지고 또한 그에 따라 회원 국가들 간의 안보관계도 다양한 형태로 변화될 수 있다. 그러므로 잔여통제권의 자율성 정도에 따라 동맹의 회원 국가들은 행동의 기회비용과 동맹 관리의 거버너스 비용을 산출할 수 있으며, 이를 통해 회원 국가들 간 상호의존의 정도를 규명할 수도 있다. 지난 냉전시기의 미국과 서유럽 국가들 간에 첨예하게 대립된 동맹 안보 딜레마의 주요 원천이 적성 국가인 소련의 위협을 둘러싸고 전개되었다면, 냉전종식 이후 NATO의 안보 딜레마는 주로 잔여통제의 영역에서 파생되는 다양한 쟁점들(유럽의 안보 자율성과 유럽안보방위정책, 유럽 이외의 지역에서의 NATO 활동 문제, 그리고 NATO 안보 활동 영역의 확장을 둘러싼 동반자관계 등)을 중심으로 전개되었다.

여기에서는 동맹의 안보 딜레마에 대한 분석 및 NATO 안보 딜레마의 주요 변수를 살펴보고 NATO 안보 딜레마의 변화 내용을 냉전기와 탈냉전기로 나누어 고찰한다. 특히, 여기에서 사용되는 포기와 연루라는 동맹의 안보 딜레마와 잔여통제권 개념에 따른 회원 국가들의 안보적 갈등 양상은 제10장과 제11장의 내용 분석과도 밀접하게 연관되어 있어 일종의 이론적 분석틀의 역할을 한다.

제10장: 유럽연합의 안보정책과 동맹 딜레마

안보정체성(security identity)이란 행위자가 어떤 방식으로 정치 · 안보 행위자로서 자신을 조직하고 정의하느냐의 문제이며, 동시에 국제관계에서 자신의 행위 방향과 관련된 목표와 역할을 어떻게 설정할 것인가의 문제이기도 하다. 따라서 행위자의 정체성은 행위와 불가분의 관계에 있는 것으로 행위는 정체성을 형성하고 정체성은 역으로 행위능력을 재형성한다. 유럽의 안보정체성과 관련해서 NATO 회원 국가들은 유럽 안보의 기본 성격에 대한 인식과 이를 담당할 행위 주체의 문제에 따라 대서양주의자(Atlanticist)와 유럽주의자(Europeanist)로 구분된다. 대서양주의자들은 유럽 안보에 있어서 NATO의 일차적 안보 역할과 미국과의 안보적 유대관계를 강조한다. 이에 비해 유럽주의자들은 NATO의 군사적 측면보다는 정치적 역할과 미국과 유럽 국가들 간의 상이한 국가이익 및 안보이익을 부각시키면서 유럽 국가들의 안보적 자율성을 강조한다.

제2차 세계대전 이후 전통적 강자였던 유럽 국가들은 두 차례에 걸친 대전쟁의 여파로 약소국으로 전락하여 자신의 운명을 미국과 소련이라는 초강대국의 관리에 맡기게 되었다. 이에 서유럽 국가들은 유럽통합을 통해 민족주의와 과거의 갈등을 극복하고 경제적 번영을 통해 최종적으로 전략적 운명을 통제하여 미국으로부터 독립적인 지구적 세력이 되는 하나의 유럽이 되는 비전을 추구하게 되었다. 이러한 비전을 달성하기 위해 1950년대 초에 서유럽 6개국으로 출발한 유럽통합은 오늘날 27개국을 보유한 유럽연합(EU)이라는 국제제도로 발전해왔다. 특히, 유럽연합의 안보정책(공동외교안보정책, 안보방위정책, 공동안보방위정책)은 반세기 이상 걸쳐 진행되어온 경제 · 정치통합과는 달리 매우 빠르게 발전하는 양상을 보이고 있다. 불과 20년도 안 걸려 전반적인 윤곽을 갖춘 유럽연합의 안보정책은 여전히 해결해야 할 많은 문제점과 단점을 갖고 있음에도 불구하고 1987년에 서유럽연합 강령(WEU Platform)에서 제시한 유럽안보정체성을 구현하는 정책적 대세로 굳어져가고 있는 것은 확실한 것 같다. 그러나 상대적으로 짧은 기간에 걸쳐 발전해가고 있는 유럽연합의 안보정책은 역설적으로 60여 년 이상 유럽 안보의 근간으로 작동해왔던 NATO에 미칠 영향력을 둘러싸고 소위 대서양주의자와 유럽주의자 간에 주기적이고 지속적인 안보 딜레마 논쟁을 야기하는 촉진제가 되었다.

여기에서는 먼저, 유럽 안보정체성의 태동과 발전을 살펴보고, 마스트리히트 조약에서부터 리스본 조약에 이르기까지 유럽연합의 공동외교안보정책 및 안보방위정책을 중심으로 펼쳐진 대서양주의자와 유럽주의자 간의 안보정체성 문제를 살펴보고, 이것이 NATO에 미치는 영향과 관련된 동맹 딜레마를 분석하고자 한다.

제11장: NATO의 동반자관계와 동맹 딜레마

1949년 4월의 워싱턴 조약을 통해 탄생한 NATO는 외부의 군사적 공격으로부터 회원국의 영토와 안보를 책임지는 집단방위기구로 출발했다. 지난 냉전체제에서 NATO는 유럽 안보질서의 핵심적 행위자로 동맹의 목적과 역할을 성공적으로 수행하여 근대 유럽의 역사에 있어서 서유럽 국가들이 가장 평화로운 시기를 구가할 수 있는 튼튼한 발판 역할을 담당하였다.

1989년 11월에 있은 베를린 장벽의 붕괴, 1990년 10월의 독일 통일, 1991년의 WTO 및 소연방의 해체 등으로 상징되는 냉전체제의 와해에도 불구하고 NATO는 동맹의 새로운 존재이유와 역할 모색을 통해 냉전 이후 유럽의 안보질서를 형성하는 데 주도적 역할을 맡았고, 나아가 급격히 변화된 국제안보환경에 적응하고 새로운 위협에 대처하기 위해 동맹의 정치 · 군사적 구조조정을 단행해왔다.

1990년 이후 NATO의 정치 · 군사적 변환 과정에 있어서 가장 중요한 구상 중의 하나가 바로 '동반자관계'(partnership)라는 것이었다. 왜냐하면 'NATO의 동반자관계'라는 구상은 1990년대 초반에서 2001년 9·11 테러 이전까지 새로운 유럽의 안보지형을 형성하는 가운데 중 · 동유럽으로의 확대정책을 추진하는 주된 전략으로 활용되었고, 나아가 9·11 테러 이후 NATO가 자신의 안보 영역을 유럽을 넘어 지구적으로 확장하는 과정에 있어서 가장 핵심적인 전략으로 부상했기 때문이다.

'NATO의 동반자관계' 구상은 NATO 자체의 변화뿐만 아니라 미국과 유럽의 안보적 관계, 유럽 및 지구적 안보지형에도 지대한 영향을 미칠 수 있는 핵심 변수로 작용하고 있다. 특히, 2001년의 9·11 테러 이후 지구적 차원으로의 안보 영역의 확장을 추진하기 위한 NATO의 핵심 전략으로 부상한 '지구적 동반자관계'는 이전의 동반자관계 구상과는 또 다른 국제안보적 함의를 갖고 있다. 왜냐하면 NATO의 안보 영역이 지구적 차원으로 확장된다는 것은 유럽 이외의 지역에서 미국과 동맹을 맺고 있거나 NATO와 안보협력을 모색 · 강화하고자 하는 많은 비유럽 국가들의 동맹정책에도 지대한 영향을 미칠 것이며, 나아가 미국과 안보협력을 맺고 있는 국가들의 동맹정책 및 동맹 자체의 성격과 역할 변화를 추동할 수 있기 때문이다.

여기에서는 NATO의 동반자관계 구상의 변화 의미와 이를 둘러싼 유럽 역 · 내외 주요 국가들의 입장을 고찰한다. 특히, NATO의 지구적 동반자관계와 한미 전략동맹과의 연계선상에서 관계적 계약이론에 따른 잔여통제권의 문제를 분석하고자 한다. 왜냐하면 한미 전략동맹에서 잔여통제권 문제는 아직까지는 구체적으로 나타나지는 않았지만, 한미 전략동맹의 평화구축 활동은 불가피하게 한미 전략동맹에 있어서 안보활동 영역의 확장에 따른 잔여통제권의 문제를 야기할 것이기 때문이다. 또한 잔여통제권 문제는 향후 한미 전략동맹의 발전 과정에 있어서 필연적으로 전개될 한미 양국 사이의 협상력에 있어서 중요한 변수 중의 하나인 것이다.

마지막으로 「결론」에서는 이상의 논의를 토대로 현재 NATO가 갖고 있는 문제점을 NATO의 존재이유와 정체성이라는 맥락에서 진단해보고, 전환의 기로에 서 있는 NATO의 향후 변화 방향과 성격을 간략히 살펴보고자 한다. 이와 관련하여 여기에서는 크게 세 가지의 시나리오를 제시하고자 한다. 즉, 첫 번째 시나리오는 강대국 정치의 재등장과 군사동맹으로서 NATO의 부활이다. 두 번째 시나리오는 NATO의 집단안보 역할이 보다 강화되는 가운데 지역적 · 국제적 평화와 안정을 위해 주기적으로 새로운 위협을 찾아나서는 NATO의 하이에나(Hyena) 성격이다. 세 번째 시나리오는 NATO가 명실상부하게 지역적 혹은 지구적 정치안보제도의 장으로 탈바꿈하는 것이다.

여기에서 제시한 세 가지 시나리오는 가설적 수준이고 또한 이러한 시나리오의 복합형으로 또 다른 형태의 시나리오가 존재할 수 있을 것이다. 다만, 여기에서 한 가지 명확한 것은 NATO의 변화가 어떠한 방향으로 전개되고 그에 따라 NATO의 성격이 어떻게 변한다 할지라도 분명 NATO의 변화는 미국과 유럽연합과의 관계, 유럽연합의 안보정책의 위상과 역할, 그리고 NATO의 동반자관계와 직간접적으로 관계가 있는 국가들의 안보정책과 동맹전략에 지대한 영향을 미칠 것이라는 점이다.

제1부
동맹에 대한 이론적 고찰

제1장 국제정치이론과 동맹

국제정치 연구의 핵심이라 할 수 있는 국제정치이론은 양차 대전기의 국제정치 상황에 대한 분석을 통해 현대 국제정치학의 지적 기원을 마련한 카(E. H. Carr)의 『20년간의 위기』(*The Twenty Year's Crisis 1919~1939: An Introduction to the Study of International Relations*)라는 저작을 계기로 소위 대논쟁(Great Debates)을 통해 이론적 발전을 거듭해왔다.[1] 즉, 오늘의 국제정치이론은 적어도 세 차례 이상의 대논쟁을 거치면서 현실주의 · 자유주의, 그리고 구성주의 시각이 주류 국제정치이론의 위상을 점하게 되었고, 그 과정에서 다양한 이론적 분파 양상을 보이면서 발전해왔다.

1930년대 후반과 1940년대에 정립된 현실주의 시각, 1960년대와 1970년대에 들어와 정립된 자유주의 시각, 그리고 1980년대 후반 이후에 부

1 Yosff Lapid, "The Third Debate: On the Prospect of International Theory in a Post-Positivist Era," *International Studies Quarterly*, 33-3(September 1989), pp. 235~254; 정진영, 「국제정치 이론논쟁의 현황과 전망: 새로운 이론적 통합의 향방」, 『국제정치논총』 제40집 3호, 2000, pp. 5~38; 박건영, 「국제관계이론의 역사와 계보」, 우철구 · 박건영 편, 『현대 국제관계이론과 한국』(서울: 사회평론, 2004), pp. 19~78.

각되기 시작한 구성주의 시각 모두는 그 자체 내의 다양한 입장 차이를 보이는 것도 사실이지만, 현실주의 시각은 권력과 안보의 정치(the politics of power and security), 자유주의 시각은 상호의존과 초국가적 정치(the politics of interdependence and transnational relations), 그리고 구성주의 시각은 사회적 관계와 정체성의 정치(the politics of social relations and identity)로 요약될 수 있겠다.

[표 1-1] 국제정치에 대한 세 가지 시각

구분	현실주의(Realism)	자유주의(Liberalism)	구성주의(Constructivism)
행위자	국가	국가와 비국가 행위자	국가와 비국가 행위자
과정	구조적 원칙에 따른 국가이익의 경쟁적 추구	절차와 규칙에 입각한 지구적 문제들의 관리	체제와 행위자의 상호작용과 사회적 맥락의 중요성
결과	무정부적 사회 내의 제한적 질서	다원주의적 사회에서의 규칙 지배적 행위	정체성과 이익의 사회적 구성에 따라 무정부 상태가 달라짐

이들 세 가지 시각은 국제정치 연구에 있어서의 상이한 철학과 강조점을 보이고 있다. 물론 이들 세 가지 시각은 국제정치의 변화에 따라 자신들의 입장을 수정하기도 하고 또 어떤 측면에서는 상호 수렴되는 부분도 보여주고 있는 것이 사실이다. 그러나 이들 시각은 [표 1-1]에서 알 수 있듯이 다음과 같은 측면에서 차이점이 보다 두드러진다. 즉, 국제정치에서 누가 행위자인가? 국제정치 과정의 특성은 무엇인가? 그리고 어떠한 종류의 결과가 국제체제의 성격을 나타내는가? 달리 표현하면, 국제정치에서 전체와 부분 간의 관계에 대해 현실주의 시각은 국가의 이익과 국가체제의 역동성 간의 항구적인 긴장을 가정한다. 자유주의 시각은 국제적 문

제들에 대한 상호적 · 다자주의적 형태의 항구적인 적응의 과정이 이루어지는 다원주의적 정치체제를 가정한다. 그리고 구성주의 시각은 체제와 국가 간의 상호작용과 상호작용이 이루어지는 사회적 맥락을 중시한다.

여기에서는 오늘날 주류 국제정치이론의 3대 축을 형성하고 있는 현실주의 · 자유주의, 그리고 구성주의의 핵심적 명제나 가정들을 살펴보고 이들 시각이 동맹을 바라보는 입장이나 관점을 분석하고자 한다.[2] 나아가 동맹에 대한 현실주의와 자유주의 시각의 공통점이나 차이점을 살펴보고, 동맹에 대한 구성주의 시각의 한계성을 제시하고자 한다.

1. 현실주의와 동맹

권력과 안보의 정치로 상징되면서 안보 연구 분야에서 지배적인 위치를 차지해온 현실주의는 기본적으로 도덕적 진보와 인간의 가능성에 대해 회의적인 입장을 보인다.[3] 따라서 현실주의의 역사관은 역사의 진보보다는 역사의 순환을 강조한다. 현실주의의 이러한 회의관은 전통적 현실주의자들이 강조하는 인간 본성과 구조적 현실주의자들이 강조하는 국제체제에 그 뿌리를 두고 있다. 전통적 현실주의에 있어서 갈등 지향의 국제무대는 인간 본성에 내재되어 있는 힘의 결과이고, 기대할 수 있는 최

2 국내 학계에서 동맹에 관한 연구 작업은 지속적으로 이루어져왔으나 동맹 전반에 관한 이론적 논의는 상당히 저조하거나 미흡하다고 판단된다. 이런 면에서 전재성의 동맹 전반에 관한 이론적 논의는 동맹 연구에 좋은 기초 자료를 제공해주고 있다. 전재성, 「동맹이론과 한국의 동맹정책」, 『국방연구』 제47집 2호, 2004, pp. 63~94.

3 Robert G. Gilpin, "The Richness of the Tradition of Political Realism," in Robert O. Keohane(ed.), *Neorealism and Its Critics*(New York: Columbia University Press, 1986), pp. 301~321.

선의 인류는 절대적 선이라기보다는 덜 사악한 악을 실현하는 것이었다.[4] 이와 마찬가지로 구조적 현실주의에 있어 개별 국가보다 상위의 권위체가 존재하지 않는 국제체제의 무정부성은 불안전, 갈등, 그리고 일상적으로 조직적 폭력에 대한 호소를 초래하게 된다.[5] 따라서 국가들은 외교나 동맹을 통한 세력균형과 같은 수단에 의존하여 무정부성의 결과를 완화시키고자 하며, 근본적인 문제해결보다는 피해를 어느 정도로 줄이느냐가 더 중요하게 된다.

이러한 회의주의적 역사관을 갖고 있는 현실주의의 기본 명제는 다음과 같다.[6] 첫째, 현실주의자들은 국제정치에서 가장 중요한 행위자로 한정된 영토를 기반으로 정치적으로 조직된 실체인 국가를 강조한다. 물론 현실주의자들은 오늘날의 국제정치에서 국가만을 유일한 행위자로 파악하지는 않지만 개인이나 계급, 초국가적 기업이나 국제기구와 같은 비국가 행위자의 행태를 분석하는 것보다는 국가들의 행태나 이들 간의 상호작용에 초점을 맞추는 것이 국제정치를 보다 잘 이해할 수 있다고 가정한다. 요컨대, 현실주의자들은 비국가 행위자의 존재적 자율성을 낮게 인식하고 있는 것이다.

둘째, 현실주의자들은 국제정치의 무정부 상태로 인해 국가들의 상호작용은 내재적으로 경쟁적이라고 파악하며 국가들의 경쟁은 군사안보 영역에서 가장 치열하게 나타난다고 가정한다. 현실주의자들에게 있어 국

4 Hans Morgenthau, *Politics Among Nations: The Struggle for Power and Peace*(New York: Knopf, 1973).

5 Kenneth Waltz, *Theory of International Politics*(Reading: Addison-Wesley, 1979).

6 Michael Mastanduno and Ethan B. Kapstein, "Realism and International Relations After the Cold War," in Ethan B. Kapstein and Michael Mastanduno(eds.), *Unipolar Politics: Realism and State Strategies After the Cold War*(New York: Columbia University Press, 1999), pp. 1~27.

제체제는 개별 국가들보다 상위의 권위체가 존재하지 않는 무정부 체제이고, 국제체제에서 가장 중요한 행위자라 할 수 있는 국가의 생존은 원칙적으로 스스로가 책임져야 하는 자구체제이며, 그리고 국가들 간의 권력의 불균등한 배분에 따른 층화체제로 구성되어 있다. 그러므로 이러한 양상을 보이는 국제체제에서 외부의 군사적 위협으로부터 자신의 생존을 지키기 위한 힘에 의한 안보가 국가의 가장 기본적인 선결과제이며, 이러한 원칙은 모든 국가들에게 적용되기 때문에 국가들 간의 관계에서는 제로섬 게임의 안보 딜레마가 발생한다.

따라서 국가들은 자신의 생존에 필수적인 국가이익의 유지 · 확대를 끊임없이 추구하며, 국가이익의 추구에 있어서 군사력과 경제력이 가장 중요한 수단이라고 인식된다. 또한 국가들은 협력에 따른 이득의 발생에 있어서 절대적 이득보다는 상대적 이득을 중요시한다.[7] 특히, 전통적 현실주의에 있어서 국가들은 다른 국가들과의 협력을 통해 국가적 가치와 이익을 효과적으로 활용, 투사, 그리고 보호하고자 한다. 이러한 협력은 광범위한 영역에 걸친 유대, 동맹, 그리고 긴밀한 제휴 등의 형태를 통해 나타날 수 있다. 전통적 현실주의자들에게 있어서 협력의 형태가 어떠하든지 간에 협력의 목적은 개별 국가들의 독자적 행위로 달성될 수 없는 정도나 방법에 있어서 국가이익을 극대화하는 것이다. 요컨대, 현실주의자들의 입장에서 바라본 국제정치는 국가가 국제정치의 지배적 행위자로 부각되고, 행위자들 간의 상호작용의 유형은 오시앤더(A. Osiander)의 지적처럼[8] 행위자들 간의 관계가 구성되어지는 방식의 절차적 규칙보다는

7 Joseph M. Grieco, "Anarchy and the Limits of Cooperation: A Realist Critique of the Newest Liberal Institutionalism," *International Organization*, 42-3(Summer 1988), pp. 485~507.

8 A. Osiander, *The States System of Europe 1640~1990: Peacemaking and the Condition*

행위자들의 정체성이나 행위자들 간의 상대적 지위와 힘의 배분에 관한 국제체제의 기본적 가정을 나타내는 구조적 원칙의 중요성이 부각된다. 따라서 현실주의적 국제관계에서는 국가이익의 경쟁적 추구 과정이 강조됨에 따라 제한된 질서가 유지되는 가운데 현상유지의 국제질서 양상이 강조된다.

셋째, 현실주의자들은 국가 행태는 합리적 정책 결정의 산물로 설명될 수 있다고 가정한다. 즉, 현실주의자들은 국가를 합리적인 단일 행위자라고 파악하는 것이다. 코헤인(Robert O. Keohane)이 지적했듯이,[9] 현실주의자에게 있어서 만약 국가들이 합리적인 단일 행위자라면 국가들이 비록 불확실한 상황에서 행동하더라도 대안적 행위 노선에 대한 비용을 계산하고 국가들의 기대된 효용의 극대화를 추구함으로써 세계정치를 분석할 수 있는 것이다. 물론, 국가들은 불확실한 상황과 정보로 인해 전략적으로 판단을 잘못할 수도 있지만, 그럼에도 불구하고 그것이 합리성의 가정에 의문을 가져오는 것은 아니다.[10]

이러한 현실주의의 주요 명제들을 고찰해보았을 때, 군사동맹은 기본적으로 현실주의적 현상이라 할 수 있다. 국가들은 자신들의 이익과 영토의 안전을 보장하는 데 있어서 배타적인 국가의 특권이라 할 수 있는 군사력의 정당한 사용이라는 가치를 강조한다. 그러므로 군사동맹은 권력 추구와 권력 행사에 있어서 중요한 요소이다. 외부적 위협에 직면하여 자신의 생존을 유지하고자 하는 국가들은 가용할 수 있는 모든 내적 자원을

of International Stability(Oxford: Oxford University Press, 1994).

9 Robert O. Keohane, "Theory of World Politics: Structural Realism and Beyond," in Robert O. Keohane(1986), *Neorealism and Its Critics*, pp. 158~203.

10 John J. Mearsheimer, "The False Promise of International Institutions," *International Security*, 19-3(Winter 1994/5), pp. 5~49.

동원하여 위협을 극복하거나 아니면 다른 국가들과의 협력을 모색해야 할 것이다. 특히, 국제체제의 다른 행위자에 비해 상대적 권력을 충분히 달성할 수 없는 국가들은 반드시 원조를 모색해야 한다. 그리고 만약 2개국 이상의 국가가 공통의 위협에 직면했다면, 군사원조의 필요성은 군사동맹을 야기할 수 있다.

국제정치의 역동성에 대한 보다 포괄적인 설명을 추구하고자 할 경우에는 전통적 현실주의보다는 구조적 현실주의가 보다 설득력이 있다. 전통적 현실주의자에게 있어서 안보와 권력에 몰두하고 있는 국가는 무정부적 국제체제에서 지배적 행위자이지만, 구조주의적 현실주의자에게 있어서 국가는 국가가 작동하는 체제에 의해서 제약을 받는다. 따라서 구조주의적 현실주의자에게 있어서 안보와 권력의 추구, 그리고 그 결과로서 군사동맹은 임시적이고 일방적인 국가 행위의 단순한 기술 이상인 것이다. 국제체제는 체제 내에서 불균형을 인식하고 이를 중립화시키기를 항구적으로 모색하는 일단의 국가군에 의해서 자동적으로 대항 균형이 이루어지는 권력 축적의 한 현상인 것이다. 그러므로 군사동맹은 단순한 우연적 사건이 아니라 국제체제의 엔진인 것이다.[11]

전통적 · 구조적 현실주의자에게 있어서 군사동맹의 탄생은 공통적으로 대항능력의 축적이라는 관점에서 설명된다. 특히, 국제정치를 행위자의 힘의 분포에 따른 극의 정치(politics of polarity)라는 측면에서 보았을 경우, 다극체제에서는 상당한 설득력이 있다. 그러나 양극체제에서는 자신의 생존능력이 충분한 양 강대국만이 존재하기 때문에 동맹은 필요의 문제가 아니라 편의의 문제라고 볼 수 있다. 바로 이 점에 있어서 구조적

11 Paul Cornish, *Partnership in Crisis: The US, Europe and the Fall and Rise of NATO*(London: The Royal Institute of International Affairs, 1997), p. 11.

현실주의자는 양극체제에 대한 독특한 가정을 내세운다. 양극체제에서 극을 형성하는 강대국들은 자신들의 생존을 위해 동맹을 필요로 하지 않지만, 후견 국가들은 양대 헤게모니 국가들 간의 경쟁에서 하나의 자산이 될 수 있다는 것이다. 즉, 극을 형성하는 강대국들이 후견 국가들과 동맹을 형성하는 것은 강대국들의 안보적 생존 차원이 아니라 상대적 이득을 중요시하기 때문인 것이다.[12] 따라서 상대적 이득이 중요하면 할수록 강대국들에게 있어서 후견 국가들의 획득은 더욱더 중요하게 될 것이다. 극을 형성하는 강대국가들은 약소국가들의 상실이나 기만보다는 약소국가들의 이탈이나 상실로 인한 연쇄적 반작용을 두려워하는 것이다.

동맹의 탄생과 관련하여 또 다른 구조적 현실주의자는 국가들의 경제적 · 군사적 능력 증대라는 측면보다는 인지된 외부의 위협에 대항하기 위해서 동맹을 구성한다고 주장한다. 즉, 세력균형보다는 위협균형의 측면에서, 그리고 실제적 혹은 잠재적 침략자로서 국가의 묘사는 그러한 국가의 군사적 의도뿐만 아니라 국가의 능력에 대한 검토를 수반한다고 주장한다.[13] 이러한 주장에 따르면, 위협에 대응해서 형성되는 안보동맹은 두 가지 형태 중의 하나를 취할 수 있다. 심각한 외부적 위협에 직면했을 때 국가들은 균형을 이루거나 편승할 수 있다. 균형을 이루는 것은 주요한 위협에 대항하여 다른 국가들과 동맹을 결성하는 것으로 정의된다. 편승하는 것은 위험의 원천과 긴밀히 제휴하는 것을 언급한다.[14]

동맹의 지속과 관련하여 전통적 · 구조적 현실주의 모두는 원초적으로 제약을 두고 있지 않다. 전통적 현실주의는 동맹이 필요하다고 생각하는

---

12 Waltz, *Theory of International Politics*, 1979, pp. 170~173.

13 Stephen M. Walt, *The Origins of Alliances*(Ithaca and London: Cornell University Press, 1987).

14 Walt, *The Origins of Alliances*, 1987, p. 17.

한 동맹이 지속되는 것을 선호한다. 마찬가지로 구조적 현실주의는 방어적이고 대응적인 입장으로서 동맹의 수명은 국제체제에서 인지된 불균형의 지속 기간에 관계없이 결정된다. 따라서 군사동맹은 몇 달이나 몇 년 혹은 몇 십 년 이상 지속될 수 있다. 그러나 동맹의 탄생과 관련된 인지된 외부 위협이 소멸되어 동맹의 회원 국가들이 더 이상 외부 위협에 따른 두려움을 갖지 않는 경우, 구조적 현실주의는 전통적 현실주의보다 동맹의 지속에 대해 보다 회의적이다.[15]

인지된 공통의 외부 위협이 소멸되었을 경우, 전통적 현실주의에 있어서 군사동맹은 단지 위부 위협에 대한 임시적 대응 방안일 수도 있고, NATO처럼 복잡하고 장기적으로 생존하는 구조가 될 수도 있다. 또한 위협이 사라지거나 소멸되었을 경우 군사동맹은 다른 방식으로 활용될 수도 있다. 따라서 군사동맹은 외부 위협에 대한 단순한 방어적 대응 이상일 수 있다. 반면, 구조주의적 현실주의자들에게 있어서 군사동맹의 기능은 단순히 실제적이거나 투사된 군사위협에 대한 임시적 대응을 제공하는 것이 아니라 국제체제에서 권력의 응집을 상쇄시키는 것이다. 이러한 주장에 따라 냉전 종식의 중요성은 단순히 군사적 위협이 사라졌다는 측면이 아니라 양극체제가 붕괴되었고 그와 더불어 NATO의 존재 여부에 직면하여 일부 구조주의적 현실주의자들은 지속 기간이 문제가 되겠지만 논리적으로는 동맹의 붕괴는 필연적이라는 입장을 취한다.[16]

---

15 John J. Mearsheimer, "Back to the Future: Instability in Europe After the Cold War," *International Security* 15-1(Summer 1990), pp. 5~56.

16 R. B. McCalla, "NATO's Persistence after the Cold War," *International Organization*, 50-3(Summer 1996), p. 447; Kenneth N. Waltz, "The Emerging Structure of International Politics," *International Security*, 18-2(Fall 1993), pp. 75~76. 특히, NATO의 장래에 대한 현실주의자와 자유주의자의 입장에 대해서는 다음을 참조. Gunther

2. 자유주의와 동맹

상호의존과 초국가적 관계의 정치로 상징되는 자유주의는 국내 정치 중심의 자유주의 계열과 국가 행동과 국제정치를 정보와 불확실성, 그리고 이에 영향을 미치는 제도라는 과정 변수에 초점을 맞춘 분파로 나누어진다고 볼 수 있다.[17] 여기에서는 국제 협력을 분석하는 후자(신자유주의적 제도주의)의 입장에 초점을 두고 자유주의의 핵심적 주제인 협력과 국제제도의 지속성에 대한 주요 논점들을 살펴보고자 한다.[18]

자유주의자들은 현실주의가 가정하고 있는 국제체제의 무정부성을 인정하지만 그것이 필연적으로 행위자들 간의 권력의 불균등한 배분에 따른 층화체제라고는 보지 않는다. 오히려 자유주의자들은 무정부적 국제체제에서 국가들은 다른 국가들이나 다른 행위자들에 의해서 끊임없는 침투를 받아왔기 때문에 국제체제의 층화적 권력구조는 상당히 약화되었다고 파악한다. 따라서 자유주의자들은 현실주의자들의 주장과는 달리

Hellmann and Reinhard Wolf, "Neorealism, Neoliberal Institutionalism, and the Future of NATO," *Security Studies*, 3-1(Autumn 1993), pp. 3~43. Kenneth N. Waltz, "Structural Realism after the Cold War," *International Security*, 25-1(Summer 2000), pp. 5~41. 또한 이런 맥락에서 NATO의 소멸을 논의하고 있는 입장에 대해서는 다음을 참조. D. G. Haglund, "Must NATO Fail?," *International Journal*, 50-4(Autumn 1995), p. 656.

17 이근욱, 「자유주의 이론과 안보」, 『국제정치논총』 제49집 5호, 2009, pp. 33~53.

18 Robert O. Keohane, *After Hegemony: Cooperation and Discord in the World Political Economy*(Princeton, NJ: Princeton University Press, 1984); G. John Ikenberry, "The State and Strategies of International Adjustment," *World Politics* 39-1(1986), pp. 53~77; Robert O. Keohane, *International Institutions and State Power: Essays in International Relations Theory*(Boulder, CO: Westview Press, 1989).

국가를 지배적 행위자가 아닌 중요한 행위자로 파악함과 동시에 비국가 행위자인 제도의 중요성을 강조한다.

따라서 현실주의자들이 국가이익의 경쟁적 추구라는 관점에서 국제정치 과정을 이해하고 있는 것과는 달리 자유주의자들은 지구적 문제들의 관리라는 관점에서 국제정치 과정을 이해하고 있다. 그렇기 때문에 자유주의자들은 행위자들 간의 상호의존과 초국가적 관계를 중요시한다. 특히, 자유주의자들은 협력과 관련하여 현실주의자들과는 달리 협력에 따른 절대적 이득의 측면을 강조한다. 요컨대, 자유주의자들의 입장에서 바라본 국제관계는 국가뿐만 아니라 비국가 행위자들, 그중에서도 특히 제도가 국제정치의 중요 행위자로 부각되고, 행위자들의 상호작용의 유형은 국제체제의 구조적 원칙보다는 행위자들 간의 관계가 구성되는 방식의 절차적 규칙이 중요시된다. 따라서 자유주의적 국제관계에서는 지구적 문제들을 관리하기 위한 조화와 협력적 측면이 강조되고 다원주의적 국제사회에서 규칙 지배적인 행위가 유지되는 가운데 개혁주의 국제질서 양상이 강조된다.

이런 측면에서 자유주의의 핵심 논점은 무정부적 국제체제에서 협력의 가능성과 이를 지속시켜나갈 수 있는 제도의 중요성을 강조하는 것이다. 국제적 무정부 상태로 인해 협력에 대해 상대적으로 회의적인 입장을 보이는 현실주의자와는 달리 자유주의는 협력에 실패하는 근본 원인이 국제적 무정부 상태 그 자체가 아니라 높은 정보비용과 정보의 비대칭성에 있다고 진단한다. 즉, 상대방의 현재 입장뿐 아니라 앞으로 어떠한 행동을 할 것인지에 대해서 정확하게 알지 못한다는 정보비용의 문제와 각자 서로에 대해 다른 정보를 가지고 있다는 정보의 비대칭성 문제가 존재한다. 이 때문에 국가들은 공통의 이익이 존재할 경우에도 이를 추구하는 데 어려움을 겪는다.[19]

따라서 자유주의는 협력의 문제를 중시하며 또한 협력을 이끌어낼 수 있는 제도의 중요성을 강조한다.[20] 세계정치에서 국제제도의 중요성을 강조하는 제도주의자에 따르면,[21] 제도란 역할을 규정하고 행동을 구속하며 기대를 구체화시키는 공식적·비공식적인 지속적이고 상호 연관된 일련의 규칙들이다. 이러한 제도들은 공식적인 조직체로서의 국제기구, 국제관계의 특정 쟁점 영역에서 국가들이 합의한 명시적인 규칙을 지닌 국제 레짐(international regime), 그리고 행위자들의 기대하는 바를 규정짓는 묵시적인 규칙들과 이해를 지닌 비공식적인 제도로서의 관습이라는 형태를 취할 수 있다.

이러한 성격을 갖고 있는 제도들은 정책 조정을 통해 자신들의 이익을 추구할 능력을 증대시키기 위해 국가들에 의해서 창설되고 용인되었다. 전형적으로 국제제도들은 강대국들이 약소국들에게 규칙을 강제하는 대리자 역할을 행하지만 강대국가들에게는 규칙을 강제하지 않는다. 그러나 강대국들은 협상을 보다 용이하게 만드는 종합적인 규칙과 관습을 수립하고 그들이 동의한 규범에 관해서 국가들의 실제 행동에 관한 정보 교환을 촉진시킴으로써 협정을 고무시키고 그에 따른다.[22] 그 결과 국제제도는 국가들의 편의주의적 행동을 구속하고 조정을 위한 지침을 제공

19 이근욱, 『왈츠 이후: 국제정치이론의 변화와 발전』(서울: 한울아카데미, 2009), p. 194.

20 제도주의자의 대표자인 코헤인은 1990년대의 세계 정치를 분석하는 것은 국제제도를 논의하는 것이라고까지 주장한다. Robert O. Keohane, "International Institutions: Can Interdependence Work?," *Foreign Policy* 110(Spring 1998), pp. 82~96.

21 Keohane, *International Institutions and State Power: Essays in International Relations Theory*, 1989, pp. 4~5.

22 Robert O. Keohane & Joseph S. Nye, "Introduction: The End of the Cold War in Europe," in Robert O. Keohane, Joseph S. Nye, Stanley Hoffmann(eds.), *After the Cold War: International Institutions and States Strategies in Europe, 1989~1991*(Cambridge: Cambridge University Press, 1993), pp. 2~3.

한다.

바로 이러한 맥락에서 제도의 중요성을 강조하는 자유주의자들은 동맹을 제도의 측면에서 바라보며 동맹의 지속성과 동맹과 동맹의 구성 국가들 간의 관계를 설명하기 위해서 동맹이 의존하는 공식적 · 비공식적 규칙들과 관례들에 초점을 맞춘다.[23] 현실주의자들에게 있어서 제도는 기본적으로 국제정치에서 권력 배분의 반영물이자 강대국들의 자기 이익적 계산에 바탕하고 있기 때문에 제도는 국가행위에 독립적 영향을 미치지 못한다. 그러므로 동맹은 쉽게 해체될 수 있고, 쉽게 회원국을 바꿀 수 있는 외교정책의 단기적 수단이다. 또한 동맹은 때때로 상대방의 행위를 구속할 수도 있다.[24] 그러나 신자유주의적 제도주의자들은 제도가 회원국 정부들에 대해 권위를 갖고 있지 못하다는 점을 인정하지만, 일련의 규정과 정책결정 과정들을 통해서 제도는 국가들의 행위에 영향을 미칠 수 있는 자신의 자율성을 가질 수 있다는 점을 강조한다.[25]

이런 측면에서 신자유주의적 제도주의자들은 현실주의자들이 전후 주요 동맹을 제대로 파악하지 못했다는 점을 지적한다. 전후 주요 동맹들은 상대적으로 안정된 회원 자격과 복잡한 정책결정 과정, 그리고 차별화된 기능을 가진 공식적인 관료조직을 획득했다. 현실주의자들의 주장대로 만약 제도가 권력 배분에 따른 부수 현상이라면, 제도의 형성과 유지, 그

23 Robert O. Keohane, "Alliances, Threats and the Uses of Neorealism," *International Security*, 13-1(Summer 1988), pp. 169~176.

24 Mearsheimer, "The False Promise of International Institutions," 1994/1995, p. 7.

25 Robert O. Keohane and Joseph S. Nye, *Power and Interdependence*(Glenview, Illinois: Scott, Foresman/Little, Brown, 1989), pp. 20~21, 55~59. 이와는 달리 현실주의자인 미어샤이머는 자유주의적 제도주의 형태는 또 다른 이름의 현실주의라고 비판한다. John J. Mearsheimer, "A Realist Reply," *International Security*, 20-1(Summer 1995), pp. 85~87.

리고 제도의 통제를 위한 지속적인 투쟁을 위해 국가들이 중요한 물적 · 정치적 자원을 소모하는 것은 비합리적인 것이다. 동맹이건 국제경제의 규제조직이건 제도는 비용과 정보, 심지어는 선호를 형성하고 그에 따라 회원 국가들의 행동을 형성한다.[26] 신자유주의적 제도주의자들은 공식화되고 잘 통합된 동맹은 회원 국가들에게 내적 동원에 대한 유인들을 극복하고 불평등한 이득의 두려움을 완화시키고, 그리고 수많은 협력적 사업들을 촉진시킬 것이라고 기대한다. 물론 모든 동맹들이 NATO와 같은 제도적 형태의 심화를 보이는 것은 아니지만, 그럼에도 불구하고 신자유주의자들은 협력의 정도가 제도화의 정도와 인과관계를 가지고 있다고 본다.[27]

3. 구성주의와 동맹

사회적 관계와 정체성의 정치로 상징되는 구성주의는 1980년대 후반에 등장하여 오늘날에는 기존의 현실주의 및 자유주의와 더불어 3대 주류 국제정치 시각으로 자리매김을 하였다. 구성주의의 가장 핵심적인 명제 중의 하나는 국제체제의 구조가 물질적이라기보다는 사회적으로 만들어졌고, 국가 정체성과 이익은 경제적 시각에서 분석하는 것보다는 국제체제에 의해서 더 많이 구성된다는 것이며, 그리고 상호작용 또는 과정이 체제이론에서 다루어져야 하고 무정부 상태는 과정을 떠나서 논의할 수

26 Ronald R. Krebs, "Perverse Institutionalism: NATO and the Greco-Turkish Conflict," *International Organization*, 53-2(Spring 1999), p. 347.

27 Robert O. Keohane and Lisa L. Martin, "The Promise of Institutionalist Theory," *International Security* 20-1(Summer 1995), pp. 39~51.

없다는 것이다.[28] 따라서 국제체제의 구조는 힘의 분포에 의해서가 아니라 지식 공유라는 관념의 분포에 따라 무정부 상태의 형태가 달라질 수 있는 것이다.

구성주의에 따르면, 국가의 정체성과 이익이 국제체제에 의해서 구성되고 반대로 국제체제도 국가에 의해서 구성된다는 것이다. 그러므로 국제체제의 구조가 비록 단위나 단위들의 합과는 다른 성질을 가지고 있지만 기본적으로 단위가 없이는 구조가 존재할 수 없고, 체제의 구조는 단위들의 행위에 영향을 미칠 뿐만 아니라 단위의 기본성질을 구성하는 요소가 된다. 그렇기 때문에 무정부 상태도 국가들의 행위에 의해 달라질 수 있고, 구조에 의해 국가들의 이기적인 욕망도 바뀔 수 있는 것이다. 즉, 무정부 상태는 국가들의 관계에 의해서 변화될 수 있는 것이다.[29]

이에 따라 구성주의에서는 국제적 무정부 상태의 의미나 사회적 맥락을 국제적 무정부 상태의 문화라고 지칭하면서 이를 홉스적(Hobbesian) 문화, 로크적(Lockean) 문화, 그리고 칸트적(Kantian) 문화로 구분하였다.[30] 홉스적 문화의 무정부 상태에서의 안보 관념은 국가안보 패러다임에 기초하여 안보 가치의 절대성이 강조되는 가운데 마치 현실주의에서 가정하는 무정부 상태와 유사한 것으로 만인에 대한 만인의 투쟁이 발생하고 국가들은 자구의 원칙에 따라 생존을 우선적 목표로 설정하며 국가들의 관계는 상호 적대적 관계로 규정된다. 반면, 로크적 문화의 무정부 상태에서의 안보 관념은 국제안보 패러다임에 기초하여 안보 가치의 상대성

28 Alexander Wendt, *Social Theory of International Politics*(Cambridge: Cambridge University Press, 1999).

29 Alexander Wendt, "Anarchy is What States Makes of It: The Social Construction of Power Politics," *International Organization*, 46-2(Spring 1992), pp. 391~425.

30 Wendt, *Social Theory of International Politics*, 1999, pp. 246~312.

이 강조되는 가운데 국가들의 관계는 서로를 적이나 우방으로 인식하는 것이 아니라 갈등과 협력이 동시에 내재되어 있는 경쟁관계로 인식한다. 따라서 로크적 문화의 무정부 상태에서 갈등이 강조되면 이는 홉스적 문화의 무정부 상태의 성격이 보다 부각되고, 반면 협력이 강조되고 보다 성숙해진다면 이는 칸트적 문화의 무정부 상태로 발전해나가는 모습을 보일 것이다. 그러므로 칸트적 문화의 무정부 상태에서의 안보 관념은 지구 안보 패러다임에 기초하여 안보 가치의 보편성에 따라 국가들은 서로를 적도, 경쟁국도 아닌 우방국으로 인식하여 영구 평화를 위해 노력한다.

한편, 구성주의는 자유주의와 마찬가지로 제도의 역할과 중요성을 강조한다. 그러나 제도가 행위자의 행동에 가하는 제약과 기회를 강조하는 자유주의와는 달리 구성주의는 제도적 맥락이 행위자의 행동을 규제할 뿐만 아니라 제도 자체가 국제정치 행위자의 인식에 따라 구성된다는 입장을 강조한다.[31] 그렇기 때문에 구성주의는 오늘날의 국제제도가 상당히 강력하고 적응력이 있는 것은 단순히 제도이기 때문이 아니라 그것은 일반화된 행위 원칙, 불가분성, 그리고 포괄적 호혜성이라는 속성들을 기반으로 특정한 환경 하에서 변화에 적응할 수 있는 지속성과 능력을 증진시킬 수 있기 때문이라고 파악한다. 즉, 구성주의 입장에서는 제도의 규범과 행위자들의 인식 간의 상호작용이라는, 제도가 가정하는 형태가 중요한 것으로 제도의 명목적 · 형식적 측면이 아니라 제도의 실제적이고 질적 측면을 강조하는 것이다.[32]

---

31 Alexander Wendt, "The Agent-Structure Problem in International Relations Theory," *International Organization*, 41-3(Summer 1987), pp. 335~370.

32 John Gerard Ruggie, "Multilateralism: The Anatomy of an Institution," in John Gerard

구성주의 시각에서는 사회적 관계, 정체성, 규범 등 지식 공유라는 관념의 분포 상황을 매우 중시한다. 따라서 동맹에 대한 구성주의 시각 역시 이러한 측면을 강조하고 있다. 구성주의 역시 자유주의와 마찬가지로 동맹을 제도의 관점에서 바라보는 경향이 강하며, 동맹 규범이나 정체성의 공유를 강조한다. 즉, 동맹 형성과 관련해서 구성주의는 현실주의가 강조하는 세력 균형이나 위협 균형의 관점이 아니라 동맹 상대국의 국가적 가치나 정체성의 공유 정도를 주요 선택 기준으로 삼는다는 것이다. 또한 동맹의 지속성과 관련해서 구성주의는 자유주의가 강조하는 '동맹이라는 제도'의 존재보다는 '동맹이라는 제도의 규범'의 상호 내재화의 정도에 따라 동맹의 수명이 달라진다고 보는 입장이다.

일례로, 구성주의자인 바넷(Michael N. Barnett)은 중동지역에서의 동맹정치의 변천사를 분석하면서 공유된 정체성을 가진 국가들은 적과 위협의 개념을 공유하고 서로를 가장 적절한 동맹 상대국으로 여기는 경향이 있다는 것이다. 또한 동맹 규범의 준수 여부가 정체성의 공유 정도에 영향을 미쳐 동맹의 결속력을 결정한다는 것이다.[33] 이와 마찬가지로 리스-카펜(Thomas Risse-Kappen)은 NATO의 기원, 상호작용의 유형, 그리고 지속성에 대한 현실주의의 시각은 불충분한 설명을 제공할 뿐이라고 비판하면서 자유주의적 구성주의 관점에서 대서양동맹은 자유민주주의라는 공동 가치와 집합적 정체성에 기초한 대서양 안보 공동체의 제도화를

Ruggie(ed.), *Multilateralism Matters*(New York: Columbia University Press, 1993), pp. 3~47. 이에 대해 자유주의적 제도주의자인 코헤인은 이러한 입장을 "supralateralism"이라고 일컬은 바 있다. Robert O. Keohane, "Multi-lateralism: An Agenda for Research," *International Journal* XLV4(1990), p. 732 각주.

33 Michael N. Barnett, "Identity and Alliances in the Middle East," in Peter J. Katzenstein(ed.), *The Culture of National Security: Norms and Identity in World Politics*(New York: Columbia University Press, 1996), pp. 400~447.

상징한다고 주장했다.[34]

이상으로 동맹을 바라보는 현실주의와 자유주의, 그리고 구성주의의 시각을 정리해보면 다음과 같은 측면을 지적할 수 있겠다. 첫째, 무엇보다도 국제안보와 불가분의 관계에 있는 군사동맹에 관한 이론적 분석틀은 기본적으로 현실주의적 현상인 것이다. 물론, 이것이 의미하는 바는 국제정치와 동맹 간의 관계에 대해 현실주의 시각이 자유주의 시각이나 구성주의 시각보다 상대적 설명 능력을 잘 보여주고 있다는 것은 아니다. 다만, 앞에서 언급한 자유주의의 고유한 국제정치관과 제도의 중요성을 강조하는 신자유주의적 제도주의자들은 상대적으로 자신의 분석틀을 가지고 군사동맹이나 다른 안보 쟁점들을 설명하고자 하는 학문적 시도에 상대적으로 무관심했다는 측면을 반영하는 것이라고 이해할 수 있다.[35]

둘째, 동맹을 바라보는 현실주의와 자유주의 시각에 있어서 현실주의 시각은 동맹의 탄생 원인에 대해 자유주의 시각보다 상대적으로 설명 능력이 뛰어난 측면을 보이는 반면, 자유주의 시각은 동맹의 탄생 원인보다는 동맹의 생명력에 대해 상대적으로 뛰어난 설명 능력을 보여주고 있다. 이러한 측면은 기본적으로 국제정치를 바라보는 현실주의와 자유주의의 고유한 시각에서 연유하는 것으로 이해할 수 있다.

---

34 Thomas Risse-Kappen, "Collective Identity in a Democratic Community: The Case of NATO," in Peter J. Katzenstein(1996), *The Culture of National Security: Norms and Identity in World Politics*, pp. 357~399.

35 현실주의자와 신자유주의적 제도주의자 모두는 이러한 측면에 동의한다. Joseph Grieco, *Cooperation among Nations: Europe, America, and Non-Tariff Barriers to Trade*(Ithaca, New York: Cornell University Press, 1990), p. 2, 12; Keohane(1989), *International Institutions and State Power: Essays in International Relations Theory*, p. 15.

셋째, 동맹을 바라보는 현실주의와 자유주의의 시각이 상호 대립적 관계에 있는 것이 아니라 상호 보완적 관계라는 점이다. 일례로, 구조적 현실주의자도 동맹의 제도적 성격을 인정한다. 동맹은 일반적으로 정교함과 법적 · 도덕적 의무감과 호혜성을 도입함으로써 이미 존재하는 제휴 상태를 강화시킨다.[36] 또한 구조적 현실주의자는 동맹의 제도적 속성으로 인해 동맹의 생명력이 강화된다는 점을 받아들인다.[37] 이와 마찬가지로 제도적 측면에서 동맹을 바라보는 신자유주의적 제도주의자도 국가정책에 미치는 제도의 영향력보다도 국가체제의 경쟁성이 더 큰 영향을 미친다는 점을 인정한다.[38]

한편, 동맹을 바라보는 구성주의의 시각은 현실주의 및 자유주의 시각과 마찬가지로 부분적 설명력만을 가진다고 볼 수 있지만, 다음의 측면에서 동맹에 대한 구성주의의 한계가 보다 명확하게 드러난다. 첫째, 구성주의는 확실한 가치론 · 실천론적 입장을 보이지 않고 있다. 구성주의가 강조하는 개체의 정체성의 과정적 · 역사적 구성은 개체 간의 협력과 화해, 질서, 그리고 자유주의가 논하는 바와 같이 협력의 제도화에 공헌할 수 있다. 그러나 구성주의는 개체들 간의 불평등한 권력 분포가 강압적 · 지배적 규범으로 정착되어 개체들 간 지배－피지배의 집합적 정체성이 공고화될 수 있으며 관계의 제도화는 권력정치의 제도화가 될 수도 있다

---

36 Glenn H. Snyder, "Alliances, Balance, and Stability," *International Organization*, 45-1(Winter 1991), p. 124.

37 왈트(Walt)는 동맹의 생명력과 관련하여 NATO의 예를 들면서 고도로 발전된 동맹의 제도화가 동맹의 생명력을 강화시킨다는 점을 인정한다. Stephen M. Walt, "Alliances in Theory and Practice: What Lies Ahead?," *Journal of International Affairs* 43-1(Summer/Fall 1989), p. 11.

38 Keohane, *International Institutions and State Power: Essays in International Relations Theory*, 1989, p. 6.

는 점을 간과하고 있다.[39]

이러한 측면을 잘 보여주는 가장 대표적인 동맹 사례로 WTO를 들 수 있다. 1955년에 소련과 중 · 동유럽 7개국(알바니아 · 불가리아 · 헝가리 · 동독 · 폴란드 · 루마니아 · 체코슬로바키아)으로 탄생한 WTO는 NATO와 마찬가지로 비대칭적 다자 동맹이었으며, 내외적 정체성으로 공산주의 이념이라는 집합적 정체성을 공유하였다. 그럼에도 불구하고 알바니아는 1968년 9월 동맹을 탈퇴하였고, 1970년대 이후로 회원 국가들 간의 내적 정체성이 변화해갔음에도 불구하고 WTO는 외적 정체성을 유지하면서 동맹이 존속되었다. 바로 이러한 측면은 구성주의가 간과하고 있는 것으로 지난 냉전시기에 WTO가 유지될 수 있었던 것은 동맹 회원 국가들 간의 집합적 정체성보다는 소련과 중 · 동유럽 국가들 간의 지배-피지배 관계의 위계적 제도화라는 변수가 더 중요했던 것이다.[40]

둘째, 동맹 연구에 있어서 집합적 정체성을 강조하는 구성주의 시각은 단기간에 걸쳐 형성 · 해체되는 동맹 현상과 상이한 정체성을 갖고 있는 국가들 사이에서 나타나는 동맹의 형성과 해체에 따른 동맹 이합집산의 현상을 설명하지 못하는 한계를 보여주고 있다. 일례로, 19세기의 국제정치에서 현저하게 나타난 동맹의 형성과 해체에 따른 동맹 이합집산의 현상은 구성주의 시각으로는 설명할 수 없는 것이다. 바로 이러한 측면에서

39 이근 · 전재성, 「안보론에 있어서 구성주의와 현실주의의 만남」, 『한국과 국제정치』 제17권 1호, 2001, pp. 163~198.

40 지배-피지배 관계의 위계적 제도화와 관련하여 레이크(Lake)는 잔여통제력(the rights of residual control)이라는 개념을 사용하여 위계의 정도에 따라 지배-피지배의 정체성이 심화되는 과정을 분석하고 있다. David A. Lake, "Anarchy, Hierarchy, and the Variety of International Relations," *International Organization*, 50-1(Winter 1996), pp. 1~33; David A. Lake, "Beyond Anarchy: The Importance of Security Institutions," *International Security*, 26-1(Summer 2001), pp. 129~160.

정체성을 강조하는 동맹 연구에 대한 구성주의 시각은 자칫 잘못하면 이념의 편향성 문제를 야기할 수 있을 뿐만 아니라 시대적 특성에 따른 부분적 동맹 연구에만 적실성을 담보하여 동맹 연구 시기와 대상의 제한이라는 의도하지 않은 동맹 연구의 한계를 보여줄 수 있다.

제2장
국제체제와 동맹

무정부적 국제체제에서 국가의 가장 중요한 일차적 목적은 국가의 생존이라 할 수 있다. 이에 따라 국가들은 경성균형전략을 통해 자신의 생존 능력을 강화하거나 당면 위협을 극복하고자 하는 경향을 보여왔다. 대부분의 국가들이 취해왔던 경성균형전략 중에서 가장 고전적인 수단 중의 하나가 바로 동맹이다. 동맹은 두 국가 이상의 주권국가 간 공식적·비공식적 안보협력체로 수세기 동안 국제정치의 핵심적 부분을 차지해왔다. 국제정치의 대다수 국가들은 자신의 생존과 국가이익 증진을 위해 나름의 동맹정책을 갖고 있었고, 또한 동맹 형성을 피하기 위해서라도 동맹정책에 관심을 가져야만 할 것이다. 따라서 국제정치에서 동맹에 대한 연구는 체계적으로 잘 발전해왔다.

특히, 동맹 연구는 국가들이 동맹을 형성하는 원인, 동맹이 국제정치에 미치는 영향, 그리고 동맹을 유지하거나 관리하는 데 있어서의 문제점 등에 대해 주된 관심을 두어왔다. 그럼에도 불구하고 보다 거시적 차원에서 국제체제의 변화가 동맹의 유형 및 기능에 미치는 영향에 대한 연구는 상대적으로 큰 관심을 갖지 못했다. 동맹의 유형을 구분하고 개념을 정의하며 유형에 따른 동맹의 특성과 기능을 분석하는 데 있어서 가장 중요한 요소 중의 하나는 회원국의 행동 제약의 상대적 자율성이라 할 수 있다. 이와 마찬가지로 동맹 형성의 궁극적 목적은 직간접적으로 전쟁 및 안보위협과 불가분의 관계에 있기 때문에 전쟁의 성격과 안보위협의 속성은 동맹 유형의 또 다른 구성요소이다. 왜냐하면 전쟁의 성격과 그에 따른 전쟁 수행방식의 변화, 그리고 안보위협의 속성 등에 따라 동맹의 유형과 기능이 변화하기 때문이다.

여기에서는 국제정치의 구조적 현실주의 이론에 바탕을 두고 국제체제의 변화가 동맹의 유형과 기능에 미치는 영향을 분석하는 것이다. 근대 국제체제가 본격적으로 작동하기 시작한 19세기 이래로 동맹의 유형과 성격은 체제의 성격에 따라 변화해왔다. 19세기의 다극체제에서 동맹의 성격과 유형은 기본적으로 국력집합의 정치형 동맹이 주를 이루었다. 20세기 중반 이후 등장한 냉전이라는 양극체제에서 동맹의 성격과 유형은 안보–자율성 교환의 주둔형 동맹 유형이 일반적이었다. 냉전 이후 미국 중심의 단극 상황에 이어 최근 주요 행위자들 간의 힘의 이동이 부각되는 21세기의 국제체제는 무극체제의 성격을 보이고 있는 가운데 동맹의 유형과 성격도 변화 조짐을 보이고 있다. 이와 관련하여 필자는 향후 새롭게 등장할 동맹 유형을 능력형 동맹이라고 정의하고자 한다. 다만, 여기에서 한 가지 유념해야 할 점은 동맹 유형은 기본적으로 지구적 체제 수준에서의 비교이기 때문에 지역적 안보체제의 특징에 따라 동맹 유형도 달라질 수 있다는 점이며, 또한 체제의 변화가 자동적으로 동맹의 유형을 결정하지는 않는다는 점이다.

1. 국제체제의 특성과 동맹의 유형

1) 국제체제의 정의 · 특성 · 형태

일반적으로 국제사회는 일정한 공통의 이익과 공통의 가치를 인식하고 있는 일단의 국가들이 하나의 사회를 형성할 때 존재하며, 국가들이 서로의 관계에서 일련의 공통된 규칙에 의해 구속되고 공통의 제도들이 작동하는 데 함께하는 사회이다.[1] 따라서 국제사회는 독립 · 자결 · 불간섭 등과 같은 핵심적 가치를 강조하면서 어떤 상위의 정치권위체가 존재하지 않는 주권국가들을 기반으로 이루어진다. 이러한 국제사회에서 국제질서의 가장 일차적인 기능은 전쟁 방지에 있다. 왜냐하면 이에 대한 조정 없이는 국가나 개인들은 수많은 다른 가치들을 추구할 수 없기 때문이다.[2] 국가들의 체제(states system)로 이루어진 국제체제는 주로 행위자와 행위자들 간의 권력 배분 및 상호작용의 유형에 초점을 두고 국제정치 환경을 정의하는 개념이라고 볼 수 있다. 여기에서는 국제체제를 국제사회의 핵심 구성원인 국가들의 사활적 가치를 보존 · 발전시켜나갈 수 있도록 국제정치질서를 유지하는 질서유지 메커니즘이라고 정의한다.

국제질서 내에서 작동하는 근대 국제체제는 크게 국가체제, 무정부적 층화체제, 그리고 자구체제라는 세 가지 구성 원리를 갖고 있다. 먼저, 국가체제로 근대 국제체제의 가장 핵심적인 기본단위는 국가이다. 국가는

1 Hedley Bull, *The Anarchical Society: A Study of Order in World Politics*(London: Macmillan, 1977), p. 13.

2 John A. Hall and T. V. Paul, "Introduction," in T. V. Paul and John A. Hall(eds.), *International Order and the Future of World Politics*(Cambridge: Cambridge University Press, 1999), p. 2.

대내 최고성과 대외 독립적이고 배타적인 주권을 갖고 있다. 이에 따라 국제체제에서는 논리적으로 타국에 대한 내정불간섭이 국제질서의 일반 원칙으로 작용하고 있다. 그에 따라 국내 정치와는 달리 국가 주권을 제약할 수 있는 상위의 권위체가 존재하지 않는다. 이러한 국가체제로 인해 국제체제는 무정부적 층화체제로 구성된다. 즉, 국가 주권을 제약할 수 있는 상위의 권위체가 존재하지 않는다는 점에서 무정부적이다. 그러나 무정부의 상태는 결코 혼란이나 혼돈의 상태를 의미하지 않는다. 이는 기본적으로 국가들이 체제 내에서 원자적으로 존재하는 것이 아니기 때문이다. 국가들은 지리적 위치, 영토의 규모, 인구, 다양한 자원의 보유, 과학기술 등 많은 측면에 있어 차이가 있고, 그에 따라 국가들의 국력 편차가 발생하기 때문에 실제적으로 국가들 간에는 위계적 서열이 매겨진다. 이에 따라 국가들은 삼각형 구도처럼 층화적으로 최상위층과 최하위층의 어느 층에 속해 있는 것이다.

국가들은 기본적으로 최상위층에 있고자 하는 속성을 갖고 있기 때문에 모든 층에 걸쳐서 국가들 사이에서는 경쟁이 발생한다. 이와 동시에 국제체제의 무정부적 성격으로 인해 국가들은 가장 우선적으로 스스로 생존을 책임져야 하기 때문에 국제체제는 또한 자구체제로 구성된다. 이러한 자구체제는 구조적으로 안보 딜레마를 발생시키고 이를 지속시킨다. 그렇기 때문에 근대 국제체제의 변화 과정에서 체제 변화를 가져온 가장 핵심적이고 중요한 변수는 다름 아닌 주요 국가들 간의 전쟁이었다. 따라서 국제체제는 시대에 따라 각각의 독특한 작동원리에 기초하여 국제질서를 특징 지워왔고, 또한 공통적으로 전쟁을 통해 파괴된 국제질서를 복원하고 안정을 유지하기 위한 평화의 메커니즘으로 작동해왔다.[3]

3 Ian Clark, *The Post Cold War Order: The Spoils of Peace*(Oxford: Oxford University

근대 국제체제의 출발 이후 체제의 주된 행위자인 국가들의 권력 배분 양상과 이들의 상호작용의 유형은 특정 시기의 국제체제의 형태와 작동 원리를 규정하는 가장 중요한 변수로 작용하였다. 국제체제의 형태와 관련해서 먼저 다극체제를 들 수 있다. 다극체제는 적어도 4~5개국 이상의 주요 구심점이 있고 이들 모두가 거의 비슷한 힘을 보유하고 있다. 극을 형성하는 국가들 모두는 자신의 이득에 관심을 가지고 있으면서 일차적으로 자신의 보호에 책임을 지고 있다. 어느 한 국가나 동맹의 힘이 너무 강해지면 나머지 다른 행위자들은 위협을 받기 때문에 이에 맞서 대항동맹을 형성하고자 하는 경향이 있다. 국제체제의 두 번째 형태인 양극체제는 극을 형성하는 두 행위자의 힘이 서로 대등한 체제이다. 양극체제에서는 극을 형성하는 중심국을 정점으로 권위적으로 조직된 동맹체들이 존재한다. 각 동맹체제의 구성원들은 서로 간에 동맹지도국에 의해서 통제된다. 또한 각 지배 국가는 상대국을 항상 주시해야 할 적대국으로 간주한다. 국제체제의 세 번째 형태라 할 수 있는 단극체제는 한 국가에게 모든 권력이 집중되어 있는 체제로 한 국가가 다른 모든 국가들에 비해 압도적 힘을 얻는 경우로 보편적 제국을 수립하는 것이다.

2) 동맹의 유형과 기능

여기에서 말하는 동맹 유형(alliance types)이란 동맹 회원 국가들이 유형 · 무형의 군사적 안보자산을 공유하는 정도와 종류, 안보자산의 상호작용의 빈도와 흐름, 그리고 이와 관련된 행태 등을 규정하는 것이다. 이러한 동맹 유형은 동맹 형성의 목적과도 연동되어 있을 뿐만 아니라 동맹의 성격과 기능에도 지대한 영향을 미친다. 특히, 여기에서는 동맹의 유

Press, 2001), pp. 1~15.

형을 구분하고 개념을 정의하며 유형에 따른 동맹의 특성과 기능을 분석하는 데 있어서 가장 중요한 요소로 회원국의 행동 제약의 상대적 자율성을 들고자 한다. 이와 마찬가지로 동맹 형성의 궁극적 목적은 직간접적으로 전쟁 및 안보위협과 불가분의 관계에 있기 때문에 전쟁의 성격과 안보위협의 속성은 동맹 유형의 또 다른 구성요소이다. 왜냐하면 전쟁의 성격(안보위협의 속성)과 그에 따른 전쟁 수행방식의 변화에 따라 동맹의 유형과 기능이 변화하기 때문이다.

동맹 회원국의 행동 제약의 상대적 자율성과 전쟁의 성격(안보위협의 속성)이라는 두 가지 구성요소에 따른 동맹유형은 크게 정치형 동맹(political alliance), 주둔형 동맹(stationary alliance), 그리고 능력형 동맹(capability-based alliance)으로 구분할 수 있다. 먼저, 정치형 동맹이다. 정치형 동맹은 다음과 같은 특징과 기능을 갖고 있다. 첫째, 다른 어떤 동맹 유형에서보다도 회원 국가들의 행동 제약의 상대적 자율성은 높다. 이러한 특성은 정치형 동맹 중에서 비대칭적 동맹 형태에도 논리적으로 동일하게 적용된다. 왜냐하면 동맹 조약을 통해 회원 국가들에게 부과된 의무를 강제할 수 있는 중앙권력의 부재로 인해 동맹 의무의 이행은 전적으로 당사국들의 자기 이익에 달려 있기 때문이다.[4]

정치형 동맹에서는 동맹 당사국들 중 일국의 병력이 다른 회원국의 영토에 병력을 주둔시키는 경우를 찾아볼 수 없으며, 기껏해야 최소한의 정치적 협의체나 혹은 참모진의 소통을 통해 군사적 협력을 도모할 뿐이다. 이를 통해 동맹의 회원국들은 동맹의 의무감이나 이데올로기에 얽매이지 않고 자국의 이익에 따라 언제든지 동맹을 바꿀 수 있는, 보다 자유롭고 유연한 입장을 유지하고자 한다. 따라서 정치형 동맹의 지속 기간은 상대

---

4 Glenn H. Snyder, *Alliance Politics*(Ithaca, NY: Cornell University Press, 1997), p. 17.

적으로 짧다. 나아가 국가들은 두 개 이상의 동맹 회원국이 될 수 있으며, 설사 자국이 속한 동맹들이 서로 경쟁적 · 적대적이라 할지라도 논리적으로는 가능한 것이다. 정치형 동맹의 가장 일차적인 기능은 평시의 안보와 안정 유지에 주목적이 있는 것이 아니라 유사시 위협이나 전쟁으로부터 국가의 생존을 담보하기 위함이다. 그렇기 때문에 정치형 동맹의 형성 목적은 국력집합 동맹의 속성이 강하다. 따라서 정치형 동맹의 주된 기능은 평화 시에는 제대로 작동하기 힘들고 임박한 위협이나 전쟁발발 시에 동맹의 기능이 확연하게 나타날 수 있다. 동맹 회원 국가들은 이러한 측면을 모두 인식하고 있기 때문에 되도록이면 회원 국가들 간의 정책 방향의 일치를 강조하기도 한다.

두 번째 동맹 유형은 주둔형 동맹이다. 주둔형 동맹은 회원국의 일정 규모 이상의 병력이 다른 회원국의 영토에 주둔하여 평시부터 위협이나 전쟁에 대비하고 있는 동맹 유형이다. 특히, 주둔형 동맹의 가장 일반적인 형태가 비대칭적 동맹이기 때문에 강대국의 병력이 약소국의 영토에 병력을 주둔시키고 있는 것이 대부분의 경우이다. 그러므로 주둔형 동맹의 형성 목적은 자율성 · 안보교환 동맹의 속성이 강하다. 이에 따라 주둔형 동맹의 경우 회원 국가들 모두는 행동 자유의 제약을 받게 된다. 그러나 회원 국가들의 상대적 자율성은 지정학적 위치, 동맹에 대한 의존성과 동맹에 대한 안보 공약의 정도에 따라 편차를 겪게 된다. 비대칭적 주둔형 동맹에 있어서 일반적으로 강대국의 행동 제약의 상대적 자율성은 높은 반면 약소국의 그것은 떨어진다고 볼 수 있다. 또한 약소국가는 동맹관계로 인해 자신이 원치 않는 분쟁에 휘말릴 수 있게 되는 연루의 두려움을 항시적으로 갖고 있다. 주둔형 동맹에서는 주로 강대국가의 일정 규모 이상의 병력이 동맹 약소국 영토에 상시 주둔해 있어야 하기 때문에 이와 관련된 일련의 법적 · 제도적 장치가 필요하게 된다.[5] 그에 따라 주둔형 동맹은 시간이 지남에 따라 하나의 기구나 제도로 발전되어가는 경향이 있고, 동맹의 지속기간은 다른 동맹 유형보다 상대적으로 길다고 볼 수 있다. 주둔형 동맹은 평시에도 일정 규모 이상의 병력이 주둔해 있기 때문에 정치형 동맹과는 달리 방어적 성격이 강하며 적과 위협에 대해 일차적으로 억지 기능을 수행한다. 요컨대, 주둔형 동맹의 가장 중요한 기능은 회원국의 영토 방위에 초점을 맞춘 집단방위 역할을 수행하는 것이다. 또한 전쟁의 본질이 대규모적이고 전면적 양상으로 치달을수록 동맹의 유형은 주둔형이 될 가능성이 상대적으로 높아진다.

마지막으로 능력형 동맹이다. 능력형 동맹은 기본적으로 관련 국가들 간의 의지의 연합(coalition of willings)에 근거해서 나타날 수 있는 유형이다. 즉, 능력형 동맹은 특정 안보상황의 위협 요소를 해소하기 위하여 이해관계가 있는 관련 국가들이 임시방편적으로 군사적 연합을 도모했다가 상황 종료 후 해체되는 상당히 가변적인 동맹 유형이다. 능력형 동맹에서 가장 중요한 것은 특정 위협에 대한 국가들의 군사적 이행 의지와 능력이다. 그렇기 때문에 능력형 동맹은 정치형 동맹뿐만 아니라 주둔형 동맹과도 매우 상이한 동맹 유형인 것이다.

군사협력의 임시성과 가변성을 핵심으로 하는 능동형 동맹 유형을 결정하는 가장 중요한 변수로는 국제체제의 형태와 안보위협의 속성이라고 볼 수 있다. 즉, 국제체제가 국가 및 비국가 행위자를 포함하여 보다 다양화되고 행위자들 간의 권력의 원천도 다중심적 양상을 보이는 무극체제로 발전할수록, 그리고 안보위협의 속성이 지정학에 기초한 영토적 · 지전략 차원이 아니라 국제 테러리즘과 같은 탈영토화에 입각한 안보의 기능적 측면이 부각될수록 지역적 · 국제적 평화와 안정을 유지하고 발전시

5 이와 관련해서 가장 대표적인 법적 장치가 바로 주둔군지위협정(SOFA)이다.

[표 2-1] 정치형 · 주둔형 · 능력형 동맹의 주요 특징 비교

구분	정치형 동맹	주둔형 동맹	능력형 동맹
국제체제	다극체제 (Multipolarity)	양극체제 (Bipolarity)	무극체제 (Nonpolarity)
행동 제약의 상대적 자율성	높음	강대국 높음 약소국 낮음	높음
동맹의 결속력	낮음	높음	낮음
포기-연루의 딜레마	포기의 위험성 높음 연루의 위험성 높음	포기의 위험성 낮음 연루의 위험성 높음 (약소국에 해당)	
동맹의 주된 기능	평시: 일상적 관계 전시: 전쟁 승리	평시: 억지능력 전시: 영토방위	평화활동 · 집단안보
전쟁 주체의 상대적 중요성	대칭적(국가)	대칭적(국가)	대칭 · 비대칭적 (국가-비국가)
전장 범위	지역적	지구적	특정 지역의 국가

※ 정치형 · 주둔형 · 능력형 동맹의 특징은 기본적으로 지구적 체제 수준에서의 비교이기 때문에 지역체제의 성격에 따라 이러한 특징들이 변화될 수도 있다.

킬 목적으로 특정 지역의 안정화를 위한 주요 이해당사국 간의 군사협력은 능력형 동맹 유형으로 나타날 개연성이 그만큼 높아진다고 볼 수 있다.

2. 다극체제와 정치형 동맹

일반적으로 1648년의 웨스트팔리아 조약 시점을 근대 외교와 국제체제의 출발점으로 삼는다. 그러나 질서유지 메커니즘이라는 맥락에서 근

대 국제체제의 출발은 1815년을 기점으로 삼는 것이 보다 더 합당할 것이다. 1815년 이전에는 평화를 자기 실행적이라고 생각하는 것이 일반적이었고, 1648년과 1713년의 평화 형성에 있어서 강대국들은 특별한 권리와 책임감을 갖고 있지 않았다.[6] 따라서 1815년을 기점으로 이때부터 하나의 쟁점으로서 평화 집행에 관한 사고를 지향하는 경향이 뚜렷해졌다.

1815년 이후 제1차 세계대전이 발생하기 이전의 국제체제는 다극체제의 형태를 보여주었다. 나폴레옹 전쟁(Napoleonic Wars)이 종식된 1815년에는 외교적으로 영향력 있는 8개의 강대국(오스트리아 · 프랑스 · 영국 · 포르투갈 · 러시아 · 프러시아 · 스페인 · 스웨덴)이 존재하고 있었다. 그러나 포르투갈 · 스페인, 그리고 스웨덴은 단지 전통적인 예의 때문에 강대국의 서열에 낄 수 있었고, 곧 그 지위를 상실하고 만다. 따라서 실제 강대국은 5개국으로 줄어들었다. 제1차 세계대전이 발발할 무렵에는 이외에 이탈리아 · 미국 · 일본이 강대국 대열에 합류하였다.[7] 이 기간 동안 유럽의 국제체제에서 가장 중요한 것은 극을 형성한 강대국들이 세력균형을 통해 질서를 유지하는 것이었다. 그중에서도 유럽협조체제와 비스마르크(Otto von Bismarck)의 동맹체제가 가장 중요하였다.

유럽협조체제는 나폴레옹 전쟁을 계기로 형성된 영국 · 러시아 · 오스트리아 · 프러시아, 그리고 프랑스를 중심으로 상호간의 동의와 협조를 바탕으로 유럽의 질서와 평화를 유지하기 위한 안보 메커니즘이었다. 유럽협조체제는 강대국들의 제재를 통해 모든 영토적 변경을 관리하면서 협조의 규칙과 규범은 국제적 위기들을 다루는 데 있어서 회의 외교를 주

---

6 A. Osiander, *The States System of Europe 1640~1990: Peacemaking and the Condition of International Stability*(Oxford: Oxford University Press, 1994), p. 323.

7 Hans J. Mogenthau, *Politics among Nations*(New York: Knopf, 1973), 이호재 역, 『현대 국제정치론』(서울: 법문사, 1989), pp. 455~456.

된 수단으로 만들었다.[8] 그리고 유럽협조체제는 강대국들에게 자의적으로 약소국들의 운명을 결정할 수 있는 권한을 부여했다. 따라서 유럽협조체제는 강대국들 간의 자발적 협력의 측면과 강대국-약소국의 차등적 개체 간의 강제적 협력이라는 이중성을 갖고 있었다.[9] 한편, 1870년 보불전쟁을 계기로 유럽의 안보질서는 지정학에 기초한 독일의 전략적 사고에서 출발한 동맹체제에 의해서 유지되었다. 보불전쟁 이후 독일의 비스마르크는 통일 독일의 안보를 보장받기 위해 프랑스의 고립을 유도하고 유럽 질서의 현상유지를 지속하기 위한 장치로 일련의 동맹체제를 만들어냈다.

이처럼, 19세기 유럽의 국제체제에 가장 중요한 것은 세력균형의 원칙이었고 그 핵심적 수단은 바로 동맹이었다. 이 시기에 존재했던 주요 동맹을 나열해보면 유럽협조체제 기간의 신성동맹과 4국 동맹, 1873년 10월에 완성된 제1차 삼제동맹, 1881년 6월의 제2차 삼제동맹, 1879년 10월의 독일 · 오스트리아 · 헝가리 동맹, 1882년 5월 독일 · 오스트리아 · 이탈리아 사이에 체결한 삼국동맹, 1887년 6월의 독 · 러 비밀조약, 1883년의 독-루마니아 동맹, 1894년 1월의 노 · 불 군사동맹, 1904년의 영 · 불 협상, 그리고 1907년 8월의 영 · 로 협상 등을 들 수 있다. 이와 관련해서 이 당시의 동맹 유형은 정치형 동맹의 전형을 보여주었다. 19세기 후반부 이전까지 동맹은 쌍무적 동맹 형태가 일반적이었으며, 집약적인 군사적 준비나 협력을 수반하지 않았다. 과학기술의 저발전, 전쟁을 수행할 수 있는 국가의 경제적 능력 제한, 그리고 소규모 차원의 전쟁 양식으로

8 이수형, 「국제안보체제의 변화에 관한 역사적 고찰: 유럽안보체제를 중심으로」, 『국제정치논총』 제43집 3호, 2003, p. 121.

9 전재성, 「19세기 유럽협조체제에 대한 국제제도론적 분석: 현실주의와 구성주의 제도론의 시각에서」, 『한국과 국제정치』 제15권 2호, 1999, p. 42.

그러한 준비는 실행 불가능했고 또한 필요하지도 않았다.[10]

또한 이 당시의 국가들은 군사적 억지의 수단으로써 평시 동맹을 유지할 필요성과 능력을 결하고 있었다. 이와 더불어 국가들은 동맹을 유연하게 유지하고 공약을 제한적으로 하는 것이 일반적인 현상이었다. 이러한 목적을 위해 비밀 동맹과 비밀 조항이 일반적이었으며, 또한 공격 계획을 숨기고 동맹국의 기분을 상하게 하지 않으면서 다른 국가들과 거래를 할 수 있는 외교적 옵션을 증가시켰다. 그럼에도 불구하고 주요 국가들이 권력을 거의 대등하게 보유하고 있는 다극체제의 성격으로 인해 이러한 경향은 균형 유지에 도움이 되었고 동맹 정치는 전쟁의 주기적 발생으로 동요되었지만, 전쟁의 영역과 피해가 제한적이었기 때문에 균형을 유지하기 위한 수단으로 용인될 수 있었다.[11]

그러나 이 당시의 이러한 정치형 동맹 유형에 있어서 변화가 없었던 것은 아니었다. 특히, 1870년의 보불전쟁을 계기로 유럽 국가들은 평시 군사적 준비의 중요성을 깨달았고, 전시와 마찬가지로 평시에도 잘 준비된 동맹의 필요성을 인식하기 시작하였다. 보불전쟁 이후 독일의 안보를 위해 구축해놓은 비스마르크의 동맹체제는 역설적으로 상이한 유형의 동맹체제가 등장하는 시발점이 되었다. 왜냐하면 19세기 후반에 들어와 주요 국가들의 기술적 · 경제적 능력의 발전과 더불어 비스마르크의 동맹체제는 대항 동맹체제를 야기하였기 때문이었다.[12] 19세기 후반에 발생한 정치형 동맹 유형에 있어서의 이러한 변화는 결국 제1차 세계대전에 이르기까지 삼국동맹과 삼국협상 간의 공고한 대결구도를 형성하게 되었고,

---

10 Robert E. Osgood, *Alliances and American Foreign Policy*(Baltimore: The Johns Hopkins Press, 1968), p. 26.

11 Osgood, *Alliances and American Foreign Policy*, 1968, pp. 26~27.

12 Osgood, *Alliances and American Foreign Policy*, 1968, p. 28.

이들 간의 군비경쟁은 군사적 준비에 대한 압력을 높이면서 동맹의 결속력을 강화시키는 결과를 야기하였다. 이러한 측면은 크리스텐센(Thomas J. Christensen)과 스나이더(Jack Snyder)가 연쇄 연루(chain gangs)라는 개념을 사용하여 오·홍제국과 세르비아의 전쟁이 세계대전으로 확대되게 된 배경이나 원인을 잘 설명해주고 있다.[13]

이런 맥락에서 19세기 유럽의 다극체제에서 나타났던 정치형 동맹은 1870년의 보불전쟁을 계기로 다음과 같은 변화를 보여주었다고 할 수 있다. 첫째, 19세기 후반에 들어와 국력집합이라는 동맹 형성의 목적이 보다 뚜렷하게 부각되기 시작하였다는 점이다. 이는 그 이전에도 국가들이 자신들의 군사적 지위를 향상시키기 위해 동맹을 일차적 수단으로 이용하였지만, 국력집합이라는 측면보다는 극을 형성한 강대국들이 다른 국가들의 집합적 힘을 분산시키기 위해 동맹을 이용했다는 것을 암시하는 것이기도 하다. 둘째, 19세기 후반에 들어와 동맹 형성의 목적이 국력집합적 성격을 강하게 보임에 따라 동맹의 안보 딜레마 측면에서 동맹 국가들은 포기의 두려움보다는 연루의 두려움을 보다 강하게 느끼게 되었다는 점이다. 이 당시 동맹 국가들이 연루의 딜레마를 강하게 느끼게 되었다는 것은 또 다른 측면에서는 동맹의 공격적 성격이 보다 강화되었다는 것을 의미하기도 한다. 이 당시 국력이 비슷한 국가들이 공통의 공격 대상국을 설정하고 동맹을 형성한 것이 일반적이었다. 즉, 다극체제의 특성으로 동맹 국가들은 포기의 위험성을 갖고 있지만,[14] 이는 역설적으로 동

13 Thomas J. Christensen and Jack Snyder, "Chain Gangs and Passed Bucks: Predicting Alliance Patterns in Multipolarity," *International Organization* 44-2(Spring 1990), pp. 138~168.

14 Kenneth N. Waltz, *Theory of International Politics*(Reading, Mass.: Addison-Wesley, 1979), pp. 169~170.

맹 국가들은 자신의 정책을 동맹의 이익에 맞추고자 하는 경향을 강화시키면서 정책의 엄격성을 가져왔다. 다극체제에서 정책의 엄격성은 역으로 연루의 위험성을 야기한다.[15] 셋째, 19세기 후반의 동맹은 쌍무적 형태보다는 다자적 형태의 동맹이 보다 부각된 동시에 유사시 못지않게 평시의 군사적 준비태세 및 동맹체제의 중요성을 새롭게 인식했다는 점이다.

3. 양극체제와 주둔형 동맹

제2차 세계대전 이후의 국제체제는 행위자들 간의 권력 배분이라는 측면에서 양극체제였다. 특히, 양극을 형성한 미국과 소련의 상호작용은 대결적 양상을 보이면서 냉전체제를 구축하였다. 냉전체제는 세계적 수준에서의 진영 간 정치적 · 경제적 · 군사적 · 이데올로기적 대립으로 상징되었다. 따라서 냉전체제는 개별적 · 집단적 국민국가 수준에서의 단순한 경제적 이익이나 힘의 추구에 따른 경쟁이 아닌 국가 조직이념이나 사회체제적 · 경제체제적 가치의 우월성을 두고 진행된 집단 간 경쟁이라는 양상을 보여주었다.[16]

안보 메커니즘으로서 냉전체제의 등장은 다음과 같은 역사적 의미를 갖고 있었다.[17] 무엇보다도 먼저, 냉전체제의 형성은 근대 유럽 국가들의

---

15 Snyder, *Alliance Politics*, 1997, p. 20.

16 박건영 · 남창희 · 이수형, 「미국의 동북아 동맹전략과 동맹의 안보 딜레마, 그리고 한국의 국가안보전략에 대한 함의」, 『한국과 국제정치』 제18권 4호(2002), p. 39.

17 이수형, 「국제안보체제의 변화에 관한 역사적 고찰: 유럽안보체제를 중심으로」, 2003, pp. 122~123.

태동에서 출발한 유럽적 안보체제의 지구화를 의미했다. 즉, 냉전체제는 진정한 의미에서 세계적 안보체제로 작동하였고, 이전의 국제체제에서 보여주었던 협조체제, 집단안전보장, 그리고 동맹체제의 기본구조 혹은 특성을 모두 갖고 있었다. 둘째, 냉전체제의 등장은 유럽 중심의 안보체제의 종식을 의미했다. 20세기 민족주의에 기초한 지정학적 경쟁논리의 폭력적 표출이었던 제1차 세계대전과 뒤이은 제2차 세계대전으로 유럽은 수세기 동안 누려왔던 지구적 우위를 상실하게 되었을 뿐만 아니라 유럽 대륙 내에서조차 자신의 운명을 통제할 능력을 상실해버렸다. 반면, 이를 통해 잉태된 미국과 소련은 핵무기를 기반으로 세계의 초강대국으로 등장하면서 소위 냉전 이데올로기의 세계적 확산 및 공고화를 통해 국제관계의 질서화를 강요하였다.

이러한 냉전체제에 있어서 특이한 점은 행위자들의 상호작용은 체제의 구조적 원칙과 행위자들의 관계가 구성되어지는 절차적 규칙이 동시에 작용했다는 점이다. 미국과 소련을 축으로 구성되는 진영 대 진영에 있어서 행위자들 간의 상호작용의 유형은 일반적으로 구조적 원칙의 측면을 반영했지만, 미국을 축으로 하는 자유민주주의 진영에 있어서 행위자들 간의 상호작용의 유형은 절차적 규칙의 측면을 보다 강하게 반영하였다는 점이다. 이러한 양상은 기본적으로 냉전체제에서 전개된 미국의 외교정책과 불가분의 관계에 있었다. 미국은 소련 및 공산주의 세력 팽창을 저지하기 위해 봉쇄정책을 추구하면서 민주주의 진영의 질서를 미국체제(American System)로 형성 · 발전시켜나갔다. 그 과정에서 미국은 반공을 내세우는 국가들과 정치적 유대관계의 강화, 관세와 무역에 관한 일반협정(GATT)과 브레튼우즈(Bretton Woods)체제로 상징되는 자본주의 경제질서의 형성, 그리고 이를 뒷받침하기 위한 군사동맹체제를 발전시켜나갔다.

반면, 소련과 중 · 동유럽 국가들을 중심으로 형성된 동구진영에서는 소련과 중 · 동유럽 국가들 간의 위계적 지배－피지배 관계가 강조되었다. 1948~1949년의 베를린 봉쇄, 1962년의 베를린 장벽 구축, 1956년의 폴란드와 헝가리 위기, 1968년의 체코슬로바키아에 대한 소련의 무력 사용으로 중 · 동유럽 국가들은 체제 수준에서의 위협보다 소련에 의한 진영 내부로부터의 안보적 위협을 더 심각하게 받아들일 수밖에 없었다.[18] 특히, 1968년의 체코 사태 이후 중 · 동유럽 국가들에 대한 소련의 위협은 제한주권론으로 알려진 브레즈네프 독트린(Brezhnev Doctrine)으로 상징화되었고, 이들 국가들의 외교정책과 안보전략은 소련의 외교안보정책의 방향과 영역을 벗어날 수 없었으며, 나아가 정치적 자율성 역시 지속적으로 소련의 통제와 간섭을 받을 수밖에 없었다. 따라서 결과적으로 냉전체제에서는 구조적 원칙에 충실한 미국과 소련을 축으로 하는 진영 대 진영의 봉쇄질서와 자유민주주의 진영 내에서 절차적 규칙에 충실한 미국과 서유럽 국가들 간의 서방 자유질서가 존재하였고,[19] 추가적으로 위계적 지배－피지배 관계가 강조되는 소련과 중 · 동유럽의 동구 질서가 존재하였다.

이러한 성격을 보여준 냉전체제에서 동맹 유형은 19세기의 정치형 동맹과는 확연히 구별되는 주둔형 동맹이 주를 이루었다. 냉전이라는 양극체제에서 주둔형 동맹이 일반화된 것은 기본적으로 체제의 성격에 따른

---

18 Laszlo Valki, "Security Concerns in Central Europe," in Jacob Kipp(ed.), *Central European Security Concerns: Bridge, Buffer or Barrier?*(London: FRANK CASS & CO. LTD), pp. 1~14.

19 G. John Ikenberry, "Liberal Hegemony and the future of American Postwar Order," in T. V. Paul and John A. Hall(eds), *International Order and the Future of World Politics*(Cambridge: Cambridge University Press, 1999), pp. 123~145.

미국의 동맹정책의 산물이었다. 미국의 동맹정책은 1950년의 한국전쟁을 계기로 보다 구체화되기 시작하였다.[20] 비록 1945년 전후로 냉전이 출발했지만, 한국전쟁 이전까지 미국은 자신의 봉쇄정책을 뒷받침해줄 동맹정책을 구체화하지는 못했다. 냉전시대 미국의 봉쇄정책의 시발점이라 할 수 있는 1947년의 트루먼 독트린(Truman Doctrine) 당시까지만 해도 동맹정책에 대한 미국의 구체적 입장은 없었다. 일례로, 1949년 4월에 결성된 NATO도 군사조직을 갖추지 못한 정치형 동맹 유형이었다. 이는 당시 서유럽에 대한 소련의 위협을 군사적이 아닌 정치적 측면으로 이해한 미국 정책결정자들의 인식[21]에서도 어느 정도 연유했지만 구체화된 미국의 동맹정책이 존재하지 않았다는 것을 보여주는 것이기도 하다. 그러나 1949년의 소련의 핵무기 획득과 1950년의 한국전쟁 발발은 NATO 전략상의 변화를 야기하는 계기가 되었을 뿐만 아니라 소련의 의도를 평가하는 전환점이 되었다.[22]

미국의 정책결정자들은 군사적 관점에서 소련의 의도를 인식한 이후 봉쇄정책의 실제적 수단으로서 반공을 기점으로 동맹정책을 구체화해나가기 시작하였다. 특히, 미국은 소련의 위협을 봉쇄하기 위해 지정학적 위치와 전략적 관점에서 우방 국가들과 동맹을 체결했으며, 이러한 측면에서 탄생한 동맹들은 주둔형 동맹 유형을 보여주었다. 그러나 냉전체제에서 미국과 맺은 모든 동맹이 주둔형 동맹이 아니라는 점에 유의할 필요

20 Osgood, *Alliances and American Foreign Policy*, 1968, pp. 33~47.

21 John Lewis Gaddis, *Strategies of Containment*(New York: Oxford University Press, 1982), pp. 34~35.

22 냉전이 공고화되는 과정에서 발생한 한국전쟁이 유럽과 동북아시아 안보에 미친 영향에 대해서는 다음을 참조. 이수형, 「유럽과 동북아 안보에 미친 한국전쟁의 영향: 냉전의 평화와 갈등의 비대칭 구도 정립」, 『GRI 연구논총』 제12권 제3호, 2010년, pp. 229~248.

가 있다. 일례로, 1948년의 미주기구(OAS), 1950년대의 동남아시아조약기구(SEATO)와 앤저스 조약(ANZUS Pact), 중동지역의 중앙조약기구(CENTO) 등은 이들 지역에 미군 병력이 주둔하지 않은 정치형 동맹이었고, 또한 이들 동맹의 주된 기능도 집단방위라기보다는 지역 차원의 집단안보 역할을 수행하는 것이었다.[23]

그러나 미국이 지정학의 전략적 가치를 중시하고 자신의 사활적 · 핵심적 이익 지역이라고 인식한 곳에서는 지역 국가들과의 쌍무적 · 다자적 동맹을 체결하고 소련의 위협을 봉쇄하기 위해 이들 동맹들을 주둔형 동맹으로 발전시켜나갔다. 대표적으로 유럽의 NATO, 아시아에서의 미일동맹, 한미동맹 등이었다. 따라서 냉전체제에서 주둔형 동맹은 기본적으로 비대칭 동맹이었으며, 일정 규모 이상의 미군 병력이 동맹국의 영토에 상시적으로 주둔해 있었다. 그에 따라 동맹의 주된 기능은 방어적 성격을 갖고 적과 위협에 대한 일차적 억지 기능을 수행하는 것으로 회원국의 영토방위와 지역의 안정을 유지하는 집단방위 역할이었다. 또한 이러한 주둔형 동맹은 다른 어떤 동맹보다도 오래 지속되었으며, 그 과정에서 단순한 군사동맹 이상의 안보기구나 제도로 발전되어나갔다.

4. 무극체제와 능력형 동맹

세기의 전환기에 발생한 냉전체제의 붕괴는 국제체제의 급격한 변화를 야기하면서 국제정치 학자들 및 관련 정책결정자들에게 중요하면서도 시급히 해결해야 할 많은 문제들을 남겨놓았다. 그중에서도 가장 관심 있고

23 Osgood, *Alliances and American Foreign Policy*, 1968, pp. 75~85.

중요한 문제 중의 하나는 냉전 이후 국제체제의 성격에 관한 것이었다. 즉, 냉전 이후의 국제체제의 성격과 관련하여, 일부 학자들은 미국이 유일 초강대국이라는 점은 인정하지만 이것이 단극체제(unipolar system)를 의미하는 것이 아니라 단극 상황(unipolar moment)에 불과한 것이며, 이러한 단극 상황은 오래 지속되지 못할 것이라고 진단하였다.[24] 또 다른 학자들은 탈냉전체제는 단극 상황이 아닌 단극체제이며, 미국의 단극체제는 상당기간 오래 지속될 것이라고 예견하였다.[25]

그러나 2001년의 9·11 테러는 비국가 행위자가 국제안보에 미친 파괴적 영향을 새롭게 인식하게 된 결정적 계기로 작용했으며, 이와 더불어 2008년 하반기의 미국 발 국제금융위기를 전후로 국제체제는 냉전 종식 이후 근 20여 년간 지속되어왔던 미국 중심의 단극적 상황이 확연하게 약화되는 양상을 보이게 되었다. 즉, 2008년 하반기를 기점으로 미국 국력의 상대적 쇠퇴와 나머지 국가들의 부상이 강조되는 가운데,[26] 21세기 국제체제의 성격과 관련하여 새로운 관점에서 국제체제의 성격과 특징을 규정하고자 하는 논의가 대두하게 되었다.

이와 관련하여, 하스(Richard Haass)는 지난 20여 년간의 미국의 단극적

---

24 Charles Krauthammer, "The Unipolar Moment," *Foreign Affairs*(1990~1991), pp. 23~33; Christopher Lane, "The Unipolar Illusion: Why New Great Power Will Arise," *International Security*(1993), pp. 5~51; Charles Kupchan, "After Pax Americana: Benign Power, Regional Integration and the Sources of Stable Multipolarity," *International Security*(1998), pp. 40~79.

25 John Ikenberry, "Institutions, Strategic Restraint, and the Persistence of American Postwar Order," *International Security*(1998~1999), pp. 43~78.; William C. Wohlforth, "The Stability of a Unipolar World," *International Security*(1999), pp. 4~51.

26 Fareed Zakaria, *The Post-American World*(New York and London: W. W. Norton & Company, 2008).

상황은 끝났으며 21세기 국제관계는 무극체제로 정의될 것이라고 주장하였다. 하스에 따르면, 세계는 한두 개 국가나 몇 개 국가들에 의해서가 아니라 다양한 종류의 권력을 보유 · 행사하는 아주 많은 행위자들이 지배하는 것이다. 이것은 과거로부터 구조적 전환을 보여주고 있는 것이다. 오늘날 국제관계는 다수의 국가행위자의 출현으로 외견상 세계가 다극적인 것처럼 보이지만, 수많은 권력의 중심이 존재하고 이들 중 상당수는 비국가 행위자들이다. 또한 오늘날 국제체제의 가장 중요한 특징 중 하나는 국가행위자가 권력에 대한 독점력과 일부 영역에 걸친 우위를 상실하고 있다는 것이며, 국가는 안팎으로 도전에 직면해 있는 것이다.[27] 요컨대, 21세기에 무극체제가 도래할 것이라는 하스의 논거는 비국가 행위자의 영향력 증대와 권력 원천의 다원화와 분산화에 근거하는 것이다. 21세기 국제체제를 무극체제로 규정한 하스의 주장은 국제체제의 성격을 둘러싼 새로운 논쟁의 단초를 제공하고 있지만, 비국가 행위자의 영향력 증대와 권력 원천의 다원화와 분산화 현상은 지구화(Globalization)와 정보혁명(Information Revolution)의 영향으로 더 확연해지고 있다.

먼저, 지구화는 국제관계 행위자들 간의 다양한 쟁점 영역에 걸친 상호의존의 증대 및 상호 침투와 밀접한 관련이 있다. 지구화를 바라보는 시각과 개념적 정의는 이론적 배경에 따라 다양하지만 분명 지구화는 국제경제의 세계적 단일화도 아니고 순수한 경제적 현상 그 이상이라고 볼 수 있다. 따라서 지구화는 재화와 자본의 이동에 영향을 미칠 뿐만 아니라 인간들과 생각의 순환에도 영향을 미치며, 국가들이 작동하는 외적 맥락뿐만 아니라 국가와 정치 공동체의 성격을 변화시키는 과정인 것이다.[28]

27 Richard Haass, "The Age of Nonpolarity: What Will Follow U. S. Dominance," *Foreign Affairs*, 87-3(May/June 2008), pp. 44~56.

이처럼, 국내적 맥락과 국제적 맥락의 상호연계와 상호의존의 증대, 그리고 상호침투로 이해될 수 있는 지구화가 국제정치에 미치는 가장 중요한 영향은 지구 전체를 하나의 단위로 인식함에 따라 근대국가체제 형성 이래 국제정치에서 핵심적 위치를 차지해왔던 영토 단위의 국가 개념을 약화시키고 있다는 점이다. 지구화의 이러한 영향은 제한된 공간적 영역에서 배타성을 가지고 있는 국가주권의 절대성을 부정하는 것이자 전통적으로 국가가 독점해온 다양한 쟁점 영역(예를 들면, 외교 · 경제 · 군사안보 등)의 탈국가화를 촉진시킨다는 점이다.

한편, 지구화 못지않게 탈냉전시대 새로운 국제안보환경의 형성에 지대한 영향을 미치고 있는 것이 정보혁명이다. 슈와츠스타인(Stuart J. D. Schwatzstein)에 의하면, 정보혁명은 일반적으로 컴퓨터의 성능 향상과 네트워크의 발달에 힘입어 정보를 저장하고 전달하는 수단, 그리고 정보의 생산, 배포, 사용 및 확대 재생산 과정에서의 대변혁으로 이해된다.[29] 이러한 정보혁명은 지구화와 맞물려 인류 문명의 중요한 특징이자 대부분의 권위, 권력, 그리고 지휘통제를 천년 이상 지속시켜온 바탕이었던 계서주의 제도들(Hierarchical Institutions)을 약화시키고 있다.[30] 그 결과, 오늘날 세계는 일련의 상호연계된 네트워크 조직으로 재구성되고 있으며 전통적인 계서주의의 통제 없이 각기 접촉하고 있다. 이러한 추세에 의해

---

28 Jean-Marie Gue'henno, "The Impact of Globalisation on Strategy," *Survival*, 40-4(Winter 1998~1999), p. 7.

29 Stuart J. D. Schwatzstein, "Introduction," in Stuart J. D. Schwatzstein(ed.), *The Information Revolution and National Security*(Washington, D. C.: CSIS, 1996), p. xv.

30 Brian Nichiporuk and Carl H. Builder, "Information Technologies and the Future of Land Warfare," in John Arquilla and David Ronfeldt(eds.), *In Athena's Camp: Preparing For Conflict In The Information Age*(Washington, D. C.: RAND, 1997), p. 297.

국민국가들은 한편으로는 국제안보, 무역, 그리고 사회조직들에 의해 통합적 양상을 보이면서도 다른 한편으로는 국가를 분열시키고자 하는 하위 국가적 운동에 의해 분열적 양상을 보이고 있다.[31] 따라서 정보혁명의 영향으로 오늘날 국가는 기존의 계서주의 제도들과 새롭게 출현하고 있는 네트워크 조직을 어떻게 잘 조화시켜나갈 것인가라는 매우 중요한 문제에 봉착해 있고, 또한 국가들은 아마도 비국가 행위자들과의 협력 없이는 자신의 활동 영역을 제한받을 것이다. 그러나 정보혁명의 영향에도 불구하고 국가와 국가체제의 지속성은 유지될 것이다. 과학기술혁명이 국제관계에 미친 영향을 분석한 스콜니코프(Eugene B. Skolnikoff)의 견해에 따르면, 정보혁명이 국제관계이론의 현실주의 학파와 상호의존 학파에게 일부 가정의 재고를 요구할 것이지만 국제체제에서 국가가 지배적인 구조적 요소라는 점을 의심할 여지가 없다는 것이다.[32] 정보혁명의 영향에도 불구하고 국가의 지속성이 강조되는 이유 중의 하나는 아마도 다른 어떠한 정치 단위도 국민국가가 제공해주는 심리적 귀속성을 고취시킬 수 없을 뿐만 아니라 현실적으로 국가는 국내외에서 다른 어떤 조직보다도 결정적 이점을 누리고 있기 때문인 것 같다.[33]

지구적 차원에서의 지구화와 정보혁명의 영향이 강하게 작용하는 가운

---

31 Norman Davis, "An Information-Based Revolution In Military Affairs," in John Arquilla and David Ronfeldt(1997), *In Athena's Camp: Preparing For Conflict In The Information Age*, p. 87.

32 Eugene B. Skolnikoff, *The Elusive Transformation: Science, Technology, and the Evolution of International Politics*(Princeton: Princeton University Press, 1993), pp. 241~246.

33 John Garnett, "Why Have States Survived for so Long?," in J. Baylis and N. Rengger(eds), *Dilemmas of World Politics: International Issues in a Changing World*(Oxford: Clarendon Press, 1992), pp. 61~84.

데 비국가 행위자의 영향력 증대와 권력 원천의 다원화와 분산화로 특징되는 국제체제에서는 갈등의 성격과 안보위협의 속성이 변화될 수밖에 없으며,[34] 또한 이에 대처하기 위한 주요 국가들의 안보협력 형태도 변화될 것이다. 이러한 국제환경에서 동맹 유형과 관련하여 새롭게 등장할 수 있는 것이 바로 능력형 동맹이다. 능력형 동맹의 출현 가능성은 우선적으로 체제의 형태와 성격에 바탕을 두고 있지만, 다음과 같은 요소들이 능력형 동맹의 출현을 보다 추동하고 있다. 무엇보다도 먼저, 전통적 안보위협의 약화와 비대칭적 안보위협의 등장이다. 무극체제에서는 국가 중심의 영토적 안보위협이 급격히 약화되는 반면, 탈영토화를 주요 특성으로 하는 비전통적이고 비대칭적 안보위협은 상대적으로 증가할 것이다. 특히, 탈영토적이고 기능적 성격이 강한 비대칭적 안보위협은 위협의 가시성이 현저히 떨어지고 위협의 출처가 불명확할 뿐만 아니라 특정 지역에 국한되지 않는 특징을 보여주고 있다. 따라서 기존의 위협 기반 모델에 근거한 주둔형 동맹으로는 이러한 안보위협에 적절히 대처해나갈 수가 없게 되었다.

둘째, 지구화와 정보화의 확산 및 심화로 전쟁 수행방식의 근본적 변화 양상을 들 수 있다. 근대 전쟁 패러다임의 일반성에서는 전쟁과 평화의 경계선이 존재했고, 민간 영역과 군사 영역의 구별이 가능했으며, 정부 · 군대 · 국민이라는 삼위일체에 입각해 있었다. 그러나 무극체제에서 지구화와 정보화의 확산 및 심화 등으로 전쟁 수행방식이 급격히 변화하는 양상을 보이고 있다. 특히, 국가에 의한 전통적 안보위협의 경우라 할지라

34 Jonathan Kirshner, "Globalization and National Security," in Jonathan Kirshner(ed.), *Globalization and National Security*(New York: Routledge, 2008), pp. 1~33; Mary Kaldor, *New and Old Wars: Organized Violence in a Globalized Era*(Palo Alto, CA: Stanford University Press, 2001).

도 소위 제4세대 전쟁(The Fourth Generation Warfare) 양상을 보일 가능성이 높아지고 있다.[35] 이에 따라 과거 국제체제에서 강자의 특권이었던 전쟁의 수행이 점차적으로 약자의 전술로 변해가고 있다.[36] 따라서 향후 발생할 국제 분쟁의 양상은 국가들 간의 전통적인 영토 분쟁의 발발 가능성은 줄어드는 반면, 인종분규에 따른 갈등, 실패한 국가들의 정치 · 경제 · 사회적 곤경에 따른 분쟁이 발발할 가능성이 증대될 것이라는 점이다.

셋째, 미국의 동맹전략의 변화이다. 21세기 변화된 안보환경에서 미국은 전세계에 걸쳐 있는 자국의 이익을 보호해야 할 뿐만 아니라 주요 동맹국들의 이익을 보호하고 지역적 · 국제적 안정을 유지하기 위해 공동의 방위체제 구축 차원에서 효율적인 동맹 네트워크를 구축 · 확장해야 하는 이중적 과제를 갖게 되었다. 따라서 미국은 전세계에 걸쳐 있는 자신의 이익을 보호할 수 있는 일방주의적 군사능력을 유지 · 발전시키는 동시에 지역적 · 지구적으로 안보지대를 형성하여 동맹국들과의 효율적인 연합작전을 주도할 수 있는 군사능력을 유지해야 할 필요성이 있는 것이다.[37] 또한 미국은 군사혁신(RMA)[38]에 의존하여 기존의 주둔형 동맹 유형을 점

---

35 제4세대 전쟁 개념에 대해서는 다음을 참조. Martin van Creveld, The Transformation of War(New York: The Free Press, 1991); William Lind(et als), “The Changing Face of War: Into the Forth Generation,” *Military Review*, LXIX-10(1989), pp. 2~11; 이수형, 「9·11 뉴욕 테러와 21세기 신전쟁」, 『戰史』 제4호, 2002, pp. 339~362.

36 Michael Mandelbaum, “Is Major War Obsolete?,” *Survival*, 40-4(1998~1999), p. 35.

37 21세기 미국의 군사안보전략이 국제정치와 동맹에 미치는 영향에 대해서는 다음을 참조. 이수형, 「제국의 관점에서 바라본 미국의 군사안보전략과 21세기 국제정치」, 『세계정치』 제26집 1호(2005년 봄 · 여름), pp. 83~88.

38 군사혁신이 무엇이며 어떻게 이것이 가능하고 또한 군사혁신이 전쟁의 성격 및 전쟁 수행방식에 어떠한 영향을 미치는가라는 문제에 대해서는 매우 다양한 입장이 존재한다. 크레벨드는 도구의 시대, 기계의 시대, 시스템의 시대, 그리고 자동화의 시대라는 과학기술사적 차원에서 군사혁신을 이해한다. Martin van Creveld, *Technology and War: From 2000 B. C. to the Present*(New York: The Free Press, 1989). 린드는 변화의 주요 촉매제로서 기술과

차적으로 능력형 동맹으로의 변환과 새로운 안보위협에 대처하기 위해 상황에 따라 단편적이고 임시적으로 형성 · 해체되는 의지의 연합을 강조하면서 능력형 동맹화 전략을 선보이고 있다.

특히, 동맹의 유형과 관련하여 이러한 과정 속에서 부각되고 있는 것이 '동반자관계' 혹은 '특별한 연합'이라는 개념이다. 이러한 개념은 기존의 미국 주도의 영토에 근거한 집단방위 성격을 갖고 있는 공식적 동맹 형태가 아니라 다양한 정도의 군사적 협력과 공동의 안보이익의 공유를 강조하고 있다. 이는 능력형 동맹 유형의 맹아적 형태로 관련국의 안보를 보장하기보다는 이들과의 군사협력을 바탕으로 당면위협에 대처하고 이를 통해 체제의 안정을 유지해나가고자 하는 미국의 변화된 동맹전략을 반영하고 있는 것이다.

근대 국제체제 등장 이후 국가들이 취해왔던 경성균형 전략의 가장 고전적인 수단 중의 하나인 동맹은 다극체제의 정치형 동맹, 양극체제의 주둔형 동맹으로 변화해왔고, 21세기 무극체제에서 능력형 동맹 유형으로

발상의 전환을 통해 근대 이후부터 제1세대, 제2세대, 제3세대, 그리고 제4세대라는 전술의 변화 차원에서 군사혁신을 이해한다. Lind(1989), "The Changing Face of War: Into the Forth Generation," pp. 2~11. 크레피네비치는 14세기 보병혁명부터 20세기 핵무기 혁명 때까지 열 차례의 군사혁신에서 기술의 변화, 체계의 발전, 운용의 혁신, 그리고 조직의 적응이 중요하다고 주장한다. Andrew Krepinevich, "Cavalry to Computer: The Pattern of Military Revolutions," *The National Interest*, 37, 1994, pp. 30~42. 헌들리는 군사적 패러다임의 전환과 새로운 전쟁 차원에서 군사혁신을 이해한다. Richard O. Hundley, *Past Revolution and Future Transformations*(Santa Monica: RAND, 1999). 오할론은 단일의 지배적인 무기기술의 발전, 유무형의 안보자원의 조직화 방법, 그리고 군사기술의 통합적 연계의 측면을 강조한다. Michael O'hanlon, *Technological Change and the Future of Warfare*(Washington, D. C.: Brookings Institution Press, 2000). 아끼야와 론펠트는 혼전, 집단전, 기동전, 그리고 스워밍이라는 정보의 교환과 소통방식의 차원에서 군사혁신과 전쟁 수행방식의 변화를 논의한다. John Arquilla and David Ronfeldt, *Swarming and the Future of Conflict*(Santa Monica: RAND, 2000).

의 변화 경향을 보이고 있다. 특히, 양극체제에서 미국의 동맹정책과 동맹 유형 간에 매우 밀접한 관계를 보여주었듯이, 오늘날의 상황에서도 미국의 동맹정책 변화 방향이 기존 동맹 유형을 변화시킬 가능성이 매우 높다고 판단된다.[39] 따라서 향후 동맹 유형은 미국이 추진하고 있는 능력형 동맹화 전략으로 기존의 주둔형 동맹은 점차적으로 능력형 동맹 유형으로 전환될 것이다. 그 과정에 있어서 미국의 동맹관은 동맹의 정당성 혹은 효용성의 기준을 동맹국의 능력과 의지, 미국의 군사안보전략에 대한 기여도, 그리고 위협의 유형과 성격에 따라 달리할 가능성이 높다.[40] 능력형 동맹 유형의 현실화는 체제의 구조적 성격에 크게 좌우되고 지역적 안보 상황의 편차에 따라 달라지겠지만, 군사협력의 법적 기반과 제도화보다는 상황적이고 선택적으로 결성과 해체가 이루어지는 군사제휴의 성격이 강조되는 방향으로 전개될 가능성이 높다.

39 이와 관련된 내용에 대해서는 다음을 참조. Rajan Menon, *The End of Alliances*(Oxford: Oxford University Press, 2007).

40 Dingli Shen, "Can Alliances Combat Contemporary Threats?," *The Washington Quarterly*, 27-2(Spring 2004), pp. 165~179; Kurt M. Campbell, "The End of Alliances? Not So Fast," *The Washington Quarterly*, 27-2(Spring 2004), pp. 151~163.

제2부

NATO의 변화와 발전

제3장
NATO의 기원

NATO의 공식적인 역사 기록에 따르면, NATO 탄생의 법적 기반이 되는 북대서양 조약 체결을 위한 첫 회담은 1948년 7월 6일 워싱턴에서 미국 · 캐나다, 그리고 브뤼셀 조약 국가들 간에 시작되었다.[1] 따라서 공식적인 역사 기록에 입각한다면, NATO 탄생에 소요된 기간은 9개월 정도에 불과했다고 볼 수 있다. 어떤 기준과 원칙에 의해서 12개 국가들(미국 · 캐나다 · 영국 · 프랑스 · 벨기에 · 네덜란드 · 룩셈부르크 · 노르웨이 · 덴마크 · 아이슬란드 · 포르투갈 · 이탈리아)이 조약 서명국이 되었으며, 주권국가들에게 가장 중요한 안보와 관련된 동맹이 그렇게 짧은 기간에 걸쳐 탄생할 수 있었는가? 이러한 의문에 적절한 답을 구하기 위해서는 NATO의 공식적인 역사 기록 이전에 있었던 미국과 서유럽 국가들 간의 안보조약에 관한 협상과 이를 둘러싼 주요 국가들의 입장, 그리고 이들의 전후 외교정책을 분석해야 할 것이다. 이와 관련해서 가장 중요한 것은 ① 제2차 세

1 NATO, *The North Atlantic Treaty Organization Facts and Figures*(Brussels: NATO Information Service, 1989), p. 484.

계대전 이후 유럽의 안보상황과 관련하여 동맹 탄생에 가장 적극적인 역할을 담당했던 영국의 입장, ② 처음에는 동맹 탄생에 소극적 입장을 보였던 NATO의 핵심 국가인 미국의 전후 안보정책, ③ 북대서양 조약 초안 작성에 있어서 가장 중요한 역할을 했던 1948년 3월 말에 미국 · 영국, 그리고 캐나다 사이에 진행되었던 이른바 '펜타곤 비밀회의'이다.

특히, 동맹 탄생 과정에 있어서 관련 참여 국가들 사이에서 가장 첨예한 문제는 바로 회원국 자격 문제였다. 이는 향후 NATO 확대와도 불가분의 관계에 있는 문제로 어떤 기준에 의해서 어느 국가를 회원국으로 포함시키고 어느 국가를 배제하느냐의 매우 어려운 문제였다. NATO의 탄생 과정에 있어서 회원국 자격을 정하는 데 있어서 지리 · 전략 · 정치라는 세 가지 요소가 가장 중요하게 작용하였다. 지리적 범위는 동맹의 방위 영역과 관련되었으며, 전략은 동맹의 군사적 역할과 관련되었다. 그러므로 '북대서양'이라는 지역적 개념은 단순히 지리적 범위를 의미하는 것이 아니라 지전략적 개념에 기초해 있는 것이다. 또한 정치는 회원국의 정치적 정체성을 의미하는 것으로 NATO가 단순한 군사동맹이 아니라 자유민주주의 국가로 동질적 가치를 표방하면서 정치공동체를 지향하고 있다는 동맹의 성격과 관련되었다. 따라서 12개국 창설 회원국을 선정하는 데는 이러한 세 가지 요건이 회원국 자격조건으로 가장 중요하게 고려되었고, 지리 · 전략 · 정치라는 세 가지 회원국 자격 조건은 외부 상황의 변화에 따라 그 상대적 중요성이 달리 나타났다.[2] 이러한 측면은 북대서양 조약에 서명한 12개국에 특정 국가들이 왜 배제되었고, 향후 이들이 왜 NATO 회원국이 되었는가를 설명해주는 부분이기도 하다.

---

2 Mark Smith, *NATO Enlargement During The Cold War: Strategy and System in the Western Alliance*(New York: Palgrave, 2000), pp. 1~9.

1. 영국의 입장

제2차 세계대전이 한창이었던 1940년 말 영국에 있던 네덜란드 망명정부의 외무장관이었던 트뤼그베 리에(Trygve Lie)는 북대서양에 국경을 접하고 있는 국가들은 사활적 방위에 공통의 이익을 가지고 있으므로 이러한 이익들을 보호하기 위해 평시에 함께 행동할 것을 제안하였다. 리에의 제안을 계기로 영국 외무부는 전후 세계에 대해 진지하게 생각하기 시작하였다.[3] 1944년 6월에 당시 경제 · 재건부의 책임자였던 젭(Gladwyn Jebb)은 외무장관과 합참의장에게 서유럽연합각서(combined memorandum on Western Europe)를 제출하였다. 이러한 젭의 제안을 필두로 영국에서는 서유럽 안보체제에 참여할지의 여부를 놓고 찬반 논쟁이 일어났다. 젭이 생각한 지역안보체제는 첫째, 영국, 프랑스, 저지대 국가들, 덴마크, 노르웨이, 아이슬란드(그리고 가능하다면 스웨덴 · 스페인 · 포르투갈 · 이탈리아)를 포함하는 다자조약 형태와 둘째, 영국과 서유럽 국가들 간에, 그리고 서유럽 국가들 간의 쌍무적 상호방위조약 형태였다.[4]

합참의 군사위원회 소속 군사전문가들과 외무부의 민간전문가들과의 협력을 증진시키기 위해 1943년 8월에 설립된 전후기획조직(PHPS)은 이러한 구상을 발전시켰고, 젭이 1944년 5월에 외무부와 합참의 부처 간 위원회의장이 된 후 전후 영국의 세계적 역할에 대한 다양한 논의가 이루어졌다. 그러한 논의의 결과 전후기획조직은 『서유럽 안보와 북대서양』

3 John Baylis, "Britain and the Formation of NATO," in Joseph Smith(ed.), *The Origins of NATO*(Exter, U. K: University of Exter Press, 1990), pp. 3~4.

4 Baylis, "Britain and the Formation of NATO," 1990, p. 4.

(*Security in Western Europe and North Atlantic*)이라는 동일한 제목의 두 가지 보고서를 내놓았다. 1944년 7월 20일에 나온 첫 번째 보고서는 연합국의 독일 점령 철수 이후의 단기적 입장에 초점을 두면서 서유럽 안보그룹은 전시동맹(Anglo-Soviet Alliance)의 지속이나 새롭게 탄생할 세계기구에 미국이 참여하는 것에 손상을 입혀서는 안 된다는 입장을 강조하였다.[5]

한편, 외무부는 세계기구 내에서 강대국들의 협력을 통해 독일의 부흥문제를 직접적으로 다루어야 할 것과 1942년에 결성된 전시동맹의 지속, 그리고 미국–소련 간의 대등한 입장과 더불어 영국의 능력을 강화시키기 위한 차원에서 서유럽 그룹의 형성에 기획 토대를 두어야 한다는 데 특히 관심이 있었다. 반면, 합참은 전후 세계에서 강대국들 간의 지속적인 협력의 전망에 대해 회의적이었다. 합참은 일단 독일이 패망하면 소련은 세계 최대의 지상 전력을 갖추게 되어 영국의 안보이익에 주요 위협이 될 것이라고 생각하였다.[6] 외무부와 합참 간의 이러한 상이한 평가는 전후기획조직의 7월 보고서를 통해 타협되었지만, 이들 간의 근본적 차이는 다시 재발하여 결국 전후기획조직에 외무부 대표로 파견된 젭이 철수하게 되었다. 따라서 합참은 보다 직접적으로 소련의 위협에 따른 긴급상황에 초점을 맞추게 되었다.

이런 맥락에서 1944년 11월 9일에 나온 전후기획조직의 두 번째 보고서는 소련의 위협에 더 큰 무게중심을 두었다. 동보고서는 새롭게 탄생할 세계기구의 효율성에 상관없이 다음과 같은 결론을 내렸다. 영국의 안보이익은 영연방과의 밀접한 협력과 특히 미국과의 긴밀한 협력이 이루어

5 Baylis, "Britain and the Formation of NATO," 1990, p. 5.
6 Baylis, "Britain and the Formation of NATO," 1990, p. 5.

지는 서유럽 안보그룹의 형성에 있다. 또한 북대서양이라는 틀만이 소련의 침공으로부터 서유럽을 보호할 수 있는 충분한 권력을 제공할 수 있을 것이다. 합참은 이러한 결과를 내놓은 동보고서를 받아들였지만 외무부는 아직까지도 서유럽 안보그룹의 이점을 강조하는 분위기가 강했다.[7]

1945년 7월에 영국의 정권이 보수당에서 노동당의 애틀리(Clement Attlee)로 정권교체가 이루어짐에 따라 외무장관도 이든(Anthony Eden)에서 베빈(Ernest Bevin)으로 바뀌었다. 특히 베빈은 개인적으로 영-불 동맹에 기초한 서유럽 안보그룹에 호의적이었다. 또한 베빈의 장기적 목표는 이른바 대기획(grand design)으로 알려진 영-불 동맹에 기초하여 서유럽 전체에 걸쳐서 정치적 · 경제적, 그리고 군사적 협력이 확대되는 것이었다. 그러한 일환으로 나온 것이 바로 영-불 우호조약이라 할 수 있는 던커크 조약(The Dunkirk Treaty)이었다.[8] 던커크 조약은 1944년에서 1947년에 걸친 서유럽 안보그룹 창설을 위한 협상의 결과물이자 전시 3대 강대국 간의 결속력이 와해되는 시점과 일치하였다. 또한 던커크 조약은 서유럽 전체를 위한 보다 넓은 안보체제와 서유럽 국가들 간의 보다 큰 협력을 추구하는 중요한 초석으로 작용하게 되었다는 점에서 새로운 시대의 출발을 알리는 이정표라고 볼 수 있었다. 이런 점에서 일반적으로 북대서양 조약의 기원은 서유럽연합(Western Union)이라는 베빈의 구상에서 출발한 것이고,[9] 서유럽연합의 맹아적 형태가 바로 던커크 조약이라 할 수 있다. 그러나 던커크 조약은 반독일적 입장을 명확하게 견지했던, 시대

---

7 Baylis, "Britain and the Formation of NATO," 1990, pp. 6~7.

8 Sean Greenwood, "Return to Dunkirk: The Origins of the Anglo-French Treaty of March 1947," *The Journal of Strategic Studies*, 6(1983), pp. 49~65.

9 Timothy Ireland, *Creating the Entangling Alliance: The Origins of the North Atlantic Treaty Organization*(London: Aldwych Press, 1981), pp. 57~58.

상황에 뒤떨어진 영-불 양국의 방위조약에 불과하였다.

1947년 12월에 미국 · 영국 · 소련 외무장관의 런던 회담이 실패하자 베빈은 서유럽 국가들의 안보조직 탄생을 위한 자신의 계획을 보다 강하게 추진하였고, 1947년 12월 17일 이후 베빈은 미국 국무장관 마샬(George C. Marshall)을 만나 미국 · 영국 · 프랑스 · 이탈리아, 그리고 캐나다로 구성되는 서유럽 민주체제의 필요성을 강조하였다. 특히, 베빈은 두 개의 층(circle)으로 이루어지는 안보동맹을 구상했다. 하나는 결속력이 강한 소규모의 안보층(small tight security circle)으로 영국 · 프랑스, 그리고 베네룩스 국가들 간에 체결되는 안보조약이고 다른 하나는 첫 번째 안보층의 외곽을 감싸는, 느슨하지만 보다 규모가 큰 안보층으로 미국과 캐나다가 포함되는 안보조약이다. 이러한 베빈의 구상은 서유럽 안보체제에 대한 건설적 논의의 진정한 출발점이 되었다. 이를 계기로 1948년 1월 22일에 베빈은 하원(House of Commons)에서 자신의 구상을 보다 명료하게 정리한 연설[10]을 통해 유럽 방위를 위한 안보조약에 미국의 연루를 적극적으로 모색하였다.[11] 특히, 베빈은 1948년 3월 11일에 미국 국무부와 캐나다 외무부에 자신의 구상을 새롭게 수정한 세 가지 제안서를 제출하였

---

10 베빈의 주요 연설 내용은 다음과 같다: 소련은 동유럽에서 자신의 모든 적대자들을 제거했다. 스탈린은 견고한 정치적 · 경제적 블록을 형성했다. 따라서 가까운 장래에 철의 장막을 이루는 동유럽 국가들과의 정상적 외교관계를 재건하거나 유지할 가능성이 없어졌다. 서방(The West)은 무역 · 사회 · 문화, 그리고 다른 모든 교류를 통해 기꺼이 그리고 협력을 할 수 있는 서방과 세계는 통일적으로 대응해야만 한다. 유럽에서 이러한 연합(union)은 영국 이외에 프랑스, 베네룩스 국가들, 이탈리아, 그리스, 스칸디나비아 국가들, 그리고 가능하다면 이탈리아를 포함해야 한다. *Extracts from a Speech by Ernest Bevin to the House of Commons*, 22 January 1948, From Parliamentary Debates, 5th series, Vol. 446, pp. 385~411.

11 Martin H. Folly, "Breaking the Vicious Circle: Britain, the United States and the Genesis of the North Atlantic Treaty," *Diplomatic History*, 12-1(Winter 1988), p. 63.

다. 베빈의 새로운 구상은 첫째, 미국이 지원하는 영국-프랑스-베네룩스 체제, 둘째, 미국이 보다 연루되는 대서양 안보구상, 그리고 셋째, 이탈리아에게 영향을 미치는 지중해 안보체제이다. 그 과정에서 영국과 프랑스는 동맹 탄생에 적극적 지지자였던 미국의 히커슨(John Hickerson)의 충고(서유럽 국가들은 자신들의 문제를 스스로 해결할 수 있는 의지를 보여주어야 하며, 이는 서유럽 안보에 미국이 관여할 수 있는 기회를 증가시킬 것이라는 점)[12]를 받아들여 3월 17일에 브뤼셀 조약을 탄생시켰다. 따라서 브뤼셀 조약(Brussels Treaty)은 유럽 안보에 미국의 관여를 이끌어내기 위한 일종의 대탐소실(a sprat to catch a whale) 정책이라고 볼 수 있다.

물론, 브뤼셀 조약의 탄생으로 동맹 참여에 대한 미국의 성격에 대해 미국 자신뿐만 아니라 유럽국가들 사이에서도 확고한 입장 통일이 이루어진 것은 아니었다. 미국과의 안보적 유대관계를 중시하는 대서양주의자들은 브뤼셀 조약을 보다 포괄적인 대서양동반자관계의 맥락에서 파악했으나 유럽의 안보 자율성과 독자적 유럽 안보정책에 더 큰 관심을 갖고 있는 유럽주의자들은 대서양동반자관계를 유럽의 부흥을 도와주고 이후 유럽통합이 제대로 작동하기 위한 방법으로 정의했다.[13] 이러한 차이에도 불구하고 베빈의 새로운 구상에 대해 미국과 캐나다가 호의적 반응을 보임에 따라 1948년 3월 22일부터 4월 1일까지 미국 · 영국, 그리고 캐나다 대표자들이 비밀리에 회동한 펜타곤 회담(Pentagon Talks)이 열리게 되

---

12 John Baylis, *The Diplomacy of Pragmatism: Britain and the Formation of NATO 1942~1949*(London: Macmillan, 1993), p. 68.

13 Baylis, *The Diplomacy of Pragmatism: Britain and the Formation of NATO 1942~1949*, 1993, pp. 73~75; Cees Wiebes and Bert Zeeman, "The Pentagon negotiations March 1948: The Launching of the North Atlantic Treaty," *International Affairs*, 59(1983), pp. 355~356.

었고 이를 계기로 회담 참여 국가들 사이에서는 서서히 합의가 나타나기 시작하였다.

2. 미국의 입장

NATO 탄생 과정에 있어서 적어도 미국의 입장은 1948년 3월에 펜타곤 회담이 개최되기 전까지는 매우 소극적이었으며 그 이후에도 간헐적으로 NATO 탄생에 대해서 회의적인 입장을 보여주었다. 이런 면에서 1949년 4월 4일의 NATO 탄생은 냉전의 필연적 부산물은 아니었던 것이다. 또한 미국의 전후 외교정책의 체계적이고 일관된 정책의 결과물도 아니라고 볼 수 있다.

이처럼 1945년부터 NATO 탄생에 이르기까지 미국이 소극적으로 나온 이유는 다음과 같은 배경에서였다. 첫째, 소련에 대한 미국의 모호한 태도이다. 소련을 진정한 동맹국으로 여겼던 미국에서의 전시 선전은 미국인들에게 소련과의 전후 협력을 낙관적으로 바라보게 하는 분위기를 남겨놓았다. 또한 소련에 대해 확고한 입장을 취한 미국인들도 가장 적절하게 취해야 할 정책에 대해서도 모호한 입장을 취했다. 일례로 국무부 내 소련 전문가인 케난(George Kennan)과 보렌(Charles Bohlen)은 1948년 내내 북대서양 조약에 반대했다. 보렌은 공식적인 조약은 불필요하며, 소련의 반발을 불러일으킬 것이라는 입장을 보였고, 케난은 보렌의 입장에 동조하여 브뤼셀 조약에 대해서도 미국의 군사장비의 공급으로 충분하다고 주장했다.[14]

---

14 Peter G. Boyle, “America’s Hesitant Road to NATO,” in Joseph Smith(ed.), *The Origins*

NATO 탄생에 대해 미국이 소극적이었던 두 번째 배경은 국제연합(UN)에 대한 미국의 태도에서 연유한다. 애치슨(Dean Acheson)과 같은 일부 미국 정책결정자들은 국제연합에 대해 부정적인 입장을 가지고 있었지만, 대다수의 미국인들에게 국제연합은 국제주의에 대한 미국의 공약에서 윌슨주의에 입각한 이상주의를 상징했다. 1940년대 후반에 미국의 정치인들은 국제연합 외부에 존재하면서 과거의 국제적 권력정치로의 복귀로 여겨지는 지역적 조약을 제안하는 것을 매우 경계할 필요가 있었다.[15] NATO 탄생에 대해 미국이 소극적이었던 세 번째 배경은 미국의 외교적 고려에 미친 고립주의의 영향이었다. 비록 1941년에 일본의 진주만(Pearl Harbor) 공습 이후로 1930년대의 고립주의는 위력이 약화되었지만, 그럼에도 불구하고 고립주의의 영향력은 상당히 남아 있었다.

네 번째로 미국이 주저한 보다 적절한 이유는 국내의 정치적 상황이었다. 1948년의 대통령선거 이전에 트루먼(Henry Truman)이 재선되지 않을 것이라는 입장이 일반적 예측이었다. 그러나 놀랍게도 트루먼은 1948년 11월 2일에 있은 대통령선거에서 승리하였다. 더군다나 민주당은 양원을 장악하여 대외관계위원회 의장이 반덴버그(Arthur Vandenberg)에서 코넬리(Tom Connally)로 교체되었다. 1948년의 선거에서 공화당의 충격적인 패배는 1950년 초반에 매카시즘(McCarthyism)으로 절정을 이루었던 미국 정치권의 유해한 환경을 조성하는 데 중요한 기여 요소였다. 또한 이러한 국내적 상황과 결부되어 북대서양 조약에 관한 논의가 지속적으로 악화되는 중국의 장개석(Chiang Kai-shek) 입장과 동시에 발생했다는 사실도 정치인들이 미국이 연루되는 동맹 탄생에 대해 매우 신중한 입장을 취하

of NATO(Exter, UK: University of Exter Press, 1990), pp. 73~74.

15 Boyle, "America's Hesitant Road to NATO," 1990, pp. 74~75.

게 만들었다. 아울러 경제적 쟁점과 관련해서 당시 미국의 업계는 경기침체에 대해 우려하고 있었다. 경기침제에 대한 의회의 입장은 정부 지출을 줄이고 세금을 삭감하는 분위기였으며, 특히 공화당이 의회를 장악했던 1947년과 1948년은 더욱 그러했다.[16]

[표 3-1] 전후 미국 안보정책을 바라보는 주요 입장들

입장	주요 인물	기본 주장
보편주의자/ 이상주의자	F. D. Roosevelt Henry Wallace Cordell Hull Edward Stettinius	• 전후 국제연합의 중요성 강조. • 효율적인 집단안보장치가 국제관계에서 전통적인 세력균형을 대체.
자원/지리적 제약론자	Joint Chiefs of Staff National Security Council	• 전세계적 봉쇄정책을 위한 미군사적 자원의 불충분성. • 서반구 접근을 위한 대서양과 태평양의 해상통신라인(SLOC)의 확보가 중요.
지구적 방어론자	George Kennan Charles Bohlen	• 유럽의 경제적 재건과 독자안보체제 구축의 필요성 강조. • 미국은 유라시아 전체에 걸쳐서 사활적 이익이 존재.
유럽 제일주의자	Harry Truman Dean Acheson John Hickerson Theodore Achilles Arthur Vandenberg George C. Marshall	• 미국의 지구적 방위계획에 있어서 유럽 안보가 가장 중요함. • 식민지 해방의 이상과 세계질서는 서유럽 안보이익을 책임지기 위해 전통적인 유럽 중심적 세력균형장치로 보다 통합되어야 함.
국가안전 보장회의 (NSC)-68	Paul Nitze (1948년 이후) Dean Acheson (1949년 이후)	• 소련의 핵능력은 거의 전적으로 핵위협에 기반한 미국의 지구적 봉쇄전략의 가치를 약화시킴. • 중요한 재래식 방위전력의 증대 필요성 강조. • 모든 지역의 안보는 상호 밀접히 연계되어 있음. • 제3세계의 위기로 인한 확전 통제의 중요성 강조.
핵무기 의존론자	John Foster Dulles Clark M. Clifford James Forrestal	• 핵무기에 대한 의존은 억지력에 드는 비용 절감을 가져올 수 있다고 파악. • 핵효용론의 입장 및 핵무기의 신뢰성과 선제공격의 중요성 강조. • 봉쇄전략에 있어서 공군의 일차적 중요성 강조.

* 출처: Douglas Stuart, William Tow, *The Limits of Alliance: NATO out-of-area Problems Since 1949*(Baltimore and London: The Johns Hopkins University Press, 1990), pp. 24~46의 내용을 표로 정리함.

이처럼, NATO 탄생에 있어서 적어도 펜타곤 비밀회담이 열리기 전까지 미국이 소극적이었던 배경은 보다 크게는 전후 초강대국으로 등장한 미국의 외교정책 전반에 대한 여러 집단 간의 경쟁적 이해관계의 충돌과 밀접한 관련이 있었다. 즉, 전후 미국의 주요 정책결정자들 사이에서는 미국의 세계적 방위기획에 있어서 유럽 안보에 할당될 우선성과 유럽 안보를 안정시키기 위한 적절한 수단들에 관해 다양한 입장들이 존재했었다. 따라서 미국이 NATO 탄생에 소극적이었던 이와 같은 이유들의 배경에는 유럽 안보 문제를 둘러싼 미국 내의 다양한 정책적 입장들의 경쟁적 상호작용의 산물이었던 것이다.

구체적으로 [표 3-1]에서 정리된 것처럼, 1943년 이후 미국의 전후 안보정책과 관련해 보편주의자/이상주의자(The Universalist/Idealist), 자원/지리적 제약론자(The Resource/Geographic Constraints), 유럽제일주의(The Europe First) 학파, 지구적 방어론자(The Global Strongpoints), 국가안전보장회의 68(The NSC 68) 그룹, 핵무기 의존(The Nuclear Reliance) 학파로 상징되는 6개의 파벌이 상호 경쟁적 입장을 보이고 있었다. 이들 입장들은 상호 경쟁적 · 보완적 상호작용을 거치면서 전후 미국 안보정책을 위한 거대한 틀을 마련하게 되었다. 따라서 미국이 NATO 탄생에 보다 적극적인 입장을 보인 것은 유럽주의자의 입장이 보다 강한 영향력을 행사하게 된 배경과 밀접히 연계되어 있는 것이다.

16 Boyle, "America's Hesitant Road to NATO," 1990, pp. 76~78.

3. 펜타곤 비밀협상에서 워싱턴 임시회담으로

1) 펜타곤 비밀협상

1948년 3월 22일부터 4월 1일까지 미국 · 영국, 그리고 캐나다 대표자들 간에 열린 이른바 펜타곤 회담은 1949년 4월 4일의 북대서양 조약 탄생에 있어서 가장 중요한 역할을 한 비밀회담이었다. 펜타곤 회담은 여섯 차례에 걸친 2단계 회담으로 진행되었다. 첫 단계는 3월 22일부터 25일까지 네 차례의 회담이 있었고 여기에서는 서방동맹을 위한 세 가지 대안으로 ① 브뤼셀 조약에 미국과 캐나다 포함, ② 새로운 대서양동맹, ③ 전 세계적 조약의 가능성을 논의했다. 31일부터 두 차례에 걸쳐 진행된 2단계에서는 이른바 펜타곤 보고서(Pentagon Paper)를 작성하여 4월 1일에 이를 승인하였다. 물론 펜타곤 보고서는 회담에 참가한 3개국의 입장을 조율해서 나온 것이지만 협상에서 가장 중요했던 상호 원조공약, 조약의 영토 영역, 그리고 새로운 동맹의 회원국 자격 문제들에 관해서 합의를 보진 못했다. 또한 회담에 참여했던 3개국은 공식적으로는 펜타곤 보고서를 순전히 미국의 보고서로 간주하기로 동의했다.[17]

펜타곤 보고서를 기반으로 해서 일련의 연속적인 회담이 진행되면서 그 보고서에서 합의를 보지 못한 세 가지 주요 문제들이 논의되었다. 한편, 1948년에 들어와 미국은 국제연합의 약점을 보완하기 위한 차원에서 미국 의회에 계류 중이었던 수많은 제안들을 고려하여 세 개의 주요 단락을 포함한 몇 개의 제안으로 알려진 이른바 반덴버그 결의안(Vandenberg

17 Wiebes and Zeeman, "The Pentagon negotiations March 1948: The Launching of the North Atlantic Treaty," 1983, pp. 352~363.

Resolution)을 작성하였다.

반덴버그 결의안의 주요 단락(paragraphs)은 다음과 같다. 제2단락: 국제연합의 목적들, 원칙들, 그리고 규정들에 일치하여 개별적 · 집단적 자위를 위한 지역적, 그리고 다른 집단적 협정들의 진보적 발전. 제3단락: 미국의 헌법 과정에 따르고 미국의 국가안보에 영향을 미치는 그러한 협정에 미국이 가입하는 것은 지속적이고 효율적인 자구와 상호원조에 기반을 둔다. 제4단락: 국제연합 제51조 하에서 개별적 · 집단적 자위권 행사에 대한 결정을 명확히 함으로써 평화를 유지하고자 하는 노력은 자국의 국가안보에 영향을 미치는 무력공격이 발생해야만 한다.[18]

2) 안보에 관한 워싱턴 임시회담

1948년 6월 11일에 미국 상원은 반덴버그 결의안을 채택하였다. 이를 계기로 1948년 7월 6일에 '안보에 관한 워싱턴 임시회담'(Washington Exploratory Talks on Security)이 개최되었다. 이 회담에는 미국 · 캐나다 · 영국 · 프랑스 · 벨기에 · 네덜란드 · 룩셈부르크 등의 7개국이 참여했고, 나머지 5개국인 노르웨이 · 덴마크 · 아이슬란드 · 포르투갈 · 이탈리아는 7개국이 조약의 기본적인 형태에 대해 합의한 이후에 초대되었다. 회담 결과, 1948년 12월 24일에 북대서양 조약을 위한 최종적인 초안이 마련되어 궁극적으로 1949년 4월 4일에 워싱턴 회담에서 북대서양 조약이 체결되었다. 워싱턴 회담에서 가장 중요한 쟁점은 회원국 자격 문제였다. 회원국 자격 문제는 워싱턴 회담에 참여한 국가들 간에 상이한 전략적 관점과 입장, 그리고 우선순위를 반영한 것으로 협상 과정에서 가장 어려운

---

18 *The Vandenberg Resolution*, 19 May 1948, From Congressional Record, 8th Congress 2nd Session, p. 7791.

쟁점 중의 하나였던 것이다.

무엇보다도 먼저, 미국은 영국과 마찬가지로 서유럽에 정치 · 경제적 안정성을 구축하는 데 관심이 있었다. 그리고 미국은 정치적 위협과 군사적 위협을 저지할 필요성을 깨달았다. 왜냐하면 정치적 · 군사적 위협이 유럽의 경제적 · 정치적 부흥에 미칠 부정적 영향을 매우 중요하게 인식했기 때문이었다. 따라서 미국의 관점에서 마샬 플랜(Marshall Plan)과 북대서양 조약은 밀접하게 연계되어 있었던 것이다. 영국 역시 미국과 비슷한 입장을 가지고 있으면서 서유럽의 균형과 안정을 회복할 수 있는 어떤 틀을 구축하는 것이 목적이었다. 반면, 프랑스와 베네룩스(Benelux) 국가들은 자신들의 지리적 위치로 인해 군사적 위협에 더 민감하였다. 따라서 협상 초기단계에서 프랑스의 압도적인 우선순위는 즉각적인 미국의 군사적 지원과 프랑스의 방위력을 증강시키는 것이었다. 벨기에 역시 프랑스와 마찬가지로 조약보다는 즉각적인 미국의 군사원조에 더 무게중심을 두었다. 그러나 네덜란드는 조약에 대한 미국의 관여를 옹호하는 방향에서 영국 입장에 더 가까웠다. 그러나 이러한 입장 차이에도 불구하고 회담에 참여한 모든 국가들은 서유럽에 대한 미국의 확고한 공약이 시급한 요구사항이라는 점에 동의했고 차이점은 목적이 아니라 형태에 관한 것이었다.[19] 따라서 회원국 자격 문제는 북대서양 조약을 위한 협상 과정에서 첨예한 쟁점 중의 하나가 되었던 것이며, 또 다른 쟁점 사항이었던 상호 원조공약과 방위 영역의 전제조건이자 결정변수였던 것이다.

1948년 7월에 개최된 워싱턴 임시회담은 9월에 들어와 그간의 합의 내용을 정리한 '워싱턴 보고서'(Washington Paper)를 만들어냈다. 동보고서

---

19 Smith, *NATO Enlargement During The Cold War: Strategy and System in the Western Alliance*, 2000, pp. 24~25.

에서는 북대서양 조약은 세 가지 층의 회원 자격을 가져야 한다고 권고했다. 이는 보렌이 묘사한 핵심(the hard core), 징검다리(the stepping stones), 그리고 외부(the goats) 층의 개념이었다. 핵심 층은 미국 · 캐나다, 그리고 브뤼셀 조약 국가들로 이들은 공통의 전략적 · 이데올로기적 관점을 공유하면서 북대서양 조약의 핵심을 형성한다. 징검다리 층은 노르웨이 · 덴마크 · 아이슬란드 · 아일랜드 · 포르투갈로서 이들은 완전한 회원국의 책임은 가지지 않지만, 이들의 전략적 위치로 그 필요성이 인정되어 영토 보장을 받으며 이들이 원할 때에는 회원국이 될 수 있는 선택권을 가진다. 즉, 징검다리 층을 기점으로 미국과 캐나다는 북아메리카 정박 지점(anchor point)이 되고 브뤼셀 조약 국가들은 유럽의 정박 지점이 되는 것이다. 마지막으로 외부 층은 이탈리아 · 그리스 · 터키로서 이들은 지리적 · 전략적 측면에서 북대서양 개념에는 맞지 않지만 서유럽에 있어서 매우 중요하다. 물론, 이러한 워싱턴 보고서가 최종 조약에는 반영되지 않았지만 추후의 NATO 확대에 중요한 함의를 가지게 되었다.[20]

이러한 논의 과정에 있어서 1948년 가을까지 두 가지 중요한 결정이 이루어졌다. 첫째는 북대서양동맹은 그 자체로 하나의 조약이 되는 것이다. 이는 브뤼셀 조약 국가들에 대한 범대서양 보장이라는 아령 개념(dumb-bell concept)을 대체한 것으로 제한적인 회원국 자격 조건 대신에 하나의 유형으로 합의를 본 것이다. 즉, 회원국 자격 문제가 북대서양동맹의 회원국이냐 아니냐로 압축된 것이다. 둘째는 미국의 완전한 가입을 이끌어냈다는 것으로 이는 징검다리 국가들에게 있어서 매우 중요한 문제로 만약 미국이 조약에 포함될 경우 징검다리 국가들의 참여 여부에 상

20 Smith, *NATO Enlargement During The Cold War: Strategy and System in the Western Alliance*, 2000, pp. 26~27.

당한 차이가 있을 것이기 때문이었다. 따라서 이러한 두 가지 결정이 취해짐에 따라 회원 자격 문제에 있어서 유일하게 남아 있는 쟁점은 이탈리아를 회원국으로 포함시킬 것이냐의 문제였다. 대서양동맹이 작동하기 위해서는 징검다리 국가들의 회원국 가입은 불가분적이었지만, 이탈리아는 많은 문제점을 야기했다.[21]

비록 이탈리아가 정치적으로는 서구 지향적인 문화와 전통을 가지고 있더라도 지리적으로나 전략적으로는 북대서양 지역과는 거리가 멀었다. 또한 이탈리아를 포함시켰을 경우에는 그리스와 터키를 배제시키는 것이 논리적으로 많은 모순을 갖고 있었다. 물론, 초기의 펜타곤 비밀회의에서 이탈리아를 회원국으로 포함시켜야 한다는 입장이었지만, 워싱턴 임시회담에서는 부정적인 입장으로 변하였다. 따라서 1948년 후반까지 영국·캐나다·프랑스, 그리고 베네룩스 국가들은 반대 입장이었고, 미국은 명확한 입장을 정하지 못한 상태였다. 그러나 1948년 11월에서 1949년 1월 사이에 두 가지 변화가 일어나 북대서양 조약에 이탈리아를 포함시키는 방향으로 전환하게 되었다.[22]

무엇보다도 프랑스의 입장 변화였다. 워싱턴 임시회담에 참여한 프랑스의 애초 목적은 일차적으로 즉각적인 미국의 군사 원조를 확보하는 것이었다. 프랑스는 회원국 자격 문제가 브뤼셀 조약 국가들로 한정되기를 원해 동맹 회원국의 확대에 반대하는 입장이었다. 따라서 프랑스는 워싱턴 보고서에 회원국으로 징검다리 국가들을 포함시키는 것을 마지못해 받아들였지만 여전히 이탈리아의 포함에는 반대하는 입장이었다.[23] 그러

---

21 Smith, *NATO Enlargement During The Cold War: Strategy and System in the Western Alliance*, 2000, pp. 53~54.

22 Smith, *NATO Enlargement During The Cold War: Strategy and System in the Western Alliance*, 2000, pp. 28~34.

나 프랑스는 다음과 같은 두 가지 우선순위의 문제로 인해 자신의 기존 입장을 바꿔 이탈리아의 회원국 포함을 지지하는 쪽으로 선회하였다.[24] 첫째, 프랑스는 조약 협상에 있어서 당시 프랑스의 식민지였던 알제리의 포함을 중요하게 고려하였다. 원래 프랑스는 알제리뿐만 아니라 아프리카의 마그레브(Mahgreb)[25] 전체를 원했으나 이의 실현이 불가능함을 알고 알제리를 포함시키기 위한 수단 차원에서 이탈리아의 포함을 지지하는 쪽으로 입장을 변경하였다. 왜냐하면 이탈리아의 포함으로 알제리의 배제가 힘들 것이라고 판단했기 때문이었다. 두 번째는 보다 직접적으로 이탈리아의 전략적 입장을 고려하였다. 즉, 이탈리아의 배제는 남부 영역(southern flank)의 군사적 공백을 야기하여 이를 채울 수 있는 또 다른 협정을 필요로 하였다. 따라서 프랑스는 수단적 · 전략적 고려 끝에 1948년 말까지 북대서양 조약에 이탈리아가 포함되어야 한다고 결정했다. 그리고 프랑스는 만약 이탈리아와 알제리가 포함되지 않는다면 노르웨이의 가입을 반대하거나 자신이 조약에 가입하지 않겠다는 입장을 보일 정도로 완강했다.[26]

북대서양 조약에 이탈리아를 포함시켜야 한다는 프랑스의 강력한 입장과 더불어 이탈리아가 최종적으로 북대서양 조약에 가입하게 된 또 다른 요소는 정치적인 것이었다. 초기의 펜타곤 비밀회의 당시 참여국들은 이

---

23 Martin H. Folly, "Britain and the Issue of Italian Membership of NATO 1948~1949," *Review of International Studies*, 13-3(1987), pp. 185~186.

24 Folly, "Britain and the Issue of Italian Membership of NATO 1948~1949," 1987, pp. 185~187.

25 아랍어로 땅의 끝인 서방을 뜻하는 용어로 리비아 · 튀니지 · 알제리 · 모로코 등 아프리카 북서부 일대를 총칭한다.

26 Escott Reid, *Time of Fear and Hope: The Making of the North Atlantic Treaty 1947~1949*(Toronto: McClelland & Stewart, 1977), pp. 206~208.

탈리아의 포함을 진지하게 고려했었다. 이는 무엇보다도 1948년 2월에 체코에서 일어난 쿠데타의 충격으로 다가오는 이탈리아의 4월 총선의 여파와 이탈리아 공산주의에 대한 두려움 때문이었다.[27] 그러나 총선 결과 서구 지향적인 기독교 민주당의 압승은 미국과 영국에게 이탈리아의 북대서양 조약 가입에 대한 지지 입장을 완화시키는 역설적 효과를 낳았다. 그럼에도 불구하고 브뤼셀 조약이나 대서양동맹 가입을 이탈리아 외교정책의 일차적 목적으로 천명한 가스페리(De Gasperi) 정부의 입장은 미국에게 이탈리아의 전략적 입장을 다시 고려하게 만들었고, 또한 이탈리아가 대서양동맹에 포함되지 않았을 경우 이탈리아가 받게 되는 정치적 타격과 그 후유증으로 인한 이탈리아 정치 지형의 변화 등이 고려되어 최종적으로 이탈리아의 북대서양동맹 가입이 이루어졌다. 워싱턴 임시회담의 또 다른 쟁점은 상호 원조공약과 방위 영역의 문제였다. 상호 원조공약과 관련하여 북대서양 조약 협상에 있어서 핵심적인 쟁점은 무력공격이 발생했을 경우 미국의 상원과 유럽 회원국 모두가 받아들일 수 있는 공식적인 상호 원조공약을 정의하는 것이었다. 영국의 입장은 무력공격이 발생했을 경우 군사적 그리고 다른 모든 지원을 해야 하는 의무를 부과하는 브뤼셀 조약 제4조에 근거한 가장 구속력 있는 상호 원조공약을 선호했다. 캐나다는 조약의 모든 당사국들은 공격을 받는 회원국을 지원해야 한다는 리오 조약 제3조에 입각한 다소 조심스러운 입장을 보였다. 미국은 보다 신중한 입장을 보이면서 모든 국가들은 스스로가 공격이 실제로 무장공격인지를 결정한다는 조건에서 회원국에 대한 무장공격이 발생했을

---

27 E. Timothy Smith, "United States Security and the Integration of Italy into the Western Bloc 1947~1949," in John R. Gillingham and Francis Heller(eds.), *NATO: The Founding of the Atlantic Alliance and the Integration of Europe*(New York: St Martin's Press, 1992), pp. 73~98.

경우 무장행동을 취할 것이라는 구절을 제안하였다.[28]

무력공격의 대상 지역과 불가분의 관계에 있는 방위 영역과 관련해서 처음에는 영국 · 프랑스 · 벨기에 · 네덜란드 · 룩셈부르크 · 캐나다 · 미국이 참여했기 때문에 이들의 육 · 해 · 공의 영토였다. 그러나 회담이 진행됨에 따라서 징검다리 층과 외부 층, 그리고 이탈리아가 최종적으로 포함됨에 따라 대서양동맹의 방위 영역도 점차적으로 확대되어나갔다. 그러나 동맹 창설 국가들은 방위 영역의 문제와 관련하여 아프리카 국가들 및 아메리카 공화국들(멕시코 · 쿠바 등)의 회원 가입을 피하기 위해 남쪽 국경선으로 북회귀선(Tropic of Cancer)을 경계로 설정하였다. 해외 식민지 영토 문제와 관련해서 영국 · 프랑스 · 네덜란드, 그리고 벨기에는 자신들의 해외 영토에 대한 공격이 있을 경우 대응해야 한다는 방안을 선호했으나 이것은 미국의 상원에서 받아들이기 어려운 상황에 직면할 것이기 때문에 조약 제4조에 방위 영역이 매우 평이하게 서술되었다.

마지막으로 조약의 유효기간에 대해서 미국은 상원의 비준 반대를 우려하여 10년을 주장했으나 프랑스와 일부 다른 유럽 국가들은 50년을 주장하였다. 결과적으로 북대서양 조약에는 최종적으로 무제한적으로 처리되었다. 조약에서 생략된 규정들은 추방규정과 절차규칙을 위한 규정이었다. 특히 후자는 융통성을 확보하고 만장일치나 다수결 투표에 대한 요구를 의식적으로 피하기 위해서 생략되었다. 따라서 NATO의 절차규칙은 합의에 따르는 것으로 이해될 수 있다. 요컨대, NATO 탄생 과정에서 가장 중요한 쟁점은 어떤 기준에 따라 회원국을 결정하냐의 문제였다. 1949년 4월 4일에 워싱턴에서 북대서양 조약에 서명한 최종 국가는 12개

28 Wiebes and Zeeman, "The Pentagon Negotiations March 1948: The Launching of the North Atlantic Treaty," 1983, p. 357.

국이었다. NATO가 12개국으로 탄생한 것은 회원국 자격과 관련해서 회원국의 지리적 위치, 전략적 중요성, 그리고 정치적 정체성이 복합적으로 작용하였다.

이런 측면에서 동맹의 핵심층을 구성하는 미국 · 캐나다 · 영국 · 프랑스 · 벨기에 · 네덜란드, 그리고 룩셈부르크는 처음부터 NATO 회원국 자격에 아무런 문제가 없었다. 이들 국가들은 동맹 창설을 위한 첫 공식회담부터 조약 승인 때까지 참여하였다. 문제는 징검다리 국가들과 북대서양 지역에 해당되지 않는 지중해 연안 국가들이었다. 먼저, 징검다리 국가인 포르투갈의 경우에는 무엇보다도 전략적 중요성이 고려되었다. 포르투갈은 살라제우(Antonio de Oliveira Salazeu)의 권위주의적 통치 하의 비민주적 조합국가라는 사실에도 불구하고 후에 미국이 라제스(Lajes)에 공군기지를 건설한 대서양 중간에 위치한 포르투갈령 아조레스 제도(the Azores)의 전략적 중요성 때문에 포함되었다.[29] 노르웨이 · 덴마크 · 아이슬란드는 전략적 측면과 정치적 정체성이 고려되었다. 이들 국가들은 유서 깊은 민주주의적 유산(정체성의 동질성)과 유럽의 북방 영역(Northern flank)의 안보에 대한 필요성 및 당시의 항공 능력의 한계(단거리)로 인한 유사시 연료제공 기지의 필요성에 따른 것이었다. 그러나 스웨덴은 소련 국경과 너무 인접해 있어 방위상 어려움이 있고 또한 연이은 노르딕 국가들의 참여 문제로 인해 가입이 이루어지지 못했다. 마지막으로 북대서양 지역에 해당되지 않는 지중해 국가인 이탈리아의 가입은 최종적으로 남부 영역에 대한 전략적 중요성과 이탈리아의 정치적 정체성에 기인한 것

29 James E. Dougherty and Robert L. Pfaltzgraff, Jr., *American Foreign Policy: FDR To Reagan*(New York: Haper & Row, Publishers, Inc., 1986), 이수형 역, 『미국외교정책사: 루스벨트에서 레이건까지』(서울: 도서출판 한울, 1997), p. 115.

이었다. 그러나 이탈리아의 NATO 가입은 원래 의도했던 조약의 범위를 벗어난 것이었고 이는 후에 그리스와 터키 가입에 중요한 함의를 가지게 되었다.

제4장
NATO 정상회담

국가의 이익을 달성하기 위한 종합적인 대외정책의 수단으로서 외교는 고전적인 정책수단이자 외교정책 문제를 지속적으로 해결할 수 있는 최적의 수단 중의 하나이다. 특히, 제2차 세계대전 이후 오늘에 이르기까지 국가이익을 달성하기 위한 수단으로서 외교의 중요성은 보다 강조되고 있다. 이러한 외교의 발전 과정에 있어서 가장 중요하고 유의미한 변화 중의 하나는 국가원수나 정부 수반들(the Heads of State and Government)의 공식적 만남이라 할 수 있는 정상외교(Summit Diplomacy)의 발전 및 일반화 현상이라 할 수 있다.

이런 측면은 오늘날 다자주의 제도로 발전한 NATO에서도 목격할 수 있다. 탄생 당시 NATO는 하나의 군사적 다자 동맹이었다. 그러나 NATO는 다른 동맹에서는 쉽게 찾아볼 수 없는 '정치적 협의'라는 정책결정 과정을 통해 변화하는 안보환경에 적극 대응하면서 군사동맹 이상의 국제안보제도로 발전해왔다. 그 과정에 있어서 중요한 역할을 담당해온 것이 바로 NATO 정상회담이었다. 정치적 협의의 기폭제 역할을 담당해온 NATO 정상회담은 시기에 따라 개최 빈도나 그 성격이 변화해왔다. 냉전시기의 NATO 정상회담은 상대적으로 드물게 개최되었고, 또한 협의의 주제도 포괄적이라기보다는 군사안보적 측면에 집중되는 양상을 보여주었다. 이는 기본적으로 냉전이라는 국제정치의 특수한 상황에 따른 것으로 해석된다. 그러나 냉전 종식을 계기로 NATO 정상회담은 부쩍 증가하는 양상을 보이면서 정치적 협의의 주된 내용들도 군사안보적 성격보다는 정치 · 경제 · 안보 등 보다 광범위하고 포괄적인 측면이 부각되고 있다.

특히, 냉전 종식 이후에 진행된 NATO 정상회담에서 나타난 한 가지 특징은 2001년의 9·11 테러를 전후로 하여 정상회담의 핵심 의제가 근본적으로 변화하는 모습을 보여주고 있다는 점이다. 즉, 냉전 종식 이후부터 동맹 창설 50주년 워싱턴 정상회담 때까지의 정치적 협의의 핵심은 냉전 종식에 따른 중 · 동유럽의 불안정한 상황을 진정시키고 안정된 하나의 유럽을 구축하기 위한 다양한 정책 방안 모색에 초점이 맞추어졌다. 반면, 9·11 테러 이후 NATO 정상회담은 지구적 차원에 걸쳐 발생하는 테러와 같은 비대칭 안보위협에 대처할 수 있는 방안 마련에 초점이 맞추어지면서 기존의 유럽이라는 지역적 차원이 아닌 지구적 차원에 걸쳐 발생하는 초국가적 · 비대칭 안보위협에 적극 대응하기 위한 차원에서 정치적 협의의 핵심 의제들이 선정되고 논의되고 있다.

여기에서는 먼저 국제관계의 맥락에서 흔히 우리가 이야기하는 정상회담에 대한 일반론적 입장을 살펴본 후 냉전시기와 냉전 이후부터 2010년에 이르기까지 NATO 정상회담을 역사적으로 고찰한다.

1. 정상회담의 기원, 정의, 그리고 유형

1) 기원과 정의

근대 국제관계의 발전 과정에 있어서 한 국가의 최고정책결정자를 의미하는 정상(Summit)이란 용어는 제2차 세계대전 이후에 등장한 신조어지만,[1] 최고정책결정자들의 공식적 만남이라 할 수 있는 정상회담이나 정상외교는 결코 새로운 현상이 아니다. 즉, 정상회담의 기원은 외교의 초기 역사에서부터 중세 및 근대 초반에 있었던 수많은 외교 발전에서 목격할 수 있다. 주재 대사관이 등장하기 시작한 15세기 이전까지 서로 다른 지도자들은 왕족 회의나 결혼식 및 장례식을 계기로 주기적으로 만날 수 있었다. 그러나 이러한 형태의 전근대적 정상외교(Summit Diplomacy)는 서로에 대한 의혹과 두려움, 경호 상의 문제, 회담 장소 문제, 교통 · 통신의 미발달로 인한 이동상의 문제, 그리고 언어 차이에 따른 의사소통의 문제 등으로 공식적 외교 행위라기보다는 예외적인 것이었다.[2]

주재 대사관이 등장하기 시작한 15세기부터 주요 국가들의 정부 조직에서 외교관계를 전담하는 외무부가 정식으로 출범한 18세기 말까지 근대 초기의 외교는 공문서의 주기적 발행과 임시방편으로 운영되었던 대사관에 의존하던 관행에서 벗어나 보다 규칙적이고 정기적인 형태로 발

1 정상이란 용어는 1950년대에 들어와 보다 복잡해지고 있는 국제적 문제를 해결하기 위해 정부의 최고위 수준에서 회담을 개최하자는 처칠(W. Churchill) 전 영국 수상의 요구에서 비롯되었다.

2 Erik Goldstein, "The Origins of Summit Diplomacy," in David H. Dunn(ed.), *Diplomacy at the Highest Level: The Evolution of International Summitry*(New York: St. Martin's Press, Inc., 1996), pp. 23~25.

전해나갔다. 그 과정에 있어서 17세기에는 강화 조약의 체결과 밀접한 관련이 있는 국제회의(Congress)가 외교의 새로운 메커니즘으로 등장 · 발전하였고, 나폴레옹 전쟁 이후 오스트리아의 메테르니히(Metternich)는 외교 수단으로서 정상회담의 도래를 예견하였다.[3] 또한 20세기에 들어와 제1차 세계대전 이후의 국제질서를 논의하기 위해 마련된 파리 강화회의를 계기로 등장한 새로운 외교의 출발은 정상외교의 발전에 하나의 전환점을 제공하였다.

이런 맥락에서 보았을 때, 근대 정상회담은 외교체계의 진화뿐만 아니라 국제정치의 변화상을 반영하면서 발전해왔다고 볼 수 있다. 특히, 20세기 중반 이후에 보다 부각되고 일상화되어가는 정상외교의 발전은 다음과 같은 변화에 힘입은 바 크다. 첫째, 과학기술의 발전에 따른 여행상의 불편함 해소, 둘째, 핵무기 등장에 따른 국제 위기관리의 필요성 증대, 셋째, 제2차 세계대전 이후 탈식민지화 과정을 통한 국제 사회의 확장 및 지역 외교의 활성화, 넷째, 근대 정치의 주요 특징인 외교정책에 있어서 행정부 권한의 강화, 마지막으로 세계경제의 역동성에 따른 국내적 맥락과 국제적 맥락 간의 상호작용과 상호의존의 심화 등이다.[4] 따라서 이러한 변화들은 정상외교의 발생 빈도 및 정상외교의 범주를 확대시켜나가는 데 큰 영향을 미쳤다.

20세기에 들어와 보다 직접적으로는 제2차 세계대전 이후 대표적인 외교 관행의 하나로 자리 잡은 정상외교에 대한 개념 정의는 다양하게 나타

---

3 Goldstein, "The Origins of Summit Diplomacy," 1996, pp. 23~29. 특히 골드스타인은 중세 종교회의에서 그 기원을 찾을 수 있는 국제회의의 출현을 근대 정상외교의 기원으로 간주할 수 있다는 입장이다.

4 David H. Dunn, "What is Summitry?," in Dunn, *Diplomacy at the Highest Level: The Evolution of International Summitry*, 1996, pp. 3~22.

날 수 있다. 먼저, 매우 제한적으로 정상외교를 정의한다면, 정상외교는 참여자들의 수에 있어서 다자적이어야 하며 동시에 국제관계에서 강대국으로 인정된 지도자들 간의 만남이어야 한다는 입장이다.[5] 즉, 정상외교의 협의적 정의는 적어도 3개국 이상의 강대국 지도자들의 만남으로 강대국 정상들의 쌍무적 회담이나 약소국 정상들의 다자 회담은 정상외교의 범주에 포함되지 않는다. 이와는 달리 매우 포괄적이고 광의적으로 정상외교를 정의한다면, 정상외교는 정치 지도자들의 공식 · 비공식 모임과 방문, 그리고 커뮤니케이션 등이 포함된다.[6] 즉, 정상외교의 광의적 정의에 따른 범주에는 대통령의 외교정책과 선언, 대통령의 개인적인 커뮤니케이션, 대통령의 개인적 대리인이나 특사, 세계 지도자들의 미국 방문, 대통령의 방문과 해외여행 등이 포함된다. 정상외교를 이렇게 정의하였을 경우에는 국가 지도자들 간의 비공식적 · 일상적, 그리고 간접적 대화 등 정치지도자들 간의 모든 만남이 정상외교의 범주에 포함되기 때문에 정상외교의 차별성이 모호해진다.

따라서 정상외교의 정의와 관련해서 중요한 요소는 행위 주체와 행위의 성격이라고 할 수 있다. 던(David H. Dunn)의 정의에 따르면, 정상외교는 최고위 수준에서 외교를 구성하는 행위인 공식적 목적을 위한 정치 지도자들의 모임이다.[7] 그러므로 여기에서는 던의 정의를 참조하여 정상외교를 다음과 같이 정의하고자 한다. 정상외교는 국가 원수나 정부 수반들 간의 쌍무적 · 다자적 공식 모임뿐만 아니라 공적인 성격을 갖고 있는 관

5 Keith Hamilton and Richard Langhorne, *The Practice of Diplomacy*(London: Routledge, 1995), pp. 221~223.

6 Elmer Plischke, *Modern Diplomacy: The Art and the Artisans*(Washington, D. C.: American Enterprise Institute, 1979), p. 171.

7 Dunn, "What is Summitry?," 1996, pp. 14~20.

련 문제들을 해결하기 위한 이들 간의 행위를 포함하는 직간접적인 외교 양식이다. 정상외교를 이렇게 정의하였을 경우, 과학기술의 발전에 힘입어 최근 빈번해지고 있는 국가 원수나 정부 수반들 간의 쌍무적 · 다자적 화상회의나 긴급한 현안 문제 해결을 위한 전화 통화도 정상외교의 한 형태라 할 수 있다.

2) 유형

정상외교는 회담에서 논의할 의제의 내용과 만남의 성격 등에 따라 그 유형을 달리할 수 있으나 일반적으로 참여자의 수와 개최 빈도를 기준으로 쌍무적/다자적 정상외교와 정기적/비정기적 정상외교 유형으로 구분할 수 있다. 먼저, 참여자의 수적 차원에서 쌍무적 정상외교는 양국의 관련 문제 및 국제적 현안 문제를 논의하고 해결책을 모색하기 위한 양국 정상 간의 공식적 외교행위를 의미한다. 쌍무적 정상외교의 가장 대표적인 사례는 1959년 9월에 미국의 캠프 데이비드(Camp David)에서 베를린 문제를 해결하기 위해 미국의 아이젠하워(Eisenhower) 대통령과 소련의 흐루시초프(Khrushchev) 서기장 간의 만남을 시작으로 양국의 주요 이해 및 국제적 현안 문제 등을 논의하고 해결책을 모색하기 위해 지속적으로 이루어져왔던 미국과 소련의 초강대국 정상외교(Superpower Summitry)이다.[8] 다자적 정상외교는 적어도 3개국 이상의 최고 정치지도자들이 참석

8 냉전시대 초강대국 정상외교에 대한 자세한 내용에 대해서는 다음을 참조. Richard Nixon, "Superpower Summitry," *Foreign Affairs*, 64(1985), pp. 1~11; Michael Andersen and Theo Farrell, "Superpower Summitry," in Dunn, *Diplomacy at the Highest Level: The Evolution of International Summitry*, 1996, pp. 67~87; James E. Dougherty and Robert L. Pfaltzgraff, Jr., *American Foreign Policy: FDR To Reagan*(New York: Haper & Row, Publishers, Inc., 1986), 이수형 역, 『미국외교정책사: 루스벨트에서 레이건까지』(서울: 도서출판 한울, 1997).

하는 외교 유형으로 대표적인 사례로 서방 선진국 정상들의 모임인 G-7(Group of Seven Summits),[9] NATO 정상회담,[10] 유럽연합(EU) 이사회,[11] 그리고 1993년 11월 19일에 미국의 시애틀에서 처음으로 열린 아시아·태평양경제협력(APEC) 정상회담 등을 들 수 있다. 이러한 다자적 정상외교의 공통적 특징은 시간이 지남에 따라 회담 자체가 제도적으로 발전하면서 하나의 새로운 국제제도로 발전해가는 양상을 보인다는 점이다.

한편, 정상외교의 개최 빈도 차원에서 정기적 정상외교는 일정 기간을 순환 주기로 하여 지속적으로 개최되는 유형이다. 일반적으로 정기적 정상외교는 쌍무적 유형보다는 다자적 유형에서 보다 많이 목격된다. 가장 대표적인 사례로 제2차 세계대전 이후 흔히 서방 정상외교의 기원이라 할 수 있는 소위 백악관 도서관 모임[12]에서 발전된 G-7 정상외교를 들 수 있다. 또한 다자적 유형의 정기적 정상외교는 시간이 흐를수록 제도화가 진행되면서 하나의 새로운 국제제도로 변화하는 경향을 보인다. 이와는 달리 비정기적 정상외교는 그때그때의 현안에 따라 특정 쟁점을 해결하기 위한 관련 정상들의 임시적이고 예외적 외교 행태를 지칭한다. 비정기적 정상외교 유형은 일반적으로 다자적 정상외교에서보다는 쌍무적 정상

---

9 J. D. Armstrong, "The Group of Seven Summits," in Dunn, *Diplomacy at the Highest Level: The Evolution of International Summitry*, 1996, pp. 41~52.

10 Bill Park, "NATO Summits," in Dunn, *Diplomacy at the Highest Level: The Evolution of International Summitry*, 1996, pp. 88~105.

11 John Redmond, "From European Community Summit to European Council: The Development and Role of Summitry in the European Union," in Dunn, *Diplomacy at the Highest Level: The Evolution of International Summitry*, 1996, pp. 53~66.

12 백악관 도서관 모임(White House Library)은 1973년 5월 25일 미국의 백악관 도서실에서 미국·영국·프랑스·독일, 그리고 나중에 일본의 재무장관들이 국제금융체제와 관련된 문제를 다루기 위한 회담을 의미하며 이를 모태로 G-7이 탄생하게 되었다. Robert D. Putnam, "Summit Sense," *Foreign Policy*, 55(Summer 1984), pp. 73~74.

외교에서 흔히 나타난다. 그러나 이것이 다자적 정상외교는 모두가 정기적 정상외교 유형이고 모든 쌍무적 정상외교는 비정기적 외교 유형이라는 것을 의미하는 것은 아니다. 일례로, 다자적 정상외교인 NATO 정상회담은 비정기적 외교 유형이고 쌍무적 정상외교인 한미 정상회담은 비정기적이라기보다는 정기적 정상외교의 유형으로 보는 것이 타당할 것이다.

2. 정치적 협의와 NATO 정상회담의 발전

1) 다자주의와 NATO

다자적 혹은 다자주의라는 용어는 적어도 3개국 이상의 국가들이 그들의 정책들을 조정한다는 공통성을 내포하면서 국가들의 관계에서 동맹국이나 관련국의 입장에 상관없이 홀로 행동하고자 하는 일방주의(unilateralism)나 선험적인 특수한 이유나 혹은 긴급한 상황에 기반을 두고 관계들을 사례별로 차별화시키는 쌍무주의(bilateralism)와는 다른 것이다. 다자주의는 하나의 조직 원리로 일반화된 행위원칙에 근거하여 셋 혹은 그 이상 국가 간의 관계를 조정하는 제도적인 형태라는 것을 시사한다. 따라서 다자주의는 하나의 조직 원리로서 세 가지 속성인 불가분성, 일반화된 행위원칙, 그리고 포괄적 상호성에 의해서 다른 유형과 구별되는 것이다.[13]

---

13 John Gerard Ruggie, "Multilateralism: The Anatomy of an Institution," John Gerard Ruggie(ed.), *Multalateralism Matters*(New York: Columbia University Press, 1993), pp. 3~47.

불가분성은 행위영역에 관련된 구성단위들의 집단성을 내포하고 있는 것으로 구성단위들 내/사이에서 일정 행위가 시작되었을 경우, 그에 따른 비용과 혜택이 확산되는 지리적 · 기능적 영역으로 간주될 수 있다.[14] 예를 들면 집단안보의 구상에서 불가분성은 국가는 평화가 불가분인 것처럼 행동하며, 따라서 그것을 그렇게 만드는 것이다. 이러한 불가분성은 상당히 다양한 형태를 취할 수 있으며, 하나의 기술적인 조건이 아니라 사회적 구성인 것이다.[15] 일반화된 행위원칙은 어떠한 특별한 사태에 존재할 수 있는 집단들의 특정한 이해나 전략적 상황에 관계없이 한 유형의 행동에 대해 적절한 행위를 명시할 수 있는 원칙이다. 예를 들면, 집단방위제도에서는 침략을 억지하고 응징하기 위한 제재의 사용에 대한 일괄적인 규칙, 그리고 또다시 그것들을 집행하기 위한 집단적인 제재 절차들이 포함될 것이다. 그리고 포괄적 상호성은 행위자들이 시간적 · 공간적, 그리고 쟁점영역에 대해 어느 정도의 양보성을 견지하면서 그들의 기대가 계속적으로 지속되고 각 당사국이 매번마다 똑같은 보상을 주장하지 않는 한, 장기적으로 혜택을 얻는다는 규범이다.

요컨대, 다자주의는 구성단위 내/사이에서 일정 행위가 시작되었을 경우, 그에 따른 비용과 혜택의 영역으로 간주될 수 있는 불가분성, 특정 국가의 속성에 관계없이 모든 구성원들에게 보편성을 강조하는 규범형태로 나타나는 일반화된 행위원칙, 그리고 특정 시점, 특정 쟁점보다는 다양한 쟁점에 걸쳐서 장기적인 측면에서 행위자들이 혜택을 기대하는 공리주의적 입장을 강조하는 포괄적 상호성이라는 세 가지 속성을 가지고 있는 것

14 James A. Caporaso, "International Relations Theory and Multilateralism: The Search for Foundations," in Ruggie, *Multalateralism Matters*, 1993, p. 54.

15 Ruggie, "Multilateralism: The Anatomy of an Institution," 1993, p. 11.

이다. 따라서 다자주의 제도는 국가 간의 관계가 어떻게 조정되고 조직화되는가에 초점을 맞춤으로써 국가 간 관계의 실질적인 측면을 강조하는 개념이다. 또한 다자주의 제도는 다자적 행동을 증진시키기 위해 고안된 다자주의 이데올로기를 구현한 제도로서 상황에 따라 특정의 조직이나 기구들을 창설 · 유지 · 변경, 그리고 약화시킬 수 있다.[16]

이런 맥락에서 보았을 때, 1949년 4월 4일에 북대서양 조약으로 탄생한 NATO는 다자적 행동을 증진시키기 위해 고안된 다자주의 이데올로기를 구현한 제도이다. 무엇보다도 NATO에서 안보는 집단적 불가분성이다. 따라서 공격을 받는 국가가 서독인가, 벨기에인가, 혹은 영국인가는 중요하지 않다. 이러한 공격에 대해 NATO는 무조건적 집단 대응을 요구한다. 이것은 다자주의의 일반화된 행위원칙을 반영한 것이었다. 그리고 포괄적 상호성은 회원 국가들에게 제공되는 안보 공동체이다.[17]

한편, 다자주의 제도로서의 NATO를 보다 올바르게 이해하는 것은 NATO의 독특한 속성과 NATO에 내재해 있는 역동성을 파악하는 것이다. 먼저, NATO의 독특한 속성은 공통적인 정치적 가치를 기반으로 탄생했다는 점이다.[18] NATO 회원 국가들은 북대서양 조약의 전문에서 "회원국들은 민주주의의 원칙, 개인의 자유, 그리고 법의 규칙에 근거하여 국민들의 문명화와 자유, 그리고 공동의 유산을 보호하기로 결심한다"는

---

16 Caporaso, "International Relations Theory and Multilateralism: The Search for Foundations," 1993, p. 54.

17 이와는 달리 소련을 주축으로 1955년에 창설된 WTO는 다자주의 제도가 아니라 단순한 다자적 군사동맹이었다. 이는 WTO의 창설 배경, 조약 내용, 회원 국가들 간의 공통적인 정치적 가치의 부재, 그리고 1960년대 후반 체코 사태로 나타난 회원국에 대한 회원국의 무력 침공 등을 통해 알 수 있다.

18 Hans-Dietrich Genscher, "The Atlantic Alliance: Foundations and Perspectives," *NATO Review*, 26-6(December 1978), p. 3.

점을 명백히 밝혔다.[19] 북대서양 조약에 명시된 회원 국가들의 권리, 회원 자격, 그리고 회원 국가들이 공유하고 있는 공통적인 근본 가치들은 NATO의 모든 활동을 위한 초석이자 정책결정구조를 조건지우는 일련의 원칙, 규범, 그리고 규칙들을 구성한다. 아울러 NATO에 내재해 있는 역동성을 파악하는 것은 그 구조를 이해하는 것이다.[20] 왜냐하면 NATO의 정치 · 군사 조직, 정책결정자, 그리고 조직들과 절차들로 구성되는 NATO 구조는 회원 국가들의 이익과 NATO 자체의 이익이 절충되는 영역이기 때문이다. 이러한 독특한 속성을 기반으로 정책결정자, 조직, 그리고 정책결정 과정으로 구성된 구조 하에서 NATO는 변화하는 안보환경을 인식하고, 그에 필요한 새로운 전략 등을 채택하여 제도의 생명력을 유지해나간다. 따라서 NATO의 정책결정은 회원 국가들이 집단적 기획과 협의 과정으로 그들의 정책선호를 주입하는 과정이다.[21] 즉, NATO는 정책 협의 과정을 거치면서 합의를 통해 공식적으로 정책들을 승인하는 것이다.

2) 정치적 협의와 NATO 정상회담의 발전

"회원 국가들 중의 어느 일국의 영토적 통합, 정치적 독립이나 안보가 위협을 당할 때마다 회원 국가들은 공동으로 협의할 것"이라는 북대서양 조약 제4조에 토대를 두고 이루어지는 NATO에서의 정치적 협의는 1949

---

19 NATO, *The North Atlantic Treaty Organization 1949~1989: Fact and Figures* (Brussels: NATO Information Service, 1989), pp. 13~14.

20 Douglas L. Bland, *The Military Committee of the North Atlantic Alliance*(New York : Praeger Publishers, 1991), p. 3.

21 Scilla McLean(ed.), *How Nuclear Weapons Decisions Are Made*(New York: St., Martin's Press, 1986), p. 212.

년 9월 북대서양이사회(NAC)의 첫 회담으로 시작되었다. 이후 NATO에서의 정치적 협의는 모든 수준에 거친 NATO 정치조직에서 이루어졌다. 즉, 회원국 외교부 장관이 참석하는 북대서양이사회(NAC), 국방장관이 참석하는 방위기획위원회(DPC), 일상적으로 일주일에 적어도 한 번 이상 개최되는 상임대표자(NATO 대사) 수준과 특별한 기반에 근거한 정상회담 등에서 상시적으로 진행된다. 이러한 정치적 협의를 거쳐 이루어지는 정책결정은 회담 수준에 관계없이 그 자체로서 동일한 지위와 효력을 가진다.[22]

지난 냉전시대 NATO에서 정치적 협의의 발전은 핵무기와 관련이 깊었다. 1950년대 초반에 미국의 핵무기가 처음으로 서유럽 영토에 배치된 이래로 서유럽 국가들의 가장 첨예한 관심 영역은 NATO에서 핵무기 사용을 위한 전략기획과 핵무기의 사용 결정, 그리고 핵무기의 사용 방법과 관련된 정책결정에서 보다 큰 발언권을 얻어내는 것이었다.[23] 이와 관련된 일련의 논의들이 NATO에서 정치적 협의의 발전을 야기했다. NATO에서 정치적 협의의 본질은 클리브랜(Harland Cleveland)드가 '협의의 독트린'이라고 말한 일련의 보고서나 선언문을 통해 형성 · 발전해왔다.[24] 이러한 보고서나 선언문들이 회원 국가들에게 강제성을 부여하거나 어떠한 유형의 결정이 협의를 필요로 하는지 구체적으로 제시하지는 않지

---

22 NATO의 정치적 협의와 정책결정 과정에 대해서는 다음을 참조. NATO, *The North Atlantic Treaty Organization 1949~1989: Fact and Figures*, 1989, pp. 185~195; NATO, *NATO Handbook*(Brussels: NATO Office of Information and Press, 1995), pp. 107~110; NATO, *NATO Handbook*(Brussels: NATO Office of Information and Press, 2006), pp. 30~39.

23 Paul Buteux, *The Politics of Nuclear Consultation in NATO, 1965~1980*(London: Cambridge University Press, 1983), pp. 1~38.

24 Harland Cleveland, *The Transatlantic Bargain*(New York: Harper & Row, 1970), pp. 13~33.

25 이에 대해서 스타포드(Stafford)는 NATO는 초국가적 제도가 아니기 때문에 회원 국가들에

만,[25] NATO는 이러한 한계에도 불구하고 정치조직을 통해서 다양한 주제와 쟁점들에 관해서 협의의 습관을 길러왔다.[26] 따라서 서유럽 국가들은 NATO의 방위정책과 운용적 핵문제에 보다 적극적으로 참여하게 되었고, 특히 핵무기에 대한 지휘 · 통제에 관한 여러 제안들은 정치적 영역으로까지 확대되어 NATO 정치구조를 변화시키는 주요 요인이 되었다. 그러므로 NATO의 발전사는 정치적 협의의 발전사라고 볼 수 있고, 실제로 그것은 NATO 정치조직의 발전을 가져왔다.

정치적 협의라는 측면에서 보았을 때, NATO 정상회담은 특별한 포럼에서 열리는 일상적인 회담으로 간주해도 무방할 것이다. 물론, 동맹이 직면한 특별히 중요한 쟁점(particularly important issues)에 대한 입장 표명을 할 때마다 NATO 정상회담은 개최될 수 있다. 그러나 특별히 중요한 쟁점에 대한 범위와 견해에 대해서는 다양한 입장이 존재하지만 NATO 정상회담의 필요성은 전체로서 동맹의 중요한 쟁점에 대한 고려가 선행되어야만 하는 것은 아니다.[27] 일례로, 최초의 NATO 정상회담은 1957년

게 이미 합의한 조치들을 시행하도록 지시할 수 없다고 주장하면서 NATO 그 자체의 특성을 거론하였다. Roy W. Stafford, "Defense Planning in NATO: A Consensual Decision-Making Process," in R. L. Pfaltzgraff and U. Ra'anan(eds.), *National Security Policy: The Decision-Making Process*(Hamden, Conn.: Archon Books, 1984), pp. 153~154. 네프(Neff) 역시 이러한 협의의 한계를 회원 국가들의 국가적 우선순위에서 연유한다고 파악한다. NATO에서 정치적 협의 과정은 가장 가까운 우방 국가들에게도 너무 많은 것을 노출하기를 꺼리는 회원국 정부들의 자연적 침묵에 의해서 어느 정도 제약을 받는다. Richard Neff, "NATO Political Consultation: Fact or Myth?," *NATO Review*, 23-1(February 1975), p. 9.

26 커구스(Kirgus)는 NATO의 협의의 법적 토대와 역사적 실행이라는 의무적 규범이 존재한다고 주장한다. Frederic L. Kirgus, "NATO Consultation as a Component of National Decision-Making," *American Journal of International Law*, 73-3(July, 1979), pp. 404~405.

27 Park, "NATO Summits," 1996, p. 92.

[표 4-1] 냉전시대의 NATO 정상회담

시기	장소	주요 내용
1957. 12. 16	프랑스, 파리	• 동맹의 주요 목적과 통일성 재확인. • 3인의 현자 보고서 승인.
1974. 6. 26	벨기에, 브뤼셀	• 대서양 관계에 관한 선언 채택. • 전략무기제한 협상에 관한 미-소 정상회담 준비 차원에서 동-서 관계 협의.
1975. 5. 29~30	벨기에, 브뤼셀	• CSCE에서의 성공적인 협상 종결 지지. • 국제경제압력에 직면하여 동맹의 응집력과 동맹의 근본적 중요성 재확인.
1977. 5. 10~11	영국, 런던	• 동-서 관계의 장기적 추세에 관한 연구 출발. • 동맹의 장기방위프로그램 연구 출발.
1978. 5. 30~31	미국, 워싱턴 D. C.	• 1977년 런던 정상회담에서 취해진 두 가지 연구에 대한 중간 점검.
1982. 6. 10	서독, 본	• 스페인 NATO 가입. • 군비통제와 군축에 관한 동맹의 목적과 정책 성명과 통합 NATO 방위성명 공표.
1985. 11. 21	벨기에, 브뤼셀	• 미-소 제네바회담의 긍정적 결과에 관한 레이건 대통령과의 협의 차원에서 가진 특별회담.
1988. 3. 2~3	벨기에, 브뤼셀	• 동맹의 목적과 원칙 재확인. • 재래식 군비통제 협상을 통한 유럽 전체의 안정성 강화를 위한 청사진 채택.
1989. 5. 29~30	벨기에, 브뤼셀	• 동맹 창설 40주년 축하 선언. • 새로운 군비통제 조치 도입. • 군비통제와 군축에 관한 포괄적 개념 채택.
1989. 12. 4	벨기에, 브뤼셀	• 전환기 안보환경에서 미-소 몰타 정상회담 이후 동맹 정상들 간의 협의. • WTO 정상들은 1968년 소련의 체코 침공 및 브레즈네프의 제한주권론 비난.

* 출처: NATO, *The North Atlantic Treaty Organization 1949~1989: Fact and Figures*, 1989, pp. 52~181 내용 참조.

12월에 파리에서 개최되었지만 동맹 창설 이후 첫 정상회담이 열리기까지 NATO의 발전 과정에서는 중요한 변화들이 일어났다. 동맹의 전략개념이 바뀌었고, NATO 확대도 이루어졌으며, 1950년의 한국전쟁, 1953년의 스탈린(Joseph Stalin)의 사망과 흐루시초프의 부상, 1955년의 서독의 NATO 가입과 WTO의 창설, 1956년의 수에즈 위기와 헝가리 위기에 대한 소련의 개입 등 NATO가 예의주시할 크고 작은 국제정세의 변화도 진행되었었다. 마찬가지로 1960년대와 1970년대 초반에 이르기까지 NATO 안팎으로 많은 변화가 있었지만, NATO 정상회담은 한 번도 개최되지 않았다.

이처럼, 동맹 탄생 이후 1970년대 중반까지 국제정세의 변화와 이에 따른 NATO 내부의 크고 작은 변화에도 불구하고 NATO 정상회담이 단 한 차례밖에 열리지 않았다는 것은 첫째, NATO에서 정치적 협의 내용이 주로 정치안보적 성격보다는 전문성을 요하는 군사안보적 측면이 강했고, 둘째, 이 당시까지만 해도 NATO 회원국 대부분이 미국의 지도력에 강한 신뢰감을 가졌기 때문이라고 해석할 수 있을 것이다.[28] 이를 역으로 해석한다면, NATO 정상회담은 국제정세의 데탕트적 변화와 정치적 협의에 있어서 정치안보적 성격이 보다 부각될수록, 그리고 서유럽 국가들의 안보적 자율성에 대한 요구가 클수록 NATO 정상회담의 개최 빈도가 높아질 것이라는 해석이 가능한 것이다. 실제적으로 1970년대 중반 이후 냉전이 종식될 때까지 NATO 정상회담은 이전과는 달리 상대적으로 개최 빈도가 높아지는 양상을 보여주었다.

28 Park, "NATO Summits," 1996, pp. 92~93.

3. 냉전 종식과 NATO 정상회담

1989년 11월의 베를린 장벽 붕괴, 1990년 10월의 독일 통일, 1991년 12월의 소연방 해체, 그리고 중 · 동유럽에서 발생한 극적인 변화들은 냉전 종식을 상징하였다. 이에 따라 국제안보환경 및 유럽의 안보 지형도 급격하게 변화하게 되었으며, NATO 역시 근본적 변화의 물결에 직면하게 되었다. 1989년 후반부터 NATO 탄생 50주년 정상회담이 열린 1999년 4월의 워싱턴 정상회담에 이르기까지 NATO는 정상회담을 통해 변화된 안보환경에 적극적으로 대응하면서 자신의 새로운 정체성 및 정치 · 군사적 구조조정을 단행해나갔다. 이 시기 NATO 정상회담은 총 6회에 걸쳐 개최되었다. 여기에서는 이 시기에 있었던 NATO 정상회담의 주요 내용들을 고찰하고자 한다.

1) 1990년 런던 정상회담

냉전 종식 이후 첫 NATO 정상회담은 1990년 7월 5~6일에 영국 런던에서 개최되었다. 이 정상회담에서 가장 중요하게 논의되었던 의제는 급변하는 유럽안보환경에서 중 · 동유럽의 불안정한 안보상황을 인식하고 이를 해결할 수 있는 방안을 강구하는 것이었다. 이러한 NATO 정상들의 인식과 입장은 런던 선언(London Declaration)을 통해 나타났다. 런던 선언은 NATO와 중 · 동유럽 국가들과의 광범위한 영역에 걸친 정치 · 군사적 협력을 발전시켜나가기 위한 제안들이었다. 그중에는 NATO와 중동유럽 국가들과의 정기적인 외교 접촉도 포함되었다.[29] 냉전 종식과 더불어 지

29 NATO, *NATO Handbook*, 1995, p. 322.

난날의 동-서 대립을 종식시키고 새로운 안보환경에 맞는 변화된 NATO를 구현하기 위한 런던 선언의 목표들은 1991년 11월 7~8일에 이탈리아 로마에서 개최된 NATO 정상회담에서 보다 구체화되었다. 따라서 1990년의 런던 정상회담이 변화된 안보환경에서 새로운 NATO의 방향성 모색 차원이었다면, 이후의 NATO 정상회담은 그러한 방향성에 입각하여 이를 실천할 수 있는 방안을 모색하고 구체화한 회담이라고 볼 수 있다.

이런 맥락에서 1991년 11월의 로마 정상회담에서는 첫째, 런던 정상회담에서 구상되었던 동맹의 신전략개념 채택, 둘째, 평화와 협력에 관한 로마 선언(Rome Declaration)이 공표되었다. 먼저, 동맹의 신전략개념은 1990년 7월에 창설된 전략검토그룹을 통해 10월까지 전략 문서의 전반적인 초안이 작성되었다. 1991년 2월에 프랑스가 전략문서 작성 과정에 참여하고 5월에 NATO 국방장관들이 전략개념 승인에 앞서 재래식 전력 구조조정에 대한 중요한 결정을 내린 이후 11월의 정상회담에서 채택되었던 것이다. 신전략개념은 안보에 관한 광범위한 접근에 기반하여 동맹의 미래 역할, 동맹 구조의 변환 등을 결정하는 원칙과 고려사항들을 제시하였다.[30] 한편, 평화와 협력에 관한 로마 선언의 핵심은 1990년의 런던 선언에서 제시한 중·동유럽 국가들과의 정치-군사적 협력 증진을 위한 제도적 기반을 마련하는 것이었다. 이에 따라 냉전 종식 이후 NATO의 첫 동반자관계라고 할 수 있는 북대서양협력이사회(NACC)가 탄생하게 되었다.[31] 이에 따라 NATO는 북대서양협력이사회를 통해 중·동유럽 국

30 Michael Legge, "The Making of NATO's New Strategy," *NATO Review*, 39-6(December, 1991), p. 9.

31 북대서양협력이사회에 대해서는 다음을 참조. NATO, *NATO Handbook*, 1995, pp. 43~52.

가들과의 다방면에 걸친 협력관계를 발전시켜나가면서 불안정한 중 · 동유럽의 안보환경을 완화 · 해소해나갈 수 있는 제도적 기반을 마련하게 되었다.

2) 1994년 브뤼셀 정상회담

1994년 1월 10~11일에 브뤼셀에서 개최된 NATO 정상회담은 향후 NATO의 이정표에 있어서 가장 핵심적인 사항 중의 하나를 결정한 회담이었다. 즉, 이번 회담에서 NATO 정상들은 비록 구체적인 실천 방안을 마련하지는 못했지만, NATO 확대를 공식 결정하여 NATO가 되돌아올 수 없는 루비콘 강(The Rubicon)을 건너는 역사적 계기를 마련하였던 것이다.[32] NATO 회원국 정상들은 이번 회담에서 NATO 확대는 점진적인 과정을 통해 이루어져야 한다는 내부적 결론을 내리고, 특히 확대 과정에 있어서 러시아의 안보적 우려감을 완화시키는 동시에 확대 과정을 촉진시킬 수 있는 구체적 방안으로 평화를 위한 동반자관계(PfP)를 출범시켰다. 평화를 위한 동반자관계는 북대서양협력이사회에 참여한 모든 중 · 동유럽 국가들에게 문호를 개방하고 이들 국가들에게 북대서양 조약 제5조의 내용(영토 방위)만 제외하고는 NATO의 모든 군사 활동에의 참여를 개방한 것이다. NATO는 평화를 위한 동반자관계를 통해 중 · 동유럽으로의 확대를 점진적으로 추진하는 동시에 이들 지역에서 발생할 수 있는 잠재적 불안정을 해소시켜나가고자 하였다.

평화를 위한 동반자관계에 근거하여 러시아의 안보적 우려감을 완화시키기 위해 1997년 5월 14일에 NATO는 러시아와의 동반자관계 조약에

---

32 Ronald D. Asmus, *Opening NATO's Door: How the Alliance Remade Itself for a New Era*(New York: Columbia University Press, 2002), pp. 58~98.

관한 임시협정을 체결하였고, 1997년 5월 27일에 프랑스 파리에서 열린 정상회담에서 NATO는 상호관계, 협력, 그리고 안보에 관한 기본협정(Founding Act)을 러시아와 체결하였다. 러시아와 기본협정을 체결하기 위해 NATO는 새로운 NATO 회원국 영토에 상주하는 상당 규모의 전투력이나 핵무기를 배치할 의도나 계획, 그리고 이유도 없다는 점을 러시아에게 약속하였다.[33] 그 결과 NATO 확대에 따른 러시아의 우려감이나 반대는 상당 부분 완화되었다. 이러한 과정을 통해 1997년 7월 8~9일에 스페인 마드리드에서 열린 NATO 정상회담에서는 헝가리 · 폴란드, 그리고 체코의 비제그라드(Visegrd) 국가들을 정상회담에 초청하여 이들의 NATO 가입을 약속하였다. 또한 이번 회담에서는 1997년 5월 24일에 출범한 유럽-대서양 동반자관계이사회(EAPC)의 첫 정상회담이 열렸다. 유럽-대서양 동반자관계이사회는 개별적 혹은 집단적 차원에서 보다 직접적으로 NATO와의 정치적 관계를 발전시킬 수 있는 제도적 틀로 참여 국가들의 필요성에 맞게 정치 · 안보적 협의가 이루어지고 이사회가 보다 정기적으로 개최된다.

3) 1999년 워싱턴 정상회담

1999년 4월 23~24일에 미국의 워싱턴에서 열린 NATO 정상회담은 동맹 탄생 50주년을 기념하는 자리로서 여러 면에서 뜻 깊은 회담이었다. 먼저, 1994년 1월의 브뤼셀 정상회담에서 공식 천명된 제4차 NATO 확대의 종착지임과 동시에 제5차 NATO 확대의 출발점이 되었다.[34] 이에

33 The Economist, "A New European Order," *The Economist* 343, 28(May, 1997), p. 55; Todd Sandler & Keith Hartley, *The Political Economy of NATO: Past, Present, and into the 21st Century*(Cambridge: Cambridge University Press, 1999), p. 63에서 재인용.

34 지난 냉전시대 NATO 확대는 제1차 1952년 그리스와 터키, 제2차 1955년 독일연방공화국,

따라 헝가리 · 폴란드, 그리고 체코가 NATO의 새로운 회원국으로 정식 가입하였다. 이와 더불어 이번 회담에서는 이후의 확대를 위해 회원자격 행동계획(MAP)을 출발시켰다. 회원자격 행동계획은 NATO 가입을 희망하는 국가들에게 NATO 회원 자격의 모든 측면에 대한 조언 · 원조, 그리고 실제적 지원을 함으로써 이들의 NATO 가입을 도와주는 확대전략인 것이다.

[표 4-2] 1990년~1999년 NATO 정상회담

시기	장소	주요 내용
1990. 7. 5~6	영국, 런던	• 동맹 변화에 관한 런던 선언 발표.
1991. 11. 7~8	이탈리아, 로마	• 동맹의 신전략개념 채택. • 북대서양협력이사회(NACC) 창설.
1994. 1. 10~11	벨기에, 브뤼셀	• NATO 확대 공식 천명. • 평화를 위한 동반자관계(PfP) 출범. • 합동실행전력 개념 승인.
1997. 5. 27	프랑스, 파리	• NATO－러시아 상호관계, 협력, 안보에 관한 기본 조약 서명.
1997. 7. 8~9	스페인, 마드리드	• 헝가리 · 체코 · 폴란드 동맹 가입 회담을 위해 초청. • 1991년 신전략개념 갱신. • 유럽－대서양 동반자관계이사회(EAPC) 첫 회담.
1999. 4. 23~24	미국, 워싱턴	• 제4차 NATO 확대 완성(비제그라드 국가 가입). • 회원가입행동계획(MAP) 채택. • 방위능력구상(DCI) 출범. • 1991년 신전략개념 승인.

그리고 제3차 1982년 스페인의 NATO 가입이 이루어졌다. 이에 대해서는 다음을 참조. Mark Smith, *NATO Enlargement During the Cold War: Strategy and System in the Western Alliance*(New York: Palgrave, 2000).

둘째, 1991년 로마 정상회담에서 채택되었던 신전략개념을 수정 · 보완하여 1999년 동맹의 전략개념으로 최종 승인하였다. 나아가 동맹 회원 국가들 간의 전력구조상의 상호 운영성을 발전시켜 효율적인 연합작전을 극대화하기 위한 방안으로 제시된 방위능력구상(DCI)을 출범시켰다. 이번 회담에서 결정된 전략개념과 방위능력구상은 개별적 차원이 아니라 아주 밀접하게 연계되어 있는 문제이다. 왜냐하면 신전략개념이 역외(out of area) 활동으로 상징되는 동맹의 집단안보 역할을 강조함에 따라 회원 국가들 간의 연합작전이 보다 중요하게 되었다. 왜냐하면 연합작전의 군사적 성공 여부는 회원 국가들 간의 전력구조상의 상호운영성에 달려 있기 때문이다.

4. 9·11 테러와 NATO 정상회담

2001년의 9·11 테러는 미국과 세계 주요 국가들의 안보관을 급격하게 변화시키는 결정적 계기가 되었다. 9·11 테러 사건을 계기로 미국은 자국의 안보정책을 재구성하고 수많은 국가들과의 관계를 재평가하였다. 또한 당시 국방장관이었던 럼스펠드(Donald H. Rumsfeld)는 9·11 테러를 단순한 테러리즘 행위가 아닌 21세기 최초의 새로운 전쟁으로 파악하였으며,[35] 9·11 테러는 결과적으로 정치 · 군사 · 안보 등 NATO 전반에 걸친 새로운 변환을 위한 전환점이 되었다.

---

35 Donald H. Rumsfeld, "A New Kind of War," *The New York Times*(September 27), 2001. 9·11 테러를 21세기 최초의 새로운 전쟁으로 파악한다는 입장과 관련해서 크게 제4세대전쟁, 비대칭전쟁, 그리고 네트전 개념이 있다. 이에 대해서는 다음을 참조. 이수형, 「9·11 뉴욕 테러와 21세기 신전쟁」, 『戰史』 제4호, 2002, pp. 339~362.

따라서 9·11 테러 이후 전개된 NATO 정상회담은 이전의 정상회담과는 본질적인 차이점을 보여준다. 즉, 이전의 NATO 정상회담이 주로 냉전 종식에 따른 유럽안보 지형의 근본적 변화에 대처하기 위한 차원이었다면, 9·11 테러 이후 NATO 정상회담은 지구적 차원에 걸쳐 발생하는 테러와 같은 비대칭 안보위협에 대처할 수 있는 방안 마련에 초점이 맞추어져왔다. 그렇기 때문에 9·11 테러 이전의 NATO 정상회담의 주요 의제들은 앞에서 살펴보았듯이, 냉전 종식에 따른 중 · 동유럽의 불안정한 상황을 진정시키고 안정된 하나의 유럽을 구축하기 위한 다양한 방안 모색에 초점이 맞추어졌다. 반면, 9·11 테러 이후 NATO 정상회담의 주요 의제들은 유럽이라는 지역적 차원이 아닌 지구적 차원에 걸쳐 발생하는 비대칭 안보위협에 적극 대응하기 위한 차원에서 NATO 변환을 추진하는 것이었다. 9·11 테러 이후 2010년까지 NATO 정상회담은 총 8회에 걸쳐 개최되었다. 여기에서는 이 시기에 있었던 NATO 정상회담의 주요 내용들을 고찰하고자 한다.

1) 2002년 로마 정상회담

2001년의 9·11 테러 이후 첫 NATO 정상회담은 2002년 5월 28일에 이탈리아 로마에서 개최되었다. 이번 정상회담에서 나온 핵심적인 의제는 NATO와 러시아 간의 이사회를 창설하는 것이었다. 이는 NATO－러시아 관계에 있어서 새로운 질적 격상을 의미하는 것으로 NATO－러시아 이사회에서 NATO 회원 국가들과 러시아는 동등하게 참여하는 공통의 이해관계를 갖는 분야에서 공동 노력하는 것이다. 또한 NATO－러시아 이사회는 1997년 5월에 탄생한 NATO－러시아 상임합동이사회를 대체하였다.

2002년 11월 21~22일에 체코 프라하에서 NATO 정상회담이 개최되었다. 이번 정상회담에서는 NATO 회원국 가입 회담을 시작하기 위해 불가리아 · 에스토니아 · 라트비아 · 리투아니아 · 루마니아 · 슬로바키아, 그리고 슬로베니아 등 중 · 동유럽 7개국이 초청되었다. 프라하 정상회담은 테러리즘 · 대량살상무기 등 비대칭 안보위협에 대응하기 위한 NATO의 노력을 구체화했다는 점에서 매우 중요하였다. 따라서 프라하 NATO 정상회담은 9·11 테러의 영향으로 변화된 안보환경에서 또다시 추진되는 동맹의 정치 · 군사적 구조조정의 서막이 되었고, 21세기 NATO의 변환에 있어서 가장 중요한 전환점을 제공하였다.

이런 맥락에서 보았을 때, 프라하 정상회담에서 채택한 가장 중요한 것은 NATO의 군사능력을 개선하기 위한 일련의 조치로 1999년의 방위능력구상(DCI)을 계승한 프라하 능력공약(PCC), NATO 대응전력(NRF) 창설, 그리고 군사지휘구조의 효율화였다. 또한 NATO 정상들은 테러리즘에 대한 방위를 위한 군사개념을 채택하고 아프가니스탄에서 활동하는 NATO 회원 국가들을 지원하기 위한 결정과 동반자국가들과 새로운 관계를 형성하기 위한 일련의 조치들을 승인하였다.[36]

프라하 정상회담에서 취해진 일련의 조치들과 결정들은 이후의 NATO 정상회담에서도 지속적으로 논의되었다. 2004년 6월 28~29일에 터키 이스탄불에서 개최된 NATO 정상회담에서도 프라하 정상회담에서 논의되고 결정된 의제들이 보완되고 재확인되었다. 이스탄불 정상회담에서는 프라하 회담에 초청된 중 · 동유럽 7개국의 NATO 가입이 공식적으로 이루어져 제5차 확대가 완성되었다. 특히, 이스탄불 정상회담에서 취해진 중요한 결정은 범중동지역 국가들과의 협력강화를 위한 이스탄불협력구

---

36 NATO, *The Prague Summit and NATO's Transformation: A Reader's Guide*(Brussels: NATO Public Diplomacy Division, 2003), pp. 9~17.

상(ICI)을 출범시킨 것이었다. 이스탄불협력구상은 걸프협력위원회(GCC) 회원국인 바레인 · 쿠웨이트 · 카타르 · 오만 · 사우디아라비아 · 아랍에미리트를 중심으로 1994년에 출범한 지중해 대화(MD) 참여국인 이집트 · 이스라엘 · 모리타리아 · 모로코 · 튀니지 · 요르단, 그리고 알제리 국가들과의 보완적 협력 및 범중동지역 국가들과의 긴밀한 안보 동반자 관계를 구축하여 테러리즘 및 대량살상무기 확산에 적극 대응하기 위한 조치인 것이다. 따라서 이스탄불협력구상은 NATO 안보활동의 영역이 유럽을 벗어나 점차적으로 탈유럽적 · 지구적 차원에서 전개되고 있는 것을 공식화한 것이기도 하다. 2005년 2월 22일에 개최된 NATO 정상회담은 벨기에 브뤼셀 NATO 본부에서 열렸으며 여기에서는 주로 냉전 종식 이후 NATO가 관여하고 있는 발칸 · 아프가니스탄, 그리고 이라크에서의 안정화 구축 노력을 재확인하였다.

2) 2006년 리가 정상회담

2006년 11월 28~29일에 라트비아의 수도 리가에서 열린 NATO 정상회담은 일반적으로 '변혁 정상회담'(Transformation Summit)으로 불리기도 한다. 이번 정상회담에서 나온 NATO 변혁의 핵심은 다름 아닌 동반자관계(Partnership)이다. 냉전 종식 이후 NATO의 변화 과정에 있어서 핵심적 역할을 담당해온 것이 바로 동반자관계라는 구상이었다. 즉, NATO는 평화를 위한 동반자관계(PfP), 지중해 대화(MD), 유럽-대서양 동반자관계 이사회(EAPC), 그리고 이스탄불협력구상(ICI)이라는 공식적 동반자관계를 통해 자신의 정체성 및 정치 · 군사적 구조조정을 단행하면서 변화하는 안보환경에 적극 대응해왔던 것이다.

이번 정상회담에서 나온 동반자관계는 이전의 동반자관계와는 질적으로 다른 성격을 내포하고 있다. 냉전 종식 이후 9·11 테러 이전까지의

NATO 동반자관계는 주로 중 · 동유럽 국가들과의 정치 · 안보적 협력관계를 구축하면서 NATO의 확대정책을 점진적으로 원만히 추진하는 동시에 새로운 유럽의 안보질서를 안정적으로 구축하는 데 그 목적이 있었다. 그러나 9·11 테러 이후 등장한 동반자관계는 기본적으로 NATO의 활동영역을 확장하기 위해 비유럽 국가들과의 안보적 협력관계를 강화하기 위한 것이다. 즉, 이전의 동반자관계가 주로 정치적 측면에 초점을 두었다면 새로운 동반자관계는 군사능력에 초점을 두고 있는 것이다.[37] 특히, 미국의 주도로 추진되고 있는 지구적 동반자관계(Global Partnership)는 NATO의 안보활동 영역의 확장과 맞물리면서 유럽 이외 지역에서 미국과 동맹을 맺고 있거나 군사적 협력관계를 강화하고자 하는 중동이나 아시아 · 태평양 국가들과의 군사안보적 협력을 도모하고자 하는 것이다.

일반적으로 '지구적 차원에 걸친 다른 동반자 국가들'(other partners across the globe) 혹은 접촉 국가(Contact Countries)라는 지구적 동반자관계 구상은 NATO와 기본 가치를 공유하고 NATO 활동에 참여할 능력과 의지가 있는 민주적 안보 기여국과 지구적 안보 증진을 위한 새로운 협력관계 구축을 의미하는 것이다. 특히, 이러한 접촉 국가는 비(非)NATO 회원국이자, 비(非)유럽 국가이고, NATO와의 대화와 협력을 추구해온 동반자 국가를 지칭하는 것으로 주로 아시아 · 태평양 지역의 국가들을 의미한다. 구체적으로 호주 · 뉴질랜드 · 일본 · 싱가포르, 그리고 한국 등이 포함된다. 비록 리가 정상회담에서 지구적 동반자관계 구상이 공식적으로 채택 · 승인되지는 못했지만, 접촉 국가들과의 관계 증진이 NATO의 목적과 임무에 필수적이라는 점이 확인되었으며 정상들은 NATO의 지속적

37 Karl-Heinz Kamp, "Global Partnership? A New Conflict Within NATO?," *Analysen und Argumente der Konrad-Adenauer-Stiftung*, Nr. 29/2006, p. 4.

인 변혁을 위한 틀과 정치적 방향성을 제공해주는 포괄적 정치지침(CPG)을 승인하였다.

변혁 정상회담으로 불리는 리가 정상회담이 지구적 동반자관계라는 구상을 통해 NATO의 지구적 역할 모색을 공개적으로 선언하는 계기가 되었다면, 확대 정상회담(Enlargement Summit)이라고 불린 2008년 4월 2~4일에 루마니아 부카레스트에서 개최된 NATO 정상회담에서는 NATO 회원국 가입 협상을 위해 알바니아와 크로아티아가 초대되었다. 그러나 미국이 애초에 구상하였던 우크라이나와 그루지야의 초대는 NATO의 서유럽 국가들의 반대로 무산되었다. 다만, 부카레스트 정상회담에서는 리가 정상회담에서 공식화된 동맹의 지구적 역할 모색 차원에서 추진되었던 접촉 국가들과의 협력 강화를 재확인하였고, 소위 맞춤형협력패키지(TCPs) 발전을 통해 4개국 접촉 국가(호주 · 뉴질랜드 · 일본 · 한국)들과의 협력 방안이 모색되었다.

3) 2009년 스트라스버그 · 켈 정상회담

동맹 창설 60주년을 맞이하여 NATO는 2009년 4월 3~4일에 프랑스와 독일의 국경 도시인 스트라스버그와 켈에서 정상회담을 개최하였다. 이번 정상회담에서는 알바니아와 크로아티아가 새로운 회원국으로 가입하여 제6차 확대가 종료되었다. NATO는 이번 회담을 통해 문호개방 정책을 지속적으로 추진할 것을 재확인하면서 마케도니아의 구유고공화국 초청 문제를 검토하였다.

이번 정상회담에서 NATO는 세 가지 선언문을 채택하였는바, 첫째, 스트라스버그/켈 정상선언, 둘째, 동맹안보 선언, 그리고 아프가니스탄에 관한 정상선언이다.[38] 먼저, 스트라스버그/켈 정상선언을 통해 NATO는 그간 NATO의 활동 및 동반자관계에서의 발전을 검토하고 프랑스의

NATO 구조로의 완전 복귀를 환영하였다. 둘째, 정상들은 동맹안보 선언을 통해 신전략개념 마련을 촉구하면서 지속적인 동맹 변환의 필요성을 강조하였다. 그리고 아프가니스탄에 관한 정상선언을 통해 2008년 4월에 부카레스트 정상회담에서 채택한 아프가니스탄 지원 4대 원칙을 재확인하였다. 아프가니스탄 지원 4대 원칙은 ① 확고한 장기적 협력, ② 아프간의 리더십 및 책임 강화 지원, ③ 국제사회의 포괄적 접근, ④ 인접 국가와의 협력 강화이다. 또한 아프가니스탄 군대 · 경찰 훈련을 지원할 'NATO 아프가니스탄 훈련단'을 설립하고 일부 회원 국가들의 추가 파병 공약이 이루어졌다.

4) 2010년 리스본 정상회담

2010년 11월 19~20일에 포르투갈의 리스본에서 개최된 NATO 정상회담은 여러 면에서 매우 중요한 회담이었다. 무엇보다도 먼저, 리스본 정상회담에서는 21세기 최초의 NATO 신전략개념을 채택하였다. 사실, 2001년의 9·11 테러 이후 급변한 상황의 심각성을 고려했을 때, 이미 NATO는 1999년의 전략개념을 대체할 새로운 전략개념의 필요성을 인식했었다. 그러나 9·11 테러 이후 미국의 이라크전쟁 개시로 촉발된 미국과 유럽 국가들 간의 갈등과 대립의 결과로 NATO 회원 국가들은 주요 핵심 쟁점에 있어서 합의 구축을 할 수 없었다. 이에 따라 NATO 회원국들은 2006년 리가 정상회담에서 승인된, 향후 10년 동안 동맹의 능력 · 기획 · 훈련, 그리고 정보를 위한 우선순위를 제시한 포괄적 정치지침

---

38 "Strasbourg/Kehl Summit Declaration", "Declaration on Alliance Securityn", "Summit Declaration on Afghanistann", *Issued by the Heads of State and Government Participating in the Meeting of the North Atlantic Council in Strasbourg/Kehl on 4 April 2009.*

(CPG),[39] 2008년 부카레스트 회담에서 NATO 정상들이 북대서양이사회에 준비를 지시하여 2009년 스트라스버그/켈 정상회담에서 채택된 동맹안보선언[40]은 NATO 회원국들 간의 전략개념에 대한 타협적 산물이었다.

[표 4-3] 2002~2010년 NATO 정상회담

시기	장소	주요 내용
2002. 5. 28	이탈리아, 로마	• NATO－러시아 이사회 창설.
2002. 11. 21~22	체코, 프라하	• 중 · 동유럽 7개국 초청. • 군사능력 개선을 위한 일련의 조치 채택. • 대테러 방위를 위한 군사개념 채택.
2004. 6. 28~29	터키, 이스탄불	• 중 · 동유럽 7개국 NATO 가입. • 이스탄불 협력구상(ICI) 출범.
2005. 2. 22	벨기에, NATO 본부	• 발칸, 아프가니스탄, 이라크에서의 안정화 구축 지지 재확인. • NATO－EU 동반자관계 강화.
2006. 11. 28~29	라트비아, 리가	• 포괄적 정치지침(CPG) 발표. • 동반자국가들과의 확대 · 심화 구상 채택.
2008. 4. 2~4	루마니아, 부카레스트	• NATO의 주요 공약 검토. • NATO 가입을 위해 알바니아 · 크로아티아 초청.
2009. 4. 3~4	프랑스 · 독일, 스트라스버그/켈	• 3개의 결과 문서 채택. • 알바니아 · 크로아티아 NATO 가입. • 프랑스의 NATO 구조로의 완전 복귀 환영.
2010. 11. 19~20	포르투갈, 리스본	• NATO 신전략개념 채택. • 아프가니스탄과의 항구적 동반자관계 선언 체결. • 리스본 정상 선언.

39 NATO, *Towards The New Strategic Concept: A Selection of Background Documents*(Brussels: NATO Public Diplomacy Division, 2010), pp. 47~51.

40 NATO, *Towards The New Strategic Concept: A Selection of Background Documents*, 2010, pp. 52~53.

2010년에 리스본 정상회담에서 결정된 또 다른 중요한 내용은 라스무센(Anders Fogh Rasmussen) NATO 사무총장이 NATO 역사에 있어서 가장 중요한 회담이라고 언급했던 NATO와 아프가니스탄 간에 체결된 '항구적 동반자관계 선언'(Declaration on an Enduring Partnership)이다. 항구적 동반자관계는 국제안보지원군(ISAF)의 임무가 끝난 이후에도 NATO가 계속적으로 아프가니스탄에 장기적 관여를 구축하기 위한 틀이다. 그러므로 항구적 동반자관계는 변화하는 NATO의 성격과 NATO와 아프가니스탄과의 관계를 반영하면서 전개되는 것으로 이는 아프가니스탄에서 NATO 관여의 전략적 중요성을 인식하고 2010년의 신전략개념에서 제시한 지구적 동반자관계에 대한 공약을 보다 더 강조한 것이다.[41] 마지막으로 2010년의 리스본 정상회담에서는 신전략개념과 항구적 동반자관계 선언 채택 등을 포함하여 현재 NATO가 직면한 안보환경, 현 국제안보 상황에 대한 평가 및 향후 NATO의 임무와 역할, 그리고 방향 등을 포괄적으로 제시한 '리스본 정상 선언'을 발간하였다.[42]

이상으로 앞에서 살펴보았듯이, 정치적 협의의 기폭제 역할을 담당해온 NATO 정상회담은 시기에 따라 개최 빈도나 그 성격이 변화해왔음을 확인할 수 있다. 먼저, 냉전시기의 NATO 정상회담은 상대적으로 드물게 개최되었고, 또한 협의의 주제도 포괄적이라기보다는 군사안보적 측면에 집중되는 양상을 보여주었다. 이는 기본적으로 냉전이라는 국제정치의

---

41 항구적 동반자관계 선언의 원칙과 목적, 그리고 내용 등에 대해서는 다음을 참조. http://www.nato.int/cps/en/natolive/official_texts_68724.htm?

42 'Lisbon Summit Declaration' Issued by the Heads of State and Government participating in the meeting of the North Atlantic Council in Lisbon on 20 November 2010, *Press Release* PR/CP(2010)0155, 20 November 2010, pp. 1~13.

특수한 상황에 따른 것으로 해석된다. 그렇기 때문에 전문적 군사지식을 요하는 정치적 협의는 대부분이 북대서양이사회나 방위기획위원회 차원에서 이루어졌기 때문에 정상회담이 상대적으로 적게 개최되었던 것이다. 이는 1980년대로 접어들면서 정상회담의 개최 빈도가 증가하는 양상과도 부합하는 것이다.

이와는 달리 냉전 종식을 계기로 NATO 정상회담은 부쩍 증가하는 양상을 보이면서 정치적 협의의 주된 내용들도 군사안보적 성격보다는 정치 · 경제 · 안보 등 보다 광범위하고 포괄적인 측면이 부각되고 있다. 냉전 종식 이후에 목격되는 NATO 정상회담의 실체는 동맹의 성격과 정치 · 군사구조의 변환에 지대한 영향을 미치고 있다. 우선적으로, 보다 일상화되고 있는 NATO 정상회담은 필연적으로 정치적 협의를 보다 활성화시켜나가면서 NATO의 성격을 군사동맹이 아닌 하나의 명백한 안보제도로 귀착시키고 있다는 점이다. 이는 자유주의 국제정치이론의 학문적 적실성을 입증하는 확고한 방증이기도 할 뿐만 아니라 앞으로 정상회담이 NATO의 정치적 협의 과정에 있어서 보다 일상화될 것이라는 것을 암시하기도 한다.

둘째, NATO 정상회담에서 협의되고 결정된 제반 사항들은 NATO의 정치 · 군사구조의 변화를 야기하는 주된 변수로 작용할 가능성이 그 어느 때보다도 높아질 것이라는 점이다. 과거 서유럽 국가들이 NATO의 방위정책과 핵문제에 적극적으로 참여하고, 특히 핵무기에 대한 지휘 · 통제에 관한 여러 제안들이 정치적 영역으로까지 확대되어 NATO의 정치구조를 변화시키는 주요 요인이 되었듯이, NATO 정상회담의 활성화 및 핵심 의제의 내용과 성격은 탈냉전 이후 지속되고 있는 NATO의 정치 · 군사구조의 변환이라는 이중적 구조조정을 이끌어나가는 견인차 역할을 하고 있는 것이다.

특히, 9·11 테러 이후 진행된 NATO 정상회담에서 논의된 핵심 의제들은 단순히 '대서양 동맹'(Atlantic Alliance) 차원이 아니라 '지구적 동맹'(Global Alliance) 혹은 '지구적 동반자 동맹'(Alliance with Global Partners) 차원에서 논의되고 있다. 따라서 이는 향후 NATO의 근본적 변화를 암시할 뿐만 아니라 향후 NATO 정상회담에서 채택되는 일련의 결정이나 선언문 등에 대한 보다 세밀한 관찰과 분석을 요한다 하겠다.

제5장
NATO 확대

동맹의 확대란 신규 회원국 가입을 통해 동맹의 회원국 규모가 늘어나는 것을 의미한다. 일반적으로 동맹 확대는 쌍무동맹보다는 다자동맹에서 나타나는 현상이다. 신규 회원국 가입이라는 동맹의 확대는 다음과 같은 다양한 함의를 내포하고 있다. 첫째, 신규 동맹국의 가입은 동맹의 방위 영역의 확장과 구조적으로 맞물려 있다. 둘째, 동맹의 확대는 동맹의 군사지휘 구조 및 동맹의 군사적 역할 변화를 야기할 수 있으며, 궁극적으로 동맹의 정체성 변화를 야기할 수 있다. 그렇기 때문에 동맹 연구에 있어서 동맹의 확대는 흔히 목격되는 일반적인 현상은 아니다. 오히려 기존 동맹에서 회원국이 탈퇴하거나 아니면 동맹이 해체 또는 붕괴되는 것이 보다 일반적인 현상이라 할 수 있다.

이런 맥락에서 NATO 확대 역시 예외적인 현상이라 할 수 있다. NATO의 60년 역사에 있어서 동맹 확대는 냉전시기에 세 차례, 그리고 냉전 이후에 네 차례, 총 7차에 걸쳐 진행되면서 회원국 규모가 탄생 당시 12개국에서 오늘날에는 28개국으로 늘어났다. 지난 냉전시기의 NATO 확대는 유럽 분단이라는 체제의 제약으로 주로 서유럽 지역에 국한되어 이루어졌다. 그러나 체제의 구조적 제약이 사라진 이후 NATO 확대는 첫째, 근본적으로 변화된 유럽의 안보환경에 대한 미국의 영향력 확장, 둘째, 독자적인 안보 정체성 구축의 필요성과 내부지향적인 안보 정향으로부터의 탈피를 모색하고자 하는 서유럽 국가들, 셋째, NATO 안보체제로의 가입을 열망하는 중 · 동유럽 국가들 간의 안보적 상호작용을 통해 진행되었다. 특히, 냉전 종식 이후 초기의 NATO 확대 논의에 있어서 잠재적 지역 안보 딜레마를 극복하고자 한 중 · 동유럽 국가들의 안보정책은 NATO 확대 과정에 있어서 매우 중요했고 사실상 NATO 확대의 촉매제 역할을 담당하였다.

여기에서는 먼저, 냉전시기 세 차례에 걸쳐 이루어진 NATO 확대 과정에 있어서 동맹 탄생 당시 회원국의 기준으로 제시되었던 ① 지리적 위치, ② 지정학적 함의, ③ 국내 정치체제의 성격이라는 세 가지 기준이 NATO 확대에 미친 영향을 분석한다. 둘째, 냉전 이후 NATO의 확대 과정이 공식화되기 이전 비제그라드(Visegrad) 국가들로 상징되는 폴란드 · 헝가리 · 체코 국가들이 직면한 지역적 안보 딜레마 및 이의 극복으로 나타난 이들의 NATO 가입 결정 과정을 고찰한다. 셋째, 공격적 현실주의 논리에 입각하여 냉전 이후 미국의 NATO 확대정책을 분석한다. 넷째, 냉전 종식 이후 NATO 확대전략으로 등장한 평화를 위한 동반자관계(PfP)와 회원자격 행동계획(MAP)의 주요 내용을 살펴본다.

1. 냉전시기의 NATO 확대

1) 제1차 확대: 그리스 · 터키 가입(1952년)

북대서양 조약의 목적은 군사적 보장을 통해 유럽의 재건을 책임지는 것이었다. 그렇기 때문에 조약의 군사적 성격은 정치적 목적을 달성하기 위한 수단이었고 조약에 있어서 가시적인 조직적 구조를 구축할 어떠한 조짐도 없었다. 그러나 냉전의 격화와 그에 따른 대서양동맹의 조직화는 그리스와 터키의 NATO 가입에 중요한 영향을 미쳤다.[1]

비록 그리스와 터키가 미국에게 중요했고, 냉전 당시 서방의 한 축으로 발전하였으며 1947년 3월에 트루먼 독트린(Truman Doctrine)을 통해 미국이 그리스와 터키에 대한 경제적 · 군사적 지원을 통해 이들의 현상유지를 약속하였지만,[2] 그리스와 터키는 1949년 북대서양 조약의 회원국으로 고려 대상이 아니었다. 또한 이탈리아의 가입 문제와 같은 논의도 존재하지 않았다. 물론, 그리스와 터키의 중요성이 결코 간과되지 않았지만 당시 미국에게 있어 이들의 중요성은 동지중해와 중동, 그리고 석유 공급에 따른 정치적 상황에 놓여 있었다. 그러므로 이들에 대한 고려는 유럽을 구성한다는 정치적 개념이 아니라 이들 지역이 유럽에 미치는 중요한 전략적 전초기점(outpost)이라는 맥락이었다. 그리스에 대한 미국의 원조가 서구 지향적인 그리스 정부를 지지하는 것이었다면, 터키에서의 미국의 군사적 주둔은 미국의 군사전략에 의해서 추동되었다.[3]

비록 그리스는 1946~1949년에 걸친 3년의 내전으로 국내 정치 지형이 보수주의와 공산주의 진영으로 극단화되어 국내 통합의 어려움이 있었지만, 역설적으로 국내 정치 지형의 양분화는 그리스가 서방 동맹국의 일원

1 Mark Smith, *NATO Enlargement During The Cold War: Strategy and System in the Western Alliance*(New York: Palgrave, 2000), p, 62.

2 Bruce R. Kuniholm, "Turkey and NATO," in Lawrence S. Kaplan, Robert W. Clawson and Raimondo(eds.), *NATO and the Mediterranean*(Wilmington, DL: Scholarly Resources, 1985), pp. 215~237.

3 Mark Smith, *NATO Enlargement During The Cold War: Strategy and System in the Western Alliance*, 2000, p. 67.

으로 나아가는 데 도움을 주었다. 즉, 그리스 민족주의자가 권력을 잡은 1949년 이후 그리스는 냉전이 격화되는 상황에서 미국의 확고한 지원과 더불어 미국 및 서유럽 국가들과 제휴하는 것이 거의 확실하게 되었다.[4] 반면, 터키는 그리스와 달리 사회 · 정치적 응집력을 보여주었지만 매우 상이한 문화적 정체성과 배경을 갖고 있었다.

오토만(Ottoman)의 후예로서 터키는 양차 대전 기간 동안 중립을 표방하면서 자국의 독립 보존에 더 큰 신경을 써왔다. 그러나 냉전의 격화에 따른 소련에 대한 두려움으로 터키의 외교정책은 보다 서구 지향적으로 변화하면서 군사전략적 관점에서 NATO 회원국 가입을 모색하게 되었다. 따라서 터키의 NATO 가입에 있어서 중요한 쟁점은 서방 세계와는 다른 정치적 이질성과 종교 · 문화적 차이점을 어떻게 극복해나가느냐의 문제와도 밀접하게 관련되었다. 그러므로 터키 정부는 서방의 이러한 의구심을 해소하기 위한 차원에서 1950년의 한국전쟁 당시 4,500명의 군사력 파병 결정을 통해 NATO 가입의 기회를 얻고자 하였다.[5] 이런 측면에서 터키 정부의 한국전쟁 파병은 자국의 정체성에 대한 서방의 의구심을 해소하는 동시에 NATO 가입을 위한 계산된 치밀한 외교 전략의 일환이었던 것이다. 이처럼, 그리스와 터키에 대한 서방의 인식은 상이했다. 특히, 미국은 그리스를 국제 갈등 지역으로 인식한 반면 터키는 문제 있는 제휴국(ally) 정도로 인식했던 것이다.[6]

---

4 Theodore Couloumbis, *The United States, Greece and Turkey: The Troubled Triangle*(New York: Praeger, 1983), pp. 28~37.

5 Mark Smith, *NATO Enlargement During The Cold War: Strategy and System in the Western Alliance*, 2000, p. 68.

6 Lawrence S. Kaplan, *A Community of Interests: NATO and the Military Assistance Program 1948~1951*(Washington, DC: Office of the Secretary of Defense, 1980), pp. 7~8.

그리스와 터키의 국가적 정체성이 NATO 가입과 관련이 있었지만 보다 중요한 것은 이들의 지정학적 · 전략적 측면이었다. 1949년 8월의 소련의 핵실험과 1950년 6월에 발발한 한국전쟁을 계기로 NATO의 성격이 보다 군사기구화되어가는 동시에 미국은 동지중해와 중동지역을 보다 더 군사안보적 관점에서 바라보게 되었다. 특히, 그 과정에서 등장한 동맹의 군사전략인 전진방위전략(the strategy of forward defense) 개념은 그리스와 터키의 군사전략적 가치를 재평가하는 결정적 계기가 되었다. 1950년 9월에 합의된 전진방위전략의 핵심 원칙은 가능한 한 더 동쪽으로 NATO 회원 국가들을 방위해야 한다는 것이었다. 전진방위전략에 있어서 그리스와 터키는 남쪽 영역을 책임지는 것으로 그 중요성이 보다 증대되었다. NATO의 초대 최고사령관(SACEUR)이었던 아이젠하워(Eisenhower)는 지중해를 유럽 본토의 남방 지역으로 해자(moat)와 본토로 이르는 통로(highroad) 사이에 있는 어떤 것이라고 보았다.[7]

이와 관련하여 터키의 지리적 위치는 두 가지 전략적 이점을 갖게 되었다. 첫째, 터키는 소련이 동지중해로 진입할 수 있는 유일한 접근로인 터키 해협에 가로질러 있다는 점이다. 둘째, 터키는 소련과 수에즈 지역에 가로질러 있어서 유럽으로의 원유 공급에 중요하였고, 또한 NATO 전략에 그 중요성을 부가시켰다. 그러므로 터키는 공군력의 효율적 적용이라는 미국의 전략에 있어서 특별한 역할을 갖고 있었다.[8] 그러나 다른 한편으로 전진방위전략은 필연적으로 재래식 전력 수준과 독일의 재무장(독일의 NATO 가입에서 고찰)이라는 문제를 야기했다.

7 Hugh Faringdon, *Confrontation: The Strategic Geography of NATO and the Warsaw Pact*(London: Routledge, 1986), pp. 151~195.

8 Melvyn P. Leffler, *A Preponderance of Power: National Security, the Truman Administration, and the Cold War*(Stanford, CA: Stanford University Press, 1992).

군사전략적 맥락에서 보았을 때, 그리스와 터키의 NATO 가입은 냉전 격화에 따라 기정사실화되어갔지만, 그럼에도 불구하고 이들의 NATO 가입은 동맹의 방위 영역의 확장과 군사지휘 구조의 문제와 결부되어 있었다. 당시 미국의 합참은 그리스와 터키가 정회원으로 NATO에 가입하는 것에 대해 시기상조라는 입장을 표명하였다.[9] 이에 따라 그리스와 터키의 NATO 가입은 2단계에 걸쳐 이루어졌으며 그중 첫 단계는 이들이 NATO 군사계획에 준회원으로 참여하기로 한 1950년 9월의 결정이었다.

그리스와 터키를 준회원 자격으로 NATO 군사 계획에 참여시키는 미국 합참의 고려는 다음과 같은 이점이 있었다. 첫째, 그리스와 터키가 준회원이기 때문에 새로운 회원국 가입에 따른 비준 과정이 불필요하여 특정 국가들의 반대 의견에 크게 신경 쓰지 않아도 되었다. 둘째, 그리스와 터키의 준회원 자격은 북대서양 조약을 수정하지 않고 이를 우회할 수 있었다. 그리고 셋째, NATO 지휘구조를 개선하거나 수정할 필요도 없었다.[10] 그러나 이러한 계획은 그동안 NATO 정회원 자격을 얻고자 노력해 온 터키 정부에게는 매우 실망스러운 것이었다. 따라서 베이야(Bayar) 터키 대통령은 강한 어조로 조만간 터키에 대한 미국의 확고한 지원 보장이 이루어지지 않는다면 터키의 전반적인 외교정책 정향을 다시 생각하지 않을 수 없다는 입장을 표명했으며, 미국의 중앙정보국(CIA) 국가정보평가에서도 터키 병력에 대한 공약이나 기지 규정도 소련의 무장 공격이 발생했을 경우 확고한 미국의 무장 지원 보장 여부에 따라 좌우될 것이라고 주장하면서 터키 정부의 입장을 지지했다.[11] 이에 따라 미국은 1951년 상

---

9 Lawrence S. Kaplan, *A Community of Interests: NATO and the Military Assistance Program 1948~1951*, 1980, p. 119.

10 Mark Smith, *NATO Enlargement During The Cold War: Strategy and System in the Western Alliance*, 2000, p. 77.

반기에 들어와 그리스와 터키를 정회원으로 받아들이는 입장으로 선회하게 되었다. 1951년 6월 이후부터 그리스와 터키의 NATO 정회원 가입과 관련하여 그리스와 터키의 정치적 정체성 문제와 NATO 방위 영역의 확장 문제를 중심으로 회원 국가들 사이에서 논쟁이 격화되었다. 또한 그리스와는 달리 터키의 전략적 위치는 NATO 방위 영역 및 군사지휘 구조와 맞물려 있었다. 왜냐하면 터키는 유럽 방위에 중요했지만, 터키의 전략적 위치는 유럽의 중부 전선보다는 중동이나 지중해에 더 큰 전략적 의미가 놓여 있었기 때문이었다.[12]

이러한 맥락에서 1951년 6월 이후 NATO 회원 국가들 사이에서는 그리스와 터키의 NATO 정회원 가입 문제를 놓고 일련의 회담이 전개되어 나갔다. 그 과정에 있어서 덴마크 · 노르웨이 · 네덜란드가 지속적으로 강한 반대 입장을 표명하였고 영국과 프랑스도 그리스와 터키의 NATO 정회원 가입에 대해 전폭적인 지지 입장을 보여주지 않았다. 그럼에도 불구하고 미국의 강력한 지지와 확고한 입장 표명으로 1951년 10월 17일에 런던에서 그리스와 터키의 NATO 가입에 관한 북대서양 조약 의정서가 체결되었고, 1952년 2월 18일에 리스본에서 그리스와 터키의 NATO 가입이 이루어졌다. 이로써 NATO는 탄생 3년 만에 제1차 확대를 완성하게 되었다.

---

11 George C. McGhee, *The US-Turkish-NATO Middle East Connection: How the Truman Doctrine and Turkey's NATO Entry Contained the Soviets*(London: Macmillan, 1990), p. 73, 105.

12 그리스와 터키 가입에 따른 NATO 군사지휘 구조의 수정 논의에 대해서는 다음을 참조. Mark Smith, *NATO Enlargement During The Cold War: Strategy and System in the Western Alliance*, 2000, pp. 81~87.

2) 제2차 확대: 서독의 가입(1955년)

NATO의 제1차 확대는 북대서양 조약 체결 이후 냉전의 격화에 따라 그리스와 터키의 동맹 가입 및 가입 조건 등이 구체적으로 나타났지만, 서독의 NATO 가입은 북대서양 조약 체결 당시부터 거론되었던 문제였다. 왜냐하면 제2차 세계대전 이후 본격화된 동-서 냉전체제의 진원지는 다름 아닌 독일이었고, 전후 독일 문제의 해결 방향 및 그 성격은 유럽 안보지형에 지대한 영향을 미칠 수 있는 매우 중요한 변수였기 때문이었다. 이런 측면에서 서독의 NATO 가입은 다른 신규 회원국 가입 문제와는 차원을 달리하였다.

역사적으로 독일의 정치 · 경제적 규모와 특히, 독일의 지정학적 위치는 독일의 NATO 가입에 중요한 함의를 갖고 있었다. 독일의 규모, 권력, 그리고 위치는 유럽안보에 결정적 행위자 역할을 가능케 하여 독일 문제는 특정 국가의 문제가 아니라 유럽안보와 맞물려 있는 체제 차원의 문제였다. 그렇기 때문에 독일 문제의 해법은 단순히 독일의 맥락에서만 나올 수 없었고 오직 유럽안보의 맥락에서만 가능하였다. 왜냐하면 비록 독일이 유럽의 부흥과 번영에 필수적이었지만 독일 문제는 유럽 내에서 안정을 무너뜨릴 수도 있었기 때문이었다. 이러한 딜레마가 독일의 NATO 가입의 본질적인 문제였다. 따라서 현실적인 해결책은 미국 · 영국 · 프랑스가 점령한 독일 지역을 서유럽 부흥 차원에서 자유 진영으로 독일의 통합을 추진하거나 점령지역에 있는 독일을 통일하여 중립국가로 만드는 것이었다. 그러나 전후 냉전구조가 보다 공고화되어가면서 독일 점령지역은 점령 주체의 정치 · 경제 체제화되어갔고, 그에 따라 1949년 서독 정부가 탄생하면서 동 · 서독의 분단은 기정사실화되었다.

1948년 8월의 소련의 핵실험으로 미국의 핵 독점력이 무너지면서 서방 진영에 대한 소련의 재래식 전력 우위가 가시화되는 가운데 서방 지도자들은 군사력을 증강해야 하는 필요성에 직면했고 서유럽은 가능한 한 동쪽 깊숙한 지역에서 방어되어야만 했다. 즉, 전진방위의 필요성은 기본적으로 조만간 서독의 군사력이 필요하게 되었다는 것을 명확히 의미했다. 따라서 서방이 점령한 독일 지역에 준 주권 국가로서의 독일연방공화국의 탄생과 1950년 9월에 등장한 NATO의 전진방위전략은 서독이 재무장하게 되는 근본적인 배경이자 서독의 NATO 가입을 필연적으로 만들었다. 그럼에도 불구하고 서독의 재무장은 우선적으로 신생 독일연방공화국의 정치적 신뢰성이 먼저 검증되어야 했고, 나아가 서독의 민족주의와 새롭게 구축될 군사력은 서독 정부에 의해서가 아니라 유럽안보 차원에서 서방 유럽 국가들의 관리체제 하에 놓여 있어야만 했다.

이러한 배경에서 NATO는 자체의 연합군사지휘체제를 갖추어나가야만 했으며 NATO의 연합군사력은 미국인이 맡는 최고사령관을 필요로 하였다. 이에 대해 프랑스도 이러한 입장에 반대하지 않았고 연합군은 서독의 행동자유를 제한하는 장기적인 안정적 기반을 제공할 것이라 생각하였다.[13] 이와 관련하여 1950년 10월 24일에 프랑스 총리 플레벤(Pleven)은 유럽 군대와 유럽 국방장관을 위한 계획을 발표했다. 소위 플레벤 구상으로 알려진 이 제안은 유럽방위공동체(EDC)를 건설하여 서독의 재무장을 추진하고 이를 초국가적인 유럽의 통제를 받게 만드는 것이었다. 그러나 이 구상은 현실적으로 큰 인기가 없었다. 1950년 후반과 1951년 초반 대다수의 견해는 플레벤 구상은 비현실적이라는 것이었다. 따라서 플레벤 구상은 서독의 재무장 문제에 대한 시간 벌기용 계획으로 이 구상의 기본 목표는 재무장에 따른 소련의 도발 가능성을 피하면서 효율적인 유

13 Marc Trachtenberg, *A Constructed Peace: The Making of the European Settlement 1945~1963*(Princeton: Princeton University Press, 1999), p. 108.

럽방위체제 구축이라는 미국의 요구를 거부하지 않는 것이었다.[14]

그럼에도 불구하고 유럽방위공동체를 건설하기 위한 플레벤 구상이 1954년 8월 29일에 프랑스 의회에서 거부될 때까지 미국과 영국, 그리고 프랑스 사이에서 계속 진척될 수 있었던 것은 미국 · 영국 · 프랑스의 이해관계가 어느 정도 일치했기 때문이었다. 우선, 미국은 자신의 군사력이 과도하게 유럽에 연루되는 것을 원치 않았고 자국의 안보 자율성을 유지하는 데 관심이 있었다. 영국 또한 플레벤 구상을 선호하지 않으면서도 이 구상을 반대하지 않은 것은 이것이 미국의 유럽 개입에 대한 유일한 방안이라고 인식했기 때문이었다. 그리고 프랑스는 NATO 내에서 미국의 압도적인 힘을 견제할 필요성에서 플레벤 구상을 생각했던 것이다.[15]

1954년 8월에 프랑스 의회에서 유럽방위공동체를 구축하고자 했던 플레벤 구상이 좌초되자 현실적으로 남아 있는 대안은 재무장된 서독의 NATO 가입뿐이었다. 이에 따라 서독의 주권과 행동 자유, 그리고 군사력이 다양한 방식으로 제한되는 일련의 중첩적인 협정들이 이루어졌지만, 서독의 재무장과 NATO 회원국 가입은 거의 기정사실화되어갔다. 그 결과, 1954년 10월 20~22일에 서방 9개국은 서독에 대한 점령통치를 종식시키는 의정서를 채택하고 23일의 파리협정을 통해 서독의 NATO 가입과 이탈리아와 서독의 서유럽연합(WEU) 가입에 합의하였다. 최종적으로 서독은 1955년 5월 5일에 NATO의 15번째 회원국이 되었다.

1954년 10월 23일에 체결된 파리협정을 통해 사실상 서독의 NATO 가입이 확정되었지만 당시 서유럽 국가들은 다양한 방식으로 서독의 주권

14 Trachtenberg, *A Constructed Peace: The Making of the European Settlement 1945~1963*, 1999, pp. 110~111.

15 Trachtenberg, *A Constructed Peace: The Making of the European Settlement 1945~1963*, 1999, pp. 116~119.

을 제한하는 중요한 법적 권한을 보유하고 있다고 주장했다. 특히, 이와 관련하여 서방 국가들은 서독에서 민주주의 체제가 위협을 받을 경우 서독에 개입할 권리를 보유하였다. 또한 서방 국가들은 서독의 국제 행동과 관련해서도 서독이 통일을 이루기 위해서나 현재의 국경을 변경하기 위해 자신의 군사력을 사용해서는 안 되며, 나아가 서방과의 관계를 끊고 독일 통일의 조건을 제시하는 소련의 제의에 빠져서도 안 된다는 점 등을 분명히 하면서 서독의 모든 문제에 대한 권리를 보유하고 있다고 주장하였다.[16] 이런 점에서 NATO는 서독을 회원국으로 받아들이면서도 서독을 통제 내지 봉쇄하는 성격을 갖고 있었던 것이다.

서독의 NATO 가입이 내부적으로는 서독을 통제 내지 봉쇄하는 성격을 갖고 있었다면, 외부적으로는 동 · 서독의 분단이 아닌 '동—서 유럽의 분단'을 사실상 확정하는 결정적 계기가 되었다. 즉, 1954년 10월의 파리협정은 NATO의 대항동맹체인 WTO의 탄생(제7장에서 자세히 고찰)을 알리는 신호탄이 되었다. 당시 소련의 일차적인 관심은 독일의 재무장 문제였으며, 이는 소련의 안보에 주된 위협이었다. 당시 소련의 외상이었던 몰로토프(Molotov)는 다른 유럽 국가들을 겨냥한 유럽 국가들의 군사 블록으로서의 유럽방위공동체에 반대했고 그러한 행동은 독일의 통일을 불가능하게 만들 것이라고 주장하였다. 나아가 몰로토프는 NATO가 유럽의 분단에 책임이 있다는 소련의 입장을 반복하였다. 1954년 2월 10일의 베를린 회담 당시 몰로토프는 독일 문제와 유럽안보조약을 위한 프로그램을 제안하면서 독일 문제 해결 없이는 전후 어떠한 해결책이나 평화조약이 있을 수 없다는 점을 강조하였다. 특히, 1955년 5월 14일에 소련과

16 Trachtenberg, *A Constructed Peace: The Making of the European Settlement 1945~1963*, 1999, pp. 125~140.

동구 7개국이 합의한 바르샤바 조약(Warsaw Treaty)은 1954년 10월 23일에 서방 9개국의 파리협정의 대응으로 형성되었다는 점을 명백히 하였다. 바르샤바 조약은 서문에서 궁극적인 목적은 모든 유럽 국가들의 참여에 바탕을 둔 유럽에서의 집단안보체제를 창설하는 것이라고 언급하였고, 7개국의 서명 국가들은 파리협정은 새로운 상황을 만들었으며 그중에서도 독일 문제가 가장 핵심이라고 주장하였다.[17]

2) 제3차 확대: 스페인의 가입(1982년)

1955년 5월에 서독의 NATO 가입과 WTO 탄생으로 이제 유럽은 동-서 간에 정치적 · 군사적 대칭을 이루면서 장기 평화를 위한 구조적 모습을 갖추게 되었다. 그렇기 때문에 1955년까지 유럽안보체제의 모호성은 거의 모두 제거된 상태였다.[18] 남아 있는 한 가지 모호성은 스페인의 위치였다. 분명, 스페인은 지리적으로 서유럽에 속해 있었고, NATO의 지중해 방위와 관련해서 스페인의 전략적 가치도 높았다. 그럼에도 불구하고 스페인의 NATO 가입은 1980년 초반에야 이루어졌다. 따라서 스페인의 NATO 가입은 동맹 탄생 이후 점진적으로 진행되었던 NATO 확대 과정을 고려했을 경우 시기적으로 상당히 늦었다고 볼 수 있다. 스페인의 인접 국가인 포르투갈은 NATO 창설 국가였고, 또한 북대서양이 아닌 지중해 연안국가인 그리스와 터키의 NATO 가입도 동맹 초창기인 1952년에 이루어졌다. 그렇지만 스페인의 NATO 가입은 이들 국가들보다 무려 30년이 지난 시점에서 이루어졌다.

---

17 Neil Fodor, *The Warsaw Treaty Organization: A Political and Organizational Analysis*(New York: St. Martin's Press, 1990), pp. 8~12.

18 Robert Hunter, *Security in Europe*(London: Elek, 1969).

1955년 정치 · 군사적 동-서 분단의 유럽안보체제에서 배제되었던 스페인이 왜 1980년대에 들어와서야 NATO 회원국이 되었는가? NATO 창설 과정에서 살펴보았듯이, NATO 회원국 자격은 크게 ① 지리적 위치, ② 전략적 가치, ③ 정치적 정체성 문제의 측면으로 나누어볼 수 있다. 그렇기 때문에 동맹 탄생 당시부터 NATO 회원국 선정 문제는 이러한 세 가지 자격 요건을 놓고 회원 국가들 사이에서는 필연적으로 크고 작은 논쟁이 벌어져왔다. 그러나 스페인의 경우 가장 놀랄 만한 사실은 동맹 가입 과정에서 이러한 논의가 거의 없었다는 점이다. 이는 NATO 회원 국가들이 스페인을 언제나 차기 회원 국가로 생각했다는 것을 보여주는 것이다.[19]

그럼에도 불구하고 스페인의 NATO 가입이 지속적으로 지연되었던 것은 스페인의 정치적 정체성의 문제였다. 1939년 이후 스페인의 정치체제는 프랑코(Franco) 독재체제로, 이는 북대서양 조약 서문에서 명시적으로 밝히고 있는 회원국의 정치적 정체성과는 모순되는 것이었다. 그렇기 때문에 스페인의 NATO 가입 논의는 프랑코 독재체제가 종식된 1975년 이후 새롭게 부상했고, 1981년에 스페인이 NATO 가입 의사를 밝힌 후 1982년 5월 30일에 NATO의 16번째 회원국이 되었던 것이다. 요컨대, 스페인의 NATO 가입에 있어서 가장 큰 장애요인은 다름 아닌 스페인 정치의 정체성 문제였던 것이다.

다만, 여기서 한 가지 주목할 사실은 스페인은 자신의 전략적 가치 때문에 1950년대 초반부터 미국과 군사안보적 협력관계를 유지해왔다는 점이다. 지중해에 대한 스페인의 전략적 가치는 동맹 창설 당시부터 고려

---

19 Smith, *NATO Enlargement During The Cold War: Strategy and System in the Western Alliance*, 2000, p. 140.

되었기 때문에 미국은 NATO의 군사계획을 고려하여 1953년에 스페인과 마드리드 조약(Madrid Pact)을 체결하였다.[20] 비록 스페인은 마드리드 조약을 통해 미국으로부터 안보 보장을 받지는 못했지만 그럼에도 불구하고 스페인은 자국 영토에서 미국 해군 · 공군 기지를 제공하였기 때문에 미국의 경제적 지원을 받아왔다. 더군다나, 스페인은 NATO 회원 국가가 아님에도 불구하고 미국과의 군사안보적 협력관계로 인해 점차적으로 NATO 군사체계로 통합되어갔다. 그렇기 때문에 1975년 이후 스페인의 NATO 가입 문제가 부상했을 때, 적어도 군사안보적 측면에 있어서, 스페인은 이미 사실상 NATO 회원국이 되어 있었던 것이다.

2. 냉전 종식과 비제그라드 국가들의 안보정책

1) 냉전 종식에 따른 전환기 유럽안보환경의 특징

1989년의 베를린 장벽의 붕괴, 독일 통일, WTO와 소연방의 해체 등으로 상징되는 냉전 종식은 유럽의 안보환경을 급격히 변화시켰다. 특히, 냉전 종식 이후 유럽의 안보환경은 지구화 및 탈국가화 과정의 결과로 외교안보적 관계의 상이한 유형과 국내의 사회−경제적, 그리고 정치−문화적 발전의 상이한 과정들로 특징화된 세 개의 광범위한 지역으로 나누어졌다. 즉, 서유럽으로 대변되는 안정된 평화지역인 핵심지역(core zone), 역사적으로 유럽의 문화적 · 지적 운동과 밀접한 관련이 있으며 유럽으로의 복귀에 강한 열망을 보이고 있는 중유럽 중심의 중간지역

20 Benny Pollack with Graham Hunter, *The Paradox of Spanish Foreign Policy: Spain's International Relations From Franco to Democracy*(London: Pinter, 1987), p. 26.

(intermediate zone), 마지막으로 민족주의적 정체성이 혈연과 영토의 측면에서 정의되고, 종종 소수 공동체에 대한 불관용과 국가건설이 정치적 의제의 핵심을 차지하고 있는 동유럽과 발칸지역의 외부지역(outer zone)이다.[21]

따라서 냉전 종식 이후의 유럽안보 상황은 지역에 따라 상당한 차이를 보이면서 복잡하고 모호하며, 통합과 분열, 협력과 갈등, 그리고 동질성과 다양성 등 상호 모순적이면서도 중첩적인 양상이 나타났다. 그럼에도 불구하고 유럽의 핵심지역인 서유럽에 있어서는 다원주의적 안보 공동체(pluralistic security communities)가 형성되었다.[22] 냉전 종식 이후 서유럽 국가들은 안보 거버넌스(security governance)에 입각하여 더 이상 서로를 잠재적 위협 국가로 인식하지 않을 뿐만 아니라 상호간에는 제로섬 게임의 안보 딜레마나 지정학적 경쟁논리에 입각한 세력균형의 두려움을 해소할 수 있는 기회를 맞이하였다.[23]

---

21 Adrian Hyde-Price, "European Security in the Twenty-first Century: Towards a Stable Peace Order?," in Andrew Cottey and Derek Averre(eds.), *New Security Challenges in Postcommunist Europe: Securing Europe's East*(Manchester and New York: Manchester University Press, 2002), pp. 190~212.

22 도이취(Karl Deutsch)에 의하면, 다원주의적 안보 공동체 내에서는 2개국 이상의 국가들이 많은 거래와 거의 지속적인 상호작용을 갖고 있으나 반드시 협력을 위한 공식적인 기구를 갖추고 있는 것은 아니다. 그러나 다원주의적 안보 공동체의 특징은 단위들 간의 모든 관계가 평화롭고 예측할 수 있다는 것이며, 분쟁이 발생할 경우 억지, 위협, 그리고 무력에 의해서가 아니라 타협, 회피 및 재정에 의하여 해결된다는 것이다. 도이취는 정치제도 또는 권력이 결합되어 있지 않은 다원주의적 안보 공동체를 2개국 이상의 독립된 정치단위가 공통의 정치권력 구조를 기존보다 큰 단위를 창설하기 위해 통합하는 합병적 안보 공동체(amalgamated security community)로부터 구별했다. 도이취의 안보 공동체에 대해서는 다음을 참조. K. J. Holsti, *International Politics: A Framework for Analysis*, 곽태환 · 김왕헌 역, 『국제정치학: 분석의 틀』(서울: 박영사, 1990), pp. 675~678; James E. Dougherty and Robert L. Pfaltzgraff, Jr., *Contending Theories of International Relations: A Comprehensive Survey*(New York: Harper Collins Publishers, 1990), pp. 435~437.

그럼에도 불구하고 급작스런 냉전체제의 붕괴에 따른 유럽안보질서의 대변환은 우선적으로 안정과 불안정의 경계선을 만들어냈다. 즉, 유럽이라는 지역적 안보환경에서 서유럽으로 대변되는 안정된 평화지역과 냉전 종식에 따른 체제 이행과 다양한 분야에서 비롯되는 불안정이 목격되는 중 · 동유럽과 발칸지역 사이의 경계가 바로 그것이었다. 따라서 냉전 종식 이후 유럽의 안보환경에서 주된 안보위협은 중간지역과 외부지역에서 연유하는 정치적 · 경제적 · 사회적 곤경에서 파생되는 인종분규와 영토분쟁 등으로 인한 난민과 이민, 인권유린 등의 초국가적 · 비전통적 안보개념에 해당하는 것들이었다. 이러한 연성 안보(soft security) 위협의 속성은 기본적으로 다면적 · 전방향적이고 예측과 평가가 어렵기 때문에 어느 한 국가의 권력으로 통제 · 유지될 수 없는 것이다. 그러므로 냉전 종식 이후 유럽안보환경에서 가장 핵심적인 안보문제는 유럽의 중간지역과 외부지역에서 발생하는 불안정 등을 어떻게 다룰 것이며, 그와 동시에 어떠한 방법을 통해 유럽의 핵심지역에서 보여주고 있는 안보 거버넌스를 이들 지역으로 확산시켜나갈 것인가의 문제였다.

2) 중 · 동유럽 국가들의 안보적 두려움

과거 소련의 지배권에 있었던 중유럽 지역은 냉전 종식과 소비에트 연방의 해체로 인해 힘의 공백이 생기게 되었다. 따라서 중유럽의 새로운

---

23 안보 거버넌스는 상호 영향을 받는 대다수 국가들의 승낙에 기초한 의도적인 규칙체계로서 공식 · 비공식적인 규제 메커니즘을 통해서 안보 범위와 안보와 관련된 쟁점 영역에 걸친 행위들의 거버넌스로 정의될 수 있다. 이러한 안보 거버넌스에서는 공고한 위계주의와 억압보다는 협상과 조정, 그리고 참여가 중요시된다. Mark Webber, "Security Governance and the Excluded States of Postcommunist Europe," in Cottey and Averre, *New Security Challenges in Postcommunist Europe: Securing Europe's East*, 2002, p. 44.

안보정책은 첫째, 소비에트 연방의 해체 결과, 둘째, 발칸지역의 상황, 셋째, 새로운 유럽의 안보질서를 구축하고자 하는 시도, 그리고 마지막으로는 국제안보정책의 새로운 차원으로 묘사될 수 있는 위협과 도전의 복잡한 영역이라는 네 가지 요소에 의해서 정의될 수 있다.[24] 이 중에서도 소비에트 연방의 해체 결과에 따른 서유럽과 러시아의 관계가 무엇보다 중요하였다.

역사적으로 서유럽과 러시아의 관계는 항상 불안정하였고 나폴레옹 전쟁이나 양차 세계대전은 물론 냉전의 경험처럼 전쟁과 갈등으로 점철되어왔다. 이러한 불안정은 무엇보다도 양측 간에 경계를 이룰 자연적인 방벽이 존재하지 않는다는 지리적 조건에서 비롯되었다. 광활한 영토와 엄청난 부존자원을 갖고 있는 러시아는 유럽을 압도하는 가운데 서쪽으로의 영토 확장과 세력 확대를 도모하는 역사적 정향을 보인 반면, 유럽의 강대국들은 동쪽으로 세력팽창을 시도하였다. 특히, 서유럽과 러시아의 완충 지역이라 할 수 있는 중 · 동유럽 국가들은 대부분 약소국가이거나 또는 소수민족들이 거주하고 있었기 때문에 강대국들의 팽창이 더욱 자극되어 서로 충돌함으로써 러시아와 유럽 간에는 안보상의 중대한 딜레마가 존재해왔다.[25] 이러한 역사 인식은 냉전 종식에 따른 전환기 유럽안보 상황에서 보다 부각되는 양상을 보여주었다. 러시아의 많은 군사지도자들과 정치인들은 서방측이 여전히 러시아의 안보에 위협을 가하고 있다는 믿음을 가지고 있었다. 이와 동시에 서방측 또한 러시아가 현재의

24 Theodor Winkler, "Central Europe and the Post-Cold War European Security Order," in Jacob Kipp(ed.), *Central European Security Concerns: Bridge, Buffer or Barrier?*(London: FRANK CASS & CO. LTD, 1993), p. 15.

25 진장철, 「신유럽 안보체제에서 러시아의 역할」, 이호재 외, 『유럽통합과 신유럽안보질서』(서울: 민음사, 1998), pp. 113~114.

어려움을 극복하게 되면 틀림없이 유럽의 안보에 주된 위협세력으로 재부상할 것이라는 신념을 버리지 않고 있었다. 따라서 러시아는 러시아대로 다시 군사력의 효율성에 집착하는 경향을 보이는 반면, 서방측에서는 차제에 러시아를 완전히 굴복시킬 필요가 있다는 강경한 주장도 제기되었다.[26]

냉전 종식 이후 나타나고 있는 이러한 유럽의 안보 상황은 역사적 경험 및 기억과 결합되면서 중·동유럽 국가들에게 가장 중요한 안보적 과제를 던져주었다. 그 중에서도 지정학적으로 전략적 요충지에 있는 폴란드에게 있어서 통일에 따른 독일의 재부상과 소련연방 붕괴 이후에도 현실적 강대국으로 남아 있을 러시아의 상황은 20세기 초반 자신이 직면했던 전략적 곤경을 회상시키기에 충분하였다. 20세기 초반 당시 폴란드는 1900년의 제정 러시아와 제국주의 독일, 1921년의 소비에트 러시아와 바이마르 독일, 1934년에서 1939년에 걸친 스탈린의 러시아와 히틀러(Adolf Hitler)의 제3제국 간의 세력경쟁에 직면하여 자신의 생존을 도모할 수 있는 현실적이고 전략적인 방책을 찾을 수가 없었다. 연루와 중립, 그리고 1932년의 소련과의 불가침조약, 1934년의 독일과의 불가침조약을 통해 독일과 러시아 사이에서 균형자 역할을 추구하고자 했던 폴란드는 단지 러시아와 독일의 중유럽 진출 시기를 연장시켰을 뿐이었다.[27] 적절한 유럽안보질서가 존재하지 않았고 주요 국가들 간에 영토적 긴장이 지속적으로 고조되는 당시의 상황에서 폴란드가 어떠한 전략을 취한다 하더라도 그를 통해 국가의 생존을 담보해낼 수는 없었던 것이다. 그러므로 냉

---

26 진장철, 「신유럽 안보체제에서 러시아의 역할」, 앞의 책, 1998, p. 114.

27 Joshua Spero, "Deja Vu All Over Again: Poland's Attempt To Avoid Entrapment Between Two Belligerents," in Kipp, *Central European Security Concerns: Bridge, Buffer or Barrier?*, 1993, p. 92.

전 종식에 따른 유럽의 전환기적 안보 상황에서 폴란드의 안보 딜레마는 자신을 포함해서 중 · 동유럽 국가들 지역이 향후 서유럽과 러시아 사이에 있을지도 모르는 경쟁관계에 따른 완충지역이나 이들 사이의 장벽으로 남게 되는 상황 도래, 나아가 그로 인한 국가 생존의 불확실성에 대한 두려움에서 연유하는 것이었다.

3) 비제그라드 국가들의 NATO 가입 결정 배경

폴란드가 속해 있는 중유럽 지역은 역사적으로 독일과 러시아의 패권이 직접적으로 충돌하는 권력투쟁의 무대였으며, 이들 국가들의 운명은 앞에서 서술했듯이 자신들이 선택한 안보전략의 성격에 관계없이 독일과 러시아의 안보정책 결과에 따라 좌우되었다. 이러한 역사적 기억을 갖고 있는 중유럽 국가들 중에서 무엇보다도 폴란드는 전환기적 유럽안보 상황에서 지역의 중추적 역할을 담당할 것을 구상하면서 독일과의 화해 및 주변의 약소국 · 중견국, 그리고 강대국과의 관계 구축에 있어서 유럽의 재통합을 위한 특화된 역할을 증진시키기 위해 노력하였다.[28] 특히, 폴란드의 외상 스쿠비제스키(Krzysztof Skubiszewski)는 1990년 11월에 북대서양의회에서 행한 연설에서 폴란드는 회색지대, 완충 국가 혹은 중립지역이라는 구상을 거부할 것이라는 입장을 표명하였다.[29] 이에 따라 폴란드는 주변 국가들과의 긴장을 유발하거나 지역의 안보 딜레마 상황을 초래하지 않으면서 자신의 생존을 담보해낼 수 있는 방책의 일환으로 가교전략에 입각하여 서유럽과 러시아에 대한 이중적 협력관계를 점진적으로

28 Paul Schroeder, "Historical Reality vs. Neo-Realist Theory," *International Security*, 19-1(Spring 1994), pp. 108~148.

29 "Poland and European Security," *Address by the Polish Foreign Minister Krzysztof Skubiszewski to the North Atlantic Assembly, London*, 29 November 1990.

추구하였다.

20세기 후반에 폴란드가 직면한 안보상황은 20세기 초반의 상황과 유사한 측면이 존재했지만, 그럼에도 불구하고 폴란드가 가교전략에 따라 서유럽과 러시아에 대한 이중적 협력관계를 추구할 수 있었던 것은 다음과 같은 요인들이 폴란드의 안보전략에 긍정적으로 작용했기 때문이었다. 무엇보다도 먼저, 유럽의 안보질서를 구조적으로 안정화시킬 수 있는 다양한 국제제도의 존재였다. 20세기 초반 독일과 러시아 사이에서 폴란드가 추진했던 균형자 역할이 실패했던 것은 내재적 요인보다도 당시 유럽의 안보 상황을 안정적으로 유지 · 조정할 수 있는 안보기제가 존재하지 않았기 때문이었다.

그러나 20세기 후반에는 비록 폴란드가 속한 중 · 동유럽 지역과 발칸지역이 전환기적 상황에서 유동적이고 불안정한 안보 상황을 보이고 있었지만 서유럽 핵심 지역에는 NATO, 유럽연합(EU), 서유럽연합(WEU), 그리고 유럽안보협력회의(CSCE)와 같은 국제안보제도들이 상호작용을 하면서 전환기 유럽안보 상황을 안정적으로 이끌어갈 수 있는 제도적 기반이 충분히 발전되어 있었다. 특히, 1990년 6월의 NATO 런던 정상회담은 지역의 안보 딜레마를 극복하기 위한 폴란드의 가교전략에 상당히 중요한 기회를 제공하였다. NATO는 런던 선언을 통해 중 · 동유럽 국가들과의 정치 · 군사적 협력관계 증진 모색을 표명하였다. 나아가 NATO는 1991년 11월의 로마 정상회담을 통해 북대서양협력이사회(NACC)를 수립하여 NATO 회원 국가와 25개국의 중 · 동유럽 국가들 간의 공식적인 협의 과정을 제도적으로 구축하였다.[30] 따라서 폴란드는 이를 통해 서유럽

---

30 NATO, *NATO Handbook*(Brussels: NATO Office Information and Press, 1995), pp. 43~44.

국가들과의 협력을 제도적 차원에서 발전시켜나가면서 과거 의심의 잔재와 불안정한 중 · 동유럽 상황을 극복해나갈 수 있는 구조적 환경을 갖게 되었던 것이다.

폴란드의 가교전략이 작동할 수 있게 된 또 다른 요인은 주변 국가들과의 협력 안보에 바탕을 두고 있었다. 특히, 폴란드와 체코, 그리고 헝가리는 동일 지역에 위치해 있다는 지리적 차원을 넘어 냉전체제 때부터 유사한 국가발전 과정을 밟아왔다. 이들 국가들은 지난 냉전체제에서도 기존 공산체제 엘리트들과 다른 접근 방법을 통해 민주화를 이룩하려 했으며, 냉전 종식 이후에는 중유럽 민주화와 유럽으로의 복귀라는 공통의 국가 목적을 폭넓게 공유하고 있었다. 이에 따라 이들 국가들은 1990년 초반부터 서방과 동구에 대한 이중적 협력관계를 추구하기로 결정하였다. 어느 일방에 대한 서방과 동구를 균형적으로 맞추는 것 대신에 이들 국가들은 주로 중개 무역이라는 경제적 유인과 평화적 의도를 갖고 있는 정치적 선언을 통해 서방과 러시아 사이를 연결시키고자 하는 노력을 증진시켜 나갔다.[31] 따라서 폴란드는 이들 국가들과 협력안보를 구축하여 지역적 유대관계를 강화시켜나가면서 한편으로는 서방과의 우호적 협력관계 발전[32]과 다른 한편으로는 러시아의 의구심을 완화시켜나갈 수 있는 대외 행보를 점진적으로 추진해나가면서 자신이 직면한 지역적 안보 딜레마를 극복하고자 했던 것이다.

---

31 Joshua B. Spero, *Bridging the European Divide: Middle Power Politics and Regional Security Dilemmas*(New York: Rowman & Littlefield, 2004), p. 252.

32 일례로, 폴란드는 1992년 6월에 프랑스, 1992년에 그리스, 1993년 1월에 독일과 군사협력에 관한 협정을 체결하였다. 또한 폴란드는 1992년 11월에 영국과 군사 분야 공동사업 추진에 합의하면서 서방과의 협력을 강화시켜나갈 수 있는 법적 · 제도적 장치들을 점진적으로 추진하였다.

폴란드에게 있어서 가장 중요한 것은 가교전략을 통해 서유럽과 러시아 간의 우호적 환경을 마련하는 데 일조하는 것이 아니라 자국의 생존과 번영을 담보해낼 수 있는 확실한 안보제도에 가입하여 과거의 쓰라린 경험을 되풀이하지 않음과 동시에 지역적 안보 딜레마 해결을 제도적 차원에서 마련할 수 있는 계기를 조성하는 것이었다. 이를 위해서는 무엇보다도 체코 · 헝가리와 같은 중유럽 국가들과 마찬가지로 민주주의적 지배를 확보하고 공산주의자와 소련의 통제 잔재들을 청산하는 일이 급선무였다. 이 문제는 폴란드의 영토에서 소련 군대를 철수시키고 소련의 공식적인 제국주의 체제인 바르샤바 조약기구와 상호경제원조이사회(CMEA)를 해체시키는 어려운 국가적 과제와 직결된 문제였다.

이러한 상황에서 폴란드와 매우 유사한 상황에 놓여 있는 헝가리와 체코는 소련과의 협상을 통해 1991년 말까지 자국 영토에서 소련군을 철수시키는 데 합의하였다. 그러나 폴란드는 좀 더 더디게 움직였다. 왜냐하면 폴란드는 통일 독일과의 서부 국경선에 관한 최종 해결에 있어 소련의 지지에 의존하고 있었고 또한 독일에서의 소련 군대의 철수에 폴란드가 일조하고 있었기 때문이었다. 그러나 보다 본질적인 문제는 소려 군대의 철수가 아니라 중유럽 국가들이 몸담고 있는 WTO 자체를 해체하는 것이었다. 당시 소련은 새로운 기반에 근거하여 WTO의 유지를 희망하고 있었고 1990년 6월 초에 모스크바에서 열린 WTO 정상회담에서 이러한 문제를 논의하였다.[33] 이 과정에서 체코와 헝가리는 최종 결정을 하지 않은 채, WTO의 장래 문제를 차후에 다시 논의하기로 합의하였다. 그 과정에 있어서 폴란드 · 헝가리 · 체코는 이 문제에 있어 상호 협력을 굳건

---

33 Alexander Konovalov, “Central European Security: A View from Moscow,” in Kipp, *Central European Security Concerns: Bridge, Buffer or Barrier?*, 1993, pp. 65~79.

히 하기 위해 헝가리 도시인 비제그라드(Visegrd)에서 회동하여 이 도시의 명칭을 딴 비제그라드 그룹을 결성했다. 이후 1991년 1월에 비제그라드 국가들은 부다페스트에 모여 WTO의 해체를 공식적으로 표명했다. 나아가 1991년 2월 초에 비제그라드 국가 지도자들이 만났을 때, 루마니아와 불가리아가 이에 합류하였다.

이러한 상황 진전으로 소련은 마지못해 WTO의 군사구조 해체에 동의했으나 여전히 정치 구조의 지속을 유지하기를 원했다. 소련은 이때까지도 이들 국가들에 대한 자신의 영향력을 유지하고자 했던 것이다. 소련 외상 베스메트니크(Bessmetnykh)는 중 · 동유럽 국가들의 외상에게 소련은 WTO의 해체에는 동의하지만 이들 국가들이 유럽 공동체나 NATO에 가입하는 것은 용인할 수 없다고 말했다.[34] 1990년 12월과 1991년 3월 사이에 소련은 중 · 동유럽 국가들이 새로운 동맹에 가입하지 않고 군사적 혹은 정보 협력을 시작하고 외국 군대의 배치나 제3자에 의한 이양권리를 인정하는 조항을 담은 새로운 쌍무조약 체결을 위한 초안을 마련하였다. 그러나 루마니아를 제외하곤 이들 국가들 모두는 이를 거절하였다.[35] 결과적으로 1991년 7월 1일에 WTO는 공식적으로 해체되었다. 이로써 얄타체제는 공식적으로 사망선고를 받았고 새로운 출발을 할 수 있는 여건이 조성되었다.

이에 따라 중 · 동유럽 국가들이 자신의 생존을 제도적으로 확고히 하기 위해 활용할 수 있는 국제안보제도로는 크게 유럽안보협력회의, 유럽연합, 그리고 NATO가 존재하였다. 이중에서 폴란드를 비롯하여 헝가리

34 Ronald D. Asmus, *Opening NATO's Door: How The Alliance Remade Itself for a New Era*(New York: Columbia University Press, 2002), p. 10.

35 F. Stephen Larrabee, *East European Security After the Cold War*(Santa Monica: RAND, 1993), pp. 154~156.

와 체코는 우선적으로 NATO가 아닌 유럽안보협력회의와 유럽연합을 고려하였다. 그러나 이들 국가들은 이미 유럽안보협력회의의 회원국으로 가입한 상태였고, 또한 미국을 포함하여 서유럽 국가들은 유럽안보협력회의를 유럽안보의 보완재 측면에서 인식하고 있었다. 비록 일부 서방 국가들은 유럽안보협력회의를 동유럽의 안보 문제를 표명할 수 있는 주도적 제도로도 바라보면서 서유럽과 동유럽 간의 정치적 대화를 위한 포럼으로 제도화하는 다수의 조치를 취하기도 했지만,[36] 유럽안보협력회의가 유럽의 냉전 분단을 극복하고 중 · 동유럽 국가들에게 안보를 제공하기 위한 제도로서는 비현실적이었다.

유럽안보협력회의가 충분하지 못했다면 유럽연합은 너무 느렸다. 1990년대 초반에 다수의 중 · 동유럽 국가들의 초기의 희망은 유럽연합이 신속하게 문호를 개방하여 자신들을 정치 · 경제적으로 받아들일 것이라고 기대하였다. 그러나 1990년 초반에 유럽연합은 이들 국가들에 대한 제한적인 시장 접근과 정치적 협의를 제공하는 새로운 유럽협정을 협상하였으나 이들 국가들을 회원국으로 받아들이는 약속을 피하였다.[37] 이 당시 유럽연합 내부에서는 유럽연합의 미래 발전 방향을 둘러싸고 확대와 심화에 대한 상이한 입장 차이가 존재하였다. 이에 따라 중 · 동유럽 국가들은 유럽연합을 서유럽 통합과 자신들의 안보적 욕구를 충족시킬 수 있는 대안이 되기에는 어렵다는 입장을 갖게 되었다. 또한 중 · 동유럽 국가들이 보기에 유럽연합은 보스니아 사태에 대한 적절한 해결 방안을 제시하지 못했다는 점과 미국을 배제하고 있다는 문제점이 있었다.

---

36 Asmus, *Opening NATO's Door: How The Alliance Remade Itself for a New Era*, 2002, p. 11.

37 James B. Steinberg, *An Ever Closer Union*(Santa Monica, CA.: LAND, 1993).

이제 마지막으로 남아 있는 유럽의 안보제도는 NATO뿐이었다. 중·동유럽 국가들이 NATO 가입을 추진하게 된 동기에는 러시아의 영향력 회복에 따른 두려움, 미국의 관여로 다른 유럽 국가들, 특히 통일된 독일을 견제하고자 하는 바람 등이 존재했지만 냉전 종식의 초기 상황에서는 NATO 가입에 대한 열망은 그렇게 명백하지 않았다. 따라서 비제그라드 국가들은 처음에는 회원국 자격이 아니라 NATO와의 밀접한 관계를 추구하는 것이었다. 그러나 보스니아 사태와 1991년 여름에 소련의 실패한 군부 쿠데타는 비제그라드 국가들이 완전한 NATO 회원국 자격을 추구하게 만드는 결정적 요인으로 작용하였다. 이에 따라 1992년 5월 6일에 프라하 모임에서 비제그라드 국가들의 정상들은 자신들의 목적은 완전한 NATO 회원국이 되는 것임을 공개적으로 천명하였다. 그리고 그해 말까지 완전한 NATO 회원국이 되고자 하는 그들의 목적은 이들 국가들에 있어서 공식적인 국가안보전략이 되었다.[38] 요컨대, 비제그라드 국가들의 공개적 NATO 가입 결정은 NATO 차원에서 확대 정책이 공식적으로 표명되지 않은 상황에서 확대를 위한 촉매제 역할을 담당하였다.

3. 공격적 현실주의와 미국의 NATO 확대정책

1) 공격적 현실주의의 주요 논거

국제체제의 무정부적 구조가 국가들로 하여금 현상유지를 원하는지 아니면 상대적 권력의 극대화를 원하는지를 놓고 현실주의자들 사이에서

38 Asmus, *Opening NATO's Door: How The Alliance Remade Itself for a New Era*, 2002, pp. 15~17.

벌어진 논쟁에서 방어적 현실주의(defensive realism)와 공격적 현실주의(offensive realism)가 등장하게 되었다.[39] 이들의 입장은 공통적으로 현실주의의 기본 가정들—국제체제에서 핵심적 행위자로서 국가의 중요성과 합리성, 국제체제의 무정부성, 안보확보에서의 자구체제(self-helf system), 그리고 국가이익을 보호하고 안보를 증대시키기 위한 군사력의 중요성—을 공유하고 있지만,[40] 국제체제의 무정부 상태를 어떻게 인식 · 평가하느냐에 따라 방어적 현실주의가 현상유지를 중시한다면 공격적 현실주의는 상대적 권력의 극대화를 강조한다.

국가의 생존과 안보를 확보하는 방법으로서 상대적 권력의 극대화를 강조하는 공격적 현실주의의 주된 입장은 다음과 같다. 먼저, 국가의 팽창 경향이다. 국가가 보다 강대해지면 질수록 국가의 대전략적 이익(grand strategic interests)도 확장된다는 것이다. 국가가 경제적으로 보다 강력해질 경우 국가는 자신의 군사능력을 증강시키고 국제정치에 보다 깊게 관여하게 되며, 그리고 국가는 자신의 영향력 확대를 추구하게 된다는 것이다.[41] 즉, 능력이 의도를 추동하기 때문에 권력 증대에 따라 국가들은 팽창하게 되는 것이다.[42] 다음으로 국가의 상대적 권력 증대는 국가의 외부적 이익의 팽창을 야기할 뿐만 아니라 국가이익과 안보요구에 대한 국가인식의 확장을 가져오는 것이다.

---

39 Benjamin Frankel, "Restating the Realist Case," *Security Studies*, 5-3(Spring, 1996), pp. 1~12.

40 John J. Mearsheimer, "The False Promise of International Institutions," *International Security*, 19-3(Winter 1994/1995), pp. 9~12.

41 Fareed Zakaria, *From Wealth to Power: The Unusual Origins of America's World Role*(Princeton: Princeton University Press, 1998), p. 3.

42 Zakaria, *From Wealth to Power: The Unusual Origins of America's World Role*, 1998, pp. 18~20.

둘째, 국제정치의 무정부성으로 인해 국가들이 불안정하게 되므로 국가들은 팽창하게 된다. 그리고 이러한 불안정을 극복하는 최선의 방법은 국가가 자신의 상대적 권력을 극대화하는 것이다.[43] 국제정치에서의 안보 딜레마를 고려했을 경우, 안보를 보장하는 확실한 길은 자신의 정치적 이익을 외부로의 지속적인 팽창을 통해 외부환경에 대한 국가의 통제를 증대시키는 것이다. 그러므로 국가가 상대적 권력의 극대화를 추구하는 것은 헤게모니의 추구와 밀접히 연계되어 있다. 헤게모니의 획득은 국가의 상대적 권력이나 영향력의 극대화를 추구하는 대전략의 논리적 결과이다. 헤게모니 국가는 권력 배분이 결정적으로 자신에게 유리할 때 안보를 획득한다. 왜냐하면 헤게모니 국가에 대한 다른 국가들의 공격이 억지되기 때문이다. 또한 헤게모니는 다른 국가의 의도와 현재 및 미래의 능력에 관한 국가의 불확실성에 대한 최선의 전략적 반응이다. 국가는 자신과 자신의 경쟁국 간의 현재 및 미래의 권력 배분의 오판 방지책으로서 동등성이 아닌 우월성을 추구한다. 요컨대, 국가가 안보를 확보하는 가장 좋은 방법은 자신의 경쟁자를 제거하는 것이다. 국가는 자신의 경쟁자를 제거하거나 종속시키는 전략을 통해서 헤게모니 국가가 되는 것이다.

그러나 국가가 헤게모니를 획득했을지라도 자신의 상대적 권력의 극대화 추구는 멈추지 않고 경계를 늦출 수 없다. 헤게모니 국가는 자신의 압도적 우위를 지속시키기를 원하고 자신의 지위에 도전하는 새로운 강대국의 출현을 두려워하기 때문에 현상유지 국가가 될 수 없다. 불평등한 경제성장률과 대항적 헤게모니 동맹의 출현 때문에 권력 배분이 미래에 반전될 가능성이 없다는 것을 보장하지 못하기 때문에 안전은 항구적인

43 Eric J. Labs, "Offensive Realism and Why States Expand Their Security Aims," *Security Studies*, 6-4(Summer, 1997), p. 15.

것이 아니다. 상대적 권력과 관련하여 헤게모니 국가는 항상 자신의 국내적 경제성장률을 유지시키는 동시에 미래 경쟁국의 출현을 선제(先制)하고자 한다.[44]

또한 공격적 현실주의는 국가들은 권력 공백 지역으로 확장하고자 할 것이라고 예측한다.[45] 냉전 종식 이후 소련의 붕괴는 국제체제에 있어서, 그리고 특히 유럽에서 미국의 상대적 권력 지위를 극적으로 증대시켰을 뿐만 아니라 유럽에서 권력 공백 상태를 야기하였다. 이러한 측면을 고려하여 공격적 현실주의의 논리에 따르면, 미국이 주도하고 있는 중·동유럽으로의 NATO 확대정책은 권력 공백 지역으로의 국가권력의 확장이라는 공격적 현실주의의 논리적 귀결인 것이다.

2) 미국의 NATO 확대정책

냉전 종식은 지난 40년 이상 미국의 유럽 정책의 토대가 되어왔던 근간을 송두리째 흔들어놓았다. 미국의 외교정책 분석가들은 이러한 냉전의 급작스런 종식은 1940년대 후반 이래 처음으로 유럽과 NATO에 대한 미국의 외교정책을 새롭게 조명해야 할 필요성을 촉발시켰다고 분석하였다. 이들 분석가들은 냉전 이후의 세계질서에서 NATO는 새로운 임무—권력 공백과 불안정 방지, 재보장 제공, 그리고 동유럽으로의 민주주의와 시장경제의 확산 증진—를 부여해야 한다고 주장하였다.[46] 이러한 미국 외교정책자들

---

44 Christopher Layne, "US Hegemony and the Perpetuation of NATO," in Ted Galen Carpenter(ed.), *NATO Enters The 21st Century*(London: Frank Cass, 2001), pp. 65~66.

45 Labs, "Offensive Realism and Why States Expand Their Security Aims," 1997, p. 16.

46 Robert E. Hunter, "Starting at Zero: US Foreign Policy for the 1990s'," *Washington Quarterly*, 15-1(Winter, 1992), pp. 27~42; James Schlesinger, "The Quest for a Post-Cold War Foreign Policy," *Foreign Affairs*, 72-1(1992~1993), pp. 17~28.

의 구상은 독일 통일 문제를 계기로 구체화되기 시작하였다. 1989년 이전까지 유럽인들은 양 진영의 해체가 유럽의 분단을 종식시키는 전제조건이라고 생각했었다. 그리고 독일 통일이 현실적으로 가능하다고 생각한 사람들은 필연적으로 미-소 양 초강대국이 중유럽으로부터 군사력을 철수하고 통일된 독일은 미국이나 소련 어느 쪽에도 가담하지 않을 경우에만 독일 통일이 가능하다고 믿었다.[47]

그러나 미국의 정책결정자들의 생각은 달랐다. 미국의 정책결정자들은 유럽으로부터 미군의 철수나 NATO의 해체를 고려하지 않았다. 이와는 반대로 그들은 냉전이 종식되었음에도 불구하고 유럽에서 미국의 헤게모니를 유지하고 NATO 역시 존속되는 방법을 모색하였다. 독일 통일과 관련하여 미국의 지배적인 목표는 통일된 독일을 대서양동맹에 가두어놓는 것이었다. 미국은 통일된 독일이 독자적인 외교 혹은 안보정책을 추구하는 것을 허용할 의도가 없었던 것이다. 따라서 미국은 독일 통일의 조건으로 독일은 NATO의 정회원으로 계속 남아 있어야 한다는 점을 서독에게 명확히 했던 것이다.[48] 냉전 이후의 세계에서 NATO는 지난 냉전 때와 유사하게 독일을 통제하고, 러시아의 강대국으로의 부상을 방지하고, 유럽에서의 지리적 · 이데올로기적 영역 확장이라는 미국의 목표에 핵심적인 수단이었다. 따라서 냉전 이후 NATO의 확대는 필연적으로 유럽에 대한 미국의 대전략의 핵심적인 부분이었다.

더군다나, NATO의 공식적인 확대정책은 미국의 유럽 이익에 대한 영토적 확장에만 그치는 것이 아니었다. 사실, 미국의 NATO 확대정책은

---

47 Walter F. Hahn, "West Germany's Ostpolitik: The Grand Design of Egon Bahr," *Orbis,* 16-4(Winter, 1973), pp. 859~880.

48 Asmus, *Opening NATO's Door: How The Alliance Remade Itself for a New Era,* 2002, pp. 1~7.

이중 확대(Double Enlargement)를 겨냥한 것이었다.[49] 즉, 중 · 동유럽으로의 확대라는 지리적 확장뿐만 아니라 NATO의 방위 영역을 넘어서서 활동하는 동맹의 군사적 임무 확대라는 기능적 확장이었다. 냉전 종식 이후 미국과 NATO의 전략적 관심은 이른바 두 개의 지리적 호형(geographic arcs)[50]으로까지 확대되었다. 냉전 종식 이후 유럽의 안보 상황에서 주변에서의 불안정이 유럽의 핵심 지역으로 파급되는 것을 막아야 한다는 논리에 따라 냉전 이후 NATO의 군사적 역할은 회원국에 대한 방위뿐만 아니라 유럽 역외로부터의 도전을 극복하는 것이다.

공격적 현실주의의 논리에 따르면, 물질적 능력의 증대로 인해 미국은 자신이 선호하는 이데올로기, 가치, 그리고 정치적 제도를 중 · 동유럽 지역에 부과함으로써 유럽 대륙에 대한 자신의 영향력 확대를 도모하는 것이다. 미국의 권력이 증대함에 따라 미국의 이익에 대한 정의 역시 확장되었다. 미국이 보다 강력한 국제정치 행위자가 됨에 따라 미국의 대전략의 목표는 국가이익의 보호로부터 핵심가치의 방어로 전환하게 되었다.[51] 핵심가치(core values)의 개념은 대전략의 내부적 · 외부적 결정인자와 연계된다. 왜냐하면 그 개념은 물질적 이기주의(material self-interest)를 국가조직 이데올로기의 방어, 미국의 정치제도의 보호, 그리고 물리적 기반이

---

49 Ronald D. Asmus, "Double Enlargement: Redefining the Atlantic Partnership After the Cold War," in David C. Gompert & Stephen Larrabee(eds.), *America and Europe: A Partnership for a New Era*(Cambridge: Cambridge University Press, 1998), 이수형 역, 『미국과 유럽의 21세기 국제질서』(서울: 한울아카데미, 2000), pp. 44~81.

50 첫 번째 지리적 호형은 동쪽의 호형으로 독일과 발칸반도를 거친 러시아 사이의 북유럽의 발트해에서부터 흑해에까지 미친다. 두 번째 호형은 남쪽의 호형으로 북아프리카와 지중해를 거쳐 터키에 이르고 더 넓은 중동지역을 포함한다. 이에 대한 자세한 내용에 대해서는 다음을 참조. Ronald D. Asmus, Richard L. Kugler, and F. Stephen Larrabee, "Building a New NATO," *Foreign Affairs*, 72-4(September/October, 1993), pp. 28~40.

51 Layne, "US Hegemony and the Perpetuation of NATO," 2001, p. 71.

나 영토적 통합의 보호와 같은 보다 근본적인 목표와 결합시킨다.[52] 구체적으로 미국은 중 · 동유럽과 발칸지역으로 자유 시장경제 및 민주주의의 확대를 추구해왔다. 따라서 냉전 종식을 동반한 소련 권력의 붕괴는 미국의 자유주의적 정치 · 경제사상에 입각한 냉전 이후 유럽 질서를 구축할 기회를 미국에게 제공하였던 것이다.

특히, 미국의 자유주의적 사상에 입각한 이데올로기적 가치는 인권 문제에 있어서 현저하다고 볼 수 있다. 미국은 특정 정부가 자국민을 취급하는 방식은 단순히 국내적 문제가 아니라는 입장을 보여왔다. 특정 국가의 인권 문제는 국제공동체의 문제인 것이다. 왜냐하면 인권은 보편적 가치와 지역적 평화가 걸려 있는 쟁점이자 유럽에서 진정한 안보와 안정은 국가들 사이에서뿐만 아니라 사회 내부적으로 그러한 인식이 현실화되었을 때에만 가능한 것이기 때문이다. 코소보에 대한 NATO의 개입은 이러한 미국의 의지를 극명하게 보여준 예라고 볼 수 있다.[53]

이런 맥락에서 냉전 이후 진행되고 있는 NATO 확대정책은 미국의 유럽 안보정책과 관련하여 다음과 같은 의미를 내포하고 있는 것이다. 우선적으로 미국은 21세기 유럽 안보환경에서 자신의 영향력 및 유럽 안보환경에 대한 자신의 통제력을 확대시키고자 할 것이다. 이러한 미국 통제력의 확대는 미국의 이익의 지리적 · 이데올로기적 확장을 통해 명백해질 것이다. 그리고 유럽 안보이익에 대한 미국의 인식은 확대될 것이다. 아

52 Melvyn P. Leffler, "National Security," in Michael J. Hogan and Thomas G. Paterson(eds.), *Explaining the History of American Foreign Relations*(Cambridge: Cambridge University Press, 1991), p. 204.

53 이런 측면에서 블랙번(Blackburn)은 코소보 사태를 NATO 확대의 희생양 차원에서 파악한다. Robin Blackburn, "Kosovo: The War of NATO Expansion," *New Left Review*, 235(May/June, 1999), pp. 107~134.

울러, 미국은 유럽에서 다극체제의 재등장을 막고자 할 것이며, 독일, 통일된 유럽, 그리고 부활하는 러시아를 포함하여 경쟁적인 강대국의 출현을 방지함으로써 자신의 헤게모니를 유지하고자 할 것이다.[54]

4. NATO 확대 과정 및 전략

1) NATO 확대 과정

베를린 장벽의 붕괴로 상징되는 냉전 종식 이후 NATO의 존재 여부는 불투명한 상태에 있었으나 NATO는 1990년 6월의 런던 정상회담에서 런던선언을 통해 NATO와 중·동유럽 국가들과의 정치적·군사적 협력관계의 증진을 모색하였고, 1991년 11월의 로마 정상회담을 통해 북대서양협력이사회(NACC)를 수립하기로 결정하였다. 북대서양협력이사회는 1991년 12월 20일에 수립되어 대서양동맹과 25개국의 중·동유럽 국가들 간의 공식적인 협의 과정을 논의하게 되었다.[55]

그럼에도 불구하고 1994년 1월에 브뤼셀에서 개최된 NATO 정상회담이 열리기 전까지 중·동유럽으로의 NATO 확대는 공식적으로 천명되지 않았다. 냉전 종식 이후 NATO 확대정책은 미국이나 NATO 회원국에서 나온 것이라기보다는 냉전 종식으로 체제이행을 겪고 있는 중·동유럽 국가들, 특히 헝가리·폴란드·체코에서 먼저 제기되었다. 중·동유럽 국가들의 적극적인 NATO 가입 노력과 더불어 미국의 NATO 확대정책이 보다 가시적으로 부각되기 시작한 것은 클린턴 행정부의 출범 이후라

54 Layne, "US Hegemony and the Perpetuation of NATO," 2001, p. 66.
55 NATO, *NATO Handbook*, 1995, pp. 43~44.

고 볼 수 있다. 1993년 여름을 기점으로 NATO 확대 문제는 클린턴 행정부 내에서 최대의 정책적 관심사 중의 하나가 되었으며, 미국의 정책결정자들 사이에서 NATO 확대를 둘러싼 정책논쟁이 본격적으로 이루어지게 되었다.[56] 이러한 정책논쟁의 과정을 통해 미국은 냉전 종식 이후 급격하게 변화된 유럽 안보환경에서 동맹 국가들에게 NATO의 적실성에 관한 자신의 명확한 입장을 밝힐 필요성을 느꼈고, NATO 확대는 점진적인 과정을 통해 이루어져야 한다고 내부적 결론을 내렸다. 이러한 배경을 토대로 1994년 1월의 브뤼셀 NATO 정상회담에서 중 · 동유럽으로의 NATO 확대가 공식적으로 선언되었고, NATO 확대전략으로서 북대서양협력이사회 틀 내에서 평화를 위한 동반자관계(PfP)가 수립되었다.

브뤼셀 정상회담을 계기로 NATO 확대정책이 공식화되었지만, 이를 실행에 옮기는 것은 별개의 문제였다. 왜냐하면 NATO 확대는 기본적으로 회원국의 합의를 필요로 했으며, 특히 NATO 확대에 따른 러시아의 안보적 우려감을 완화 혹은 해소하는 것이 급선무였다. 따라서 미국 주도의 NATO는 중 · 동유럽으로의 확대 과정에 있어서 러시아의 안보적 우려감을 완화시키기 위해 1997년 5월 14일의 NATO 확대는 러시아 안보이익을 위협하는 군사적 함의를 가지고 있지 않다는 것을 러시아에게 확신시키는 러시아-NATO 동반자관계 조약에 관한 임시 협정을 러시아와 체결하였다. 그리고 1997년 5월 27일에 NATO는 상호관계, 협력, 그리고 안보에 관한 기본협정을 러시아와 체결하였다. 러시아와 기본협정을 체결하기 위해 NATO는 새로운 NATO 회원국의 영토에 상주하는 상당 규

56 이에 대한 자세한 내용에 대해서는 다음을 참조. James M. Goldgeier, "NATO Expansion: The Anatomy of a Decision," *The Washington Quarterly*, 21-1(Winter, 1998), pp. 85~102; Asmus, *Opening NATO's Door: How The Alliance Remade Itself for a New Era*, 2002, pp. 34~57.

모의 전투력이나 핵무기를 배치할 의도, 계획, 그리고 이유도 없다는 점을 러시아에게 약속하였다.[57] 그 결과, NATO 확대에 대한 러시아의 반대가 어느 정도 완화되었고, 1997년 7월 7~8일에 마드리드에서 열린 NATO 정상회담에서는 헝가리 · 폴란드, 그리고 체코의 비제그라드 국가들을 NATO 정상회담에 초청하여 이들의 NATO 가입을 약속하였다. 그 결과, 이들 비제그라드 국가들은 NATO 창설 50주년을 기념하기 위해 열린 1999년 4월의 워싱턴 NATO 정상회담에서 정식 NATO 회원국이 되었다.

1999년 4월에 워싱턴에서 열린 NATO 정상회담 이후 NATO 확대는 회원자격 행동계획(MAP)에 바탕을 두고 진행되었다. 그 과정에서 2002년 11월 21~22일에 프라하에서 열린 NATO 정상회담에서는 불가리아 · 에스토니아 · 라트비아 · 리투아니아 · 루마니아 · 슬로바키아, 그리고 슬로베니아가 초청되었다. 이를 계기로 NATO는 이들 국가들과 NATO 가입을 위한 가입회담(Accession talks)을 본격적으로 논의하기 시작하였다.

NATO 가입회담은 NATO 확대전략인 평화를 위한 동반자관계 및 회원자격 행동계획을 바탕으로 NATO 전문가팀과 예비 가입국 간에 이루어진 일련의 개별적 회담이었다. 회담의 주요 관심사항은 회원국으로서 NATO의 정치적 · 법적, 그리고 군사적 의무와 공약을 준수할 예비 가입국의 이익 · 의지, 그리고 능력을 공식적으로 확인하는 것이다.[58] 따라서 2002년 11월의 프라하 NATO 정상회담에 초청된 7개국의 중 · 동유럽 국

---

57 The Economist, "A New European Order," *The Economist* 343, 28(May, 1997), p. 55; Todd Sandler & Keith Hartley, *The Political Economy of NATO: Past, Present, and into the 21 Century*(Cambridge: Cambridge University Press, 1999), p. 63에서 재인용.

58 http://www.nato.int/docu/comm/2002/0211-prague/more_info/membership.htm

[표 5-1] 냉전 이후 NATO 확대 과정

일시	주요 내용	비고
1990년 6월	런던선언: NATO와 중 · 동유럽 국가들과의 정치/군사적 협력관계 증진 모색	
1991년 11월	로마 정상회담: 북대서양협력이사회(NACC) 수립	
1994년 1월	브뤼셀 정상회담: 평화를 위한 동반자관계(PfP) 출범	제4차 NATO 확대 시작
1994년 6월	러시아, 평화를 위한 동반자관계 문서에 서명	
1997년 5월	유럽-대서양 동반자관계이사회(EAPC) 출범 NATO-러시아 기본협정 체결	
1997년 7월	마드리드 정상회담: 비제그라드 3개국(헝가리 · 폴란드 · 체코)의 NATO 가입 약속	
1999년 4월	워싱턴 정상회담: 비제그라드 3개국의 NATO 가입 회원자격 행동계획(MAP) 출범	제4차 NATO 확대 완성 **19개 NATO 회원국**
2002년 11월	프라하 정상회담: 중 · 동유럽 7개국 초청가입 회담 시작	
2003년 3월	가입의정서(Accession protocols) 체결	
2003년 4월	NATO 회원 국가들, 가입의정서 비준	
2004년 3월	7개국 중 · 동유럽 국가들의 NATO 가입	제5차 NATO 확대 완성 **26개 NATO 회원국**
2006년 6월	포괄적 정치지침(CPG) 발표	
2008년 4월	알바니아 · 크로아티아 초청	
2009년 4월	알바니아 · 크로아티아 NATO 가입	제6차 NATO 확대 완성 **28개 NATO 회원국**

가들은 가입회담, NATO에 가입의사 전달, 가입의정서 서명, 가입의정서에 대한 NATO 회원 국가들의 비준단계를 거쳐 최종적으로 2004년 3월 말에 NATO의 정식 회원으로 가입되었다. 또한 NATO는 2006년 리가 정상회담에서 포괄적 정치지침(CPG) 발표, 동반자국가들과의 확대 · 심화 구상을 채택하였고, 2008년 부카레스트 NATO 정상회담에서는 신규 회원국 가입을 위해 알바니아 · 크로아티아를 초청하여 2009년 동맹 창설

60주년 정상회담에서 알바니아와 크로아티아를 NATO의 신규 회원국으로 받아들였다.

2) NATO 확대전략

냉전 종식 이후 NATO의 확대정책은 확대 과정의 점진성과 유연성을 확보하면서 확대에 따른 러시아의 안보적 우려감을 완화시키는 동시에 정치적 · 경제적, 그리고 군사적 측면에 걸친 중 · 동유럽 국가들과의 협의 및 협력 증대를 도모하는 가운데 이루어져왔다. 이러한 NATO 확대 과정에 있어서 가장 중요한 확대전략으로 작용한 것은 앞에서 간략히 언급한 평화를 위한 동반자관계와 회원자격 행동계획이라고 볼 수 있다.

먼저, 평화를 위한 동반자관계는 NATO의 제4차 확대전략으로 중요한 역할을 담당하였다. 평화유지 동반자관계(Peacekeeping Partnership)에서 연유한 평화를 위한 동반자관계는 1993년 여름 당시 NATO의 유럽연합군최고사령관(SACEUR)이었던 샬리카시빌리(John Shalikashvilli)의 생각이었다. 그는 미국을 포함하여 NATO 회원 국가들은 불안정한 중 · 동유럽 국가들을 NATO 신규 회원국으로 받아들일 준비가 되어 있지 않다고 생각했다. 또한 그는 NATO 확대에 따른 러시아의 우려감을 완화시킬 필요성을 가지고 있었다. 따라서 그는 중 · 동유럽으로의 NATO 확대를 고무시키기 위한 시간적 여유와 NATO 확대에 따른 러시아의 우려감을 완화시킬 필요성을 고려하여 평화를 위한 동반자관계라는 생각을 고안해냈던 것이다.[59]

이러한 맥락에서 수립된 평화를 위한 동반자관계의 구체적인 목표는

---

59 Asmus, *Opening NATO's Door: How The Alliance Remade Itself for a New Era*, 2002, p. 35.

다음과 같다. 첫째, 국가적 방위기획과 예산 과정에서의 투명성 촉진, 둘째, 방위력에 대한 민주주의적 통제 확보, 셋째, 국제연합의 권위와 유럽안보협력기구의 책임 하에 헌법적 절차에 따라 작전에 기여할 능력과 준비태세를 유지하는 것, 평화유지, 수색과 구조, 그리고 인도주의적 작전 등에서 임무를 수행할 평화를 위한 동반자관계 참여 국가들의 능력을 강화시키기 위해 합동기획과 훈련을 목적으로 NATO와의 협력적 군사관계를 발전시키는 것, 그리고 장기적 관점에서 북대서양동맹 회원 국가들의 전력과의 작전 효율성을 기할 수 있는 전력을 발전시키는 것 등이다.[60]

이러한 목적들을 포함하고 있는 평화를 위한 동반자관계는 북대서양협력이사회에 참여한 모든 중 · 동유럽 국가들에게 문호를 개방하였고, 또한 이들 국가들에게 북대서양 조약 제5조의 내용(영토방위)만 제외하고는 NATO의 모든 군사적 활동에의 참여를 개방한 것이다. 그리고 평화를 위한 동반자관계 참여국들은 기획, 군사적 조달, 그리고 민-군 관계에 관해 NATO와 협의를 할 수 있었다. 궁극적으로 평화를 위한 동반자관계는 NATO 확대전략으로서 선별적으로 중 · 동유럽 국가들의 NATO 가입을 촉진시켰다.

평화를 위한 동반자관계가 제4차 NATO 확대전략으로 중요한 역할을 수행했다면, 회원자격 행동계획은 제5차 NATO 확대 과정에 있어서 또 다른 확대전략이었다. 1999년 4월에 시작된 회원자격 행동계획은 NATO 가입을 희망하는 국가들에게 NATO 회원자격의 모든 측면에 대한 조언 · 원조, 그리고 실제적 지원을 함으로써 이들의 NATO 가입을 도와주는 확대전략인 것이다. 회원자격 행동계획은 NATO 가입을 희망하는 국가들에게 문호를 개방한다는 NATO의 공약을 약속하지만 이것이 곧 장

---

60 NATO, *NATO Handbook*, 1995, p. 52.

래 회원자격을 보장하지는 않는다. NATO 가입을 위한 가입회담은 NATO의 합의에 의해서 그리고 사례별로 이루어질 것이다. 또한 회원자격 행동계획은 평화를 위한 동반자관계를 대체하는 것이 아니다. 평화를 위한 동반자관계와 마찬가지로 회원자격 행동계획은 자기차별화원칙(the principle of self-differentiation)에 입각해 있다. 가입 희망 국가들은 자신의 상황에 가장 적합한 회원자격 행동계획의 요소들을 자유롭게 선택할 수 있는 것이다.[61]

회원자격 행동계획과 관련하여 중요한 측면은 가입 희망 국가들은 정치 · 경제적 영역에서 특정의 목표들을 성취해야 한다는 점이다. 즉, 이들 분야에 있어서 가입 희망 국가들은 평화적 수단을 통해 국제적 · 인종적, 혹은 외부적 영토분쟁을 해결해야 하고, 법의 지배와 인권에 대한 공약을 실행해야 하며, 군에 대한 민주주의적 통제를 수립하고 경제적 자유, 사회 정의, 그리고 환경적 책임감을 통해 안정과 복지를 증진시켜야 한다.[62]

---

61 http://www.nato.int/docu/handbook/2001/hb030103.htm

62 NATO, *The Prague Summit and NATO's Transformation: A Reader's Guide*(Brussels: NATO Information and Press, 2003), p. 23.

제6장
NATO 전략개념

일반적으로 어느 한 국가나 동맹의 군사전략은 군사력 사용을 위한 기획과 관련된 것으로 군사력 사용 방법을 규정하는 독트린적 원칙, 목적과 관련된 군사력의 임무, 역할과 관련된 군사력의 운용, 그리고 장소와 관련된 군사력의 배치 등을 결정한다.[1] 이러한 군사전략은 기본적으로 현존하는 위협이나 적성국의 군사능력 및 군사적 의도에 대한 평가, 주변국 및 국제안보환경의 변화에 대한 평가, 그리고 현재의 전략개념에 대한 평가 등을 거쳐 유지 · 변화된다고 볼 수 있다.

동맹 탄생 이후부터 NATO가 시대적 안보환경의 변화에 적응하면서 오늘날까지 유지 · 발전해올 수 있었던 것은 다름 아닌 북대서양 조약에서 제시한 동맹의 가치와 절차에 부합하는 전략개념의 기능 때문이었다. NATO의 법적 토대가 되는 북대서양 조약이 체결 이후 오늘에 이르기까지 단 한 번의 수정 · 변화도 없었던 것과는 대조적으로 NATO의 전략개

---

1 Daniel J. Kauhman, Jeffrey S. McKitrick, Thomas J. Leney(eds.), *U. S. National Security: A Framework for Analysis*(Lexington: D. C. Heath and Company, 1985), p. 22.

념은 주기적 · 지속적으로 갱신되면서 안보환경의 시대적 변화에 조응, 동맹의 존재와 역할 및 임무를 새롭게 규정하여 NATO의 정체성과 생명력을 유지 · 강화시켜왔던 것이다. 그러므로 북대서양 조약에 대한 동맹의 운영적 · 역동적 견해를 반영하는 NATO의 전략개념은 언제나 한 가지 이상의 목적에 기능해왔고, 오늘날에는 적어도 내부적으로는 과거의 결정과 실행을 편찬하여 동맹의 토대를 강화하고 새로운 전략적 방향을 제공하는 기능과 냉전 종식 이후 새로운 외부적 기능인 공공외교(public diplomacy)의 기능을 가지고 있다.[2]

이러한 주요 기능을 가지고 있는 NATO의 전략개념[3]은 동맹 탄생 직후인 1949년 12월 1일 '북대서양지역의 방위를 위한 전략개념'(DC 6/1)을 시작으로 1952년 12월 3일의 전략개념(MC 3/5, 전진방위전략), 1957년 5월 23일의 전략개념(MC 14/2, 대량보복전략), 1968년 1월 16일의 전략개념(MC 14/3, 유연반응전략), 1991년 11월의 신전략개념, 1999년 4월의 동맹의 전략개념, 그리고 2010년 11월의 동맹의 신전략개념으로 총 일곱 차례에 걸쳐 수정 · 변화되어왔다.[4] 또한 그 과정에 있어서 NATO는 군사적 관점과는 별도로 동맹의 정치적 응집력을 강화시키기 위해 전략개념을 정치적 이데올로기로서 활용한 측면도 보여주었다.[5]

---

2 Jens Ringsmose and Sten Rynning, *Come Home, NATO?: The Atlantic Alliance's New Strategic Concept*, DIIS Report(Danish Institute for International Studies), 2009: 04, pp. 6~8.

3 전략문서를 통해 확인할 수 있는 NATO의 군사전략은 크게 전략개념, 전략지침, 그리고 전략개념을 실행하기 위한 조치들로 세분화할 수 있다.

4 냉전시기부터 2010년에 이르기까지 NATO의 전략개념과 NATO의 진화에 대한 전반적인 내용에 대해서는 다음을 참조. European Security and Defense Assembly, *The NATO Strategic Concept and Evolution of NATO*, Report submitted on behalf of the Defense Committee by the Earl of Dundee and Rene' Rouquet, 2, December, 2010.

냉전시기의 NATO 전략개념은 기본적으로 집단방위 차원에서 기획되었기 때문에 NATO 전략개념의 변화에 가장 중요한 변수는 다름 아닌 소련의 군사능력의 변화와 그 의도였다. 그렇기 때문에 냉전시기의 NATO 전략개념의 변화는 미국의 대소 안보전략의 변화와 연동되어 나타나고 있다는 점이다. 특히, 1950년대 중반 이후 NATO의 전략개념인 대량보복전략과 유연반응전략은 기본적으로 미국의 핵전략과 맥을 같이하고 있다고 해도 무리가 없을 것이다. 이는 냉전 당시 미국과 소련의 핵능력의 변화에 따라 미국의 핵전략이 변화되었고, 그러한 미국의 핵전략 변화는 당시 미국의 국가안보의 핵심지역인 유럽안보를 책임지고 있던 NATO의 전략개념의 변화에 그대로 반영되었기 때문이었다. 냉전 이후 NATO 전략개념은 1991년의 신전략개념과 이를 수정 · 보완한 1999년의 전략개념, 그리고 2010년의 NATO 정상회담에서 새롭게 채택된 신전략개념이다. 여기에서는 총 일곱 차례에 걸쳐 수정 · 변화된 NATO 전략개념을 살펴보고, 그것이 NATO 및 국제안보에 미치는 함의를 분석하고자 한다.

1. 냉전시기의 NATO 전략개념

1) 전진방위전략(Forward Defense Strategy)

제2차 세계대전 이후 미국과 소련의 갈등적 관계로 상징되는 냉전체제

---

5 NATO의 전략개념은 군사적 관점과는 별도로 동맹의 응집력을 강화시키기 위해 정치적 이데올로기의 기능을 담당해왔던 것도 사실이다. NATO 전략개념의 정치적 이데올로기 활용에 대해서는 다음을 참조. Paul Buteux, *Strategy, Doctrine, and the Politics of Alliance: Theatre Nuclear Force Modernization in NATO*(Boulder: Westview Press, 1983), pp. 1~31.

가 공고화되는 과정에서 서방 지도자들은 1949년 4월 4일에 북대서양 조약을 통해 대서양동맹인 NATO를 창설하였다. 북대서양 조약은 동맹 창설의 법적 토대일 뿐만 아니라 NATO 전략개념의 발전을 위한 첫 조치였다. 1949년 4월의 북대서양 조약을 통해 회원 국가들은 '평화와 국제안보를 보존하고 북대서양지역에서 안정과 복지를 증진시킬 것'을 밝혔다.[6]

이러한 목적을 달성하기 위해 회원 국가들은 북대서양 조약 제9조에 근거해 조약의 실행과 관련된 문제들을 고려하여 회원국들이 대표되는 북대서양이사회(NAC)를 창설했다. 1949년 9월에 북대서양이사회는 조약 제3조와 제5조의 내용을 관장할 방위위원회(DC)와 동맹의 방위와 직접적으로 관련된 문제를 다루기 위해 군사위원회(MC)를 수립하였다. 그러나 당시 통합군사지휘구조를 갖추지 못한 NATO는 군사기획 과정을 관장하는 미국 · 영국 · 프랑스로 대표되는 상임그룹을 통해 전반적인 전략개념을 발전시켜나갔다. 그 결과 1949년 12월 1일에 NATO의 첫 번째 전략개념이라 할 수 있는 '북대서양지역의 방위를 위한 전략 개념'(DC 6/1)이 탄생하였다.

NATO의 첫 번째 전략개념은 향후 NATO 전략의 발전을 통해서 지속되어왔던 근본적 원칙들이 담겨져 있었다.[7] 즉, 대서양동맹의 방어적 성격, 전쟁 예방에 대한 강조, 집단성의 중요성, 핵무기의 역할, 그리고 지역적 상이성 내에서 전략적 통일을 기하는 것 등이다. 특히 첫 번째 전략개념에서 유사시 NATO의 대응능력으로 전략적 폭격에 의한 핵무기 사용을 언급하고 있다는 점[8]은 당시 대다수 서방의 군사기획가들이 NATO

6 NATO, *The North Atlantic Treaty Organization 1949~1989*(Brussels: NATO Information Service, 1989), pp. 13~14; NATO, *NATO Handbook*(Brussels: NATO Office of Information and Press, 1995), pp. 231~234.

7 D. C. 6/1, "The Strategic Concept for the Defense of the North Atlantic Area," pp. 1~7.

의 재래식 전력이 소련 및 소련의 동유럽 위성국가들의 재래식 전력보다 상당히 열세에 있다는 인식을 반영한 것이었다.

그러나 NATO의 첫 번째 전략개념은 유사시 핵무기 사용을 암시하고 있었음에도 불구하고 보다 구체적이고 세부적인 전략지침을 포함하고 있지는 않았다. 이러한 측면을 반영하여 NATO는 1950년 3월 28일에 군사위원회의 세 번째 회담에서 마련된 '북대서양지역기획을 위한 전략지침'(MC 14)을 공식적으로 승인하였고, 또한 1950년 4월 1일에 'NATO 중기계획'(DC 13)을 마련하였다. 이러한 측면은 유럽의 방위를 위한 핵무기 사용을 포함하여 NATO 전략의 주요 요소들이 한국전쟁 발발 이전에 이미 마련되었다는 점을 암시하는 것이었다.[9]

한편, 예나 지금이나 NATO 전략개념 형성에 가장 큰 영향력을 행사하는 미국에서는 1940년대 후반과 1950년대 초반에 걸쳐 이른바 '대논쟁'(Great Debate)이라 일컬어지는 미국의 유럽 전략에 관한 논쟁이 있었다. 이 논쟁은 국제주의와 고립주의 간의 논쟁이 아니라 가능한 한 동쪽으로 더 깊숙한 지역에서 유럽을 방위해야 한다는 전진방위 주창자들과 유럽대륙으로부터의 철수를 끝내고 일차적으로 공군력과 해군력에 의존하자는 주변전략 주창자들 간의 논쟁이었다. 당시 미국 군부에서 육군은 기본적으로 전진방위를 공군은 주변전략을 그리고 해군은 육군의 주장에 동정적이었다.[10]

---

8 D. C. 6/1, p. 7. 전략문서의 정확한 표현은 다음과 같다. Insure the ability to carry out strategic bombing promptly by all means possible with all types of weapons, without exception.

9 Gregory W. Pedlow, "The Evolution of NATO Strategy 1949~1969," in Gregory W. Pedlow(ed.), *NATO STRATEGY DOCUMENTS 1949~1969*(Brussels: NATO Office of Information Service, 1997), p. xv.

10 Marc. Trachtenberg, "The Nuclearization of NATO and U. S.－West European

이러한 대논쟁은 미국의 핵전략 형성 및 NATO 전략개념과 밀접한 관계가 있었다. 특히, 1949년 소련의 핵실험과 1950년 6월에 발발한 한국전쟁 등으로 NATO는 소련에 비해 수적 열세에 있는 자신의 재래식 전력의 증강 필요성을 강하게 느꼈다. 1949년부터 1952년에 걸친 NATO 전략개념은 유사시 핵무기 사용을 암시하고 있었음에도 불구하고 기본적으로 재래식 전력에 의존하는 것이었다. 따라서 NATO는 1950년 9월 뉴욕에서 개최된 북대서양이사회에서 전진방위와 그에 따른 통합군사지휘구조의 필요성을 절감하였고, 이를 계기로 NATO의 군사제도화는 탄력을 받게 되어 1951년 4월의 유럽연합군사령부(ACE) 창설을 필두로 연이은 군사조직들이 탄생하게 되었다. 이에 따라 NATO는 통합군사지휘구조를 갖추는 동시에 1952년 2월의 리스본 회담에서 사무총장직과 국제참모진을 창설하였다. 결과적으로 NATO는 리스본 회담을 통해 정치구조와 군사구조를 갖춘 상설 기구로 재탄생하게 되었다. 또한 NATO는 리스본 회담에서 1954년까지 대략 100개의 사단을 창설하여 재래식 전력을 증강한다는 '전력 목표'에 합의하였다.[11]

NATO의 전진방위전략의 채택은 필연적으로 그리스와 터키, 그리고 서독의 신규 회원국 가입이라는 NATO 확대 문제를 야기했다. 1952년 2월 18일에 그리스와 터키가 NATO 신규 회원국으로 가입했고, 서독의 NATO 가입 문제는 서독의 재무장 문제와 결부되어 많은 논쟁과 시간을 요하게 되었다. 그리스와 터키가 동맹의 새로운 회원국으로 가입함에 따

Relations," in Francis H. Heller and John R. Gillinghan(eds.), *NATO: The Founding of The Atlantic Alliance and The Integration of Europe*(New York: St. Martin' s Press, 1992), p. 414.

11 J. Michael Legge, *Theater Nuclear Weapons and the NATO Strategy of Flexible Response*(Santa Monica, CA: RAND Corporation, 1983), p. 3.

라 NATO는 자신의 전략개념을 보다 정교하게 발전시킬 필요성이 커졌다. 이에 따라 NATO는 변화된 전략개념에 내용물과 신뢰성을 부여하기 위해 1952년 12월 3일에 첫 번째 전략개념인 DC 6/1을 수정 · 보완하는 차원에서 두 번째 전략개념으로 소위 전진방위전략이라 할 수 있는 '북대서양 조약지역 방위를 위한 전략개념'(MC 3/5)[12]과 12월 9일에 '전략지침'(MC 14/1)을 최종적으로 마련하였다. 그러므로 냉전 초기에 NATO의 군사전략은 전진방위전략으로 귀착되었다. 당시 NATO가 전진방위전략을 강조하게 된 배경은 첫째, 대논쟁에서 서유럽 국가들과 위험을 공유하겠다는 정치적 필요성을 고려한 육군 전략의 승리, 둘째, 당시 핵무기의 수적 제한으로 적성국의 공격 목표를 제한할 필요성에 따른 핵전략의 불충분성, 그리고 셋째는 기존 전략의 급격한 변화에 대한 정치적 의지 부재를 들 수 있다.[13]

2) 대량보복전략(Massive Retaliation Strategy)

독일 분단과 뒤이어 유럽의 분단으로 상징되었던 미－소 냉전체제에서 서유럽 안보의 가장 근본적인 문제 중의 하나는 냉전기간 내내 수적으로 우세한 소련의 재래식 전력을 효과적으로 억지하는 방법을 모색하는 것이었다. 이러한 방환의 일환으로 NATO의 군사전략은 처음에는 재래식 전력 증강을 통한 전진방위전략에 무게중심을 두었었다.

그러나 NATO가 합의한 리스본 회담의 전력 목표는 다음과 같은 복합적인 이유로 인해 그 실현성이 의문시 되었다. 첫째, 미국을 포함하여 당

---

12 MC 3/5, "The Strategic Concept for The Defense of The North Atlantic Treaty Area," pp. 1~7.

13 Trachtenberg, "The Nuclearization of NATO and U. S.－West European Relations," 1992, pp. 416~417.

시 주요 NATO 회원 국가들의 경제적 어려움으로 인해 재래식 전력 목표는 비현실적이고 충족될 수 없다는 생각이 지배적이었다. 둘째, 1940년대 후반과 1950년대 초반에 나온 일련의 연구 결과는 소규모의 전술핵무기의 발전은 전장 사용에 적합하며 소련의 우월한 재래식 전력을 억지하기 위해 전장핵무기를 사용할 수 있다는 주장이 미국에서 제기되었다.[14] 셋째, 무엇보다도 새롭게 출범한 미국의 아이젠하워 행정부가 채택한 소위 새로운 전망(New Look) 정책은 NATO의 전략을 재래식 전력보다는 핵무기의 역할을 강조하는 방향으로 전환시켰다. 아이젠하워 행정부의 새로운 전망 정책은 소련이 미국 본토를 공격할 수 있는 전략 핵능력이 없기 때문에 미국은 핵무기를 가지고 소련을 위협할 수 있다는 믿음에 기초하였던 것이다. 요컨대, 아이젠하워 행정부의 등장과 더불어 NATO 핵전력의 강화는 기본적으로는 미국의 핵능력의 발전에 따른 것이었다. 1952년에 있었던 수소폭탄 실험, 보다 효율적인 소형의 핵무기 등장, 그리고 이러한 핵무기를 소련 영토 깊숙이 운반할 수 있는 장거리 폭격기의 존재 등 이러한 모든 것들이 1953년의 미국 방위정책에 대한 아이젠하워 행정부의 고려에 기여했다.[15]

아이젠하워 행정부의 국가안보정책으로서 새로운 전망은 1950년대 미국이 누렸던 핵 우위의 표현이었다. 주변적인 국가이익이 걸린 분쟁에 장기간에 걸친 개입을 회피하면서, 덜레스(Foster Rhea Dulles)가 1954년 11월에 대외관계위원회에서 행한 연설과 3개월 후 『포린 어페어』(*Foreign Affairs*)에 실린 한 논문에서 표현되었듯이, 아이젠하워 행정부는 "대량적

---

14 Lawrence Freedman, *The Evolution of Nuclear Strategy*(London: Macmillan Press, 1982), pp. 68~69.

15 Legge, *Theater Nuclear Weapons and the NATO Strategy of Flexible Response*, 1983, p. 3.

인 원자적 · 열핵 보복"을 위한 수단을 유지할 것이라는 점을 소련과 중국에 통지하였다.[16] 이런 배경 하에 1950년대 초반 미국의 전술핵무기가 유럽에 최초로 배치되었다. 미국 전술핵무기의 유럽 배치는 기본적으로 미국 전략핵무기의 부산물로서 소련의 재래식 전력을 상쇄시키고 NATO의 안보를 충족시키기 위한 필요조건이었다. 따라서 미국은 NATO의 핵전략 채택을 강하게 추진했고 1954년 12월에 북대서양이사회는 NATO 전략을 미국의 전략노선과 일치시켰으며, 유럽연합군최고사령부(SHAPE)에게 유사시 핵무기를 사용할 수 있다는 가정 하에 군사기획을 마련할 수 있는 권한을 위임했다.[17] 결국, NATO는 1956년 12월에 MC 14/2로 알려진 군사위원회 전략문서를 NATO의 공식적인 군사전략으로 채택했고, 1957년 5월 23일에 북대서양이사회는 핵전력을 우선시하는 이른바 대량보복전략으로 알려진 'NATO 지역의 방위를 위한 전반적인 전략개념'(MC 14/2)을 NATO의 세 번째 전략개념으로 승인하였다.

NATO는 소련이 서유럽을 침공했을 경우 전쟁 초기에 전술적 혹은 전략적 핵무기를 사용하겠다는 대량보복전략을 통해 다음과 같은 점을 명확히 했다. "만약 적이 우리와 우리의 우방을 공격했을 경우 우리는 우리가 선택한 장소에서 가용할 수 있는 모든 수단과 방법을 동원하여 공격해온 적에 대해 즉각적으로 대량보복조치를 취할 권리를 가지며, 따라서 적은 공격을 통해 얻을 수 있는 이득보다는 훨씬 더 많은 손해와 희생을 각

---

16 James E. Doughrty, Robert L. Pfaltzgraff, Jr., *American Foreign Policy: FDR To Reagan*(New York: Haper & Low Publishers, 1986), 이수형 역, 『미국외교정책사: 루스벨트에서 레이건까지』(서울: 한울아카데미, 1997), p. 154.

17 Wallace J. Thies, "Learing in U. S. Policy Toward Europe," in George W. Breslauer and Philip E. Tetlock(eds.), *Learning in U. S. and Soviet Foreign Policy*(Boulder: Westview Press, 1991), p. 166.

오해야 한다."[18]

이와 같은 내용을 담고 있는 NATO의 대량보복전략은 서유럽에 대한 소련의 공격이 발생했을 때 미국은 핵무기를 비롯한 가용한 모든 수단을 동원하여 단기간에 무차별 보복조치를 취하겠다고 위협함으로써 서유럽에 대한 소련의 팽창주의적 도발을 사전에 방지함은 물론 유사시 단기간에 속전속결로 전쟁을 마무리 짓겠다는 전략이었던 것이다. 따라서 NATO의 재래식 전력은 미국의 전략핵무기를 촉진시키는 인계철선으로 기능하였다.[19] 그러나 이러한 NATO의 대량보복전략은 미국의 전략핵무기가 소련으로부터 도전받지 않는 경우에만 신뢰성을 가질 수 있었다.

아이젠하워 행정부의 새로운 전망 정책과 NATO의 대량보복전략은 소련의 전략적 사고에 중대한 영향을 미쳐 소련의 지도자인 흐루시초프는 재래식 전력을 감축하고 핵무기를 발전시키는 군사정책을 추진하게 되었다.[20] 무엇보다도 대량보복전략은 미국이 핵전력의 절대적 우위를 앞세워 소련에 대한 무차별 핵공격을 감행하겠다고 위협함으로써 역설적으로 소련이 핵전력을 비롯한 군비증강 노력을 강화할 수 있는 계기를 마련해 주었다.

1953년 8월에 소련은 수소폭탄을 실험했고 미국의 B-47, B-52 폭격기에 비교될 만한 베어(Bear), 바이슨(Bison), 배저(Bager)라는 중장거리 폭격기들을 개발하고 있는 것으로 알려졌다.[21] 또한 소련은 스푸트니크

---

18 A. J. C. Edwards, *Nuclear Weapons, The Balance of Terror, The Quest for Peace*(Albany, New York: State University of New York Press, 1986), p. 6.

19 Jed C. Snyder, "European Security, East-West Policy, and the INF Debate," *Orbis*, Winter, 1984, p. 915.

20 Robert P. Berman and John C. Baker, *Soviet Strategic Forces: Requirements and Responses*(Washington, D. C.: The Brookings Institution, 1982), p. 50.

21 Legge, *Theater Nuclear Weapons and the NATO Strategy of Flexible Response*, 1983, p. 5.

(Sputnik) 발사 전인 1957년 8월에 처음으로 대륙간탄도미사일인 SS-6 미사일을 실험하였다. 그 당시까지 소련은 미국의 본토를 공격할 수 있는 대륙간탄도미사일 배치 능력이 없었다.

소련의 핵전력 증강정책에 있어서 흥미로운 사실은 미국 본토를 공격할 수 있는 전략핵무기 개발을 우선적으로 추진한 것이 아니라 중거리핵전력 강화를 우선 추진하였다는 점이다. 당시 SS-4, SS-5로 상징되는 소련의 중거리핵무기는 미국 본토를 공격할 수 없었지만, 소련과 서유럽 국가들의 지정학적 위치로 인해 서유럽 국가들에게는 전략핵무기로 인식되었다. 따라서 소련은 미국의 본토를 공격할 수 있는 전략핵능력을 갖출 때까지 중거리핵무기로 서유럽을 인질로 삼아두려는 의도를 보여주었던 것이다.[22]

소련의 중거리핵전력이 강화됨에 따라 서유럽 국가들은 미국의 핵전력에 더 의존하게 되었고, NATO의 전장핵무기를 현대화할 필요성도 더욱 높아졌다. 그러나 1950년대 후반과 1960년대에 미국이 취한 조치들은 영국 · 이탈리아, 그리고 터키에 소수의 토어(Thor), 주피터(Jupiter) 미사일 등을 배치하는 수준이었다. 따라서 1950년대 초반에 서유럽에 배치된 미국의 전술핵무기는 소련의 재래식 전력보다는 핵공격을 억지하는 임무가 더 강조되었다. 유럽에 배치된 미국의 전장핵무기의 역할 변화는 미국과 서유럽 국가들에게 다음과 같은 문제를 제기하였다. 첫째, 소련의 핵무기는 NATO의 전장핵무기 사용을 억지할 것이라고 가정하지 않으면서 왜 NATO의 전장핵무기는 소련의 핵공격을 억지하는 것으로 가정하느냐? 둘째, 전장핵무기는 아마도 소련의 전력이 서유럽에 침투한 전쟁 후반부에서만 사용될 것이기 때문에 상당량의 핵무기가 서유럽 영토에서 사용

22 Snyder, "European Security, East-West Policy, and the INF Debate," 1984, p. 922.

될 것이다. 그렇다면 NATO는 어떻게 그러한 무기를 사용할 수 있다고 소련을 위협할 수 있는가? 결국 NATO의 전장핵무기의 이중적 임무가 발생시킨 이러한 문제들은 1960년대 후반 이후로 미국과 서유럽 국가들에게 매우 논쟁적이고도 중요한 안보 딜레마를 부여하였다.

1950년대 후반에 들어와 소련의 핵전력이 점차 강화되고 미국의 절대적인 핵전력 우위가 약화되면서 NATO의 대량보복전략은 신뢰할 만한 군사전략으로서의 가치를 상실하게 되었다. 특히, 1957년 10월에 소련의 스푸트니크 인공위성 실험 발사는 미국의 일부 전략가들에게 소련이 탄도미사일 부문에서 한동안 미국보다 우위를 점할 것이라는 우려감을 자아냈고,[23] 이는 1950년대 후반에 미국 내에서 방위정책을 둘러싼 소위 미사일 갭(missile gap) 논쟁을 촉발시키는 배경이 되었다. 결과적으로 미국은 소련의 핵능력을 억지할 수 있는 보다 현실적인 정치 · 군사적 전략을 발전시킬 필요성을 인식하게 되었고, NATO의 대량보복전략은 군사전략으로서 그 적실성을 상실할 수밖에 없었다.

3) 유연반응전략(Flexible Response Strategy)

1950년대 중반 이후 소련의 핵전력이 발전함에 따라 미국과 NATO 내에서는 대량보복전략에 대한 비판이 제기되었다. 왜냐하면 대량보복전략은 기본적으로 소련에 대한 미국 핵전력의 절대적 우위와 미국 본토에 대한 소련의 제2차 공격의 가능성이 없는 상황에서만 전략으로서의 신뢰성을 가질 수 있었기 때문이었다. 따라서 소련의 핵전력이 증강되는 추세에 따라 대량보복전략은 부적당한 전략으로 평가되어 NATO의 군사전략의

23 Teena Karsa Mayers, *Understanding Nuclear Weapons and Arms Control: A Guide to the Issues*(Washington: Pergamon-Brassey's, 1986), p. 6.

변화는 불가피하게 되었다.

1960년대에 들어와 소련의 핵전력이 보다 강화됨에 따라 1961년 1월에 새로 출범한 케네디(John F. Kennedy) 행정부는 미국의 외교안보정책에 대한 포괄적 심의에 착수하였다. 특히, 케네디는 새롭고 보다 융통성 있는 재래식 전력 선택과 핵무기에 대한 보다 강화된 중앙통제를 수반하는 대항전력 전략(counterforce strategy)을 발전시킴으로써 보다 신뢰할 수 있고 현실적인 핵 억지를 촉구하였다. 또한 1961년 3월에 국무부와 국방부가 공동으로 준비한 이른바 애치슨 보고서(Acheson Report)는 케네디가 지시한 목적들을 동맹의 목표로 전환시켰다. 애치슨 보고서에 따르면, 군사 영역에서 과거 NATO는 전면적 핵전쟁에 대비한 동맹의 군사전력 증강에 집중하였으나 핵공격이나 대규모 재래식 공격 가능성이 희박한 현 상황에서 NATO는 가장 가능성이 높은 우발적 사건에 대처하기 위한 보다 실용주의적 접근 방법을 권고하였다.[24]

1961년 4월 20일에 케네디 대통령은 이러한 내용을 담고 있는 애치슨 보고서를 승인했다. 또한 케네디 대통령, 맥나마라(Robert S. McNamara) 국방장관, 러스크(Dean Rusk) 국무장관, 핀레터(Thomas Finletter) NATO 대사 등은 새로운 전략의 기본 요소들을 표명하면서 NATO의 전략개념이 이에 상응하는 변화와 재래식 전력을 증강시킬 수 있는 조치들을 촉구하였다.[25] NATO의 전략개념 변화를 촉구하는 미국 정책결정자들은 미국은 대규모 핵전쟁이나 전면전쟁에 대한 조치를 취하기를 상당히 꺼린다는 점을 은연중에 암시하였다. 특히 이러한 미국 정책결정자들의 입장은

---

24 Jane E. Stromseth, *The Origins of Flexible Response: NATO's Debate Over Strategy in the 1960s*(New York: St. Martin's Press, 1988), pp. 29~35.

25 William W. Kaufmann, *The McNamara Strategy*(New York: Harper & Row, 1964), pp. 65~70.

1962년 6월 16일에 맥나마라 장관의 앤아버(Ann Arbor) 연설[26]을 통해 공표되었다. 앤아버 연설에서 맥나마라는 NATO는 소련의 공격에 상응하는 수준에서, 즉 재래식 전력에는 재래식으로, 핵전력에는 핵전력으로 대응하는 유연반응전략을 채택해야 한다고 제안했다.

유연반응전략은 억지개념에 입각하여 제2차 보복능력을 증가시키는 조치로 미국의 3대 핵전력(strategic triad)인 대륙간탄도미사일, 전략폭격기, 그리고 잠수함발사미사일이라는 운반 체제를 기본으로 하는 것이었다. 이처럼 핵전력의 분산화를 통해 소련의 선제핵공격으로부터 생존 가능성을 증가시킬 수 있으며, 따라서 잔존 전력을 통한 제2차 보복공격력을 증대시키고자 하는 것이었다. 그러나 유연반응전략에서는 사실상 NATO의 억지력에 있어서 재래식 전력의 가치가 강조되었다. 왜냐하면 유연반응전략이 단계적으로 이루어지기 위해서는 소련에 비해 열세에 있는 NATO의 재래식 전력 증강이 이루어져야 했기 때문이었다. 이로 인해 NATO의 새로운 군사전략을 둘러싸고 미국과 서유럽 국가들 간에 격렬한 논쟁이 본격화되었다.

전면적인 핵공격보다는 제한적인 핵전쟁 가능성을 염두에 두고 재래식 전력 증강을 선호하는 미국의 입장과 서유럽의 안전에 대한 확실한 억지정책으로 과거와 마찬가지로 핵무기의 사용을 강조하는 서유럽 국가들의 입장은 조율되기 힘든 동맹게임이었다. 이러한 동맹게임에서 미국과 서유럽 국가들 간의 첨예한 논쟁은 직접적 방위(direct defence), 신중한 확전(deliberate escalation), 그리고 전면적 핵 대응(general nuclear response)이라

26 Sam Charles Sarkesian & Robert A. Vitas(eds.), *U. S. National Security Policy and Strategy: Documents and Policy Proposals*(Westport, Connecticut: Greenwood Press, Inc., 1988), pp. 93~98.

는 세 가지 종류의 군사적 대응에 관한 문제였다.[27] 성공적인 직접적 방위는 침략을 저지하거나 확전의 위협으로 침략자와 대결해야만 한다. 재래식 공격의 경우에는 정상적으로 전진방위에서의 재래식 전력을 사용할 것이지만 NATO는 직접 방위의 경우에도 핵무기의 사용을 배제하지 않았다. 직접적 방위는 장소, 시간, 그리고 침략의 수준에 불문하고 침략 행위에 대해 효과적으로 대응할 수 있어야만 한다는 원칙에 따라 움직인다. 따라서 직접적 방위는 광범위한 선택 폭을 가져야만 한다.

한편, 신중한 확전은 재래식 갈등에서 직접적 방위에서의 재래식 전력에 대한 미국의 강조와 적의 영토에 대한 핵무기의 신속한 사용을 선호하는 서유럽 국가들 간의 가장 중요한 중간 단계였다. 신중한 확전과 더불어 NATO의 대응은 의식적 확전을 통해 공격을 물리쳐야만 한다. 이것은 핵무기를 사용하거나 지리적으로 분쟁의 확전을 통해 이루어질 수 있다. 여기에서 NATO는 방어적 무기의 사용과 군수품 파괴를 위한 제2전선의 개시부터 선택적이고 파괴적인 핵공격에 이르기까지 다양한 옵션을 가졌다. 핵무기의 사용은 군사적 결정이라기보다는 정치적 신호를 보내는 것이었다. 이러한 새로운 전략적 접근 방법에 있어서 전투 영역과 강도는 의도하지 않은 확전으로 인해 전면적인 핵전쟁으로 비화되는 것을 막기 위해서 정치적 통제 하에 있어야 했다.[28]

전면적인 핵전쟁은 직접적 방위의 수단과 통제된 확전에 의해서 저지될 수 없고, NATO의 영토보전이 어떠한 방법을 통해서도 회복 불가능하거나 WTO 자체가 대규모 전력과 핵무기를 사용했을 경우에 발생한다.

---

27 Helga Haftendorn, *NATO AND THE NUCLEAR REVOLUTION: A Crisis of Credibility, 1966~1967*(Oxford: Clarendon Press, 1996), p. 79.

28 Haftendorn, *NATO AND THE NUCLEAR REVOLUTION: A Crisis of Credibility, 1966~1967*, 1996, pp. 79~80에서 재인용.

이러한 대응 유형은 침략자의 전략적 자산에 직접적 공격을 감행하고 이러한 위협은 NATO의 가장 강력한 억지력인 동시에 가장 강력한 군사적 대응책이다.[29]

이러한 유연반응전략의 3단계 과정에 있어서 미국의 입장은 유사시 재래식 공격에 대한 재래식 방위를 강조함으로써 은연중에 유럽에 국한된 제한전쟁을 선호했다. 서유럽 국가들은 전술핵무기의 선택적 사용을 재래식 직접 방위와 전면적 핵전쟁 사이의 중간 단계로서 확보하고자 하였다. 그러나 서유럽 국가들은 세 가지 대응 형태를 개별적 단계의 연속으로 이해해서는 안 된다는 입장을 강조하면서 전략핵무기의 신속한 사용을 선호했다. 일련의 협상 과정을 통해 미국과 서유럽 국가들은 제한적 공격은 먼저 재래식 전력을 사용하여 상쇄시켜야 하지만 핵전력을 사용한 대항공격은 WTO의 핵무기 사용을 동반한 대규모 침략에 대한 적절한 대응이라는 점에 합의하였다. 결과적으로 미국과 서유럽 국가들은 거의 6년에 걸친 격렬한 논쟁 끝에 1967년 12월에 NATO의 군사전략으로 MC 14/3으로 알려진 유연반응전략을 공식적으로 채택하였고, 1968년 1월 16일에 북대서양이사회는 NATO 억지력으로써 핵전력과 재래식 전력 간의 우선성 문제를 모호하게 만든 유연반응전략인 'NATO 지역의 방위를 위한 전반적인 전략개념'(MC 14/3)을 승인했다.

29 Stromseth, *The Origins of Flexible Response: NATO's Debate Over Strategy in the 1960s*, 1988, pp. 175~176.

2. 냉전시기 NATO 전략개념 변화에 대한 분석

1) 세력균형적 시각에 따른 분석

일반적으로 학자들은 국제관계에 있어서 세력균형(balance of power) 가설에 바탕을 두고 동맹의 기원을 설명한다. 이렇게 탄생한 동맹의 행태를 설명하는 세력균형적 시각은 동맹을 합리적이고 단일적 행위자로 간주하면서 동맹을 하나의 분석 단위로 파악한다. 세력균형적 시각에 있어서 동맹 행태는 군사력 배분과 같은 구조적 요소들과 군사기술 발전 정도와 같은 환경적 요소들을 포괄하는 국제체제의 영향을 강하게 받는다고 파악한다. 특히 세력균형적 시각은 동맹의 군사전략 변화에 있어서 적성국의 군사력 규모, 적성국의 의도, 군사기술의 발전 정도, 그리고 동맹 자신의 군사력 제공 능력 등과 같은 변수가 중요하게 작용한다고 바라본다.[30]

세력균형적 시각에서 보았을 때, 적성국의 의도가 적대적일수록 전쟁 발발의 가능성은 높을 것이고 동맹의 군사전략도 그러한 인식에 바탕을 두고 형성될 가능성이 높다. 마찬가지로 그 역도 성립한다고 볼 수 있다. 물론 적성국의 의도에 대한 인식은 상당히 주관적일 수 있다. 특히 적대국의 정치체제가 비민주적이고, 일인 독재체제일 경우 동맹이 그러한 적대국의 의도를 인식하기는 상당히 힘들다. 그렇기 때문에 적대국의 의도에 대한 인식은 주로 적대국의 행위를 통해서 추론한다. 또한 군사기술의 발전은 적성국의 군사적 능력이나 의도를 재평가할 수 있는 계기가 될 수 있다. 특히 제2차 세계대전을 계기로 등장한 핵무기는 국가나 동맹의 전

---

30 John S. Duffield, *Power Rules: The Evolution of NATO's Conventional Force Posture*(Stanford, California: Stanford University Press, 1995), pp. 14~15.

략 변화에 지대한 영향을 미쳐왔다. 동맹의 핵능력이 적성 국가에 비해 거의 절대적 우위를 점할 경우 동맹의 전략개념은 재래식 전력보다는 핵전력을 강조하는 경향을 보일 것이고, 반대로 적성국에 대한 핵전력의 우위가 상대적으로 약화된다면 동맹의 전략개념은 재래식 전력의 중요성을 강조하는 방향으로 변화될 가능성이 높다.

세력균형적 시각에서 동맹의 군사적 잠재능력도 동맹의 전략 변화에 영향을 미칠 수 있다.[31] 동맹의 군사적 잠재능력은 기본적으로 동맹 회원 국가들의 정치 · 경제적 이해관계와 맞물려 있기 때문에 동맹은 특정 군사전략의 실행에 필요한 실제적인 군사능력을 갖추지 못할 수 있다. 물리적 자원이 한정되고 이를 가용할 수 있는 군사력으로 전환하는 데 드는 비용이 크면 클수록 군사력의 필요조건과 실제적 능력 간에 차이가 발생할 가능성이 높다. 이럴 경우 군사적 잠재력은 동맹의 전략에 영향을 미친다. 동맹의 군사전략이 채택되었을 경우 동맹이 그에 부합하는 실제적 전력을 제공할 수 없다면 이들 간의 균형을 맞추기 위해 전략의 수정에 대한 압력이 발생할 것이다.

이러한 맥락에서 보았을 때, 세력균형적 시각은 1949년부터 1989년에 걸친 NATO의 전략개념 변화에 대한 이론적 적실성을 가지고 있다. 특히 세력균형적 시각은 1950년대에 발생한 NATO 전략개념상의 급격한 변화를 잘 설명해준다. NATO 탄생을 전후한 시점에서 서유럽에 부과한 소련의 위협은 일차적으로 군사적이 아닌 정치적 위협으로 인식되었다. 당시 서유럽에 대한 소련의 일차적 목적은 서유럽의 열악한 정치 · 경제적 상황을 이용, 대내외적 압력을 동원하여 서유럽에 대한 정치적 영향력 확

31 군사력과 잠재적 군사력 간의 상관성에 대해서는 다음을 참조. Klaus Knorr, *Military Power and Potential*(Lexington: D. C. Health and Company, 1970), pp. 15~39.

대를 도모하는 것이었다. 따라서 NATO 전략개념은 전쟁 발발에 대비한 구체적이고 세부적인 차원이 아닌 일반적인 차원에서 정의되었다.

그러나 1949년의 소련의 핵무기 획득과 1950년의 한국전쟁의 발발은 NATO 전략상의 변화를 야기하는 계기가 되었다. 특히 위의 두 가지 사건은 서유럽이 소련의 의도를 평가하는 전환점이 되었다. 소련의 위협능력과 의도에 대한 대서양동맹의 인식 전환은 NATO에게 서유럽에서 전쟁 발발의 가능성을 진지하게 고려하는 계기가 되었던 것이다. 따라서 NATO는 DC 6/1이라는 기존 전략을 MC 3/5로 수정 · 변경하였던 것이다. 그럼에도 불구하고 중요한 문제는 NATO의 실제적 군사가용능력과 군사적 잠재능력에 대한 서방 지도자들의 평가였다.

1953년까지 서유럽 동맹국들은 서유럽의 성공적인 방위를 위해 필요한 재래식 전력을 제공할 능력이 없었다. 한국전쟁 발발 이후 동맹의 재무장 노력은 회원 국가들의 경제에 상당한 압박을 가했다. 재래식 전력 군비증강과 실제 능력 간의 차이는 NATO의 군사적 잠재력에 부응할 수 있는 새로운 전략 채택을 위한 압력을 발생시켰다. 즉 동맹의 잠재적 군사능력이 동맹의 전략 변화에 영향을 미쳤던 것이다.

이런 이유에서 NATO의 세 번째 전략개념은 당시 적성국에 비해 거의 절대적 우위를 확보하고 있었던 핵무기를 전략개념의 핵심으로 삼았던 것이다. 그 결과로 NATO는 동맹의 군사전력으로서 DC 6/1과 MC 3/5에서와는 달리 핵전력을 우선시했고 재래식 전력의 역할은 핵전력을 사용하기 전까지 적의 침략을 억지하는 것이었다. 즉 대량보복전략 하에서 NATO의 재래식 전력은 일종의 '인계철선'(trip-wire)의 역할이었다. 또한 NATO의 세 번째 전략개념은 유럽에서의 미군 주둔이 애초의 바람과는 정반대로 단기적 차원이 아닌 장기적/영속적 차원으로 변화되었다는 정치 · 군사적 의미를 가지고 있었다고 볼 수 있으며 이는 당시 유럽 국가들이 NATO의 핵 전력화를 찬성한 기본적인 동기인 유럽에서의 미군 철수에 대한 우려감과도 부합하였다.

세력균형적 시각에서 군사기술의 발전은 군사적 능력이나 의도, 나아가 위협에 대한 인식전환의 계기를 제공해준다. 소련은 1953년 8월에 수소폭탄을 실험했고 B-47과 B-52에 비교될 수 있는 중·장거리 폭격기와 중거리탄도미사일을 발전시키고 있는 것으로 알려졌다. 또한 소련은 1957년 10월에 스푸트니크(Sputnik) 인공위성을 발사하여 대륙간탄도미사일(ICBM)을 획득한 것이 명확해졌다.[32] 따라서 NATO의 전략개념에 있어서 MC 14/2에서 MC 14/3으로의 변화는 기본적으로 소련의 핵전력이 발전함에 따라 NATO의 대량보복전략에 대한 신뢰성이 약화되었기 때문이라고 볼 수 있다.

이상에서 살펴보았듯이, NATO 전략개념의 변화에 대한 세력균형적 시각은 이론적 적실성을 갖고 있다. 그럼에도 불구하고 세력균형적 시각은 NATO 전략개념의 변화 및 내용에 있어서 다음과 같은 측면을 거의 설명하지 못하고 있다. NATO의 네 번째 전략개념인 MC 14/3에서 미국과 소련의 전략핵무기는 균형을 이룬 상황이었다. 그러나 소련은 1970년대 중반에 다탄두핵미사일인 SS-20 중거리미사일을 실험하여 1980년대 초반까지 꾸준하게 배치해왔다.[33] 소련의 중거리핵미사일인 SS-20의 증가로 인해 NATO의 억지력이 약화되었음에도 불구하고 왜 NATO의 전

32 Legge, *Theater Nuclear Weapons and the NATO Strategy of Flexible Response,* 1983, pp. 5~6.

33 1974년부터 1977년까지 소련의 SS-20 미사일의 실험·배치에 대한 자세한 내용에 대해서는 다음을 참조. Jonathan Haslam, *The Soviet Union and the Politics of Nuclear Weapons in Europe, 1969~1987: The Problem of the SS-20*(London: MacMillan Press, 1989), pp. 58~88.

략개념은 변화하지 않았는가?

2) 동맹 내부적 시각

동맹 내부적 시각은 동맹 그 자체보다는 동맹을 구성하는 회원 국가들에 초점을 둔다. 즉 동맹 내부적 시각은 동맹 회원 국가들 간의 공통점보다는 다양한 차이점을 강조한다. 회원 국가들 간의 이익 · 능력, 그리고 다른 속성의 차이로 인해 동맹 회원 국가들은 동일한 국제정치적 맥락에서도 다양한 반응을 보일 수 있다.[34]

동맹 내부적 시각에서 보았을 때, 동맹의 성격과 동맹의 전략형성 간에는 밀접한 관계가 존재한다. 예를 들면, WTO의 경우, 소련이라는 헤게모니 국가는 동맹 회원 국가들을 정치적으로 통제할 수 있으며 회원 국가들의 이해관계를 무시하고 전적으로 동맹전략을 형성할 수 있다. 이럴 경우 동맹 내부적 시각에서 동맹 회원 국가들 간의 상이성은 크게 부각되지 못한다. 반면, NATO와 같은 민주적이고 주권 국가들 간의 동맹인 경우, 동맹 회원 국가들은 각자의 이해관계에 따라 동맹의 전략에 영향을 미칠 수 있다. 헤게모니 국가의 일방적 개입은 불가능하고 반생산적이 될 것이다.

민주적이고 주권국가적 성격의 동맹에 있어서 동맹 내부의 차이점은 다양한 방법으로 동맹의 전략에 영향을 미칠 수 있으며, 동맹 회원 국가들은 개별적으로 대조적인 전략을 선호할 수 있다. 회원 국가들 간의 실제적 군사력과 잠재성, 그리고 회원 국가들 간의 지정학적 상이성이라는 변수는 동맹 회원 국가들이 상이한 동맹전략을 선호할 수 있는 문제를 발

34 Duffield, *Power Rules: The Evolution of NATO's Conventional Force Posture,* 1995, p. 18.

생시킨다. 특히, 동맹 회원 국가들 간의 이러한 상이성은 핵무기 문제와 연관되었을 경우 현저하게 나타나는 경향을 보인다.

군사력과 잠재성이라는 측면에서 나타나는 회원 국가들 간의 상이성은 핵보유 국가와 비핵보유 국가 간의 동맹의 핵전략과 핵정책에 대한 영향력 행사에서 엄청난 차이가 난다. 이 경우 동맹의 핵전략과 핵정책은 핵보유 회원 국가의 이익에 좌우될 것이다. 이런 맥락에서 지난 냉전시대 NATO의 핵전략과 핵정책은 미국의 정책선호와 불가분의 관계에 있었다. 또한 지난 냉전시대 NATO에서 있었던 안보 논쟁은 기본적으로 핵무기의 배치, 핵무기의 숫자 및 종류, 그리고 유사시 핵 명령권 등을 둘러싼 핵보유국인 미국과 비핵보유국인 서유럽 국가들 간의 이해관계의 상호작용이었다.[35]

이와 유사하게 동맹 회원 국가들의 지정학적 상이성도 동맹의 전략개념 형성에 영향을 미친다. 지정학적 상이성은 인지된 외부의 위협에 대해 서로 다른 상이한 취약성을 의미할 뿐만 아니라 위협의 성격 · 정도, 그리고 시급성에 대한 상이한 인식을 형성한다. 또한 지리적 문제는 동맹 정책에 상이한 영향력을 행사할 수 있다. 예를 들면, 지리적 위치는 특정 국가에게 부가적인 협상력을 부여할 수 있다. 특정 상황에서 일국의 영토나 기지, 혹은 항공에 대한 접근권 여부는 강력한 협상력의 원천으로 작용한다. 그 결과 전략적으로 중요한 곳에 위치한 소국은 훨씬 강한 군사력을 가진 국가처럼 상당한 영향력을 행사할 수 있다.

일례로 NATO의 핵전략 및 핵정책에 대한 서독의 영향력을 들 수 있다. 냉전시대 유럽과 관련하여 NATO의 방위 영역은 세 개의 개별적인

35 Paul Buteux, *The Politics of Nuclear Consultation in NATO, 1965~1980*(London: Cambridge University Press, 1983).

지역사령부인 유럽연합군사령부(ACE), 대서양연합군사령부(ACLANT), 그리고 해협연합군사령부(ACCHAN)로 구성되었다. 그중 가장 중요한 사령부는 유럽연합군사령부이다. 유럽연합군사령부는 네 개의 하위 사령부인 북유럽연합군(AFNORTH), 중유럽연합군(AFCENT), 남유럽연합군(AFSOUTH), 그리고 영국공군(UKAIR)을 두고 있다. 서독이 속해 있는 중유럽연합군은 NATO의 재래식 전력과 핵전력이 가장 집중되어 있는 곳이다. 또한 중유럽연합군은 다섯 개의 주요 사령부 모두를 서독에 두고 있었다.[36] 이러한 지정학적 · 전략적 중요성 때문에 서독은 비핵보유 국가임에도 불구하고 NATO의 핵정책에 상당한 영향력을 행사할 수 있었다.

한편, 동맹 회원 국가들 간의 이러한 상이성은 동맹의 안보 딜레마를 발생시키는 주된 변수로도 작용한다.[37] 회원 국가들 간의 권력의 비대칭성과 지정학적 상이성으로 말미암아 동맹 회원 국가들은 인지된 위협의 본질적 성격에 대해 상이한 견해를 보일 수 있으며 그들이 공통분모를 찾았을 경우에도 대응 방법을 놓고 서로 이견을 보일 수 있다. 나아가 동맹 회원 국가들 간의 상이성은 회원 국가들 간의 갈등관계를 증폭시키는 촉매제로 작용할 수 있다.[38]

---

36 Shaun R. Gregory, *Nuclear Command and Control in NATO: Nuclear Weapons Operations and the Strategy of Flexible Response*(New York: St. Martin' s Press, 1996), pp. 15~79.

37 David N. Schwartz, *NATO's Nuclear Dilemma*(Washington, D. C.: The Brookings Institution, 1983); Glenn H. Snyder, "The Security Dilemma in Alliance Politics," *World Politics*, 36-4(July, 1984), pp. 461~495.

38 동맹 연구에 있어서 동맹 내부의 갈등관계를 다룬 연구 업적에 대해서는 다음을 참조. Bruce Bueno de Mesquita, *The War Trap*(Conn.: Yale University Press, 1981); James Lee Ray, "Friends as Foes: International Conflict and Wars Between Formal Allies," in Charles S. Gochman and Alan Ned Sabrosky(eds.), *Prisoners of War?: Nation－States in the Modern Era*(Lexington, Mass.: Lexington Books, 1990), pp. 73~91; Patricia

NATO 전략개념의 변화에 있어서 동맹 내부적 시각은 크게 두 가지 문제에 대해 이론적 적실성을 보여준다고 할 수 있다. 첫째, NATO의 네 번째 전략개념인 유연반응전략의 채택과 적성국의 군사력 증강에도 불구하고 냉전이 종식될 때까지 유연반응전략이 지속된 이유, 둘째, 탈냉전시대 NATO의 전략개념에서 상대적으로 유럽 국가들의 안보적 자율성이 발전 · 강화되는 측면이다.

첫 번째 문제인 유연반응전략의 채택 · 지속과 관련하여 동맹 내부적 시각은 미국과 서유럽 국가들 간의 지정학적 상이성을 강조한다. 1950년대 중반까지 대서양동맹의 회원국들은 NATO 전략, 특히 MC 14/2에 대해 동일한 인식을 갖고 있었다. 즉 모든 회원국들은 핵무기에 대한 NATO 전략의 우선성을 선호했던 것이다. 그러나 동맹 국가들의 전략적 선호는 1950년대 중반 이후 급격하게 변화되는 모습을 보이기 시작했다. 이러한 차이는 NATO의 회원 국가들이 적성국의 위협에 동등하게 노출되어 있지 않다는 지정학에 뿌리를 두고 있었다.

서유럽 국가들의 정책과 전략의 일차적 목적은 유럽에서 어떠한 종류의 전쟁 발발도 회피해야 한다는 강한 확신이었다. 특히 소련의 위협과 유럽에서 재래식 혹은 핵전쟁을 피하고자 하는 서유럽 국가들의 바람을 조화시키기 위한 서유럽의 대응책은 전후 서독의 안보정책의 주류로 유형화되었다.[39] 그 결과로 서유럽 국가들은 유럽에서의 어떠한 종류의 전쟁 발발 가능성도 최소화하고자 했다. 그러나 유럽과 지정학적 차이를 보

Weitsman, "Intimate Enemies: The Politics of Peacetime Alliance," Security Studies, 7(Autumn, 1997), pp. 156~192.

39 Wolfgang E. Heisenberg, "The Reception of American Deterrence Theory in the Federal Republic of Germany and the German Nuclear Debate of 1950s," *The Journal of Strategic Studies*, 9-4(December, 1986), pp. 70~83.

이는 미국은 미국의 본토가 안전하다는 가정 하에 유럽에만 국한된 지역적 제한전쟁을 수행할 수도 있다는 입장을 보였다.

지정학적 상이성에서 비롯되는 동맹 국가들 간의 전략적 선호 양상은 적어도 MC 14/2인 대량보복전략에서는 크게 부각되지 못했다. 대량보복전략 하에서 유사시 미국은 자국 본토에 대한 위험 없이 핵공격을 감행할 수 있었기 때문이었다. 그러나 미국 본토를 공격할 수 있는 소련의 핵능력이 신장됨에 따라 지정학적 상이성에 따른 미국과 서유럽 국가들 간의 전략개념 선호상의 차이가 극명하게 부각되었던 것이다. 앞에서 살펴보았듯이, 유연반응전략은 직접적 방위, 신중한 확전, 그리고 전면적인 핵대응에 있어서 재래식 전력과 핵전력 간의 역할 관계가 명확하게 표출되지 못하고 이를 모호하게 조화시켰다. 즉, NATO의 네 번째 전략개념인 유연반응전략은 군사적 대응과 관련하여 어떤 시점에서 핵전력이 재래식 전력을 대체하고 어떤 시점에서 전략핵무기가 동원되는가와 같은 상황, 시간, 전술 · 전략 핵무기의 사용 방법 등에 대한 구체적 해결을 제시하지 못하였다.

그럼에도 불구하고 동맹 내부적 시각에서 보았을 경우 유연반응전략은 동맹의 응집력에 긍정적 영향을 미치는 정치적 이점을 가지고 있었다. 유연반응전략은 대서양동맹에서 위험을 균형 시키는 문제를 해소하는 것 같았다. 즉 소련과의 전략적 핵무기 교환의 위험성을 완화시키려는 미국의 관심과 유럽에 한정된 재래식 전쟁의 위험을 완화시키려는 서유럽 국가들의 관심을 충족시켰을 뿐만 아니라 NATO의 재래식 전력의 역할과 타당성에 관한 정책결정자들의 힘든 선택을 피하게 하는 것을 가능케 했던 것이다.[40] 또한 이러한 이유 때문에 1970년대 중반부터 소련의 SS-20

40 Lawrence Freedman, "NATO Myth," *Foreign Policy*, 45(Winter, 1981~1982), pp.

중거리미사일이 증가하여 NATO의 억지력이 약화되었음에도 불구하고 유연반응전략은 냉전 종식 때까지 지속될 수 있었던 것이다.

요컨대, 유연반응전략의 채택 · 지속에 대한 동맹 내부적 시각은 동맹 국가들 간의 다양한 전략 선호로 인해 새로운 전략개념에 대한 합의 창출의 어려움과 외부의 전략적 환경 변화에 조화되지 않으면서 과거의 전략을 유지할 수밖에 없는 측면을 설명해주는 것이다. 그렇기 때문에 동맹 내부적 시각은 역설적으로 NATO 전략개념의 안정성에 대한 유용한 해석을 제공해준다. 이것은 위에서 언급했던 세력균형적 시각이 제대로 설명해주지 못하는 부분이자 동맹 내부적 시각의 이론적 적실성을 보여주는 좋은 예이다.

두 번째 문제와 관련하여 동맹 내부적 시각으로 NATO 전략개념을 분석하는 데 있어서 중요한 측면은 동맹 국가들 간의 협상력 측면을 들 수 있다. 영향력의 분배가 상당히 비대칭적일 경우, 선호상의 차이는 동맹 내부의 협상 결과에 큰 영향을 미치지 못할 것이다. 이는 냉전시대 NATO의 전략개념 변화 과정이 모두 미국의 주도에서 이루어졌다는 측면을 통해 확인할 수 있다. 그러나 탈냉전시대에 들어와 동맹의 적이 존재하지 않는 상황에서 회원 국가들 간의 비대칭적인 영향력 분배의 중요성은 상대적으로 떨어졌고, 그 결과로 NATO의 전략개념 변화를 모색하는 과정에 있어서 약소국가들인 서유럽 국가들의 정치적 영향력이 상대적으로 증대되었고 또한 유럽의 안보 자율성을 확보하려는 측면이 크게 부각되었다.[41]

48~68.

41 이러한 맥락에서 베버는 국제안보환경의 변화에 입각하여 정치적 시나리오(multi- polarity scenario)와 군사적 시나리오(military scenario) 간의 상관관계에 따라 NATO의 정치적 혹은 군사적 성격이나 속성이 부각된다고 파악하였다. 이에 대한 자세한 논의에 대해서는 다

3. 1990년대 NATO의 (신)전략개념

1) 새로운 전략개념의 등장 배경

냉전 종식은 유럽의 안보환경을 급격히 변화시켰다. 분단국 독일의 통일, 바르샤바조약기구(WTO)의 해체, 소연방의 붕괴와 그에 따른 위성국가들의 주권 회복, 그리고 독일에 주둔해 있던 소련 병력의 철수 등 냉전시대 NATO의 적성 국가들이었던 지역에서 엄청난 변화가 일어났다. 이와 같은 격변은 지정학적 지진이었고, 20세기 두 번에 걸친 세계대전의 여파로 수립된 베르사유(Versailles)와 얄타(Yalta) 질서를 해체시켰다. 독일통일은 얄타 질서를 뿌리째 뽑아버렸고 소연방 · 유고슬라비아, 그리고 체코슬로바키아의 해체는 주로 베르사유 질서를 해체시켰다.[42]

공산주의의 붕괴, 동유럽의 자유화, 그리고 독일 통일과 유럽 분단의 종식 등으로 1990년대 초반 유럽의 안보환경은 새롭게 평화와 희망에 대한 기대감을 갖게 했지만, 다른 한편으로는 얄타와 베르사유 질서 해체에 따른 불안정과 잠재적 위협 요소들이라는 판도라의 상자(Pandora's box)를 열어놓게 되었다.[43] 따라서 NATO가 직면하거나 대처해야 할 안보 위협

음을 참조. Steve Weber, "Shaping the Postwar Balance of Power: Multilateralism in NATO," in John Gerard Ruggie(ed.), *Multilateralism Matters: The Theory and Praxis of an Institutional Form*(New York: Columbia University Press, 1993), pp. 233~292.

42 Ronald D. Asmus, "Double Enlargement: Redefine the Atlantic Partnership after Cold War," in David C. Gompert and F. Stephen Larrabee(eds.), *America and Europe: A Partnership for a New Era*(Cambridge: Cambridge University Press, 1998), 이수형 역, 『미국과 유럽의 21세기 국제질서』(서울: 한울아카데미, 2000), p. 51.

43 판도라의 상자에 대한 낙관적/비관적 입장에 대해서는 다음을 참조. John C. Garnett, "European Security after the Cold War," in M. Jane Davis(ed.), *Security Issues in the Post-Cold War World*(Cheltenham, U. K.: Edward Elgar, 1996), pp. 12~39; John J.

은 회원 국가들의 영토에 대한 특정 국가의 침략보다는 중 · 동유럽의 많은 국가들이 직면하고 있는 인종분규와 영토분쟁 등을 포함한 정치적 · 경제적, 그리고 사회적 곤경에서 발생하는 불안정에서 연유하는 것들이다. 이러한 위협들은 본질적으로 다면적 · 전방향적이고 예측과 평가가 어렵다. 유럽 내 · 외부에서 발생하는 이러한 새로운 불안정과 불확실성을 처리하는 방법이 냉전이 종식된 유럽 대륙의 일차적인 안보 문제가 되었다.

이러한 안보환경의 변화로 냉전의 부산물인 NATO는 생존을 위한 존재이유와 정체성 확보가 필요하게 되었다. 냉전 종식 직후 1990년과 1991년에 걸쳐서 NATO의 존재 여부는 불투명하였다.[44] 그러나 NATO 회원 국가들은 NATO의 역할이 새롭게 정의되고 확대되어야 한다는 데 의견을 같이 했다. 국제 레짐이론에서 시사하듯이, 거래비용의 중요성과 장래에 대한 불확실성 때문에 NATO 회원 국가들은 새로운 안보제도를 창설하는 것보다 이미 존재하고 있는 안보제도를 새로운 목적과 역할에 맞게 구조조정을 하는 것이 보다 용이하다는 점을 인식했던 것이다. 따라서 NATO는 서유럽 방위로부터 유럽 전체에 걸쳐서 안보를 관리하는 것으로 자신의 책임감을 확대해야 했다.[45]

냉전 종식 직후인 1990년 7월의 런던회담에서 NATO 정상들은 유럽에서 발생했던 급격한 변화들을 반영하여 NATO의 신전략개념을 구성하였

Mearsheimer, "Back to the Future: Instability in Europe After the Cold War," *International Security*, 15-1(Summer, 1990), pp. 5~56.

44 Joseph Lepgold, "NATO's Post-Cold War Collective Action Problem," *International Security*, 23-1(Summer, 1998), p. 80.

45 Ronald Asmus, Richard L. Kugler, and F. Stephen Larrabee, "Building a New NATO," *Foreign Affairs*, 72-4(September/October, 1993), pp. 28~40.

다. 신전략개념은 대서양동맹의 안보 목표 추구를 위한 개념적 토대를 제공하고 정치적 접근 방법의 강화와 군사력의 상당한 감축과 재조정을 포함하는 안보에 대한 광범위한 접근 방법(broad approach)을 수용하였다.[46] 이러한 신전략개념은 1991년 11월의 로마 NATO 정상회담에서 합의·채택되었다. 따라서 냉전 종식 이후 NATO의 첫 번째 신전략개념은 무엇보다도 냉전 종식이라는 체제 차원의 구조적 변화에 대한 NATO의 신속한 대응에서 등장하게 되었던 것이다. 즉, 1991년의 NATO 신전략개념이 등장하게 된 것은 탄생 당시 동맹의 기본적 원칙들을 재확인하는 가운데 안보환경의 근본적 변화에 따른 동맹의 정치적·군사적 구조조정의 필요성과 향후 유럽에서 전개될 안보환경의 변화가 가져올 다양한 충격에 대한 대비책 차원에서 등장한 것으로 이는 NATO 전략개념의 근본적 고찰을 필요로 하는 것이다.

한편, 1999년에 NATO 창설 50주년을 기념하는 워싱턴 정상회담에서 승인된 전략개념은 기본적으로 1991년 11월에 합의·채택된 신전략개념을 수정·보완하여 이를 최종 승인한 전략개념이다. 그렇기 때문에 1999년의 NATO 전략개념은 '새로운 전략개념'으로 인식되기보다는 1991년의 신전략개념을 수정·보완한 것으로 통상 전략개념으로 이해된다. 1991년에 신전략개념 채택 당시 NATO 정상들은 1997년 7월에 있을 정상회담에서 1991년의 신전략개념을 재검토하고 1999년에 있을 정상회담에서 승인될 최종적 전략개념의 준비를 이미 북대서양이사회에 지시했던 것이다.[47] 그러므로 1999년의 전략개념은 신전략개념 채택 이후 8년

---

46 Michael Legge, "The Making of NATO's New Strategy," *NATO Review*, 39-6(December, 1991), p. 9.

47 NATO, *Towards The New Strategic Concept: A Selection of Background Documents*, 2010, p. 32.

의 유럽안보상황의 변화를 반영하여 전환기 유럽안보환경에서 동맹 자체의 정치적 · 군사적 구조조정, 중 · 동유럽으로의 NATO 확대, 유럽 안보환경을 관리하면서 등장한 NATO의 동반자관계와의 협력구조, 냉전 이후 NATO의 군사전력 태세 및 재래식 전력, 핵전력의 역할 변화 등을 반영함과 동시에 향후 21세기 안보환경에 대비하여 1991년에 채택된 NATO의 신전략개념을 수정 · 보완하여 최종적으로 승인한 전략개념이라고 할 수 있다.

2) (신)전략개념의 주요 내용 및 함의

① NATO (신)전략개념의 주요 내용

1991년 11월의 로마 정상회담에서 합의 · 채택된 NATO의 신전략개념은 결론을 포함하여 크게 5부분(part)으로 구성되어 있다.[48] 즉, 1991년의 신전략개념은 제1부분(Part I)에서는 전략적 맥락, 제2부분(Part II)에서는 동맹의 목적과 안보기능, 제3부분(Part III)에서는 안보에 대한 광범위한 접근 방법, 제4부분(Part IV)에서는 방위를 위한 지침, 그리고 제5부분(Part V)은 신전략개념의 결론 부분이다. 한편, 동맹 창설 50주년을 기념해서 1999년 4월에 워싱턴에서 개최된 NATO 정상회담에서 1991년의 신전략개념을 수정 · 보완한 전략개념은 1991년의 신전략개념과 마찬가지로 결

---

48 NATO, NATO Handbook(Brussels: NATO Office of Information and Press, 1995), pp. 235~248; NATO, *Towards The New Strategic Concept: A Selection of Background Documents*, 2010, p. 21~32. 동맹의 전략개념을 담고 있는 1995년의 NATO 문서와 2010년의 NATO 문서상의 한 가지 흥미로운 차이점은 1995년 NATO 문서에서 1항으로 처리한 부분이 2010년 NATO 문서에서는 그냥(항 없이) 제시되면서 결론의 마지막 60항에서 1997년 NATO 정상회담에서 1991년의 신전략개념을 재검토할 것이라는 점을 언급하고 있다는 점이다. 2010년 NATO 문서의 마지막 60항에서 언급하고 있는 내용은 1991년 당시 보안상 삭제 내지는 의도적으로 생략된 것으로 판단된다.

론을 포함하여 크게 다섯 부분(part)으로 구성되어 있다. 즉, 1999년의 전략개념은 먼저 서론에서 지난 1991년에 신전략개념을 채택한 이후 변화되어온 안보환경을 평가하는 가운데 제1부분(Part I)에서는 동맹의 목적과 임무, 제2부분(Part II)에서는 전략적 관점, 제3부분(Part III)에서는 21세기 안보에 대한 접근 방법, 제4부분(Part IV)에서는 동맹의 전력원칙 지침, 그리고 제5부분(Part V)은 전략개념의 결론 부분이다. 1999년의 전략개념은 기본적으로 1991년의 신전략개념을 바탕으로 변화된 안보환경을 고려하여 이를 수정하였기 때문에 여기에서는 1999년의 전략개념 각 부분의 주요 내용들을 고찰하고자 한다.

제1부분인 동맹의 목적과 임무(The Purpose and Tasks of the Alliance)는 1991년 신전략개념의 제2부분에 해당하는 것으로 주요 내용은 다음과 같다. 즉, NATO의 핵심적이고 영속적인 목적은 워싱턴 조약에서 제시되었듯이 유엔헌장의 원칙에 부합하면서 정치 · 군사적 수단으로 모든 회원국의 자유와 안보를 보호하는 것이다. 따라서 대서양동맹은 회원국의 방위를 보장할 뿐만 아니라 이 지역의 평화와 안정에 기여하는 것이다. 이러한 핵심 목적을 달성하기 위하여 대서양동맹은 안보 · 협의, 그리고 억지와 방위라는 근본적인 안보 임무를 수행하는 것이다. 특히, 유럽-대서양 지역의 안보와 안정을 강화하기 위하여 위기관리와 동반자관계를 증진시키는 것이다. 1999년 전략개념의 내용이 1991년의 신전략개념과 다른 점은 위기관리와 그동안 변화 · 발전해온 동맹의 동반자관계 증진의 필요성에 대한 강조이다.

제2부분인 전략적 관점(Strategic Perspectives)은 1991년 신전략개념의 제1부분에 해당하는 것으로 전략적 환경의 전개와 그에 따른 안보 도전과 위험이라는 부분으로 나뉘어져 있다. 1991년의 신전략개념이 냉전 종식 직후 변화된 유럽안보환경의 특성과 그에 따른 잠재적 안보 도전과 위

험에 초점을 맞추었다면, 1999년의 전략개념에서는 1991년의 신전략 채택 이후 8년간 전개된 안보환경의 변화상과 그에 따른 안보 도전과 위험들을 제시하고 있다. 먼저, 전략적 환경의 전개 부분에서는 다국적합동전력(CJTF)을 포함하여 NATO의 새로운 지휘구조와 동맹 내에 유럽안보방위정체성(ESDI) 구축 등 동맹의 내부적 개혁을 담고 있다. 또한 유럽안보제도의 변화와 발전 측면에서 유럽안보협력기구(OSCE)의 제도화와 유럽연합의 공동외교안보정책(CFSP)의 발전이 유럽-대서양 지역의 안보와 안정에 기여한다는 점을 명시하고 있다. 나아가 전략적 환경의 전개에서는 군비통제 측면에서 유럽재래식 전력(CFE) 조약, 전략무기감축조약(START), 핵비확산조약의 무기한, 무조건적 확장 등의 진전을 평가하고 있다. 안보도전과 위험에서는 동맹의 안보는 다면적이고 평가가 어려운 광범위하고 다양한 군사적 · 비군사적 위험에 노출되어 있으며, 이러한 위험은 유럽-대서양 지역 내부와 주위의 불확실성과 불안정과 동맹 주변의 지역적 위기 가능성을 포함한다. 특히, 핵과 생화학(NBC)무기의 확산과 운반수단은 심각한 관심사로 국제적 비확산 레짐의 강화에도 불구하고 비확산과 관련된 주요 도전들이 남아 있다. NATO 주변과 다른 지역들을 포함하여 일부 국가들은 핵과 생화학무기들과 운반수단을 매매하거나 획득하고자 한다. 비국가 행위자들은 이러한 무기의 일부를 만들거나 사용하고자 하는 잠재력을 보여주었다. 더군다나 국가적 · 비국가적 적대세력은 대서양동맹이 점차적으로 정보체제에 의존하는 점을 이용하여 그러한 체제를 파괴하기 위한 정보운영을 꾀하고자 한다. 그들은 전통적 무기에서 NATO의 우위를 상쇄시키기 위해 이러한 종류의 전략을 사용하고자 한다.

제3부분은 21세기 안보에 대한 접근 방법(The Approach to Security in the 21st Century)이다. 이 부분은 1991년 신전략개념의 세 부분인 안보에 대

한 광범위한 접근 방법에 해당하는 것이다. 1991년의 신전략개념에서 안보에 대한 광범위한 접근 방법으로 유럽에서의 평화 보호, 대화와 협력, 집단방위, 그리고 위기관리 및 갈등 예방을 강조했다면, 1999년의 전략개념에서는 이를 보다 구체화한 것으로 크게 ① 유럽과 북아메리카 안보의 불가분성을 강조하는 대서양 간 연계, ② 북대서양 조약 제5조 및 이에 해당되지 않는 위기대응 작전에 필요한 동맹의 군사능력 유지, ③ 1996년 베를린 합의에 따른 유럽안보방위정체성, ④ 갈등 예방과 위기관리, ⑤ 유럽-대서양동반자관계이사회(EAPC), 평화를 위한 동반자관계(PfP), 지중해 대화(MD), NATO-러시아 관계 및 NATO-우크라이나 관계의 중요성과 필요성을 강조하는 동반자관계, 협력, 대화, ⑥ 북대서양 조약 제10조에 의거한 신규 회원국 가입에 대한 확대, ⑦ 군비통제와 군축, 그리고 비확산 등에 대한 대서양동맹의 입장과 임무 등을 제시하고 있다.

제4부분은 동맹의 전력원칙 지침(Guidelines for the Alliance's Forces Principles Of Alliance Strategy)으로 1991년 신전략개념의 제4부분인 방위 지침에 해당하는 부분이다. 이 부분의 내용 역시 1991년 신전략개념에서 제시한 주요 내용 대부분을 담고 있는 동시에 지난 8년간 전략적 환경의 전개에 따라 이를 보다 구체화시켜나갔다. 특히, 동맹의 전력태세와 관련해서 1999년의 전략개념은 이를 ① 동맹 군사력의 임무, ② 동맹의 전력태세 지침, ③ 재래식 전력의 특징, ④ 핵전력의 특징으로 세분화하였다. 이 부분 역시 1991년 신전략개념에서 담고 있던 대부분의 내용을 수정·반영하고 있기 때문에 1991년의 신전략개념과 큰 차이는 없다고 볼 수 있다. 다만, 1999년의 전략개념에서는 동맹의 재래식 전력과 관련해서 핵·생화학무기와 그 운반수단의 확산에 대한 위험과 잠재적 위협을 강조하면서 이에 대한 방안의 일환으로 미사일 방위의 필요성을 거론하고

있다. 나아가 동맹의 군사력과 정부 · 비정부 차원의 민간 환경 간의 상호 작용이 작전 성공에 중요하게 작동한다는 점을 지적하면서 민군 협력의 중요성을 언급하고 있다.

② 1990**년대** NATO **(신)전략개념의 함의**

1991년 NATO의 신전략개념과 이를 수정 · 보완한 1999년의 전략개념이 NATO 및 당시의 국제안보환경에 대해 갖고 있는 함의는 무엇보다도 '지구적이 아닌 유럽의 안정과 평화'와 불가분의 관계에 있었다. 21세기 후반 국제체제의 급격한 변화 과정에서 분출된 중 · 동유럽 국가들의 정치 · 경제적 이행으로 유럽의 안보환경은 평화로운 서유럽 지역과 과도기적 양상을 보이고 있는 불안정하고 불확실한 중 · 동유럽 지역이라는 소위 평화의 경계선이 존재했던 것이다.[49]

이런 상황에서 NATO에게 있어서 현실적으로 가장 중요한 임무는 서유럽의 안정과 평화를 중 · 동유럽으로 확산시켜 유럽 대륙의 분단을 종식시키고 평화롭고 안정된 새로운 유럽안보환경을 구축하는 것이었다. 1990년대의 (신)전략개념에서 중시된 NATO의 실질적 임무와 역할은 북대서양 조약 제5조에 근거한 전통적인 방위 임무가 아니라 위기관리와 평화유지 임무에 더 큰 비중을 두게 되었다. 1991년의 신전략개념 채택, 1994년 동쪽으로의 NATO 확대 천명, 보스니아-헤르체코비나에 대한

49 냉전 종식 직후 유럽 전체의 안보환경을 서유럽의 평화적 핵심지역, 중유럽의 중간지역, 그리고 동유럽과 발칸지역이라는 외부지역과 각 지역의 안보상황에 대한 분석에 대해서는 다음을 참조. Adrian Hyde-Price, "European Security in the Twenty-first Century: Towards a Stable Peace Order?," in Andrew Cotty and Derek Averre(eds.), *New Security Challenges in Postcommunist Europe: Securing Europe's East*(Manchester and New York: Manchester University Press, 2002), pp. 190~212.

NATO의 개입과 데이턴 협정(Dayton Peace Agreement)의 실행 등으로 NATO는 중 · 동유럽의 변화를 위한 민주주의의 증진자이자 행위자로서 자신의 새로운 정체성을 구성할 수 있었다.[50] 그러므로 NATO가 1990년대의 (신)전략개념에서 기존의 집단방위의 역할을 강조하고 있더라도, 이는 중 · 동유럽으로의 평화와 안정을 확산시키기 위한 NATO의 집단안보 역할을 달성하기 위한 하나의 수단으로 파악하는 것이 타당할 것이다.[51]

이런 맥락에서 1990년대의 (신)전략개념에서 나타난 NATO의 세계관과 군사적 역할과 임무, 그리고 정치적 기능은 기본적으로 '유럽적 · 지역적'이었다. 물론, 1991년의 신전략개념에서 NATO는 동맹의 안보를 지구적 맥락에서 고려하고 테러리즘의 행위와 사보타지, 사활적 자원 흐름의 붕괴, 그리고 대량살상무기의 확산 등을 포함하여 광범위한 다른 위험에 의한 영향을 받을 수 있다는 점을 언급하고 있다.[52] 그러나 1991년의 신전략개념에서 언급된 테러리즘과 관련하여, NATO는 이러한 사건들을 국가적 해결을 촉구하는 국내 법집행의 문제로 고려했지 국제적 안보 동맹의 동원화 차원에서 인식하지는 않았다.[53] 즉, NATO는 1991년의 신전략개념에서 테러리즘을 보다 광범위한 성격의 안보위험 중의 하나로 언급했던 것이다.[54]

---

50 Trine Flockhart, *After The Strategic Concept: Towards a NATO Version 3.0*, DIIS Report, 2011: 06, p. 35.

51 Lawrence Kaplan, "Collective Security and the Case of NATO," in Joseph Smith(ed.), *The Origins of NATO*(U. K.: University of Exter Press, 1990), p. 107.

52 NATO, *Towards The New Strategic Concept: A Selection of Background Documents*, 2010, p. 23.

53 Christopher Bennett, "Combating Terrorism," NATO Review, Spring,2003. http://www.nato.int/docu/review/2003/issue1/english/art2_pr.html

54 Berit Kaja Børgensen, "NATO and International Terrorism: Can NATO Move Beyond Controversy?," in Jens Ringsmose and Sten Rynning(eds.), *NATO's New Strategic*

한편, NATO의 안보 영역과 관련하여 1999년의 전략개념에서는 '유럽-대서양 지역'(Euro-Atlantic region)의 안보와 안정을 강화하기 위하여 위기관리와 동반자관계를 증진시키는 것을 강조하고 있다.[55] NATO가 보스니아-헤르체코비나와 코소보 사태를 계기로 인종 청소를 종식시키기 위해 소위 실질적인 역외(out-of area) 활동에 참여하기로 한 중요 결정을 취하고[56] 유럽-대서양지역이 NATO 방위 영역을 넘어서는 것은 분명하지만 그렇다고 이것이 지구적 영역을 의미하는 것은 아니다. 그렇기 때문에 1999년의 전략개념에서 21세기 안보에 대한 접근 방법에서 강조하고 있는 내용들은 기본적으로 유럽 대륙 전체에 걸쳐서 평화와 안정을 구축하기 위한 방편의 일환으로 나온 것이다. 특히, 1999년의 전략개념에서 강조하고 있는 평화를 위한 동반자관계(PfP), 지중해 대화(MD), 유럽-대서양동반자관계이사회(EAPC), NATO-러시아 관계, 그리고 NATO-우크라이나 관계 등은 NATO의 중·동유럽으로의 확대정책을 점진적이고 원만하게 추진하기 위한 지역 차원의 정치적 기능 중의 하나였던 것이다. 결과적으로 1990년대의 (신)전략개념을 통해 NATO는 상당한 정도의 자기존경심을 과시하면서 존재론적 안보(ontological security)를 증대시켜나갔던 것이다.[57] 요컨대, NATO는 1990년대 유럽에 국한된 지역 차원에서 가장 명백한 실천적 성공을 기록하였던 것이다.

Concept: A Comprehensive Assessment, DIIS Report 2011: 02, p. 63.

55 NATO, *Towards The New Strategic Concept: A Selection of Background Documents*, 2010, p. 34.

56 Trine Flockhart, Kristian Søby Kristensen, *NATO and Global Partnerships: To Be Global or To Act Globally?*, DIIS Report 2008: 7, p. 9.

57 Trine Flockhart, *After The Strategic Concept: Towards a NATO Version 3.0*, 2011, p. 35.

4. 2010년 NATO의 신전략개념

1) 신전략개념의 등장 배경과 채택 과정

2010년 11월의 리스본 정상회담에서 채택된 NATO의 신전략개념은 1999년의 전략개념 이후 지난 10여 년의 국제안보환경의 변화에 대한 대응 차원에서 나온 것이라 평가할 수 있다. 지난 10여 년의 국제안보환경의 변화에 있어서 NATO의 2010년 신전략개념을 구성하는 데 가장 큰 영향을 미친 것은 무엇보다도 2001년 9·11 테러를 계기로 나타난 미국과 NATO의 테러와의 전쟁, 그리고 2008년 하반기 국제금융위기를 계기로 부각된 나머지 국가들의 부상과 지구적 경기침체에 따른 힘의 이동이다.[58]

먼저, 테러리즘의 지구적 안보위협으로의 현실화이다. 2001년의 9·11 테러는 NATO에게 엄청난 영향을 미쳤다. 2001년 9월 12일에 NATO는 자신의 역사상 처음으로 북대서양 조약 제5조를 발동하여 9·11 테러를 모든 회원국에 대한 무장공격으로 간주하고 미국이 주도하는 테러와의 전쟁 차원에서 진행된 아프가니스탄전쟁에 합류하게 되었다. 9·11 사건을 계기로 NATO는 테러를 지구적 위협으로 고려하여 자신의 전력과 동반자관계를 재고해야만 했다.[59] 나아가 2002년 11월에 프라하에서 열린 NATO 정상회담에서 테러리즘은 의제를 지배했고 그 회담에서 채택된 많은 결정들은 대(對)테러리즘 방위를 위한 자신의 군사 개념과 더불어 국

58 Fareed Zakaria, *The Post-American World*(New York: W. W. Norton & Company, 2008).

59 Trine Flockhart, Kristian Søby Kristensen, *NATO and Global Partnerships: To Be Global or To Act Globally?*, 2008, pp. 9~13.

제적 테러리즘에 맞서는 중요한 행위자로서 NATO의 새로운 역할을 열어놓았다.[60]

그러나 테러리즘과의 전쟁이 NATO에게 유럽–대서양 지역 중심의 지역적 행위자에서 지구적 행위자로의 역할과 임무 확대를 야기했다면, 다른 한편으로는 테러리즘과의 전쟁은 NATO 회원 국가들에게 심각한 대립과 갈등, 그리고 나아가 동맹 균열의 한 원인으로 작용하였다. 비록 9·11 사건이 유럽 국가들의 동정심과 강력한 동맹의 결속을 이끌어냈지만, 미국과 유럽 국가들 간의 관계는 2002년 초반부터 지속적으로 나빠지기 시작하였다. 미국과 유럽 국가들 간의 관계 악화는 2003년 2월에 프랑스 · 독일, 그리고 벨기에가 이라크와의 전쟁을 치를 때 터키를 방위하겠다고 NATO가 미리 제출한 군사기획에 대한 승인을 거부하였을 때 가장 절정에 달했다. 이러한 유럽 국가들의 거부는 사실상 북대서양 조약 제4조에 대한 거부와 마찬가지였다.[61] 요컨대, 테러리즘의 지구적 안보위협으로의 현실화는 NATO의 지구적 역할 확대를 촉진시켰지만, 다른 한편으로는 이라크전쟁과 전후 처리, 그리고 NATO의 아프가니스탄전쟁이 장기화되면서 미국과 유럽 국가들 간에 주기적인 긴장과 갈등을 야기하는 동맹 균열의 한 원인으로도 작용하였다.[62]

---

60 Berit Kaja Børgensen, "NATO and International Terrorism: Can NATO Move Beyond Controversy?," in Jens Ringsmose and Sten Rynning, *NATO's New Strategic Concept: A Comprehensive Assessment*, 2011, p. 66. 프라하 NATO 정상회담에서 나온 주요 결정에 대해서는 다음을 참조. NATO, *The Prague Summit and NATO's Transformation: A Reader's Guide*(Brussels: NATO Public Diplomacy Division, 2003).

61 Trine Flockhart, *After The Strategic Concept: Towards a NATO Version 3.0*, 2011, p. 38.

62 무엇보다도 유럽 국가들이 미국의 이라크전쟁에 대해 명백한 반대 입장을 표시한 것은 미국의 행동이 대서양공동체가 구축해왔던 정치적 협의로 상징되는 구성적 규범을 위반했다는 것이다. 이런 점에서 이라크전쟁을 둘러싼 미국과 유럽 국가들 간의 갈등과 대립은 "대서양 사회에서의 테러"(terrors in Transatlantia), "대서양동맹의 빈사상태"(The Near-Death of

테러리즘의 지구적 안보위협과 더불어 2008년 하반기에 부각된 소위 나머지 국가들의 부상과 지구적 경기침체는 2010년의 리스본 NATO 정상회담에서 결정된 많은 정치적 · 전략적 결정을 이해하는 데 단서를 제공해주고 동맹이 작동하는 구조적 맥락을 정의하는 데 중요하다. 특히, 지구적 세력균형의 전환은 NATO의 2010년의 신전략개념에 있어서 러시아와의 관계 재설정, NATO 국경을 넘어선 안보위협, 지중해와 걸프 국가들과의 관계, NATO의 신중한 지구적 야망, 그리고 동반자관계에 대한 강조에 영향을 미쳤고, 지구적 경기침체는 유럽의 재정 감축과 방위예산의 심각한 축소로 유럽 국가들의 군사적 허약성을 부각시켜 동맹 내에서 방위비 분담 문제를 둘러싼 대서양 간 갈등을 지속적으로 노출시킬 것이다.[63]

특히, 나머지 국가들의 부상과 관련된 국제체제에서 힘의 이동과 분산은 2010년의 신전략개념에서 언급하고 있듯이 국제안보환경에서 국가 행위자 이외에 비국가 행위자의 중요성을 부각시켰다. 이와 관련하여 하스(R. Haass)는 21세기 국제관계는 무극체제(Nonpolirity)로 정의될 것이며, 세계는 한두 개 국가나 몇 개 국가들에 의해서가 아니라 다양한 종류의

Experience of the Transatlantic Alliance), "화성인 미국과 금성인 유럽"(American were from Mars and Europeans from Venus), "동맹 회원국 간의 전쟁"(Allies at War) 등으로 표현되었다. 이에 대해서는 다음을 참조. M. Cox, "Beyond the West: Terrors in Transatlantia," *European Journal of International Relations*, 11, 2005, pp. 203~233; E. Pond, *Friendly Fire: The Near-Death of Experience of the Transatlantic Alliance*(Washington, D. C.: The Brookings Institute Press, 2004); Robert Kagan, "Power and Weakness," *Policy Review* 113, 2003, pp. 1~26; Philip H. Gordon & Jeremy Shapiro, *Allies at War: America, Europe, and the Crisis over Iraq*(New York: McGraw-Hill, 2004).

63 Adrian Hyde-Price, "NATO's Political Transformation and International Order," in Jens Ringsmose and Sten Rynning, *NATO's New Strategic Concept: A Comprehensive Assessment*, 2011, pp. 45~54.

힘을 보유 · 행사하는 아주 많은 행위자들이 지배하는 것이다. 이것은 과거로부터의 구조적 전환을 보여주는 것으로 다수의 국가 행위자의 출현으로 외견상 세계는 다극적인 것처럼 보이지만, 수많은 권력의 중심이 존재하고 이들 중 상당수는 비국가 행위자이다.[64] 요컨대, 21세기 무극체제가 도래할 것이라는 하스의 논거는 비국가 행위자의 영향력 증대와 권력 원천의 다원화와 분산화에 근거하고 있는 것이다. 이러한 하스의 논거는 NATO의 2010년 신전략개념에 있어서 핵심 임무와 원칙, 안보환경, 위기관리, 그리고 유럽연합과 유엔 등의 다자안보제도 및 동반자관계를 통한 협력안보 분야 등에 부분적으로 녹아 있다.

한편, 2010년 신전략개념의 준비 및 채택 과정은 이전의 전략개념의 채택 과정과는 매우 다른 양상을 보여주었다. 일반적으로 전략개념과 같은 NATO의 핵심문서는 모든 회원국의 대표로 구성되는 위원회를 통해 작성되었지만, 28개국으로 늘어난 회원국 수를 감안해보았을 때, 회원국 전체가 참여하여 합의 구축을 통한 핵심문서 작성은 이제 더 이상 불가능하게 되었다.[65] 이러한 점이 고려되어 2009년 4월의 스트라스버그－켈 정상회담에서 회원 국가들이 새로운 전략개념을 준비하기로 합의하자, 새로 취임한 라스무센(Anders Fogh Rasmussen) NATO 사무총장은 중요하고 핵심적인 역할을 담당하면서 울브라이트(Madeleine K. Albright) 전 미국 국무장관을 의장으로 하는 소위 12명의 NATO 전문가 그룹을 결성해 이들에게 초안을 마련케 하였다.

그러나 라스무센 사무총장이 전문가 그룹에게 신전략개념 초안을 맡기

---

64 Richard Haass, "The Age of Nonpolarity: What Will Follow U. S. Dominance," *Foreign Affairs*, 87-3(May/June, 2008), pp. 44~56.

65 Karl-Heinz Kamp, "NATO's Strategy After the Lisbon Summit," *Atlantisch Perspectief*, 34-8(2010), p. 4.

게 된 이면에는 양적으로 불어난 회원 국가들의 수가 중요했던 것이 아니라 앞에서 언급했듯이 9·11 테러 이후 불거진 미국과 유럽 국가들 간의 갈등과 대립의 결과로 주요 핵심 쟁점에 있어서 회원 국가들 간의 합의 구축의 어려움 때문이었다. 사실, 9·11 테러 이후 급변한 상황의 심각성을 고려했을 때 이미 NATO는 새로운 전략개념의 필요성을 인식했었다. 이러한 측면은 2006년의 리가(Riga) 정상회담 이후 주기적으로 확인되었다. 이런 맥락에서 2006년의 리가 정상회담에서 승인된, 향후 10년 동안 동맹의 능력 · 기획 · 훈련, 그리고 정보를 위한 우선순위를 제시한 포괄적 정치지침(CPG),[66] 2008년의 부카레스트(Bucharest) 회담에서 NATO 정상들이 북대서양이사회에 준비를 지시하여 2009년의 스트라스버그/켈(Strasbourg/Kehl) 정상회담에서 채택된 동맹안보선언(DAS: Declaration on Alliance Security)[67]은 2010년의 신전략개념이 채택되기 전에 나온 NATO 회원국들 간의 전략개념에 대한 타협적 산물이라고 볼 수 있다.

2) 2010년 신전략개념의 주요 내용

2010년의 리스본 NATO 정상회담에서 채택된 '북대서양 조약 회원국의 방위와 안보를 위한 전략개념'은 한마디로 적극적 관여와 현대적 방위(Active Engagement, Modern Defense)로 압축될 수 있다. 2010년의 전략개념의 주요 구성 부분의 표제어는 ① 핵심 임무와 원칙, ② 안보환경, ③ 방위와 억지, ④ 위기관리를 통한 안보, ⑤ 협력을 통한 국제안보 증진, ⑥ 문호 개방과 동반자관계 등이다. 여기에서는 주요 구성

66 NATO, *Towards The New Strategic Concept: A Selection of Background Documents*, 2010, pp. 47~51.

67 NATO, *Towards The New Strategic Concept: A Selection of Background Documents*, 2010, pp. 52~53.

부분의 핵심 내용을 통해 2010년 전략개념의 전반적인 윤곽을 살펴보고자 한다.

동맹의 핵심 임무와 원칙(Core Tasks and Principles)과 관련해서 NATO의 근본적이고 영속적인 목적은 정치 · 군사적 수단으로 모든 회원국의 자유와 안보를 보호하는 것으로 오늘날 대서양동맹은 예측할 수 없는 세계에서 안정의 핵심적 원천이다. NATO의 영토와 국민들의 안보를 보장하기 위하여 대서양동맹은 집단방위, 위기관리, 그리고 협력안보라는 세 가지 핵심적인 임무를 효과적으로 수행하고 또한 수행해나갈 것이며, 그러한 세 가지 임무는 언제나 국제법에 따라서 동맹 회원국을 보호하는 데 공헌하는 것이다. 전 영역에 걸친 NATO 임무를 가능한 한 효과적 · 효율적으로 수행하기 위하여 회원 국가들은 지속적인 개혁과 현대화, 그리고 변환 과정에 관여할 것이다.

안보환경(Security Environment)과 관련하여, 오늘날 유럽－대서양 지역은 평화롭고 NATO 영토에 대한 재래식 공격의 위협은 낮다. 이는 반세기 이상 NATO를 안내해온 굳건한 방위, 유럽－대서양 통합, 그리고 적극적인 동반자관계 정책의 역사적 성공이다. 그러나 재래식 위협을 무시할 수 없으며, 세계 도처의 많은 지역과 국가들은 국제안정과 유럽－대서양 안보 결과에 예측하기 어려운 결과를 지닌 상당한 현대적 군사능력의 획득을 목격하고 있다. 여기에는 유럽－대서양 지역에 실제적이고 점증하는 위협을 부과하는 탄도미사일의 확산이 포함된다. 향후 10년 동안 세계의 가장 휘발성이 강한 일부 지역에서의 확산이 가장 심각할 것이다. 테러리즘은 NATO 회원 국가들의 국민의 안보와 국제적 안정과 번영에 직접적인 위협을 부과한다. NATO 국경을 넘어선 불안정과 갈등 역시 극단주의 · 테러리즘, 그리고 무기 · 마약, 또한 국민들 납치와 같은 초국가적 불법행위를 통해 동맹안보를 직접적으로 위협할 수 있다. 사이버 공격은 보다 자주, 보다 조직적이고 피해 비용이 증가하고 있다. 외국 군대와 정보기관, 조직범죄, 테러주의자와 극단주의자 집단들은 그러한 공격의 원천이 될 수 있다. 아울러 건강 위험, 기후 변화, 수자원 부족, 그리고 에너지 부족 증대를 포함하는 주요 환경적 자원 경색은 NATO의 관심 지역에서 미래 안보환경을 형성하고 NATO 기획과 작전에 심대한 영향을 미칠 잠재성을 가지고 있다.

방위와 억지(Defense and Deterrence)와 관련해서 동맹의 최우선적인 책임은 과거와 마찬가지로 공격으로부터 회원국의 영토와 국민을 보호하는 것이다. 핵전력과 재래식 전력 간의 적절한 혼합에 바탕을 두고 있는 억지는 동맹의 전반적인 전략의 핵심 요소이다. 회원국 안보에 대한 최상의 보장은 특히 미국 핵전력을 통한 동맹의 전략핵에 의해서 제공되는 것이다. NATO의 최우선적 책임을 완수하기 위해 대서양동맹은 전 범위에 걸친 필요한 능력을 갖추어야 한다. 특히, 이와 관련해서 탄도미사일 공격에 대한 방위능력 발전과 생화학 및 방사선과 핵무기의 위협에 대처할 수 있는 능력을 더욱 발전시켜야 한다. 또한 사이버 공격을 방지 · 감지, 그리고 보호하고 이로부터 회복할 수 있는 능력을 더욱 발전시켜나가야 한다. 이를 위해 NATO 기획 과정을 활용하여 국가적 사이버 방위능력을 강화 · 조정하고, 모든 NATO 기관을 중앙집권적 사이버 보호 하에 두고, NATO의 사이버 자각 · 경고, 그리고 대응을 회원 국가들과 더 잘 통합시켜야 한다.

위기관리를 통한 안보(Security through Crisis Management)에 있어서 NATO는 위기 예방과 관리, 그리고 갈등 후 안정화와 재건 지원이 필요한 장소와 시점에 관여할 것이다. 특히, 아프가니스탄과 서부 발칸에서 벌어진 NATO 작전의 교훈으로부터 포괄적인 정치적 민군 접근 방법이 효율적인 위기관리에 필요하다는 것을 명확히 했기 때문에 대서양동맹은 위기 전, 위기 진행, 그리고 위기 후 모든 과정에 걸쳐서 다른 국제적 행위자와 같이 적극적으로 관여할 것이다. 심지어 갈등 종식과 관련하여 국제 공동체는 지속적인 안정 조건을 만들기 위해 계속된 지원을 제공해야만 하고, NATO는 되도록이면 관련 국제적 행위자와 긴밀한 협력과 협조를 통해 안정화와 재건에 기여할 수 있는 준비와 능력을 갖추어나갈 것이다. 이를 위해 NATO는 정보 공유를 강화하고 원정 작전을 위한 독트린과 군사능력을 더욱 발전시켜나가며 위기 스펙트럼에 걸쳐 통합적인 민-군 기획을 강화해나갈 것이다.

협력을 통한 국제안보 증진(Promoting International Security through Cooperation)에 있어서 전략개념이 중요하게 다루는 문제는 군비통제와 군축, 그리고 비확산의 문제이다. 이미 대서양동맹은 냉전 종식 이후 변화된 전략 환경에서 유럽에 배치된 핵무기의 수와 NATO 전략에 있어서 핵무기에 대한 의존도를 급격하게 낮추었고 향후에도 보다 진전된 감축 여건을 만들어나갈 것이다. 그러나 향후 진전된 조치는 보다 많은 러시아의 단거리 핵무기 비축량과의 불균형을 고려해야만 한다.

NATO 확대(Open Door)는 회원국의 안보에 실제적으로 기여해왔으며, NATO의 문호 개방은 모든 유럽의 민주주의 국가들에게 열려 있다. 전체로써 하나이고 자유롭고 공동가치를 공유하는 유럽이라는 대서양동맹의 목표는 유럽-대서양 구조로 모든 유럽 국가들을 궁극적으로 통합시킴으로써 가장 잘 기능할 수 있을 것이다. 한편, 유럽-대서양 안보 증진은 지구 전체에 걸친 국가들 및 조직과의 광범위한 동반자관계 네트워크를 통해 가장 잘 보장될 수 있다. 이러한 동반자관계는 NATO의 근본적인 임무 성공에 실체적이고 가치적인 기여를 한다. 동반자관계에 있어서 적극적이고 효율적인 유럽연합은 유럽-대서양 지역의 전반적인 안보에 기여하므로 유럽연합은 NATO와 독특하고 핵심적인 동반자이다. 또한

NATO－러시아 협력은 전략적 중요성을 갖고 있으며, NATO－러시아 관계는 NATO－러시아 기본법과 로마 선언의 목표·원칙, 그리고 공약에 기초해 있다. 유럽－대서양 동반자관계이사회와 평화를 위한 동반자관계는 전체로써 유럽의 자유와 평화에 대한 동맹의 비전에 핵심적이다. 나아가 동맹은 다가오는 해에 지중해 대화를 더욱 발전시켜나갈 것이며, 이스탄불 협력구상과의 협력을 더욱 강화시키고자 한다. 이상에서 논의한 2010년 NATO 신전략개념의 대체적인 윤곽을 정리해보면 다음과 같다.

[표 6-1] 2010년 NATO의 신전략개념의 구성과 주요 내용

전략개념 구분	주요 주제와 새로운 구상
서론	• 동적인 세계와 영구적인 원칙 간의 균형
핵심 임무와 원칙	• 세 가지 동등한 필수적인 핵심 임무: ① 집단방위, ② 위기관리, ③ 협력안보
안보 환경	• 재래식 위협을 무시할 수 없으나 수많은 비재래식 위협이 지배적임
집단방위와 억지	• 재래식과 핵 수단 간의 균형이 보다 중요: ① 탄도미사일 방위, ② 사이버 공격에 대한 억지, ③ 에너지 안보에 대한 기여, ④ 출현하는 기술의 영향에 대한 평가
위기관리	• 강화된 정보 공유 • 적절하지만 신중한 민간 위기관리능력 • 위기 지역에서 지방군을 훈련·발전시킬 수 있는 능력 • 신속 전개를 위해 활용할 수 있는 회원국의 민간 특수요원 훈련
협력안보	• 핵무기 제로 비전을 포함한 군축 • 미래 확대를 위한 문호 개방(구체적으로 후보국 언급 없음) • 광범위하지만 다소 모호한 동반자관계 야망
현대화	• 비용－효율과 납세자 관심

* 출처: Jens Ringsmose and Sten Rynning, "Introduction. Taking Stock of NATO's New Strategic Concept," in Jens Ringsmose and Sten Rynning(eds.), *NATO's New Strategic Concept: A Comprehensive Assessment*, DIIS Report, 2011 : 02, p. 17.

3) 2010년 신전략개념과 NATO의 변화

① 방위동맹에서 안보제도로의 전환

동맹 탄생 때부터 오늘에 이르기까지 주기적으로 변화해온 NATO의 전략개념에 있어서 언제나 가장 중요한 동맹 임무 중의 하나는 회원국의 영토방위였다. 지난 냉전기 NATO의 전략개념은 기본적으로 회원국의 영토방위에 우선적 초점이 맞추어진 군사전략이었다는 것은 말할 필요도 없고, 냉전 종식 이후 1990년대의 NATO (신)전략개념에서도 회원국의 영토방위는 동맹의 최우선적 임무 중의 하나였다. 그러나 NATO의 2010년 신전략개념에서 나타난 두드러진 특징 중의 하나는 NATO의 핵심 임무 중에서 영토방위와 관련된 집단방위가 위기관리 및 협력안보와 우선순위 없이 동등한 수준에서 논의되었다는 점과 보다 중요한 것은 동맹이나 회원국의 영토에 대한 구체적인 언급이 없다는 점이다. 이는 '회원국의 영토에 대한 무장공격이나 침략'을 언급했던 기존의 전략개념과 주요 분기점을 제시하는 것이다.[68] 따라서 북대서양 조약 제5조의 탈영토화가 의미하는 것은 조약 제5조의 위협은 영토보다는 위협의 지리적 기원과 관계없이 회원국이나 전체로서 동맹의 안보에 대한 모든 위협으로 간주할 수 있다는 것으로 보다 광범위한 위협의 스펙트럼을 포괄하는 것이다.[69] 이러한 NATO 방위의 탈영토화는 대량살상무기의 확산과 결부된 테러리즘의 지구적 안보위협의 현실화와 불가분의 관계에 있는 것이다. 이러한 점은 2010년 신전략개념의 전조라 할 수 있는 2006년의 포괄적 정치지침에서도 언급되었다. 2006년 11월의 리가 NATO 정상회담에서

68 Trine Flockhart, *After The Strategic Concept: Towards a NATO Version 3.0*, 2011, p. 15.

69 Trine Flockhart, *After The Strategic Concept: Towards a NATO Version 3.0*, 2011, p. 16.

승인된 포괄적 정치지침은 테러리즘과 대량살상무기의 확산은 NATO가 향후 10년에서 15년 사이에 직면할 가능성이 큰 위협이고, 그러한 위협이 '어디에서 발생하든지간에'(wherever they may come) 21세기 위협과 위험, 그리고 도전이라는 전체적인 스펙트럼에 효과적으로 대응할 수 있는 필요성을 강조하였다.[70]

이런 맥락에서 보았을 때, 2010년의 신전략개념을 통해 확인할 수 있는 NATO의 변화상은 이제 NATO는 기존의 유럽-대서양지역의 영토방위를 위한 경성안보(hard security)의 집단방위동맹에서 연성안보(soft security)를 위한 안보제도로 변화한다고 파악할 수 있다. 다만, NATO의 영토 중심의 집단방위는 무의미하게 된 것이 아니라 2010년의 신전략개념에서 새롭게 강조하고 있는 미사일 방위에 초점이 맞추어져 있다. 집단방위의 의미를 미사일 방위에서 찾고자 하는 NATO의 의도는 2010년 신전략개념의 초안 역할을 담당한 소위 「울브라이트 보고서」(Madeleine Albright Report)에서도 지적하고 있다. 이 보고서에서는 NATO의 미사일 방위체제는 억지력과 대서양 간 책임 공유, 그리고 안보가 불가분적이라는 원칙을 강화시킬 것이고, 러시아와의 공고한 협력을 허용할 것이라고 언급하고 있다.[71] 또한 집단방위 차원에서 미사일 방위의 필요성과 중요성은 2010년 11월의 리스본 정상회담에서 채택된 정상선언(The Summit Declaration)에 보다 자세히 언급되고 있다.[72] 요컨대, NATO는 전통적 안

---

70 NATO, *Towards The New Strategic Concept: A Selection of Background Documents*, 2010, p. 47.

71 Group of Experts, *NATO 2020: Assured Security, Dynamic Engagement*, 2010, p. 44.

72 "Lisbon Summit Declaration," Issued by the Heads of State and Government participating in the meeting of the North Atlantic Council in Lisbon on 20, November, 2010, *Press Release*, 20, November, 2010.

보위협이 부재하고 지속적인 군사력 감축의 압박에 직면하여 기존의 집단방위의 역할을 미사일 방위체제에서 찾고 있는 것으로 2010년의 신전략개념에서 강조된 미사일 방위는 NATO 회원 국가들 간의 안보적 불가분성이라는 동맹의 집단방위를 위한 국내적 역할을 강조하고 있는 것으로 이해하는 것이 타당할 것이다.[73]

한편, 테러리즘은 NATO의 집단방위의 의미 변화를 야기하였다. 따라서 향후 NATO는 집단방위의 성격과 지구적 안보에 대한 기여를 놓고 어려운 논쟁에 처해질 가능성이 그 어느 때보다도 높다. 즉, 이전까지 주로 집단방위동맹 역할을 수행해왔던 NATO가 보다 광범위한 안보 문제를 다루는 안보제도로의 변화를 꾀한다는 것은 필연적으로 변화 과정에 있어서 도출될 수 있는 NATO 내부에서의 많은 문제점들(예를 들면 새로운 정체성, 집단방위와 지구적 안보 간의 적절한 조화 문제, 그리고 기존 안보제도인 유럽연합과 유엔 등과의 실질적 협력 관계 구축 문제 등)을 어떻게 극복해나갈 수 있는지가 관건이라 할 수 있다.

② 지구적 활동 영역과 정치적 기능 강화

2010년의 신전략개념을 계기로 향후 NATO가 기존의 집단방위동맹에서 보다 더 포괄적인 안보제도로 변화해나간다는 것은 필연적으로 NATO의 활동 영역 및 기능적 변화와 맞물려 있다. 이와 관련해서 2010년의 신전략개념이 기존의 전략개념과 갖는 차별성은 지구적 관여에 대한 집단적 의도와 지구적 · 정치적 성격의 강조라고 볼 수 있다.[74] 전통적

---

73 Trine Flockhart, "Nuclear Posture, Missile Defense and Arms Control – Towards Gradual but Fundamental Change," in Ringsmose and Rynning, *NATO's New Strategic Concept: A Comprehensive Assessment*, 2011, pp. 155~164; Flockhart, *After The Strategic Concept: Towards a NATO Version 3.0*, 2011, pp. 15~20.

으로 NATO 역사에 있어서 가장 논쟁적이고 지속되었던 쟁점 중의 하나가 바로 NATO의 활동 영역 및 성격과 맞물려 있는 역외(out-of-area) 문제였다. 일찍이 아롱(Raymond Aron)은 대서양동맹은 언제나 유럽－대서양 지역 내에서는 동맹 이상이었으나 그 지역 밖에서는 전통적인 동맹 이하였다고 기술한 바 있다.[75] 그만큼 역외 문제는 동맹 회원 국가들 간에 대립과 갈등을 야기할 수 있는 첨예한 논쟁의 영역이었다.

최근 NATO의 용어에서 새롭고 주기적으로 등장하는 지역적 · 지구적 위협, 지구적 동반자관계, 지구적 안정, 지구적 안보 제공자와 같은 용어는 모두 NATO의 전통적인 역외 문제와 맥을 같이하고 있는 것으로 NATO의 역할과 관련하여 지구적이라는 의미에 대해서는 크게 두 가지 입장이 존재한다. 하나는 미국과 대서양주의자로 대변되는 적극론자의 입장으로 NATO는 대서양 지역을 넘어서서 다른 민주주의 국가들을 포함하도록 회원국을 보다 넓히는 조치를 취해야 한다는 입장이다. 이는 사실상 지역 동맹인 NATO를 지구적 동맹으로 전환시켜야 한다는 것이다.[76] 이와는 달리 프랑스와 독일 등 유럽주의자로 대변되는 신중론자의 입장으로 NATO는 지구적 위협에 맞설 수 있어야 하고 또한 지구적으로 행동해야 한다는 것이다. 그러면서도 NATO는 과거와 마찬가지로 대서양동맹으로 남아 있으면서 지구적 활동을 해야 한다는 입장이다.[77] 2010

---

74 Jens Ringsmose and Sten Rynning, "Introduction: Taking Stock of NATO's New Strategic Concept," in Ringsmose and Rynning, *NATO's New Strategic Concept: A Comprehensive Assessment*, 2011, pp. 7~8.

75 Raymond Aron, *Peace and War: A Theory of International Relations*(New Brunswick, NJ.: Transaction Publishers, 2003), p. 445.

76 Ivo Daalder and James Goldgeier, "Global NATO," *Foreign Affairs*, 85-5(September/October, 2006), pp. 105~113.

77 Michele Alliot-Marie, "Don't Diminish NATO's Effectiveness," *The Washington Times*, October, 20, 2006.

년의 신전략개념에서는 적극론자와 신중론자의 입장을 감안하여 보다 신중한 지구적 야망(more modest global ambitions)으로 타협되었지만,[78] 한편으로는 NATO의 지구적 경찰 역할을 반대하는 러시아 · 중국 · 브라질과 같이 부상하는 국가들의 반대를 고려한 것이기도 하다.[79] 그럼에도 불구하고 적극론자와 신중론자 모두는 NATO의 지구적 역할 확대를 지지하고 있기 때문에 향후 NATO의 활동 영역은 지구적 차원에서 전개될 가능성이 농후하다.

NATO의 성격이 지역적 혹은 지구적 동맹에 관계없이 동맹 활동 영역의 지구화를 지향해나간다는 것은 NATO의 정치적 기능이 강화될 것을 예고하는 것이다. 주지하다시피, NATO는 정치적 · 군사적 기능을 갖고 있다. 지난 냉전기에 NATO의 기능은 일반적으로 정치적 기능보다는 군사적 기능에 더 큰 무게중심이 있었다. 그러나 냉전 종식 이후 NATO는 보다 정치적 기능을 강화하는 방향으로 발전해왔고, 2010년의 신전략개념에서 동맹의 핵심 임무와 원칙으로 위기관리와 협력안보가 집단방위와 동등한 가치를 갖고 NATO의 활동반경이 지구적으로 확대됨에 따라 NATO에서 정치적 기능은 보다 강화되는 것으로 나타나고 있다.

특히, 2010년의 신전략개념에서 강조하고 있는 포괄적 접근 방법(Comprehensive Approach)은 NATO의 정치적 기능 강화를 단적으로 보여주고 있다. 초기에는 협조적 기획과 행동(Concerted Planning Action)으로 알려진 포괄적 접근 방법은 2006년의 리가 정상회담에서 처음 도입된 개념이다. 이 개념은 군사적 · 민간적 문제해결에 대한 상이한 접근 방법과

78 NATO, *Strategic Concept 2010*.

79 Adrian Hyde-Price, "NATO's Political Transformation and International Order," 2011, p. 50.

다양한 국제적 행위자들과 특히 NATO와 유럽연합 및 유엔과의 증진된 다자협력을 포괄하는 것이다.[80] 따라서 포괄적 접근 방법의 핵심은 위기관리와 개입을 필요로 하는 상황 이전과 그 기간 동안 이와 관련된 모든 행위자들과의 긴밀한 협력과 조정을 이끌어내는 것이다. 다만, NATO는 아프가니스탄에서, 그리고 향후의 분쟁이나 위기 시에도 다른 행위자들로부터 책임을 떠맡으려고 하지는 않지만, 계속해서 일련의 공고한 정치·군사적 능력을 제공하는 것이다.[81] 요컨대, NATO의 포괄적 접근 방법은 위기관리와 개입과 같은 작전을 펼칠 경우 관련된 모든 행위자들(국제기구, 개별 국가, 비정부기구, 사적 영역과 당사국 정부) 간의 협력과 조정을 증진시키고자 하는 것이다.

80 Trine Flockhart, *After The Strategic Concept: Towards A NATO Version 3.0*, 2011, p. 22.

81 Niels Henrik Hedegaard, "NATO's Institutional Environment: The New Strategic Concept Endores the Comprehensive Approach," in Jens Ringsmose and Sten Rynning, *NATO's New Strategic Concept: A Comprehensive Assessment*, 2011, p. 78.

제7장
NATO 정치 · 군사구조와 정보체제

NATO의 법적 기반인 1949년 4월에 체결된 북대서양 조약은 원래 정치적 목적을 통해 유럽의 재건을 책임지는 것이었다. 그렇기 때문에 조약의 군사적 성격은 정치적 목적을 달성하기 위한 수단이었고 조약에 있어서 가시적인 군사조직을 구축할 어떠한 조짐도 보이지 않았다. 이에 따라 NATO의 애초 구조도 군사조직이 없는 다소 느슨한 협의체의 모습을 보였었다. 그러나 1949년 8월의 소련의 핵실험과 1950년 6월의 한국전쟁을 계기로 미국은 임시적으로 유지하기로 했던 NATO를 다자주의의 원칙으로부터 제도화로의 재조직을 추구하는 방향으로 전환시켰다. 따라서 NATO 제도화는 다자주의 제도라는 특성에 내재되어 있는 정치적 성격과 군사동맹에 부합하는 성격 및 조직 강화, 그리고 신규 회원국 가입이라는 NATO 확대로 나타났다.

NATO 정치 · 군사구조의 발전 과정에 있어서 가장 중요한 측면은 NATO의 독특한 속성과 NATO에 내재해 있는 역동성을 파악하는 것이다. 먼저, NATO의 독특한 속성은 공통적인 정치적 가치를 기반으로 탄생했다는 점으로, 이는 NATO의 모든 활동을 위한 초석이자 정책결정구조를 조건지우는 일련의 원칙, 규범, 그리고 규칙들을 구성한다. 또한 다자주의 제도로서 NATO에 내재해 있는 역동성을 파악하는 것은 NATO 구조를 이해하는 것이다. 왜냐하면 NATO의 정치 · 군사조직, 정책결정자, 그리고 조직들과 절차들로 구성되는 NATO 구조는 회원 국가들의 이익과 NATO 자체의 이익이 절충되는 영역이기 때문이다. 그렇기 때문에 NATO 정치 · 군사구조의 발전은 회원 국가들의 중장기적 계획에 따른 것이 아니라 당시의 상황과 필요에 따라 점진적으로 발전한 것으로 이해할 필요가 있다. 이런 측면에서 NATO 정치 · 군사구조의 변화를 살펴보면, NATO 군사구조는 안보환경의 변화에 따라 조직의 구성과 역할, 그리고 전략개념의 변화에 따라 지속적인 변화 과정을 거쳐 왔다. 그러나 NATO 정치구조는 냉전시기에 창설 · 발전된 조직들이 냉전 종식 이후에도 큰 변화 없이 그대로 유지되어왔다고 볼 수 있다.

여기에서는 초창기(1949~1954) NATO 정치 · 군사구조의 발전 과정을 간단히 살펴보고 냉전시기의 NATO 정치 · 군사구조의 변화와 냉전 이후의 NATO 군사구조의 변화를 고찰한다. 다만, NATO의 정치 · 군사조직들이 매우 복잡하고 다층적이라는 점을 고려하여 여기에서는 가장 중요하면서도 가장 일반적인 NATO 정치 · 군사구조에 초점을 둘 것이다. 또한 정보기술의 발전에 따라 군사력의 지휘통제가 그 어느 때보다도 중요해지고 있다는 점을 고려하여 NATO의 협의지휘통제기구의 조직과 기능을 개괄적으로 소개하고자 한다. 아울러 지난 냉전시기에 NATO의 대항동맹이었던 WTO 정치 · 군사구조도 함께 살펴봄으로써 과거나 지금이나 국내에 전혀 알려지지 않은 WTO 정치 · 군사구조에 대한 역사적 이해를 증진시키고자 한다.

1. 냉전시기의 NATO 정치 · 군사구조

1) 초창기 NATO 정치 · 군사구조의 발전

북대서양 조약 체결과 더불어 NATO의 최우선적인 업무는 NATO의 활동에 필요한 제반 조직이나 기구를 만드는 작업이었다. 이를 감안하여 회원 국가들은 조약 체결 이틀 전에 실무그룹을 만들어 북대서양 조약을 실행하기 위한 동맹의 조직화를 추진하기 시작하였다. 그러나 원래 북대서양 조약은 정치적 목적을 통해 유럽의 재건을 책임지는 것이었다. 그렇기 때문에 조약의 군사적 성격은 정치적 목적을 달성하기 위한 수단이었고 조약에 있어서 가시적인 군사조직을 구축할 어떠한 조짐도 보이지 않았다.[1] 이에 따라 NATO의 애초 구조도 군사조직이 없는 다소 느슨한 협의체의 모습을 보였다.

1949년 9월 17일에 NATO 탄생과 더불어 출범한 북대서양이사회(NAC)는 첫 회담을 갖고 북대서양이사회의 구성원은 회원국의 외무장관으로 하기로 결정하고 의장은 미국의 국무장관인 애치슨(Dean Acheson)이 맡기로 하였다. 또한 이 회담에서 NATO는 일상적으로 국방장관으로 구성된 방위위원회(DC)를 설립하였으며, 군사조직에 군사위원회(MC)가 포함되어야 한다는 점을 방위위원회에 제시하였다. 이와 더불어 군사위원회의 행정기관으로 미국 · 영국 · 프랑스로 구성되는 상임그룹(Standing Group)과 북대서양지역에 걸쳐 5개의 지역기획그룹(북유럽, 서유럽, 남유럽-서지중해, 캐나다-미국, 북대서양 그룹)이 설립되었다. 또한 북대서양이사

---

1 Mark Smith, *NATO Enlargement During the Cold War: Strategy and System in the Western Alliance*(New York: Palgrave, 2000), p. 62.

회는 11월 18일에 두 번째 회담을 갖고 군수생산과 공급 그리고 경제적 · 재정적 요소 등 포괄적인 문제들을 고려하여 방위재정경제위원회(DFEC)와 군수생산공급국(MPSB)을 설치했다.[2] 따라서 1949년 12월에 NATO의 구조는 북대서양이사회 · 방위위원회, 그리고 국방재정경제위원회라는 세 개의 주요 조직 간의 다소 느슨한 형태로 기능적 국제기구라기보다는 기획기관으로 간주되었다.[3] 이로 인해 북대서양이사회는 방위위원회와 국방재정경제위원회의 지속적인 정책 방향과 이들 간의 정책 조정을 수행할 수 없어 탄생 초기 NATO의 구조는 머리가 없는 12개 몸통을 가진 조직에 불과했다.[4] 이러한 측면은 NATO 탄생을 전후한 시점에서 동맹 창설자들이 서유럽에 부과한 소련의 위협을 일차적으로 군사적이 아닌 정치적 위협으로 인식했기 때문이었다.[5]

이러한 상황을 감안하여 1950년 5월 15일에 런던 회담에서 북대서양이사회는 NATO의 군사기관과 민간기관 간의 조정의 필요성을 인식하였고, 이사회 회담이 열리지 않는 기간 동안 NATO 회원국들의 정책 수행에 책임을 지는 상임민간조직을 창설하기로 결정하였다. 이에 따라 이사회는 상설조직으로 부이사회(The Council Deputies)를 수립하고 부이사회의 많은 기능 중에서 중요한 것은 군사력과 재정비용의 문제를 하나로 취급하는 데 책임을 지는 것이었다. 아울러 이사회는 방위기획에 있어서 상선과 관련된 모든 문제들을 다루기 위해 대양상선기획국(PBOS)을 설립했다.

---

2 http//www.nato.int/archives/1st5years/chapter/3.htm

3 Robert S. Jordan with Michael W. Bloome, *Political Leadership in NATO: A Study in Multinational Diplomacy*(Boulder: Westview Press, 1979), p. 8.

4 Dean Acheson, *Present at the Creation: My Years in the State Department*(New York: Norton, 1969), p. 397.

5 John Lewis Gaddis, *Strategies of Containment*(New York: Oxford University Press, 1982), pp. 34~35.

[그림 7-1] 1949년 12월의 NATO 구조

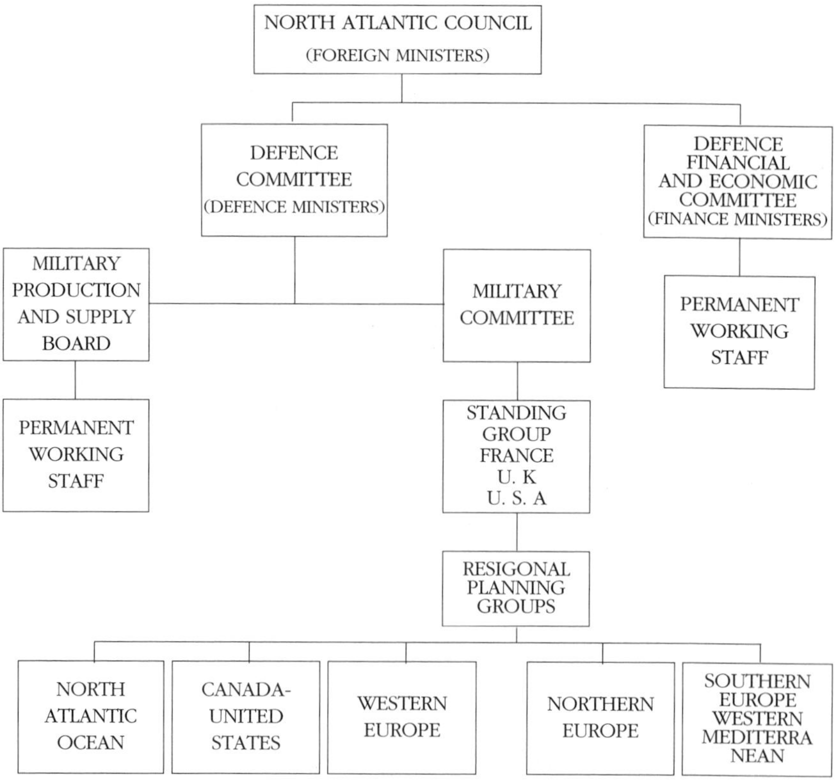

* 출처: Lord Ismay, *NATO: The First Five Years*, 1949~1954, p. 26.

1949년 8월의 소련 핵실험과 특히, 1950년 6월의 한국전쟁 발발은 소련의 위협 능력과 의도에 대한 NATO 지도자들의 인식 전환을 가져왔다. 한국전쟁 직후인 6월과 7월의 짧은 기간 동안 미국에서는 한국전쟁에 대해 소련이 유럽에 대한 공격을 준비하기 위해 미국의 병력을 주변에 묶어두기 위한 속임수라는 견해도 진지하게 고려되었었다.[6] 또한 한국전쟁에

6 Gaddis, *Strategy of Containment*, 1982, p. 110.

대해 서유럽 국가들은 미국의 참전 여부를 지켜보면서 거의 공황상태에 빠져 있는 것 같았다. 그렇기 때문에 만약 미국이 참전하지 않는다면 유럽은 중립으로 나갈 것이라는 미국의 두려움이 존재했었다. 따라서 한국전쟁에 대한 미국의 참전 결정은 한국 자체에 관한 감정이나 한국의 전략적 관점에서가 아니라 국제체제에 대한 일반적인 관점에서 취해졌던 것이다.[7] 요컨대, 한국전쟁은 NATO 군사제도화 및 군사전략의 변화를 야기하는 결정적 계기가 되었다.

1950년 9월 15일의 뉴욕회담에서 북대서양이사회는 한국전쟁과 같은 상황이 벌어졌을 경우 북대서양지역을 어떻게 방위할 것인가라는 한 가지 문제에 집중했다. 그 결과 이사회는 전진방위전략을 채택하고 NATO의 통합 군사구조를 창설해야 한다는 데 의견일치를 보았다. 이에 따라 1950년 12월 18일의 브뤼셀 회담에서 북대서양이사회는 워싱턴에 소재한 상설 군사위원회를 설치하고 통합군사력은 미국의 최고사령관 지휘하에 두기로 결정하였으며 초대 NATO 최고사령관으로 아이젠하워 장군을 임명하였다. 이를 계기로 NATO의 군사구조는 1951년 4월에 유럽연합군사령부(ACE) 창설을 필두로 연이은 군사조직이 탄생하게 되었고, 그 과정에 있어서 1950년 12월에 서유럽연합(WEU)의 군사기구는 NATO로 통합되었다.

NATO의 군사조직이 점차적으로 늘어남에 따라 행정기관들이 동맹의 정치 · 군사 · 재정적 문제들을 효율적으로 다루는 것이 보다 어렵게 되었다. 이는 NATO의 구조조정을 필요로 하게 되었고, 이에 따라 1951년 9월의 오타와 회담을 통해 북대서양이사회는 임시이사회위원회를 설치하여 동맹의 구조조정을 위한 밑그림을 마련해나갔다. 1951년 12월에 마련

7 J. P. D. Dunbabin, *The Cold War: The Great Powers and Their Allies*(London: Longman, 1994), p. 109.

[그림 7-2] 1954년 7월의 NATO 정치 · 군사 구조

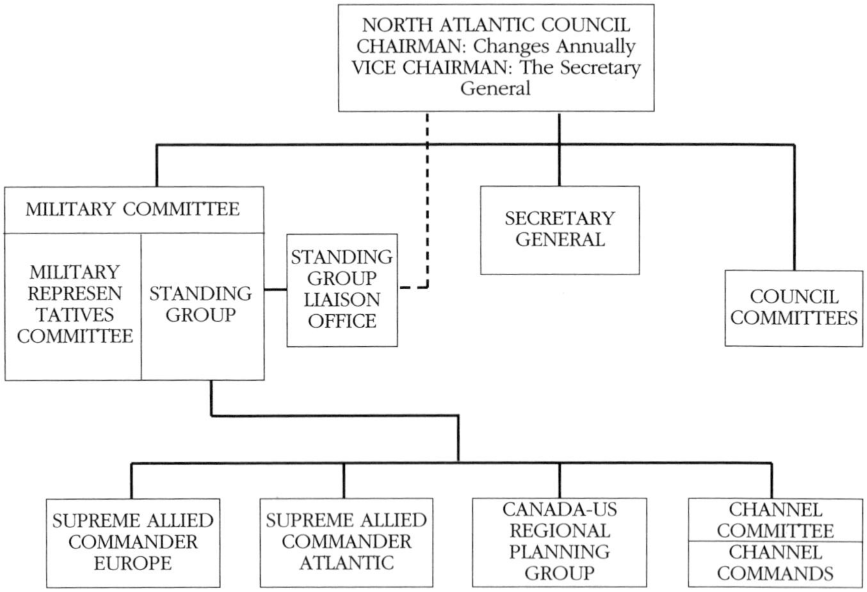

* 출처: Lord Ismay, *NATO: The First Five Years*, 1949~1954, p. 57.

된 임시이사회위원회 보고서에 기초하여 북대서양이사회는 1952년 2월 20일의 리스본 회담을 통해 북대서양이사회의 기능과 권위, 군사구조와의 관계, 이사회위원회, 사무총장직과 국제참모진 신설 등 냉전기간 동안 지속 · 발전된 NATO 정치 · 군사구조의 원형을 마련하였다.

2) NATO 정치구조

NATO의 주요 상설 정치조직으로는 북대서양이사회(NAC) · 방위기획위원회(DPC) · 핵기획그룹(NPG), 그리고 고위그룹(HLG)을 들 수 있으며, NATO는 필요에 따라 임시적인 정치조직들을 설립할 수 있다. 대표적으

로 특별그룹(Special Group)을 들 수 있다. NATO의 핵군비 통제정책을 제고하고 협의하는 특별그룹은 1979년 4월에 핵기획그룹의 홈스테드(Homestead) 회담에서 탄생하였다. 국방장관들로 구성된 핵기획그룹의 지시를 받는 고위그룹과는 달리 특별그룹은 북대서양이사회의 지시를 받는다. 특별그룹이 만들어낸 군비통제에 관한 지침들을 조사하고 보다 심화 · 발전시키기 위해 1980년 1월 24일에 특별협의그룹(SCG)이 수립되었다. 특별그룹의 후신인 특별협의그룹은 1979년의 이중결정에서의 군비통제 결정에 따라 1981년 11월 후반부터 미국과 소련 간의 중거리핵무기 협상에서 미국의 협상 지침들을 작성하였다. 따라서 서유럽 국가들은 중거리핵무기 협상에는 직접적으로 참여하지는 않았지만, 특별협의그룹을 통해서 자신들의 이해관계를 반영시킬 수 있었다.[8]

NATO 정치구조와 관련하여 무엇보다도 가장 중요한 것이 **북대서양이사회**이다. 북대서양 조약 제9조에 의거하여 회원 국가들은 조약의 실행과 관련된 문제들을 고려하기 위해 그들이 대표가 되는 이사회를 수립했다.[9] NATO에서 최고의 권위를 가진 북대서양이사회는 회원 국가들 간의 광범위한 정치적 협의와 조정을 위한 포럼을 제공하며 주요 업무는 조약의 기본 목표들인 국제평화와 회원 국가들의 안보를 충족시키는 작업이다. 일반적인 규칙으로서 상임회기의 북대서양이사회는 매주 수요일에 열리나 실제적으로는 이보다 훨씬 자주 열린다. 사실, 북대서양이사회는 어느 날, 어느 때라도 소집될 수 있고 2시간 정도의 사전 고지를 통해서 의장이나 회원국 중의 일국의 요청 때에도 소집될 수 있다.[10]

---

8 Paul Buteux, Strategy, *Doctrine, and the Politics of Alliance*(Boulder: Westview Press, 1983) p. 105.

9 NATO, *NATO Handbook*(Brussels: NATO Office of Information and Press, 1995), p. 233.

NATO 대사들, 외무장관들, 그리고 회원 국가들의 정부수반이나 국가원수 등 다양한 수준에서 개최되는 북대서양이사회의 지위는 모두 똑같고, 그 결정 역시 동등한 효력을 가진다. 회원 국가들의 모든 주권은 동등한 권리를 가지며 공동 동의에 의해서 합의가 이루어진다. 모든 결정은 투표나 다수결이 아닌 만장일치에 기반한다.[11] 북대서양이사회가 채택한 결정들은 구속력을 가지고 이사회 그 자체에 의해서만 파기될 수 있다.

그러나 이러한 법적 평등성의 배후에는 현실적으로 불평등한 권력이 존재한다. NATO 회원 국가들은 규모나 권력이라는 측면에서 상당한 차이가 있다. 이러한 지정학적 · 물리적 차이는 NATO에서 상이한 정도의 정치적 영향력 행사로 변모되었다. 냉전 당시 미국이 핵무기를 거의 독점하고 있었기 때문에 미국은 효율적으로 NATO의 안보 결정에 대해서 거부권을 행사할 수 있었다. 따라서 NATO에서의 이러한 법적 평등과 정치적 불평등으로 말미암아 북대서양이사회 그 자체는 현실적으로 조직의 일상적인 업무를 수행하는 상임대표자이사회와 정책 지침을 세우고 NATO를 위한 주요 결정을 행하기 위해 적어도 1년에 두 번 모임을 갖는 외무장관이사회라는 두 개의 기관으로 존재한다고 볼 수 있다. 특히, 외무장관으로 대표되는 북대서양이사회의가 연간 몇 회 개최되는지에 관해서 냉전 초기에는 정해지지 않았으나 1953년 4월 26일의 이사회 회의에서 차후에는 정상적으로 연간 2회 개최되는 것으로 합의되어 오늘날에는 하나의 관행으로 굳어졌다.

1963년에 창설된 **방위기획위원회**는 프랑스의 NATO 군사구조에서의

---

10 NATO, *The North Atlantic Treaty Organization 1949~1989: Fact and Figures* (Brussels: NATO Information Service, 1989), p. 324.

11 NATO, *NATO Handbook*, 1995, pp. 94~96.

탈퇴 이후(2009년 완전 복귀) 프랑스를 제외한 모든 회원 국가들의 대표들로 구성된다. 방위기획위원회는 보다 직접적으로 방위와 관련된 쟁점들과 통합군사지휘구조에 관련된 모든 문제들을 다루는 조정기구이자 정책결정기구가 되었다. 방위기획위원회는 자신의 책임 분야 내에서는 북대서양이사회와 같은 기능과 권한을 소유한다.[12] 북대서양이사회와 마찬가지로 방위기획위원회는 대사급 수준에서 정기적으로 모임을 갖는다. 또한 각 회원 국가들의 국방장관들이 참여하는 각료회기는 적어도 1년에 두 번 열린다. 각료회기에서 나온 결정들은 군사력 기획, 획득, 그리고 핵문제들에 관한 NATO 정책의 최고의 표현이다.

핵기획그룹은 NATO의 핵무기 정책들을 구체적으로 다루기 위해 1966년에 수립된 핵방위업무위원회(NDAC)라는 초기 각료위원회의 후신이다.[13] 1966년 12월의 방위기획위원회는 핵기획실무그룹을 제도화하기 위해 이중적 포럼을 창설했다. 그 포럼의 첫 번째 조직인 핵방위업무위원회는 회원 국가들에게 NATO의 핵심적인 안보 문제들에 참여할 동등한 기회를 제공하여 그들의 정치적 요구를 충족시키기 위한 것이다. 다른 하나는 미국 · 서독 · 영국 · 이탈리아, 그리고 핵방위업무위원회 중에서 3개국이 윤번제[14]로 참여하는 핵기획그룹이었다.[15] 이렇게 이중적 구조로

---

12 NATO, *NATO Handbook*, 1995, p. 96.

13 Scilla McLean(ed.), *How Nuclear Weapons Decisions Are Made*(New York: St. Martin's Press, 1986), p. 207.

14 1979년 11월에 윤번제 회원 자격이 최종적으로 포기됨에 따라 핵기획그룹의 각료회담에 모든 이해 당사국들이 참여할 수 있게 되었다. 따라서 냉전시대 핵기획그룹의 회원 국가들은 프랑스 · 아이슬란드, 그리고 스페인을 제외한 모든 회원국들의 국방장관들로 구성되며 핵방위업무위원회는 윤번제의 폐지로 공식적으로 해체되지 않았지만 사실상 존재하지 않게 되었다.

15 David N. Schwartz, *NATO's Nuclear Dilemma*(Washington, D. C.: The Brookings Institution, 1983), p. 185.

만든 이유는 효율적이고 신속한 정책결정을 위해 상대적으로 제한된 포럼을 선호하는 미국의 입장과 핵정책과 기획에 있어서 발언권을 갖고자 하는 서유럽 국가들의 요구를 조화시킨 결과이다.

핵기획그룹은 핵정책들을 제고, 정책들을 구상, 그리고 핵문제들을 협의하기 위해 국방장관의 수준에서 연 2회 열린다. 핵기획그룹의 결정은 방위기획위원회의 승인을 요한다. 핵기획그룹의 모임은 1~2일 정도 열리고 공식 성명서의 채택으로 끝난다. 핵기획그룹은 또한 다른 수준에서도 열린다. 핵기획그룹의 상임대표자그룹에서 한 달에 한 번 정도 열리고 브뤼셀 상임위임자 회원들 간의 모임과 NATO 국제참모부서인 핵기획이사회의 후원 아래 핵기획그룹의 참모그룹에서도 열린다.[16] 핵기획그룹은 운영방식에 있어서 NATO의 다른 위원회와 차별성을 갖는다. 첫째, 핵기획그룹을 가능한 한 소규모로 유지하려 한 미국의 요구에 따라 각료회담의 참석자들은 각 국가들 인사 중에서 최대한 5명 중에 한 명으로 제한된다. 둘째, 핵기획그룹의 개별적 · 특징적 성격을 강조하기 위해서 회담은 NATO 본부가 아닌 개최국의 수도에서 멀리 떨어진 곳에서 열린다. 마지막으로 핵기획그룹의 중요한 많은 연구들은 NATO 회원 국가들의 위임자의 참모진에서가 아니라 각 회원국가들 출신의 특별 전문가 집단에 의해서 수행되어왔다는 점이다.[17]

한편, **고위그룹**은 1977년 가을에 이탈리아의 바리(Bari)에서 열린 핵기획그룹 장관회담의 결과로 창설됐다.[18] 고위그룹은 1977년 이래로 취해

---

16 McLean, *How Nuclear Weapons Decisions Are Made*, 1986, p. 207.

17 Michael Legge, *Theater Nuclear Weapons and the NATO Strategy of Flexible Response*(Santa Monica: RAND Corporation, 1983), pp. 82~83.

18 Stephen R. Hanmer, "NATO's Long-Range Theatre Nuclear Forces: Modernization In Parallel With Arms Control," *NATO Review*, 28-1(February 1980), p. 4.

진 두 개의 주요 핵정책결정, 즉 1979년 12월의 이중결정과 1983년의 몬테벨로(Montebello) 결정에서 상당히 중요한 역할을 담당했다. 고위그룹은 1977년 이후로 핵기획그룹을 위한 거의 모든 기술적 사전작업을 수행해 왔다. 고위그룹은 핵무기에 관한 NATO의 싱크탱크로서 핵기획그룹 회담 바로 전날에 모임을 갖는 것으로 알려졌으며, 공통적으로 NATO의 '핵작업실'로 인식된다.[19] 따라서 고위그룹의 구조, 과정, 그리고 권고들은 오늘날 NATO 핵문제들을 위해 대단히 중요하나, 이 그룹의 존재는 NATO의 공식문헌에 없을 뿐만 아니라 그 활동성도 알려지지 않으며 어떠한 성명 발표도 없다.

3) NATO 군사구조

NATO의 군사구조에는 군사위원회와 그 예하에 세 개의 사령부가 있다. 먼저, **군사위원회(MC)**이다. 원칙적으로 NATO의 군사지휘구조는 이원적으로 존재한다. 즉, 회원 국가들이 개별적으로 지휘 · 통제하는 국가지휘구조와 평상시 회원 국가들이 NATO에 명목적으로 할당한 동맹의 공식적인 지휘구조이다. 이러한 이원적 지휘구조는 유사시 회원 국가들의 개별적 차원에서 동맹의 공식적인 지휘구조 차원으로 동맹의 군사력을 원만하게 전환시키기 위한 것이다.

NATO와 회원국들의 군사력과 관련하여, 회원 국가들의 군사력은 크게 세 개의 범주로 구분되어 있다. 첫째, 할당 병력(forces assigned)이다. 회원국의 할당 병력은 NATO 사령관의 작전통제 하에 이미 배치되어 있는 전력이다. 둘째, 지정 병력(forces earmarked)이다. 지정 병력은 평상시 향후에 NATO 사령관의 작전통제 하에 배속될 병력이거나 혹은 유사시

---

19 McLean, *How Nuclear Weapons Decisions Are Made*, 1986, p. 208.

자동적으로 NATO 사령관의 작전통제 하에 배속될 회원 국가들의 전력이다. 셋째, 국가 병력이다. 국가 병력은 회원국의 군 최고통수권자의 지휘통제 하에 남아 있는 회원국의 독자적인 전력이다. 이런 면에서 NATO에서의 작전통제권은 회원국의 할당 또는 지정병력에 대해서는 관련 NATO 사령관에게 있고, 회원국의 나머지 병력에 대한 작전통제권은 회원국의 군 최고통수권자에게 있는 것으로 NATO와 회원국의 전시 · 평시 작전통제권체제는 소위 '독자적 병력할당체제'라 할 수 있다.

평상시 NATO의 군사력은 군사위원회를 통해서 북대서양이사회와 방위기획위원회에 귀속된다. 군사위원회는 NATO에서 최고의 군사조직이고 프랑스를 제외한 모든 회원 국가들의 참모총장(Chiefs-of-Staff)으로 구성된다.[20] 군사위원회는 평상시 동맹의 공동방위지역을 위해 필요한 조치들을 권고하는 임무를 가졌다. 회원 국가들의 민 · 군 요원으로 구성된 국제군사참모진(IMS)은 군사위원회의 이러한 활동을 도와주는 군사위원회의 행정조직으로 활동한다. 군사위원회 밑에는 동맹의 방위 지역을 담당하는 세 개의 주요 사령부인 유럽연합군사령부(ACE), 대서양연합군사령부(ACLANT), 그리고 해협연합군사령부(ACCHAN)가 존재한다. 이들 각 사령부는 군사위원회 예하 사령부로 개별적으로 존재하며 각각의 주요 사령관들인 유럽연합군최고사령관 · 대서양연합군최고사령관, 그리고 해협사령관이 이들 사령부를 지휘 · 통제한다. 이런 의미에서 동맹의 전체 군사력을 통합 · 지휘하는 NATO의 '총사령관'은 존재하지 않는다.

유럽연합군사령부(ACE)는 NATO의 방위 지역에서 가장 중요한 유럽 대륙을 책임지는 사령부이다. 구체적으로 유럽연합군사령부의 관할 지역

---

20 NATO, *The North Atlantic Treaty Organization 1949~1989: Fact and Figures*, 1989, pp. 337~339.

은 노르웨이의 최북단 지역, 지중해의 최남단 지역, 유럽 방향 대서양 연안의 최서단 지역, 그리고 터키의 최동단 지역이 포함된다.[21] 따라서 유럽연합군최고사령관(SACEUR)은 NATO에서 지배적인 군사적 책임과 역할을 맡고 있기 때문에 언제나 미국의 고위 군 장성이 맡아왔다. 유럽연합군최고사령관의 권위는 논리적으로는 군사위원회에 귀속되지만, 현실적으로는 군사위원회의 권위를 능가한다고 파악하는 것이 합당하다. 유럽연합군최고사령관과 군사위원회의 관계에 대해서 스타포드는 다음과 같이 지적한 바 있다.

> 유럽연합군사령관은 군사위원회를 압도한다. 북대서양이사회와 NATO 회원국 정부들이 군사적 조언을 구하는 곳은 군사위원회가 아닌 바로 유럽연합군최고사령관이다. 그는 유럽의 방위에 대한 미국의 공약을 상징하고, NATO의 방위기획들을 발전 · 협상, 그리고 실행에 옮기는 정치적 · 조직적 권한을 가졌다. 유럽연합군최고사령관은 군사위원회를 거치지 않고 회원국 정부들과 직접적으로 그리고 NATO 사무총장과 협상할 권위를 가지고 있으며, 유럽연합군최고사령관은 정기적으로 이러한 권한을 행사한다.[22]

따라서 유럽연합군최고사령관은 NATO의 방위기획을 발전시키고 그것을 조정하는 수단들을 행사하며, 군사위원회는 그것들을 공식적으로

21 Shaun R. Gregory, *Nuclear Command and Control in NATO: Nuclear Weapons Operations and the Strategy of flexible Response*(New York: St. Martin's Press, 1996), pp. 15~79.

22 Row W. Stafford, "Defense Planning in NATO: A Consensual Decision-Making Process," in R. L. Pfaltzgraff and U. Ra'anan(eds.), *National Security Policy: The Decision-Making Process*(Hamden, Conn.: Archon Books, 1984), p. 156.

승인하는 차원이라고 볼 수 있다. 유럽연합군최고사령관은 벨기에의 가스티유(Casteau)에 위치한 유럽연합군최고사령부(SHAPE)에 본부를 두고 있다. 유럽연합군사령부 예하에는 북유럽연합군(AFNORTH)·중유럽연합군(AFCENT)·남유럽연합군(AFSOUTH), 그리고 영국공군(UKAIR)이 배속되어 있다. 또한 유럽연합군사령부는 기동전력(AMF)과 조기경보기(AEW)의 운용적 통제를 담당하고 있다. 엘베 강 북쪽에서 남쪽의 오스트리아와 스위스 국경에 달하는 지역 사령부인 중유럽연합군은 유럽연합군 지역사령부 중 지정학적으로 관할 지역이 가장 작지만 NATO의 재래식 전력과 핵전력이 가장 집중되어 있는 지역이기도 하다.

대서양연합군사령부(ACLANT)는 NATO의 방위 영역과 관련하여 북극에서 북회귀선, 그리고 북아메리카의 연안 해로에서 유럽과 아프리카의 연안 해로를 포괄한다. 대서양연합군최고사령관(SACLANT)은 유럽연합군최고사령관과 마찬가지로 언제나 미군 장성이 책임지고 있고 사령부는 미국 버지니아 주의 노폭(Norfolk)에 위치해 있으며, 예하에 여섯 개 사령부를 두고 있다.[23] 그 중에서도 노폭에 위치한 서대서양사령부(WESTLANT)와 영국의 노스우드(Northwood)에 위치한 동대서양사령부(EASTLANT)가 중요하다고 볼 수 있다. 한편, 세 번째 주요 사령부인 **해협연합군사령부(ACCHAN)**는 영국의 노스우드에 위치해 있으며, 이곳의 사령관은 언제나 영국 장성이 맡고 있다. 해협연합군사령관(CINCHAN)의 임무는 영국제도와 영국해협 지역의 방위를 책임지는 것이다. 해협연합군사령부 예하에는 일곱 개의 주요 하위사령부가 존재하고 영국의 핵무기를 운용하고 있으며 또한 영국이 사용할 수 있는 제한적인 미국의 핵무기

23 Gregory, *Nuclear Command and Control in NATO: Nuclear Weapons Operations and the Strategy of flexible Response*, 1996, p. 57.

를 보유하고 있다.[24]

2. WTO의 탄생과 구조적 변화[25]

1) WTO의 탄생 배경

한국전쟁을 계기로 서유럽에 대한 소련의 위협이 기존의 정치적 측면에서 군사적 인식으로 전환됨에 따라 NATO를 중심으로 한 서방의 군사적 응집력이 강화되는 조짐을 보이자 1950년대 초반까지 소련은 냉전에서 패할 수도 있고 재래식 군사 균형에서의 전통적 우위를 상실할 수 있다고 판단하였다.[26] 이런 면에서 한국전쟁에 대한 서방과 소련의 인식은 역설적으로 정반대였다. 즉, 서방이 한국전쟁을 서유럽에 대한 소련의 군사 공격의 가능성 증대로 인식한 반면, 소련은 NATO의 군사제도화를 목격하면서 한국전쟁을 자신이 우위에 있는 재래식 전력의 약화를 가져오는 계기로 인식했던 것이다.

제2차 세계대전 이후 철의 장막(iron curtain)이 드리워진 중 · 동유럽 지역에서 소련은 1945년에서 1955년 5월의 WTO 창설 이전에 이미 이 지역의 군사력을 관리했을 뿐만 아니라 이들 국가들의 대내적 문제들을 통제하였다. 이러한 일들이 가능했던 것은 단지 소련이 중 · 동유럽 국가들

---

24 Gregory, *Nuclear Command and Control in NATO: Nuclear Weapons Operations and the Strategy of flexible Response*, 1996, p. 60.

25 이 부분에 대한 논의는 특별한 각주가 없는 이상 자료상의 제한으로 다음의 문헌에 의존했음을 밝힌다. Neil Fodor, *The Warsaw Treaty Organization: A Political and Organizational Analysis*(New York: St. Martin' s Press, 1990).

26 Fodor, *The Warsaw Treaty Organization: A Political and Organizational Analysis*, 1990, p. 7.

에 비해 압도적인 군사적 우위를 보유했다는 측면보다는 소련이 이들 국가들과 329개가 넘는 쌍무조약, 협정, 의정서 등을 통해 정치 · 군사 · 경제 · 문화 영역 등에 걸친 공식적인 네트워크를 수립했기 때문에 가능하였다.[27] 그렇기 때문에 소련은 WTO 창설의 결정적 계기가 되었던 서방의 1954년 10월의 파리협정 이전까지는 다자 동맹을 창설할 의지나 능력도 없었다.

1945년부터 1955년에 이르기까지 WTO가 창설될 수 없었던 이유는 소련과 중 · 동유럽 국가들이 쌍무적 동맹조약 체결을 통해 독일 제국주의의 재탄생에 대비하여 안보보장을 추구했다는 점 이외에 전후 중 · 동유럽 국가들의 심대한 사회적 전환으로 군대 건설에 따른 문제 해결이 일차적 과제였다. 그러나 현실적 맥락에서 중 · 동유럽의 사회주의 정권에서 군부가 새로운 정권을 지지하지 않았기 때문에 소련은 친정권 군부 인사들을 육성하고 이들을 지원하는 것이 중요하였다. 결과적으로 1940년대 말까지 중 · 동유럽 국가들에서 공산주의자와 노동당은 군부 지도층을 완전히 제압하였다.[28]

그러나 한국전쟁을 계기로 본격적으로 논의된 서독의 재무장과 NATO 가입을 결정한 1954년 10월 23일의 파리협정(Paris Agreements)은 소련으로 하여금 WTO 창설을 촉진시키는 결정적 계기가 되었다. 파리협정을 WTO 창설의 결정적 계기로 삼는 이유는 '우정과 협력, 그리고 상호 원조 조약'(Treaty of Friendship, Co-operation and Mutual Assistance)인 바르샤

27 Robert E. Osgood, *Alliances and American Foreign Policy*(Baltimore: The Johns Hopkins Press, 1968), p. 62.

28 그 과정에서 소련과 중 · 동유럽 국가들의 관계를 결정하는 주요 변수들은 첫째, 중 · 동유럽 국가들의 전쟁 지위 문제(승전국 혹은 패전국), 둘째, 소련에 대한 지배정당과 국민적 감정 등의 입장, 셋째, 이들 지역에 대한 소련의 점령의 강도(intensity) 등이었다.

바 조약 서문에 파리협정의 결과로 유럽의 안보환경이 새롭게 변했으며, 이는 또 다른 전쟁 위협과 평화를 사랑하는 국가들(바르샤바 회원국)의 안보에 대한 위협을 만들었다고 언급하고 있기 때문이다. 당시 소련의 지속적인 관심사항은 일반적 의미에서의 유럽안보와 구체적으로 독일의 재무장에 대한 보장책이었다. 따라서 소련은 1954년 1월 25일의 베를린 외무장관회담에서 서독의 유럽방위공동체(EDC) 가입 반대와 이는 독일 통일을 불가능하게 만들 것이라고 주장한 이래 1954년 10월의 파리협정 체결 때까지 독일의 군사 부활을 통제할 수 있는 범유럽안보체제 수립을 지속적으로 제기 · 주장하였다.

1954년 9월 28일부터 10월 3일까지 개최된 서방 9개국 런던 회담에서 서방 국가들은 [표 7-1]에 나타난 것과 같은 여섯 가지 권고사항에 합의하였다.[29] 런던 회담은 서방의 정치 · 군사적 진영을 공고화하는 가운데 세계평화의 이익에서 대서양공동체를 강화시켜나가자는 것이었다. 따라서 파리협정은 이러한 런던회담의 주요 합의사항을 확인하고 이를 최종적으로 승인한 것이었다.

그러나 서독의 재무장을 자신의 안보에 가장 위협적인 것으로 인식하고 있는 소련으로서는 파리협정을 그냥 묵인할 수 없었다. 특히, 소련은 서독이 핵무기에 접근할 수도 있다는 인식을 보이면서 WTO 창설을 위한 수순을 밟아갔다. 1954년 11월 29일부터 12월 2일까지 개최된 모스크바 회담에서 소련은 유럽집단안보체제 수립을 재차 강조하면서 파리협정의 비준은 동유럽 진영의 대항조치를 초래할 것이라면서 WTO 탄생을 처음으로 공식 언급하였다.[30]

---

29 Fodor, *The Warsaw Treaty Organization: A Political and Organizational Analysis*, 1990, pp. 13~14.

[표 7-1] 1954년 런던회담에서의 주요 합의사항

1. 서독의 점령지위 종식. 2. 서독과 이탈리아의 브뤼셀조약기구인 서유럽연합(WEU) 가입(단, 서독은 원자 · 생물 · 화학무기 제조 금지). 3. 미국 · 캐나다 · 영국은 유럽 통일을 지지하고 유럽에서의 군사력 유지(또한 서독의 NATO 가입 추천과 서독의 재무장 지지). 4. 서독은 ① 유엔헌장 준수, ② 통일을 위해 무력 사용 금지, ③ 국경 변경 금지. 5. 미국 · 캐나다 · 영국은 서독과의 관계를 규정하는 선언 추가. 6. 런던회담의 규정들은 각국 정부에서 세부사항을 마련, 최종적으로 북대서양이사회 승인 요청.

이후 소련은 1955년 3월 11일부터 14일까지 개최된 바르샤바 회담에서 파리협정이 발효되면 자위책으로 다자 동맹을 창설하겠다고 언급하였다. 결국 1955년 4월에 파리협정이 발효되자 소련은 1955년 5월 14일에 자신을 포함하여 알바니아 · 불가리아 · 헝가리 · 동독 · 폴란드 · 루마니아 · 체코 등 8개국으로 구성된 WTO를 창설하였다. 소련의 WTO 창설은 외견상 서독의 재무장과 NATO 가입을 승인한 파리협정에 대한 대응으로 나온 것이지만 사실상 소련은 중 · 동유럽 지역을 군사적으로 통합하고자 한 자신의 바람을 구체화한 것으로 이는 WTO 창설 이후에도 소련이 기존에 체결한 중 · 동유럽 국가들과의 쌍무동맹조약을 유지하는 동시에 1955년 6월에 발효한 WTO의 기능과 관련해서도 군사기능보다는 정치기능이 압도했다는 분석에서 이를 확인할 수 있을 것이다. 요컨대, 1955년 5월의 WTO 창설과 5월 15일에 4대국 점령 국가들의 오스트리

30 Fodor, *The Warsaw Treaty Organization: A Political and Organizational Analysis*, 1990, pp. 17~21.

아 국가조약이 체결됨에 따라 냉전의 진원지인 유럽은 동독－서독의 분단을 뛰어넘어 소련을 축으로 한 동유럽과 미국을 축으로 한 서유럽 간에 이루어진 대륙의 분단이 완성되었다.[31]

2) WTO의 구조적 변화와 NATO와의 차별성

공통된 정치적 가치를 기반으로 탄생한 다자주의 군사동맹이자 안보제도인 NATO처럼 WTO도 다자주의적 정치－군사동맹으로 탄생하였다. 탄생 당시 WTO는 바르샤바 조약과 같이 발행된 개별 문서를 통해 통합군사령부(JCAF) 구성을 발표했지만,[32] NATO의 경우처럼 구체적인 정치 · 군사구조가 존재하지 않았기 때문에 사실상 문서상의 동맹에 불과했다. 그러나 WTO는 1956년에 들어와 조약 제6조에 입각하여 1월 20일에 동맹의 최고 정책결정기구인 정치협의위원회(PCC)를 수립하고 1월 27일의 프라하 회담에서 합동군사령부의 위상을 승인하였고, 나아가 정치협의위원회의 지휘통제를 받는 합동사무국(JS)과 상임위원회(PC), 그리고 합동참모진(JS)을 두었다.

1956년에 들어와 공식 모습을 드러낸 WTO의 공식적 구조는 1969년 3월 17일의 부다페스트 개혁(Budapest Reforms)을 통해 구조적 · 기능적 변화를 겪었다. 우선적으로, 1956년의 구조에서 등장한 합동사무국과 상임위원회는 공식적인 기능을 멈추었으며, 국방장관위원회(CDM) · 군사이사회(MC), 그리고 기술위원회(TC)가 새롭게 수립되었다. WTO의 두 번째 구조적 변화는 1976년 11월의 정치협의위원회의 부카레스트 회담에서 나

31 역설적으로 NATO와 WTO로 상징되는 유럽의 분단은 시간이 지남에 따라 냉전체제에서도 유럽의 평화를 증진시킬 수 있는 튼튼한 발판으로 작용하였다.

32 "Formation of Joint Command of the Armed Forces of the State-Participants to the Treaty of Friendship, Co-Operation and Mutual Assistance," 1955.

타났다. 부카레스트 회담에서 정치협의위원회는 1969년에 공식적으로 기능이 정지된 합동사무국을 다시 부활시켰으며, 새롭게 외무장관위원회(CFM)를 수립하였다.

[그림 7-3] 1956년 1월의 WTO의 공식적 구조

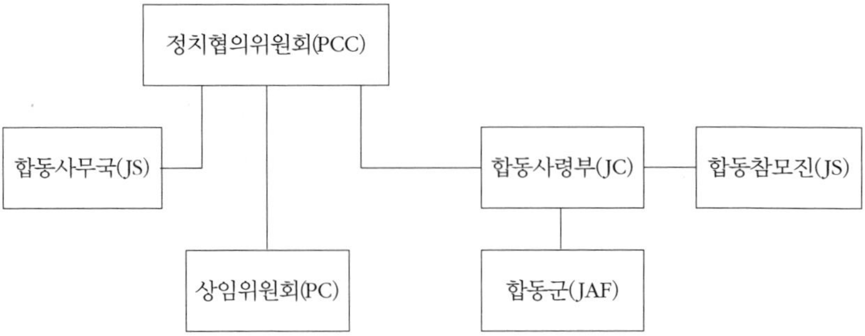

[그림 7-4] 1976년 11월의 WTO의 공식적 구조

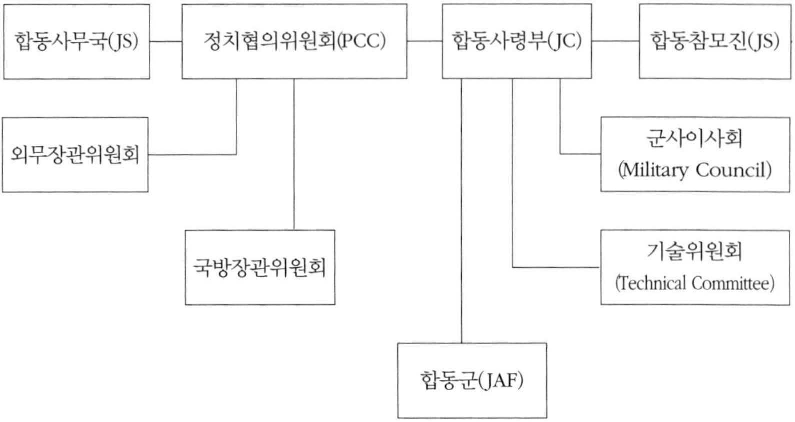

1956년 1월에 WTO의 공식적 구조는 원래의 바르샤바 조약의 효력이 만료되는 1985년 6월 4일까지 적어도 두 번의 구조적 변화를 보여주었다. 그 과정에 있어서 가장 핵심적인 것은 [그림 7-3]에서 알 수 있듯이

다름 아닌 정치협의위원회라는 조직이었다. 1956년 1월에 수립된 정치협의위원회는 WTO의 공식적 제도로서 모든 회원국의 당과 국가 기관들의 주요 대표자들 간에 정기적인 회합을 갖고 사회주의 진영과 국제정치의 주요 문제들에 대한 의견 교환 및 공동의 정치적 입장과 대외적 공동입장을 채택하는 포럼 기능을 수행하였다. 그러나 정치협의위원회의 대표 구성원이 어느 수준인지, 또한 정치협의위원회가 정기적으로 언제 개최되는지, 정치협의위원회의 권한의 폭이 어느 정도인지, 그리고 다른 정치·군사 조직들과의 권위관계가 어떠한지 등에 관한 차별화되고 명확한 기준이나 규칙 등이 제시되지는 않았다. 다만, 한 가지 명확한 것은 정치협의위원회가 WTO의 최고의 정책결정기구라는 것을 반복적으로 강조해 왔다는 점이다.[33]

이와 관련하여 WTO는 다음과 같은 면에서 NATO와 근본적인 차이점을 보인다고 할 수 있다. 첫째, 다자주의가 하나의 조직 원리로서 일반화된 행위원칙에 입각해서 셋 혹은 그 이상의 국가 간 관계를 조정하는 제도적 형태인 것을 의미하지만, WTO는 참여 국가들의 수가 8개국으로 다자적이라는 의미 그 이상, 그 이하도 아니었다. 즉, WTO는 NATO와는 달리 군사동맹 이상의 안보제도로 발전할 수 있는 조직 원리를 결하고 있었다. 이러한 점은 무엇보다도 WTO에 있어서 가장 중요한 정치협의위원회의 구체적인 대표성, 권한의 정도, 정기적인 회의 개최의 불명확성 등을 통해 알 수 있다.

둘째, NATO가 쌍무적 차원의 어떠한 조약도 없이 북대서양 조약이라

33 포도르(Fodor)의 연구에 따르면, 정치협의위원회의 권한과 기능, 대표자의 수준과 신분, 그리고 예하 조직 등에 관해서 학자들 간에 많은 이견이 존재한다는 점을 밝히고 있다. Fodor, *The Warsaw Treaty Organization: A Political and Organizational Analysis*, 1990, pp. 40~47 참조.

는 하나의 조약에 근거하여 탄생했다면, WTO는 바르샤바 조약 체결 이전에 존재하고 있던 소련과 WTO 회원 국가들 간의 일련의 쌍무적 조약과 연계되어 있었다는 점이다. 이러한 측면은 중 · 동유럽 국가들을 군사적으로 통합 · 통제하고자 하는 소련의 의도와 밀접히 연계되어 있었을 뿐만 아니라 중 · 동유럽의 정치적 자율성을 군사적으로 제약하고자 하는 소련의 강한 바람을 반영한 것으로 해석될 수 있는 부분이다. 특히, 소련이 개별 차원에서 중 · 동유럽 국가들과 쌍무적 조약을 맺고 이를 다자적 동맹으로 집단화했다는 것은 NATO와는 달리 WTO의 정치 · 군사구조 간에 유기적인 협의나 상호작용이 거의 작동되지 못했다는 것을 시사해주는 것이다. 그렇기 때문에 WTO의 공식적 구조에서는 NATO에서 보여주었던 것처럼 정치구조와 군사구조의 차별적 특징이 제대로 드러나지 않는다는 점이다. 따라서 WTO의 구조적 변화는 NATO의 변화 · 발전에 대항하는 차원이 아니라 소련의 정치적 의도 및 목적에 따라 변화되는 성격이 강하였다.

셋째, 소련이 WTO 회원 국가들과 개별 차원에서 쌍무적 조약을 동맹 창설 이전 및 이후에도 지속해왔다는 사실은 WTO의 성격이 흔히 알려진 NATO의 대항 동맹체라기보다는 사회주의 진영을 통제 · 조정하기 위한 소련의 정치적 의도와 목적을 달성하기 위한 수단으로서 정치적 성격이 강했음을 간접적으로 의미하는 것이다. 왜냐하면 군사안보적 측면에서 소련은 WTO 탄생 이전부터 중 · 동유럽 국가들과의 쌍무적 조약을 통해 동독 · 폴란드 · 헝가리 · 루마니아 등에 군대를 주둔시켜왔기 때문에 소련이 WTO의 구조를 변화시키거나 동맹을 해체시키더라도 소련의 대(對)NATO 군사능력이나 작전상에 큰 문제가 생길 가능성은 매우 낮았다.[34] 이러한 측면은 역설적으로 WTO의 일차적 기능은 정치적인 것으로 사회주의 진영과 이들의 대외정책을 통제 · 조정하기 위한 것이라는 방증이기도 하다. 따라서 WTO 창설 이후 중 · 동유럽 국가들의 안보 위협의 본질은 NATO에서 비롯된 것보다도 일차적으로 자신이 속한 WTO에서 연유하였다. 1956년에 폴란드와 헝가리, 그리고 1968년에 체코슬로바키아에 대한 소련의 무력 사용으로 중 · 동유럽 국가들은 체제 수준에서의 위협보다 소련에 의한 진영 내부로부터의 안보적 위협을 더 심각하게 받아들일 수밖에 없었던 것이다.[35]

3. 냉전 종식 이후 NATO 군사구조

1) 군사구조 변화 배경과 과정

냉전 종식 이후 2010년의 리스본 정상회담 이전까지 NATO 군사구조의 변화는 총 세 차례에 걸쳐 진행되었다.[36] 즉, 냉전 종식 직후인 1991~1992년, NATO 확대정책이 공식화된 브뤼셀 정상회담 이후인 1994~1997년, 그리고 9·11 테러 이후 프라하 정상회담을 기점으로 한 2002~2003년에 발생하였다. 이러한 NATO 군사구조의 변혁 과정은 처음에는 우선적으로 국제안보환경의 근본적 변화에서 연유했지만 점차적

34 Fodor, *The Warsaw Treaty Organization: A Political and Organizational Analysis*, 1990, pp. 40~41.

35 Laszlo Valki, "Security Concerns in Central Europe," in Jacob Kipp(ed.), *Central European Security Concerns: Bridge, Buffer or Barrier?*(London: Frank CASS & CO. LTD, 1993), pp. 1~14.

36 Paal Sigurd Hide, "The Strategic Concept and NATO's Command Structure: Shifting Gears?," in Jens Ringsmose and Sten Rynning(eds.), *NATO's New Strategic Concept: A Comprehensive Assessment*, DIIS Report(Danish Institute for International Studies), 2011: 02, pp. 128~132.

으로 국제안보환경의 근본적 변화가 파생시킨 다음과 같은 요인들이 중요하게 작용해왔다.

첫째, 안보환경의 근본적 변화에 따른 NATO가 직면한 안보위협의 속성 및 성격 변화, 둘째, 유럽 분단을 극복하는 과정에서 나타난 NATO와 중·동유럽 국가들과의 정치안보적 협력과 NATO 확대에 따른 새로운 회원국 참여, 셋째, 유럽연합의 정치적 발전과 유럽안보방위 정체성 강화 노력, 넷째, NATO와 공식·비공식 차원에 걸친 다양한 동반자관계와의 협력관계 확대 및 강화, 다섯째, 9·11 테러를 계기로 부각된 새로운 초국가적·비대칭적 안보위협에 대처할 NATO 군사력 강화의 필요성, 여섯째, 군사과학기술의 변화에 따른 군사능력의 혁명적 변화와 이에 따른 NATO 군사력의 합동성과 상호운영성의 중요성 부각 및 핵을 포함한 대량살상무기 확산 등이다. 이런 맥락에서 보았을 때 2010년의 리스본 정상회담 이전까지 NATO 군사구조의 변화는 큰 틀에서는 적어도 3단계의 변혁 과정을 거쳐 왔다고 볼 수 있다. 그러므로 여기에서는 냉전 이후 현재까지 NATO 군사구조의 기본적 틀이 되는 군사지휘구조를 중심으로 NATO 군사구조의 변화 과정을 살펴보고자 한다.

무엇보다도 먼저, 냉전 종식 직후 NATO는 국제안보환경의 변화에 따라 냉전시대 NATO 군사구조의 중요한 특징이었던 영구적이며 고정적이었던 선형방위에서 근본적으로 탈피하고자 하였다. 이에 따라 NATO 회원 국가들은 전력구조심사실무그룹을 통해 1993년 10월까지 새로운 NATO를 위한 준비태세 상황과 적절한 군사력 감축의 필요성에 합의하였다. 이러한 분석은 과거 위협에 기초한 접근 방법이 아니라 보다 광범위한 임무 지향적 접근 방법에 초점을 두었다.[37] 그 결과 NATO는 과거와

37 George A. Joulwan, "A New NATO: New Strategy, New Structure, and New

같은 군사력의 유지보다는 위기관리와 같은 NATO의 새로운 임무수행에 필요한 신속대응군의 필요성을 절감하였다. 따라서 NATO는 전력 범주를 주방위전력(MDF) · 대응전력(RF), 그리고 보강전력(AF)으로 구분하였다. 주방위전력(MDF)은 유럽에 주둔해 있는 다국적 · 국가적 부대를 의미하며 다양한 수준(보통 낮은 수준)에서 준비태세를 유지하고 있다. 대응전력(RF)은 고도의 기동성을 갖춘 육군 · 해군 · 공군의 다국적 전력으로 보다 높은 수준의 준비태세를 유지한다. 대응전력 그 자체는 즉각 대응전력과 유럽연합군사령부의 신속대응군단을 구성한다. 보강전력(AF)은 국가적 예비전력은 제쳐두고 기본적으로 대서양의 다른 진영인 북아메리카의 미국과 캐나다 전력이다.[38] 아울러 1994년 1월의 브뤼셀 회담에서 NATO 정상들은 NATO의 군사지휘구조의 개편을 재확인하였다.

이러한 배경을 토대로 NATO 군사위원회(MC)는 1994년 9월에 통합지휘구조 개편에 관한 NATO 장기연구(Long-Term Study)에 착수했다.[39] 또한 NATO 장기연구가 진행되는 동안 1996년 6월에 베를린에서 NATO 외무장관들은 모든 유럽동맹국들이 NATO에서의 책임감 공유와 효율성 향상을 위한 방안으로 NATO 내에 유럽안보방위정체성(ESDI) 창설을 선언하였다. NATO 내에 창설된 유럽안보방위정체성의 목적은 안보와 방위 문제들에 있어서 유럽의 자율성 확대와 대서양 간 연계를 유지하는 것을 조화시키는 것이다.[40] 이러한 군사구조의 변혁을 통해 NATO의 새로

Programs," *International Defense Review*, Defense 1995, p. 5.

38 Beatrice Heuser, *Transatlantic Relations: Sharing Ideals and Costs*(London: The Royal Institute of International Affairs, 1996), p. 67에서 재인용.

39 Klaus Naumann, "NATO's New Military Command Structure," *NATO Review*, 46-1(Spring, 1998), p. 10.

40 Lluis Maria dePuig, "The European Security and Defense Identity within NATO," *NATO Review*, 46-2(Summer, 1998), p. 6.

운 군사지휘구조는 기존의 사령부에서 해협연합군사령부(ACCHAN) 해체, 유럽연합군사령부(ACE)와 대서양연합군사령부(ACLANT) 간의 책임 지역을 분할함과 아울러 세 개의 다국적 부대를 창설하는 것이다. 따라서 1997년 12월에 NATO 국방장관들은 군사위원회의 권고를 받아들여 NATO의 새로운 군사지휘구조에 합의하였다.

1997년 12월에 NATO 국방장관들이 합의한 새로운 군사지휘구조는 NATO의 군사적 효율성을 확보하고, 미국과 서유럽 간의 연계를 유지하고, 그리고 동맹 내에서 유럽안보방위조직을 발전시키는 것이다. 또한 군사지휘구조는 NATO가 모든 범위에 걸친 역할과 임무를 수행할 수 있도록 하였다. 즉, 집단방위라는 전통적인 임무에서부터 평화유지 활동과 같은 북대서양 조약 제5조에 속하지 않는 새로운 역할까지도 포괄하는 것이다.[41] 이를 통해 나타난 NATO의 새로운 군사지휘구조의 일반적인 윤곽으로 주요 군사령부로서는 전략사령부(SC) · 지역사령부(RC) · 요소사령부(CC), 그리고 합동하위지역사령부(JSRC)의 본부들을 들 수 있다.[42] 또한 NATO는 새로운 군사지휘구조의 발전 이외에 새로운 군사지휘구조 내에서 동맹의 모든 역할과 임무를 수행하는 데 있어 서로 상이한 지휘 수준을 조정하는 방법을 표명하기 위해 상호관련성(interrelationships)이라는 새로운 개념을 발전시켰다. 상호관련성이라는 개념에서 나타난 주요 특징은 첫째, 지원적 지휘관계의 강화와 전략사령부 간의 연계성 강조, 둘째, 지역 간의 상호의존성 강화의 필요성, 셋째, 지휘통제의 경계와 단계상의 유연 접근 방법에 대한 강조, 그리고 다국적합동전력(CJTF)의 사령본부에

41 Naumann, "NATO's New Military Command Structure," 1998, p. 11.

42 이와 관련된 자세한 내용에 대해서는 다음을 참조. Brick T. Miller, *Transforming the NATO Military Command Structure: A New Framework for Managing the Alliance's Future*(Washington, D. C.: The Atlantic Council of the United States, 2003).

배치될 인력의 다국적성 강조 등이다.[43]

2001년 9·11 테러 이후 새로운 안보위협의 등장과 이에 대한 NATO의 군사적 대응능력 강화 차원에서 NATO는 2002년 11월의 프라하 정상회담을 통해 동맹의 새로운 모든 임무를 충족시키기 위해서는 새로운 군사구조를 필요로 한다는 점에 합의하였다. 이에 따라 NATO는 NATO 대응전력(NRF)을 새롭게 창설함과 동시에 주기적이고도 지속적인 군사 변혁을 추진하게 되었다. 특히, 2001년 9·11 테러를 계기로 NATO의 주된 도전이 유럽-대서양 지역을 넘어선 역외(out-of-area)로부터 위협이 됨에 따라 주기적 · 지속적으로 진행된 NATO 군사구조의 변혁도 점차적으로 내부적 경향보다는 역외 지향적 경향을 보이게 되었다.

2) 연합군작전사령부(ACO)와 연합군변혁사령부(ACT)

2002년 11월의 프라하 NATO 정상회담은 21세기 NATO의 변환에 있어서 중요한 전환점을 제공하는 계기가 되었다. 특히 이번 정상회담에서 NATO는 1999년 4월의 워싱턴 정상회담에서 결정한 방위능력구상(DCI)을 계승 · 발전시킨 프라하 능력공약(PCC)과 NATO 군사구조의 효율화를 강조하였다. 이를 계기로 NATO는 새로운 군사구조의 윤곽을 만들어 나갔으며, 그 과정을 통해 NATO의 새로운 지휘구조로 연합군작전사령부와 연합군변혁사령부가 등장하게 되었다.

먼저, **연합군작전사령부**(ACO)는 냉전기 NATO의 군사구조에 있어서 가장 중요한 유럽 대륙을 책임졌던 유럽연합군사령부(ACE)를 계승 · 발전시킨 전략사령부로 지구적 차원에서 전개되는 NATO의 모든 군사작전을 책임지는 사령부이다. 따라서 냉전기와 마찬가지로 연합군작전사령부의

43 Naumann, "NATO's New Military Command Structure," 1998, pp. 13~14.

사령관은 미국의 4성 장군으로 미국의 유럽사령부를 책임지는 이중 지위(dual-hatted)를 가진 유럽연합군최고사령관(SACEUR)의 지위를 보유하며 벨기에 북부 몽스(Mons) 도시의 가스티유(Casteau)에 위치한 유럽연합군최고사령부(SHAPE)에 본부를 두고 있다. 전략 수준에서 이루어지는 모든 작전 지휘를 책임지고 있는 연합군작전사령부는 네덜란드 브룬섬(Brunssum)에 있는 브룬섬합동전력사령부(JFC Brunssum), 이탈리아에 있는 나폴리합동전력사령부(JFC Naples), 그리고 포르투갈에 있는 리스본합동사령부(JC Lisbon)를 포함하고 있으며, 이들 모두는 다양한 국가들이 참여하는 다국적 본부를 가지고 있다.

연합군작전사령부와 사령관의 역할과 임무는 다음과 같다.[44] 첫째, 연합군작전사령부를 지휘하는 유럽연합군최고사령관은 위협 평가를 통해 평화와 안보, 회원국들의 지역통합에 기여하고 군사기획을 실시하며 북대서양이사회가 승인하면 언제나 군사력이 필요한 곳으로 동맹임무를 수행하기 위해 필요한 군사력을 확인하고 요청하는 일을 한다. 최고사령관은 회원국의 위기관리 과정에 기여하고 효과적으로 NATO 회원국의 영토와 군사력을 방위하는 것을 제공한다. 따라서 연합군작전사령부는 NATO 군사조직을 구성하는 부대들이 효과적으로 연합되고 합동군사본부들이 자신의 임무를 수행하기 위해 필요한 군사능력을 요청할 수 있게 함과 동시에 현재 또는 미래에 군사력을 제공받는 것을 보장하는 과정에도 기여한다. 이것은 회원국들의 변혁 노력에 있어서 작전적 역할을 가진 사령부 구조의 요소와 작전활동을 통합함으로써 연합작전사령부의 협의

44 NATO, *NATO Handbook*(Brussels: NATO Office of Information & Press, 2006), 한용섭 · 박휘락 역, 『NATO의 실상과 이해』(서울: 국방대학교 안보문제연구소, 2007), pp. 83~91 참조.

하에 이루어진다. NATO 군사작전에 대한 준비와 실행에 관한 책임을 지는 유럽연합군최고사령관은 예하 지휘관들에게 전략적 군사지침을 하달하고 다국적 지원을 협조하며, 지휘구조의 다른 요소들을 강화하고 고안하다. 따라서 NATO 작전계획을 포함하여 부대의 지휘통제는 유럽연합군최고사령관의 고유 권한이다.

한편, **연합군변혁사령부**(ACT)는 냉전기 NATO의 군사구조에 있어서 북극에서 북회귀선, 그리고 북아메리카의 연안 해로에서 유럽과 아프리카의 연안 해로를 책임졌던 대서양연합군사령부(ACLANT)를 계승 · 발전시킨 전략사령부로 NATO 군사력의 변혁과 훈련을 책임지는 사령부이다. 연합군변혁사령부의 사령관은 미국의 4성 장군이거나 미국 합동전력사령부사령관으로서 이중 지위를 맡고 있는 미군 장성이며 일반적으로 냉전기 대서양연합군최고사령관(SACLANT)이었던 사령관이 2003년에 연합군변혁최고사령관(SACT)으로 호칭이 바뀌었다. 연합군변혁사령부는 미국 버지니아 주의 노폭(Norfolk)에 위치해 있으며, 또한 브뤼셀 NATO 본부에 참모조직과 벨기에 몽스에 위치한 유럽연합군최고사령부에 참모조직을 갖추고 있어 연합군작전사령부 및 국제참모부, 국제군사참모부, 국가적 군사대표, 방위 및 자원 기획과 시행을 맡고 있는 다른 NATO 부서와 연락 및 협조체제를 유지하고 있다. 이에 따라 연합군변혁사령부는 든든한 미국-유럽 관계를 유지하는 동시에 미국에 의해 수행되고 있는 변혁 과정에 NATO의 군사력을 접목시켜준다. 연합군변혁사령부 예하에는 노르웨이 스타뱅거(Stavanger)에 위치한 합동전쟁센터(JWC), 폴란드 비드고슈치(Bydgoszcz)에 있는 합동군훈련센터(JFTC), 포르투갈 몬센토(Monsanto)에 있는 합동분석교훈훈련센터(JALLC), 그리고 이탈리아 라 스페지아(La Spezia)에 있는 수중연구센터(NURC)가 있다.

연합군변혁사령부와 사령관의 역할과 임무는 다음과 같다.[45] 첫째, 변화하는 요구조건을 충족시키고 그들에게 위임된 다양한 군사임무를 수행하기 위해 회원국들에게 군사력을 가용하게 해주는 NATO의 군사능력 변혁을 책임지고 있는 연합군변혁사령부는 NATO와 동반자관계 국가들이 NATO 주도의 다양한 군사작전에 참여, 군사력의 효율성과 상호 운영성을 향상시킬 수 있도록 고안된 혁신적인 개념 · 교리 · 능력의 통합과 발전을 주도한다. 따라서 연합군변혁사령관은 동반자관계의 군사개념을 포함한 연합 및 합동개념과 교리를 책임지면서 이와 관련된 변화를 도입하기 위해 작전과 연습으로부터 교훈을 도출하고 이를 토대로 연합군작전사령부에 의해 개발된 작전들을 위한 전략지침과 절차의 기초를 형성한다.

4. NATO 협의지휘통제기구의 조직과 기능

1) NATO 협의지휘통제기구(NC3O)

일반적으로 지휘 · 통제 · 통신(C3: Command, Control, and Communication)체제는 군사기구 내에서 사용되는 정보체제로 전략적 · 전술적 체제를 통합한 표현으로 전투지침(combat direction)체제, 전술자료(tactical data)체제나 경보통제(warning and control)체제가 C3 체제로 인식된다. 그러나 NATO 내에서 'C3'라는 집단적 명칭은 협의 · 지휘 · 통제를 의미한다. 특히, 협의라는 용어는 NATO의 정치적 관점이나 입장을 반영하는 것으로 공동의 관심사에 대한 입장을 조율하고 권고안을 형성할 목적으로 동맹의 최고 권위기구와 회원 국가들 사이에서의 의견 교환과 심사숙

45 한용섭 · 박휘락 역, 『NATO의 실상과 이해』, 2007, pp. 83~91 참조.

고한 행동의 의미를 내포하고 있다.[46]

NATO 협의지휘통제 분야에서의 협력 목표는 고위급 정치적 협의와 군사력의 지휘통제를 보장할 수 있도록 NATO 전체에 걸쳐 효율적이고 상호 운영적이며, 그리고 안전한 능력을 제공하는 것이다. 일련의 통신정보체제는 국가별 고정 · 이동 네트워크와 상호 연동되어 NATO의 모든 지역을 지원하고 브뤼셀에 있는 NATO 사령부, 통합군사지휘구조의 모든 사령부, 국가별 수도와 국가별 군사지휘부를 연결시키는 것이다. 또한 NATO의 협의지휘통제체제는 동맹의 동반자관계 국가들과의 협의를 촉진시키기 위한 안전한 연결망을 제공하는 것이다.[47]

이런 맥락에서 보았을 때, 다자주의 안보제도인 NATO에서 가장 중요한 정보체제가 바로 협의지휘통제기구(NC3O)라 할 수 있다. NATO의 모든 회원 국가들에게 요구된 협의 · 지휘 · 통제능력을 제공하기 위해 1996년에 창설된 NATO의 협의지휘통제기구는 NATO 통신정보체제(CIS)가 갖고 있는 기획, 과학과 개발, 그리고 획득기능을 통합하여 새로운 위기관리업무를 수행하는 동맹의 능력을 증진시키고 동맹의 집단방위 능력을 보존하는 것이다. NATO 협의지휘통제기구는 이 기구의 중역으로 행동하는 이사회(NC3B), 상임 회기에서 이사회로서 행동하는 회원 국가들의 협의지휘통제 대표그룹(NC3REPS), 그리고 이 기구의 실질적 업무를 담당하는 협의지휘통제부서(NC3A)와 통신정보체제서비스부서(NCSA)로 구성되어 있다.

46 NATO, *NATO Glossary of Terms and Definitions*(Brussels: NATO Standardization Agency, 2009), p. 2-C-13 참조.
47 한용섭 · 박휘락 역, 『NATO의 실상과 이해』, 2007, p. 325.

[그림 7-5] NATO 협의지휘통제기구의 구조

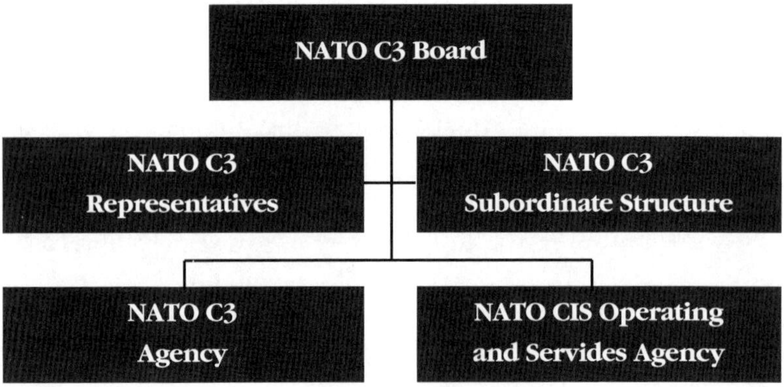

* 출처: http://www.c2coe.org/c2pedia/index.php?title=NATO_Consultation,_Command_and...

2) NATO 협의지휘통제이사회(NC3B)

NATO 협의지휘통제이사회(NC3B)는 고위급의 다국적 조직으로 동맹의 상호운영성과 국가적 'C3 체제'를 포함하는 모든 C3 정책 문제에 관해 북대서양이사회와 방위기획위원회에 조언하는 대표 역할이나 책임 역할을 수행하면서 C3 협력에 관한 국가군비국장회의(CNAD)에 조언한다. 또한 협의지휘통제이사회는 협의지휘통제부서(NC3A)와 통신정보체제지원부서(NCSA)의 업무를 관장한다.[48] 아울러 협의지휘통제이사회는 회원국 고위 대표자, NATO 군사위원회와 전략사령관의 대표자들, 그리고 C3에 관심이 있는 NATO 위원회들로 구성된다. 또한 협의지휘통제이사회는 일곱 개의 하위위원회(SCs)로 구성된 다국적 조직의 예하구조로부터 지원을 받는다. 모든 하위위원회는 실무그룹이나 특별실무그룹으로 분류

48 한용섭 · 박휘락 역, 『NATO의 실상과 이해』, 2007, pp. 325~326.

되고, 모든 실무그룹은 신디케이트 조직(Syndicates)으로 나누어진다. 협의지휘통제이사회는 국제참모부와 국제군사참모부의 협의지휘통제 요소들을 결합한 NATO 사령부의 협의지휘통제 참모부(NHQC3S)의 지원을 받는다. NATO의 모든 회원 국가들로 구성되는 협의지휘통제이사회의 의장은 NATO의 부사무총장이며, 상임의장은 방위지원 NATO 사무총장보이고, 두 명의 공동 부의장이 있다.

[표 7-2] NATO의 협의지휘통제이사회의 하위위원회[49]

하위위원회(SCs)	명칭	비고(약어)
SC/1C	3 Capability Coherence Subcommittee	C3 CC SC
SC/2	Frequency Management Subcommittee	FM SC
SC/3	Information Assurance Subcommittee	IA SC
SC/4	Information Services Subcommittee	IS SC
SC/5	Communication and Network Services Subcommittee	CNC SC
SC/6	Identification Subcommittee	IDENT SC
SC/7	Navigation Subcommittee	NAV SC

* 출처: http://www.c2coe.org/c2pedia/index.php?title=NATO_Consultation,_Command_and....

3) NATO 협의지휘통제부서(NC3A)

1996년 7월 1일에 네덜란드 헤이그에 있는 이전의 유럽연합군최고사령부의 기술센터와 브뤼셀에 있는 NATO 통신정보체제부서(NACISA)의

49 NATO 협의지휘통제이사회의 하위위원회는 이전에는 8개의 예하위원회로 구성되었으나, 그중 SC/2 Interoperability Subcommittee(I SC)는 SC/1로 통합되었다.

통합으로 창설된 NATO의 협의지휘통제부서는 공식적으로 NATO 협의지휘통제기구의 헌장 하에서 수립되었다. NATO 협의지휘통제부서의 임무는 협의지휘통제통신정보감시정찰(C4ISR) 능력 획득에 기초한 불편부당한 과학적 지지와 공통 관심사에 대한 잡음 없는 규정을 통해 NATO를 지원하는 것이다.[50] NATO의 협의지휘통제부서는 NATO를 위해 'C3 체제'를 개발 · 생산, 그리고 실행하는 데 책임을 지고 협의지휘통제이사회에 보고한다.

NATO 협의지휘통제부서는 대략 800명의 직원으로 구성되어 있으며, 그중 500명 정도는 헤이그에 있고, 나머지 300명은 NATO의 모든 회원국가들에서 충원된 직원으로 브뤼셀에서 근무한다. 포괄적으로 말해, 헤이그 직원들은 과학적 연구 · 개발 및 실험에 책임을 지고, 브뤼셀 직원들은 NATO의 조달 프로그램에 기술적 프로젝트 관리와 획득 지원을 제공한다. NATO 협의지휘통제부서는 주로 동맹을 위해 봉사하며, 협의지휘통제부서의 주 고객은 연합군변혁사령부(ACT)와 연합군작전사령부(ACO)이다. 또한 다른 고객들은 개별적인 NATO 회원 국가들을 포함하여 NATO 항공지휘통제체제(ACCS)와 NATO 조기경보(NAEW), 그리고 NATO 관리부서(NACMA)이다.[51]

NATO 협의지휘통제부서의 구조는 크게 네 가지 부분으로 이루어져 있다. 후원자 계정(Sponsor Account Segment) 부분은 새로운 사업을 개발하고 고객 계정을 관리하는 곳에서, 그리고 고객이 단일적이고 전념한 공유 영역에서 고객과 접촉하는 것이다. 생산 부분(Production Segment)은 프

50 NATO C3 Agency, "NATO C4ISR Comprehensive Approach," 2009, http://www.nc3a.nato.int

51 http://www.c2coe.org/c2pedia/index.php?title=NATO_Consultation,_Command_and....

[그림 7-6] NATO 협의지휘통제부서의 구조

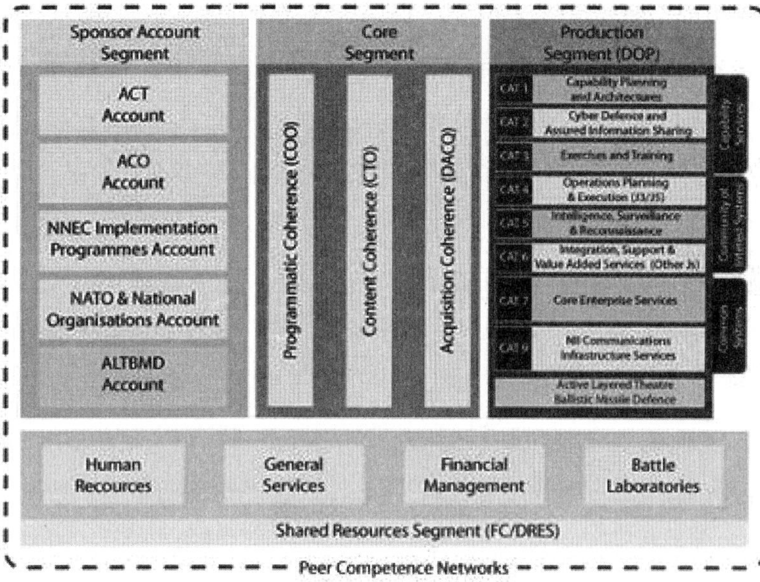

* 출처: http://www.nc3a.nato.int/About/Pages/Organization.aspx

로젝트가 실행되는 곳으로 생산 책임자 하에서 여덟 개의 능력영역팀(CATs)으로 구성되어 있다. 핵심 부분(Core Segment)은 협의지휘통제부서의 업무가 부서의 내부적 사업 과정, 기술적 · 조직적 해결, 그리고 획득 과정의 측면에서 일관성 유지를 보장하는 데 책임이 있는 부분이다. 마지막으로 공유자원부분(Shared Resources Segment)은 인간 자원, 건물 유지, 재정과 IT 서비스 전달과 같은 협의지휘통제부서가 폭넓게 공유한 지원 서비스를 하는 곳이다.[52]

이러한 구조로 이루어진 NATO 협의지휘통제부서의 주요 역할은 다음

52 http:www.nc3a.nato.int/About/Pages/Organization.aspx

과 같다. 첫째, NATO의 'C3 체제'와 구축을 위한 중앙 기획, 체제 통합, 디자인, 체제 엔지니어링, 기술적 지원과 배치 통제 등이다. 둘째, 전략사령부에 대한 과학적 · 기술적 지원 등이다. 셋째, 작전 연구, 감시, 전역미사일방위(TMD)를 포함한 항공지휘통제, 전자전, 항공조기경보통제, 그리고 통신정보체제 분야에서의 기술적 지원과 조언 등이다. 넷째, 군사작전 동안 NATO 군사 권위에 대한 직접 지원 및 NATO 협의지휘통제이사회와 그 하위구조를 위한 기술적 정책과 표준화 작업 등을 행하는 것이다. 특히, 협의지휘통제부서의 세 가지 주요 연구 영역에 대한 역할로는 NATO 네트워크 실행능력(NNEC), 전역미사일방위, 그리고 지상감시정찰(AGSR) 관련 프로젝트 등이다. 또한 협의지휘통제부서는 전체 협의지휘통제통신정보감시정찰 주기에 걸쳐 생산과 서비스를 제공한다.[53]

4) NATO 통신정보체제서비스부서(NCSA)

NATO 통신정보체제서비스부서는 NATO와 개별 회원국들에게 통신정보체제서비스를 제공하는 부서이다. NATO가 작전이나 훈련을 전개하는 모든 곳에는 통신정보체제서비스부서가 있어 임무지원이라는 통신정보체제서비스를 제공한다. 이와 동등하게 중요한 것은 통신정보체제서비스부서가 유럽 · 북아메리카, 그리고 아시아에 있는 NATO의 주요 10개 사령부를 지원하고 있다는 점이다.[54]

---

53 NATO C3 Agency, "NC3A Multinational Cooperation Development," Info Sheet, September, 2010. NATO의 협의지휘통제부서의 최근 동향과 2009년에 실행된 C4ISR의 업적에 대해서는 다음을 참조. NATO C3 Agency, *Annual Report 2009~July 2010: Delivering Capability at an Operational Tempo, Responding to Financial Challenges*, NATO Unclassified, pp. 1~43.

54 http://www.c2coe.org/c2pedia/index.php?title=NATO_Communication_and_Informa...

NATO 통신정보체제서비스부서는 1970년대부터 시작된 오랜 창설 기간을 거쳐 다양한 NATO 조직들과 통합되어 2004년 8월에 구성되었다. NATO에서 초창기 통신정보분배조직은 통합통신체제중앙운영권위(NICS-COA)로 불렸고, NATO 통신체제를 통제 · 운용, 그리고 유지하기 위해 만들어졌다. 1990년대 초반에 들어와 새로운 체제와 신기술이 도입됨에 따라 NATO를 지원하는 통신정보체제의 재조직화가 필요하게 되었다. 이는 베를린 장벽 이후 NATO의 정치적 · 군사적 구조조정과 더불어 진행되었다. 1993년에는 NATO 통신정보체제운영지원부서(NACOSA)가 형성되어 이전에 통합통신체제중앙운영권위와 유럽연합군최고사령부의 일부 통신정보체제부서가 수행하던 기능을 통합하게 되었다. 이후 NATO 통신정보체제운영지원부서는 대서양과 NATO의 모든 작전 전개에 관한 통신정보체제의 운용과 지원을 책임지는 조직으로 발전하였다. 이와 관련하여 2003년에 북대서양이사회는 다음과 같은 권고안을 승인하였다.

> 편재화되어 있는 NATO 통신정보체제서비스는 하나의 중앙조직으로 통합되어 소비자와 공급자를 분리할 것이다. 전개할 수 있는 모든 통신정보체제 능력은 두 개의 NATO 신호 대대(Signal Battalions)로 결합되어 통신정보체제서비스부서의 일부분이 될 것이다. 새로운 조직(NCSA)은 하나의 부서가 될 것이며, 협의지휘통제이사회의 비운영지침 하에 남을 것이다. 통신정보체제서비스부서의 장은 부서의 일반적인 정책 결정, 지시, 그리고 전략을 수행하는 데 있어서 협의지휘통제이사회에 보고해야만 하며, 자신의 모든 고객들에게 통신정보체제서비스의 규정을 설명해야만 한다.[55]

---

55 http://www.c2coe.org/c2pedia/index.php?title=NATO_Communication_and_Informa...

이러한 과정을 거쳐 형성된 통신정보체제서비스부서는 NATO 상임조직들에 제공하는 지원과 작전에서 요구되는 도전들을 균형 맞추기 위해 구조조정 중에 있으며 그 구조는 진행 중인 NATO 작전뿐만 아니라 NATO 사령부 구조를 지원하는 데 적합한 것이다. 통신정보체제서비스부서의 본부는 NATO의 연합군작전사령부와 같이 위치해 있는 유럽최고사령부가 있는 벨기에의 몬스(Mons)에 위치해 있다. 또한 통신정보체제서비스부서는 NATO 회원 국가들에게 통신정보체제의 연결성을 제공해준다.

[그림 7-7] NATO 통신정보체제서비스부서의 구조

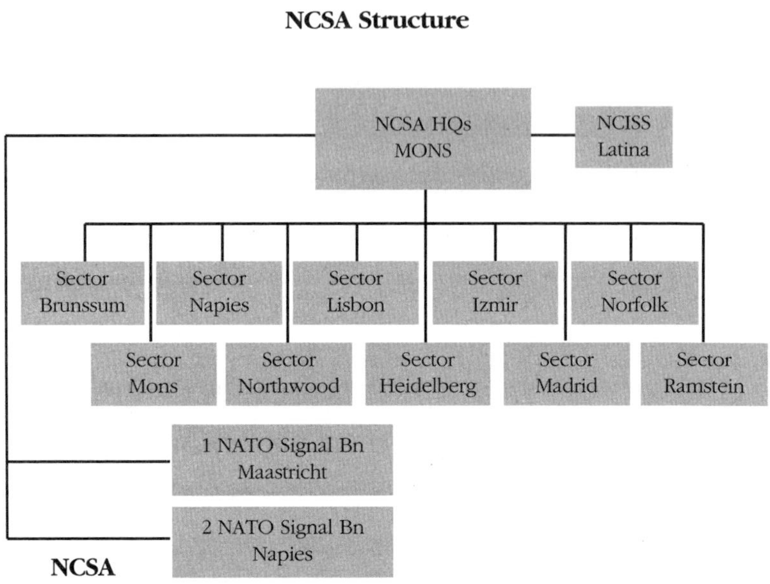

NATO 통신정보체제서비스부서의 업무는 우선순위에 따라 네 가지 주요 영역으로 분류된다. 첫째는 NATO 작전에 통신정보체제를 지원하는 것이다. 이와 관련된 업무로는 NATO 신속대응군, 아프가니스탄에서의 국제안전지원군(ISAF), 이라크에서의 NATO 훈련임무, 그리고 발칸에서의 NATO 작전에 안전한 컴퓨터 네트워크, 전화, 그리고 화상회의 서비스를 제공한다. 컴퓨터 바이러스와 NATO 네트워크에로의 무허가 침투를 탐지하고 예방하는 것과 같은 사이버 위협에 대한 NATO 방위의 최일선 역할을 하며 NATO 네트워크의 중앙 구성인자들을 운영 · 유지 · 통제, 그리고 관리하면서 하루 24시간, 한 주 7일간 핵심체제의 임무 범위를 제공한다. 둘째, NATO 훈련에 통신정보체제를 제공하는 것으로 NATO 훈련에 배치 가능한 통신체제와 통신정보체제 지원을 제공하는 것이다. 셋째, NATO의 주요 사령부에 통신정보체제를 제공하는 것으로 통신정보체제 자원의 효과적이고 효율적 사용을 보장하기 위해 사령부의 지도력에 전략적 · 정책 조언을 하고 유럽 · 북아메리카, 그리고 아시아에 있는 NATO의 고정 사령부(static headquarters)에 확보/미확보 컴퓨터, 전화, 그리고 화상회의 서비스를 제공한다. 마지막으로 새로운 통신정보체제와 프로젝트를 지원하는 것으로 NATO 네트워크에 새로운 통신정보체제의 하드웨어와 소프트웨어의 적합성을 보장하고, 기술적 조언을 제공하는 것으로 컴퓨터 · 전화 · 화상회의 장비를 설치하고 하드웨어와 소프트웨어 유지 등을 수행하는 것이다.[56]

---

56 http://www.c2coe.org/c2pedia/index.php?title=NATO_Communication_and_Informa...

제8장
NATO 군사 활동

1949년 4월의 워싱턴 조약을 통해 탄생한 NATO의 역할은 외부의 침략으로부터 회원국의 안보를 책임지는 집단방위를 수행하는 것이었다. 즉, NATO의 존재이유는 예나 지금이나 회원국 영토에 대한 외부의 무력행사가 있을 경우 조약 제5조에 근거하여 즉각적으로 집단대응을 하는 것이다. 따라서 지난 냉전시기에는 NATO 회원국에 대한 외부의 무력 공격이 존재하지 않았기 때문에 실제적인 NATO의 군사 활동은 전무하였다. 그러나 냉전 종식과 더불어 국제안보환경이 근본적으로 변하였고, 또한 새로운 안보위협이 등장함에 따라 NATO의 실제적인 임무는 과거의 집단방위 역할보다는 집단안보 역할이 주를 이루게 되었다. 특히, 1992년의 오슬로 각료선언에서 집단안보 역할을 공식화한 이후 NATO의 실질적인 군사 활동은 보스니아-헤르체코비나에서의 평화활동을 시작으로 다양한 지역에 걸쳐 다양한 목적의 직간접적인 군사 활동을 전개하고 있다. 1992년 6월의 오슬로 각료선언 이후부터 2011년 현재에 이르기까지 NATO 군사 활동은 ① 보스니아-헤르체코비나(상황 종료), ② 코소보, ③ 아프가니스탄, ④ 리비아, ⑤ 지중해 해역에서의 대테러작전, ⑥ 수단의 다르푸(Darfur)에서의 아프리카연합(AU) 지원, ⑦ 걸프 지역과 아프리카 동북부에서의 해적 소탕작전, ⑧ 이라크 국방력 지원 등 총 8개의 크고 작은 군사 활동을 전개해왔다.

여기에서는 냉전 종식 이후 NATO의 직접적인 군사 활동이라 할 수 있는 ① 보스니아-헤르체코비나, ② 코소보, ③ 아프가니스탄, 그리고 ④ 리비아 군사개입을 고찰하고자 한다. 특히, 냉전 종식 이후 NATO가 전개하고 있는 군사 활동의 성격은 비록 9·11 테러 이후 NATO 역사상 처음으로 북대서양 조약 제5조의 발동에 따라 집단방위 차원의 아프가니스탄 전쟁이 시작되었지만 기본적으로는 집단안보 역할 차원의 인도주의적 개입의 성격이 강하다.

또한 여기에서는 냉전 이후 NATO 군사 활동과 유엔안보리와의 역학관계도 고찰하고자 한다. 왜냐하면 오늘날의 국제사회에서도 아직까지는 특정 국가의 주권에 개입하게 되는 국제사회의 집단적 강제 행동은 유엔헌장 제7장 하에서 유엔안보리의 승인이 있어야 하기 때문이다. 물론, 유엔헌장 제8장의 제53조에 따라 지역안보제도가 유엔의 권위 하에서 그러한 행동을 취할 수는 있으나 그 경우에도 안보리의 승인을 받아야만 한다. 그렇다면 NATO는 인도주의적 개입을 할 경우 유엔안보리의 승인을 받아야만 하는가? 만약 유엔안보리의 승인이 없을 경우 NATO는 집단안보 차원의 인도주의적 개입 활동을 할 수 없는 것인가? 유엔안보리의 승인 없이 NATO의 집단안보 역할이 실행되었을 경우 국제사회는 이를 어떻게 규정해야 하는가? 등의 문제가 중요한 논쟁의 초점이 될 것이다.

1. 집단방위와 집단안보, 그리고 인도주의적 개입

1) 집단방위와 집단안보의 차이

근대 국제체제 출발 이후 국가들은 자신들의 안보이익을 확보하기 위한 수단으로 집단방위와 집단안보에 의존해왔다. 그러나 제1·2차 세계대전과 냉전의 경험으로 정치지도자들과 정책분석가들은 집단방위와 집단안보 개념을 혼용하거나 집단안보 개념을 상이하게 해석하고 사용해왔다. 어떤 경우에 집단안보 개념은 동맹을 위한 도덕적 · 물리적 기반으로 혹은 안보위기에서 특정정책을 지지하기 위한 명분으로 사용되었다. 또 다른 경우에 집단안보 개념은 국제연맹의 경우뿐만 아니라 유엔의 평화유지를 특징화하기 위해 사용되었다. 나아가 명백한 위협을 상정한 NATO와 WTO를 설명하는 경우에도 집단안보 개념이 적용되었다.[1]

이러한 측면은 특정 안보제도에서 발생한 제도화의 심화와 냉전체제에도 불구하고 동－서 간의 협력 등 변화하는 국제안보환경이 고려되었기 때문이겠지만, 집단방위(collective defense)와 집단안보(collective security)라는 두 개념은 많은 측면에서 명백한 차이가 있다. 먼저, 집단방위 개념은 위협을 공유하는 제한적인 국가들이 동맹을 구축하는 것을 의미하는 것으로 집단방위기구는 회원국이 군사력 사용에 대한 결정권을 보유하거나 군사원조가 필요한 구체적 상황을 적시함으로써 자신들의 공약을 한정시킨다.[2] 그렇기 때문에 집단방위 옹호론자들은 국가들을 편협한 자기 이익

---

1 Leon Gordenker and Thomas G. Weiss, "The Collective Security and Changing World Politics," in Thomas G. Weiss(ed.), *Collective Security in a Changing World*(Boulder: Lynne Rienner Publishers, Inc., 1993), pp. 3~18.

2 Robert Art, "Creating a Disaster: NATO's Open Door Policy," *Political Science*

적인 행위자로 바라보고 국제평화나 안보와 같은 모호하고 식별 불가능한 미래의 위협에 맞서기 위해 군사력을 결합하지는 않는다고 주장한다.[3] 즉, 집단방위는 선별적 안보(selective security)를 강조하는 것이다.

이와는 달리 집단방위와 마찬가지로 오랜 역사를 가지고 있는 집단안보는 1815년의 유럽협조체제 이후 국제정치에서 반복적으로 등장하였다. 그러나 집단안보의 모든 근대적 견해는 윌슨(Woodrow Wilson)의 사고와 표현에서 연유되었다.[4] 윌슨은 국제연맹 창설을 주도하면서 권력정치를 비판하였고 모든 회원국들은 평화를 원하고 특정 상황에 관계없이 공격을 막아내고 응징을 가할 것이라고 확신하였다. 윌슨은 국가들이 필연적으로 자구체제에서 기능하고 국가이익을 다른 모든 것보다 우선시한다는 주장을 거부했다.[5] 그는 국제질서를 보호하는 것이 국가의 이익에 도움이 되기 때문에 국가들은 실제적인 침략 상황에서 사활적인 이익이 없다 할지라도 연합에 참여할 것이라고 가정했던 것이다.[6]

쿱찬과 쿱찬(Kupchan and Kupchan)은 집단안보는 한 국가에 대항하는 모두라는 입장에 달려 있다고 주장한다.[7] 이들은 규제되고 제도화된 균형

Quarterly, 11-3(Fall 1998), p. 395.

3 Richard Rupp, "NATO 1949 and NATO 2000: From Collective Defense Toward Collective Security," in Ted Galen Carpenter(ed.), *NATO Enters The 21st Century*(London: Frank Cass, 2001), pp. 157~158.

4 Rupp, "NATO 1949 and NATO 2000: From Collective Defense Toward Collective Security," 2001, p. 157.

5 Rupp, "NATO 1949 and NATO 2000: From Collective Defense Toward Collective Security," 2001, p. 157.

6 Charles A. Kupchan and Clifford A. Kupchan, "Concerts, Collective Security, and the Future of Europe," *International Security*, 16-1(Summer, 1991), p. 126.

7 Kupchan and Kupchan, "Concerts, Collective Security, and the Future of Europe," 1991, p. 118.

이 그렇지 않은 자구적인 균형보다 더 안정성을 제공한다고 주장한다.[8] 이들에게 있어서 집단안보기구는 이상적인 집단안보[9]로부터 협조체제에 이르기까지 다양하면서도 상이한 행태를 취할 수 있으며, 집단안보는 공격자에 대항할 수 있는 보다 효율적인 균형을 제공하고 신뢰와 협력을 증진시키는 이점이 있다는 것이다.[10] 집단안보체제의 정수는 자기 규제(self-regulation)와 집단적 응징에 대한 강조로 회원 국가들 사이에서 안정을 유지하기 위해서 보통 대등한 군사능력을 확보하고 불안전성을 완화하기 위한 투명성을 증진시키는 규범을 갖고 있는 것이다.[11] 이와 유사하게 집단안보와 관련해서 헤들리 불(Hedley Bull)은 국제질서는 세력균형이 아니라 국제사회의 대리자 자격으로 행동하는 국가들이 서로 결합하여 행사하는 압도적 힘에 의지해야만 한다. 이들 국가들은 전체로서 체제의 도전들을 억지하거나 혹은 이를 다룰 것이라고 언급했으며,[12] 아욥(Ayoob)은 집단안보는 국제질서를 유지하기 위해 국제사회의 대리자로서 행동하는 국가들이 서로 결합하여 압도적 힘을 행사하는 핵심적 요소들을 구성해

8 Kupchan and Kupchan, "The Promise of Collective Security," *International Security*, 20-1(Summer, 1995), p. 52.

9 클라우드(Claude)에 의하면, 이상적인 집단안보(ideal collective security)는 자의적인 권력행사로 현존 질서를 위협하는 국가들에 대항하여 나머지 모든 국가들이 행동에 나서 안보를 제공하는 것을 의미한다. 이상적인 집단안보는 어떠한 침략국도 집단적 제재에 직면하게 될 것이라는 법적 의무라는 확실성을 제공한다. Kupchan and Kupchan, "Concerts, Collective Security, and the Future of Europe," 1991, p. 119에서 재인용.

10 Kupchan and Kupchan, "Concerts, Collective Security, and the Future of Europe," 1991, p. 119; Kupchan and Kupchan, "The Promise of Collective Security," 1995, p. 54.

11 George W. Downs and Keisuke Iida, "Assessing the Theoretical Case Against Collective Security," in George W. Downs(ed.), *Collective Security Beyond the Cold War*(Ann Arbor: University of Michigan Press, 1994), p. 18.

12 Hedley Bull, *The Anarchical Society: A Study of Order in World Politics*(New York: Columbia University Press, 1977), p. 239.

야만 한다는 점을 언급했다.[13]

이상의 다양한 학자들의 입장을 살펴보았을 때, 집단안보에 반대하는 다양한 이론적 주장[14]과는 달리 집단안보의 목적은 지난 냉전체제에서 경험했듯이 국가안보 논리에 몰입되어 과도하고 항구적인 경쟁을 피하고 국제안보 논리에 따라 규제되고 제도화된 균형체제 창출을 통해 국제질서의 안정을 꾀하고자 하는 것이다.

2) 집단안보 차원의 인도주의적 개입

냉전 종식 이후 국제안보환경의 급격한 변화와 더불어 소위 실패한 국가들의 국내 정치 · 경제 · 사회적 곤경과 종교적 · 인종적 탄압에서 연유하는 인도주의적 개입이 과거와는 달리 국제사회에서 하나의 일반적 현상이 되어가고 있다. 원래 개입이란 국가, 국가 내의 집단, 국가들의 집단 또는 국제기구가 다른 어떤 국가의 내부 문제에 강제적으로 간섭하는 활동으로 시작과 끝을 갖는 불연속적 사건이며 대상 국가의 권위구조를 목표로 한다.[15] 그러나 인도주의적 개입은 어떤 국가의 내부 문제로 인해 그 나라 국민들의 근본적 인권이 유린되는 급박한 상황을 맞이하여 이러

13 Mohammed Ayoob, "Squaring the Circle: Collective Security in a System of States," in Weiss, *Collective Security in a Changing World*, 1993, p. 50.

14 집단안보 논리에 반대하는 다양한 이론적 주장들은 다음과 같은 유형으로 정리될 수 있다. 첫째, 집단안보는 상당한 권력의 분산을 요구한다. 둘째, 위협 평가에서의 편차는 집단안보의 범위와 효율성을 제한한다. 셋째, 무임승차의 문제는 집단안보 약속을 위태롭게 만든다. 넷째, 집단안보는 외부 위협의 부재에서는 생존할 수 없다. 다섯째, 집단안보는 정황과 자기이익에 둔감한 융통성 없는 행위 과정에 국가들이 약속할 것을 요구한다. 여섯째, 집단안보의 논리는 집단안보 수립이 그 결과가 이미 존재하는 것을 요구한다는 의미에서 순환적이다. George W. Downs, *Collective Security Beyond the Cold War*, 1994, p. 36.

15 R. J. Vincent, *Nonintervention and International Order*(Princeton: Princeton University Press, 1974).

한 상황을 개선하기 위해 국제사회가 개입하는 것을 의미한다. 따라서 인도주의적 개입은 보통 비군사적 수단을 통해 의약품이나 식량 등의 형태로 긴급하게 원조를 제공하고 필요에 따라 외교와 제재를 통해 인권 유린을 방지하는 것이다.

인도주의적 개입과 관련하여 국제사회의 활동은 보통 유엔의 평화유지(peace keeping)활동으로 상징되었다.[16] 과거 유엔의 평화유지활동은 냉전체제의 특성으로 인해 중립적 국가들의 소규모 경무장 병력으로 구성된 평화유지군을 통해 분쟁 확산과 인권유린 등을 방지하는 것이었다. 그러나 탈냉전 이후 유엔의 인도주의적 개입은 과거와는 달리 보다 확대되고 복잡한 양상을 갖게 되었다. 이러한 새로운 개입은 집단안보 차원에서 이해되면서 단순히 평화유지활동에 그치는 것이 아니라 분쟁의 종식과 그 이후의 안정적 제반 환경을 마련하는 등 평화 강제(peace enforcement)를 포함하는 것으로 확대되었다. 이에 따라 과거와는 전혀 다른 성격의 새로운 인도주의적 개입에 따른 평화활동을 둘러싸고 평화 유지와 평화 강제 간의 문제가 새롭게 조명을 받게 되었다.

이와 관련하여 영국 육군은 이러한 평화활동을 확대된 평화유지(Wider Peace keeping)라 명했고, 영국 육군의 야전교본인 *Wider Peace Keeping*의 저자인 더비는 전통적인 평화 유지와 평화 강제를 명확히 구별하면서 그 기준의 핵심은 동의 여부에 달려 있다는 것이다.[17] 이와는 대조적으로 미국의 육군은 야전교본(100-23) *Peace Operations*에서 영국이 확대된

16 유엔의 평화유지활동에 대한 전반적 내용에 대해서는 다음을 참조. 송승종, 『유엔 평화유지활동의 이해』(서울: 연경문화사, 2006); 합동참모대학 국제평화활동센터, 『평화유지활동: UN PKO 종합지침서』(서울: 합동참모대학, 2005).

17 Charles Dubbie, "A Concept for Post-Cold War Peacekeeping," *Survival*, 36-3(Autumn 1994), pp. 121~148.

평화 유지로 인식한 많은 임무를 평화 강제의 임무로 간주하였다.[18] 한편, 인도주의적 개입에 따른 국제사회의 군사력 사용과 관련하여 국제사회의 다양성을 존중하며 홉스의 주권 중심적 관점을 수용하는 다원주의자들은 주권과 비개입의 원칙을 강조한다.[19] 반면, 국제적 삶의 초국가적 유대를 강조하고 정의라는 보편적 기준이 존재한다는 것을 가정하면서 칸트의 관점을 수용하는 연대주의자들은 인권과 개입의 정당성을 강조한다.[20]

보다 현실적인 측면에서 유엔은 평화활동과 관련하여 구체적이고 현실적인 권고를 제공하기 위한 차원에서 소위 브라히미 보고서(Brahimi Report)를 작성하여 인도주의적 개입의 핵심은 동의 · 군사력, 그리고 공정성과의 관계를 강조하였다.[21] 특히, 인도주의적 개입의 임무는 개입 지역의 행위 주체들과의 동의의 문제가 가장 핵심이다. 이와 관련하여 개입 비관주의는 주요 당사자들의 동의와 협력 없이는 인도주의적 재난에 대해 할 수 있는 일이 거의 없다는 것으로 평화활동군이 공정성을 상실한다면 모든 것을 잃는다는 신념을 가지고 있다.[22] 반면, 개입 낙관주의는 국

18 Department of the Army, *FM 100-23 Peace Operations*(Washington, D. C.: USGPO, 1994); http://globalsecurity.org/military/library/policy/army/fm/100-23/index.html. 미국 육군의 야전교본에 따르면, 평화활동은 크게 외교 지지, 평화 유지, 그리고 평화 실행이라는 세 가지 유형의 활동을 포함하는 것이다.

19 김열수, 「탈냉전 후 유엔 안보리의 위상변화: 군사력 사용을 중심으로」, 『국제정치논총』 제48집 1호, 2008, pp. 351~352.

20 김열수, 「탈냉전 후 유엔 안보리의 위상변화: 군사력 사용을 중심으로」, 2008, pp. 352~353.

21 UN General Assembly, *Report of the Panel on United Nations Peace Operations,* A/55/305-S/2000/809(Brahimi Report), p. 9.

22 Theo Farrell, "Humanitarian Intervention and Peace Operations," in John Baylis, James Wirtz, Eliot Cohen, Colin S. Gray(eds.), *Strategy in the Contemporary World*(Oxford: Oxford University Press, 2004), p. 292.

제사회는 강제적으로 실패한 국가들을 재건할 수 있고 살인적인 국가를 개혁할 수 있다는 것으로 평화활동의 성공은 요구되어진 동의를 이끌어 낼 수 있는 능력에 달려 있다는 신념을 가지고 있다.[23]

2. 보스니아-헤르체코비나, 코소보

1) 보스니아-헤르체코비나(Bosnia-Hercegovina)

탈냉전 이후 NATO의 집단안보 역할의 출발은 공식적으로 1992년의 오슬로 각료선언에서 나왔다. 북대서양이사회(NAC)는 1992년 6월 4일의 오슬로에서 회담을 갖고 NATO는 동맹의 자원을 활용할 수 있는 것을 포함하여 유럽안보협력회의(CSCE)의 책임 하에 사례별로 평화유지활동을 지지할 것이며, 유럽과 대서양지역에서 갈등 해결과 평화 유지를 위한 유엔의 가치 있는 공헌을 지지하며, 유엔의 평화 유지와 다른 노력들에 참여하고 또한 공헌할 것이라는 사실을 환영한다고 밝혔다.[24] 이를 계기로 집단안보 역할을 수행하기 위한 NATO와 유엔 및 다른 유럽안보기구들과의 협력관계가 마련되었다. 집단안보 활동을 수행하기 위한 NATO와 다른 유럽안보기구와의 협력은 유엔안보리 결의안 757호(1992년 5월 30일)에 근거하여 세르비아와 몬테네그로에 대한 유엔 제재가 이루어지는 동안에 처음으로 실행에 옮겨졌다. NATO와 서유럽연합(WEU)은 1992년 7월의 아드리아해에 해안 순찰선을 보내 출항 정지를 감시했고, 1992년 11월 16일의 유엔은 NATO와 서유럽연합에게 세르비아와 몬테네그로에

---

23 Farrell, "Humanitarian Intervention and Peace Operations," 2004, p. 292.

24 NATO, *Final Communique of the North Atlantic Council*, 4 June, 1992.

대한 유엔의 통항금지를 강제하는 임무를 부여하는 결의안 787호를 통과 시켰다. 따라서 NATO는 유엔의 위임 하에 다른 유럽안보기구와의 협력을 통해 역외활동(out-of-area)이라는 명백한 집단안보 역할을 수행하게 되었다.[25]

[표 8-1] 보스니아-헤르체코비나 관련 유엔안보리 주요 결의안 내용

날짜(결의안)	결의안 주요 내용
1991년 9월 25일(713)	유고(세르비아와 몬테네그로)의 평화와 안정 수립을 목적으로 모든 국가들은 유고로의 무기와 군사장비 반입금지를 즉시 시행 결정
1992년 5월 30일(757)	세르비아와 몬테네그로에 대한 전면적 제재 결정
1992년 10월 9일(781)	보스니아와 헤르체코비나의 영공에서 군사비행 금지 결정
1992년 11월 16일(787)	세르비아와 몬테네그로에 대한 통항금지를 강제하는 임무를 나토와 서유럽연합에 부여
1993년 3월 31일(816)	보스니아와 헤르체코비나의 영공에서 비행금지 강제 승인
1993년 5월 6일(819)	보스니아와 헤르체코비나의 일정 지역에 안전지대 설정 결정
1993년 6월 4일(836)	안전지대를 보호하기 위한 조치 차원에서 공군력 사용 승인
1995년 11월 30일(1027)	유엔예방배치전력(UNPREDEP)의 임무를 1996년 5월 30일까지로 연장 결정
1995년 12월 15일(1031)	유엔예방배치전력(UNPREDEP)의 권한을 NATO 주도 실행전력(IFOR)에게로 위임 결정

* 출처: 유엔(http://www.un.org)과 NATO(http://www.nato.int) 홈페이지를 통해 관련 결의안 참조 · 분석.

25 G. Inur Aybet, *NATO's Developing Role in Collective Security*, SAM Paper No. 4, 1999, p. 6.

그러나 NATO와 유엔 간의 본격적인 협력관계는 NATO가 보스니아-헤르체코비나에 개입하면서부터이다. 이미 서유럽연합과 아드리아해에서 통상금지 감시임무를 수행하고 있던 NATO는 처음으로 보스니아에서의 유엔 활동에 개입하게 되었다. 보스니아 상공에서의 비행금지구역(no-fly zone)을 설정한 유엔안보리 결의안 781호가 통과된 1992년 10월에 NATO의 조기경보기는 비행금지구역 감시 임무를 수행하였다. 또한 1993년 3월 31일에 유엔안보리는 비행금지구역 강제를 승인하는 결의안 816호를 통과시켰고, 4월 12일에 NATO는 이를 위한 비행작전(Operation Deny Flight)에 들어갔다. 나아가 1993년 5월 6일에 유엔안보리는 그 지역에서 안전지대(safe area)를 설정하는 또 다른 결의안인 819호를 통과시켰고, 6월 4일에는 안전지대를 보호하기 위해 공군력 사용을 지지하는 결의안 836호를 통과시켰다. 이에 따라 NATO와 유엔의 특별한 협력관계가 보다 구체화되었다. 이러한 일련의 유엔안보리 결의안에 근거하여 NATO의 공습은 1994년 2월 5일에 실행에 옮겨져 2월 28일에 비행금지구역을 위반한 4대의 세르비아 전투기를 격추시켰다. 이것은 NATO 창설 이후 처음으로 군사 행동에 들어간 사건이었다.

이러한 공습에 따른 개입 노력에 대한 낙관적 분위기도 잠시 분쟁 상황은 더욱 확전 · 악화되는 양상을 보이게 되었다. 이러한 과정에 있어서 군사력 사용의 무게중심은 점차 유엔안보리 결의에서 북대서양이사회로 넘어가는 양상을 보여주었다. 무엇보다도 NATO의 공습권에 대해 처음에는 유엔 사무총장의 요청 하에서만 이루어질 수 있었으나 1995년 7월 이후에는 유엔의 지상군사령관의 직접 요청에 따라 NATO가 공습을 수행할 수 있는 권한을 가지게 되었다. 유엔 사무총장은 1995년 8월 1일에 NATO 회담에서 결정된 이러한 새로운 운영 협정(operational arrangements)을 승인하였다.[26]

1995년 8월에 있었던 NATO의 공습은 이 지역에서 3년간 지속되었던 유혈 갈등을 종식시키기 위한 수단이었다. 결과적으로 보스니아-헤르체코비나에서의 유혈 갈등은 1995년 12월 14일에 데이턴 평화협정(Dayton Peace Agreement)으로 분쟁이 종식되었다. 이와 더불어 1995년 12월에 NATO는 데이턴 평화협정의 군사적 측면을 실행하기 위해 실행전력(IFOR)이라는 평화 유지 임무를 전개하였다. 6만 명에 해당하는 실행 전력은 1996년에 들어와 안정화전력(SFOR)으로 대체되었다. 이후 보스니아-헤르체코비나의 안보 상황이 점차적으로 개선됨에 따라 NATO 주도의 안정화전력은 2004년 12월에 7천 명 수준으로 감축되었고, 그해 말에 NATO는 안정화전력의 임무를 유럽연합에게 이관하였다.[27] 2006년 12월에 보스니아와 헤르체코비나는 평화를 위한 동반자관계 회원으로 가입하였고, 2008년 4월에 NATO는 이들을 초청하여 NATO의 정식 회원 가입과 관련된 정치·군사·재정, 그리고 안보적 쟁점 등 광범위한 측면에서 심화된 대화를 시작하였다.

2) 코소보(Kosovo)

코소보는 유고연방 내에서 세르비아의 자치지역이었다. 1989년까지 알바니아 주민 지역은 자치를 누렸으나 밀로세비치(Slobodan Milosevic) 등장 이후 세르비아의 통제를 받게 됨에 따라 이 지역의 알바니아와 다른 인종들의 개인적 자치권은 극도로 제한받게 되었다. 이러한 상황에서 1996년에 코소보해방군이 결성되면서 세르비아와의 무력충돌이 불가피하게 되었다. 1998년 2월에 코소보 알바니아의 저항세력에 대한 세르비

---

26 Aybet, *NATO's Developing Role in Collective Security*, 1999, p. 9.

27 http://www.nato.int/issues/nato-bosnia-herzegovina/index.html.

아의 군사작전으로 코소보에서 세르비아군과 코소보해방군 사이에 무력 충돌이 발생하여 코소보 알바니아인 1,500명이 희생되고 주민 약 40만 명이 인근 알바니아와 마케도니아 등지로 피난을 떠났다. 유엔안보리는 세르비아군의 코소보 철수를 요구했으나 세르비아 지도부는 코소보에서의 철수를 거부하였다.[28]

[표 8-2] 코소보 관련 유엔안보리 주요 결의안 내용

날짜(결의안)	결의안 주요 내용
1998년 3월 31일(1160)	코소보 지역을 포함하여 유고에 대한 무기금지 부과 결정과 아울러 코소보 자치권 증대와 유럽안보협력기구와 접촉그룹의 노력 지지
1998년 9월 23일(1199)	세르비아 안보세력과 유고 군대의 과도한 무력 사용에 대해 우려를 표시, 갈등 당사자 간의 정전 촉구
1998년 10월 24일(1203)	유럽안보협력기구와 NATO 간의 검증임무 수립 승인
1999년 6월 10일(1244)	코소보에서 평화 실행 임무를 담당할 국제안보전력(international security presence)을 승인하고 NATO의 코소보평화유지군(KFOR) 배치는 단일 지휘통제 하에서 이루어져야 함을 결정

* 출처: 유엔(http://www.un.org)과 NATO(http://www.nato.int) 홈페이지를 통해 관련 결의안 참조 · 분석.

이러한 상황에서 코소보에 대한 최초의 유엔안보리 결의는 1998년 3월 31일의 결의안 1160호로 나왔다. 비록, 코소보에 대한 유엔안보리 결의안 1160호는 무력 사용에 대한 승인이 없었으나 결의안 1160호는 유고슬라비아에 대한 무기금지를 부과하면서 코소보 자치권의 증대와 유럽안보

28 김열수, 「탈냉전 후 유엔 안보리의 위상변화: 군사력 사용을 중심으로」, 2008, p. 362.

협력기구와 접촉그룹(Contact Group)[29]의 노력들을 지지하면서 문제 해결을 위한 협상을 촉구하였다. 나아가 유엔안보리는 1998년 9월 23일의 결의안 1199호를 통해 유고의 과도한 무력 사용에 대한 우려를 표시하면서 갈등 당사자 간의 정전을 촉구하였다. 또한 결의안 1199호는 유고가 충족시켜야 하는 특정의 요구조건들(안보세력에 의한 민간인 억압 즉시 중지, 난민들과 쫓겨난 사람들이 고향으로 돌아갈 수 있도록 허용할 것)을 제시하였고, 이러한 조건들이 충족되지 않을 경우 이 지역에서 평화와 안정을 회복 · 유지하기 위한 심화된 행동과 추가적 조치들을 취할 것을 고려할 것이라고 언급하였다.

그럼에도 불구하고 이것이 무력 사용의 승인을 의미하는 것은 아니었지만, 북대서양이사회는 유엔안보리 결의안 1199호가 통과된 직후 코소보에서 제한적이고 단계적인 공습을 준비하기 위한 공군의 행동경고(ACTWARN) 발표를 승인했다.[30] 행동경고는 NATO의 군사적 준비상황 단계를 증대시키는 것이며, 특히 NATO의 야전사령관에게 공습작전에 필요한 자원들을 부여하는 것이다. 따라서 이 단계에서 NATO는 이미 코소보에 대한 공습을 실행하기 위한 군사적 계획을 준비했던 것이다. 나아가 1998년 10월 13일에 북대서양이사회는 야전군 지도자에게 권위를 위임하는 행동화명령(ACTORD) 발표를 결정했다.[31]

29 접촉그룹은 원래 1990년대 초반 보스니아 위기에 대응하면서 탄생하였다. 접촉그룹의 구성국은 미국 · 영국 · 프랑스 · 독일 · 이탈리아, 그리고 러시아이다. 유엔안보리 상임이사국 대부분을 포함하고 있는 접촉그룹은 19세기에 있었던 강대국 협조체제와 유사한 기능을 수행하는 것이다. http://en.wilipedia.org/wiki/Contact_Group_%28Balkans%29.

30 NATO, *Statement by the Secretary General following the ACTWARN decision*, Vilamoura, 24 September, 1998.

31 NATO, *Statement to the Press by the Secretary General following Decision on the ACTORD*, 13 October, 1998.

이러한 상황 전개와 더불어 코소보 상황을 해결하기 위해 미국의 유고 특사 홀부르크(Richard Holbrooke)는 밀로세비치와 협상을 벌였다. 비록 세르비아가 유엔안보리 결의안 1199호의 요구조건들을 여전히 만족시키지 않고 있었지만, 협상에서는 어느 정도의 진척이 있었다. 이 단계에서 협상은 국제감시단의 입장을 받아들이는 검증 조치 도입에 모아졌고 이에 따라 1998년 11월 26일에 코소보검증조정센터(KVCC)가 수립되었다. 이 센터의 목적은 코소보에서 지상군에 대한 유럽안보협력기구의 감시임무와 NATO의 항공 검증임무를 조정하는 것이었다. 코소보검증조정센터가 운영하는 이러한 활동의 전반적인 관리는 NATO의 조정 하에서 이루어졌다. 이것이 시사하는 것은 코소보 위기 개입 초부터 NATO는 홀로 행동한 것이 아니라 접촉그룹, NATO－러시아 상임 합동위원회, 유엔안보리, 유럽안보협력기구와 같은 국제사회가 활용한 다양한 포럼과 더불어 행동했다는 것을 보여주는 것이다. 따라서 이 단계에서 NATO는 군사적 측면에서 뿐만 아니라 외교적 협상 과정에도 깊숙이 관여하게 되었던 것이다.[32] 1998년 10월 24일에 유엔안보리는 결의안 1203호를 통해 유럽안보협력기구와 NATO 간의 검증 임무 수립을 승인하는 동시에 코소보 상황을 이 지역의 평화와 안보에 대한 지속적 위협으로 간주한다고 규정하였다.

그러나 코소보 상황이 계속 악화됨에 따라 접촉그룹은 분쟁 당사자들 간의 협상을 촉구하면서 이를 위한 회의를 마련해나갔고 그 과정을 통해 1999년 3월 15일부터 18일까지 접촉그룹과 분쟁 당사자들이 참여한 회담이 열렸다. 이 회담에서 알바니아인들은 코소보를 세르비아의 한 부분으로 하는 해결책을 받아들이고자 하지 않았으며, 세르비아 역시 1990년

32 Aybet, *NATO's Developing Role in Collective Security*, 1999, p. 17.

이전으로의 현상 복귀를 원치 않았다. 결국, 1999년 3월 18일에 알바니아 · 미국, 그리고 영국 대표단은 NATO가 초안을 작성한 람보릿 협정(Rambouillet accords)[33]에 서명했으나 세르비아와 러시아 대표단은 이를 거부했다. 이 협정은 폭력의 즉각 중단, 코소보에서 유고 군, 경찰, 준군사세력의 철수, NATO가 이끄는 국제 군사력의 코소보 주둔, 모든 난민들과 쫓겨난 사람들의 무조건적 안정 복귀, 코소보 자치의 정치적 해결이라는 다섯 가지 사항을 담고 있었다.[34] NATO는 이러한 다섯 가지 요구사항이 관철되지 않을 경우 유고에 대한 공습 행동의 가능성을 언급했고,[35] 3월 23일에 북대서양이사회는 유엔안보리의 결의를 받지 않은 상황에서 공습을 명령하였다.

1999년 3월 25일에 유고의 군사조직을 파괴하는 연합군 작전(Operation Allied Force)이 시작되었다. 이번 작전에서 NATO의 정치적 목적은 모든 군사행동과 폭력, 그리고 억압을 중지시키고 이를 검증하는 것, 코소보에서 모든 군사세력의 철수, 코소보에 국제평화유지군의 주둔, 모든 난민들과 쫓겨난 사람들의 무조건적이고 안전한 귀환 등을 이루는 것이었다. 이 작전은 NATO와 유고 간의 군사-기술적 협정이 체결된 이후인 6월 10일에 끝났다. 코소보에서 유고의 철수를 보장하는 이 협정은 유고 · 유럽연합 · 러시아 특사 간에 6월 3일에 체결되었다. 공습이 중단되기 전에 이미 코소보에서 평화 실행 임무를 담당할 NATO의 코소보평화유지군(KFOR)이 합동감시작전(Operation Joint Guardian) 하에서 시작되었다.

33 협정문 전문은 다음을 참조. http:www.state.gov/www/regions/eur/ksvo_rambouillet_text.html.

34 Marc. Weller, "The Rambouillet Conference on Kosovo," *International Affairs*, 75-2, 1999, pp. 211~251.

35 NATO, *Statement to the Press by the Secretary General*, 30 January, 1999.

1999년 6월 12일에 코소보평화유지군이 코소보에 입성하였고 6월 20일에 세르비아 군세력이 완전히 철수하였다. 코소보평화유지군은 NATO 회원국, 파트너국가들, 비(非)NATO 회원 국가들의 5만 병력으로 구성되었다. 2002년에 출발과 더불어 코소보평화유지군은 3만 9천 명으로 감축되었다. 2003년 말에는 안보환경이 개선됨에 따라 17,500명으로 감축되었다. 2007년 12월에 북대서양이사회는 유엔안보리가 다른 결정을 취하지 않을 경우 유엔안보리 결의안 1244호에 근거하여 코소보평화유지군이 코소보에 계속 주둔하여 이 지역의 평화재건 활동을 하기로 결정하였다.[36]

2008년 2월 17일에 코소보가 신생 독립국이 됨에 따라 NATO는 코소보에서 새로운 임무를 맡게 되었다. 즉, NATO는 코소보에서 임시적인 갈등 관리조직인 코소보보호군(KPC)을 지원하여 코소보에서 인도주의적 역할을 도와주는 것이었다. 이 역할은 성공적으로 수행되어 2009년 6월 14일에 코소보보호군은 공식적으로 해체되었다. 반면, NATO는 코소보의 경무장력이라 볼 수 있는 코소보안보군(KSF) 구축과 훈련 등을 지원하고 감시하는 역할을 강화해나갔다. 이와 동시에 NATO는 2010년 2월에 재구축된 코소보평화유지군을 주도해나가면서 이 지역의 평화와 안전을 위한 노력을 지속시켜나가고 있다. 2010년 12월 현재 코소보에는 32개국(24개 NATO 회원국, 8개의 비NATO 회원국) 8,700명 정도가 코소보평화유지군으로 활동하고 있다.

36 "Kosovo Force(KFOR)," http://www.nato.int/issues/kfor/evolution.html.

3. 아프가니스탄과 리비아

1) 아프가니스탄(Afghanistan)

2001년 9월 11일에 테러리스트들이 납치한 미국 항공기로 세계무역기구 건물을 직접 공격한 9·11 테러는 미국과 세계 주요 국가들의 안보관을 급격하게 변화시키는 결정적 계기가 되었다. 9·11 테러 사건을 계기로 부시(G. Bush) 행정부는 미국의 안보정책을 재구성하고 수많은 국가들과의 관계를 재평가하게 되었다. 또한 당시 국방장관이었던 럼스펠드(Rumsfeld)는 9·11 테러를 단순한 테러리즘 행위가 아닌 21세기 최초의 새로운 전쟁으로 파악하였다.[37] 결과적으로 9·11 테러는 미국의 새로운 국방전략 그리고 군 변혁의 개념과 기본 방향들에 대한 추진 주체들의 인식의 정당성과 실천의지를 더욱 강화시켰고, 그 진척의 속도 역시 더욱 빨라지게 만들었으며,[38] NATO의 집단안보 역할에도 새로운 동력을 부여하는 주요 계기가 되었다.

9 · 11 테러 직후 NATO는 동맹의 자산을 극대화하고 미국의 노력을 지원하기 위한 정책과 전략을 발전시키기 위해 부시 행정부와 협력을 강화하기 시작하였다. 또한 2001년 10월 2일에 북대서양이사회는 NATO 역사상 처음으로 조약 제5조를 발동하였다.[39] 유엔안보리 역시 2001년 9

---

37 Donald H. Rumsfeld, "A New Kind of War," *The New York Times*, 27 September, 2001. 9·11 테러를 21세기 최초의 새로운 전쟁으로 파악한다는 입장과 관련해서 이에 대한 접근 방법으로는 크게 제4세대 전쟁(The Fourth Generation), 비대칭 전쟁(Asymmetric Warfare), 그리고 네트전(Netwar) 개념이 있다. 이와 관련해서는 다음을 참조. 이수형, 「9·11 뉴욕 테러와 21세기 신전쟁」, 『戰史』 제4호, 2002, pp. 339~362.

38 강봉구, 「아프간 전쟁 이후 미국의 군변혁: 변화된 전쟁양상에 대한 대응을 중심으로」, 『국제정치논총』 제42집 1호, 2002, pp. 130~131.

[표 8-3] 아프가니스탄 관련 유엔안보리 주요 결의안 내용

날짜(결의안)	결의안 주요 내용
2001년 9월 12일(1368)	유엔헌장에 따라 테러리즘을 근절하기 위한 국제적 노력 지지
2001년 9월 28일(1373)	
2001년 11월 4일(1378)	아프가니스탄에 대한 이전의 결의안 내용들을 재확인
2001년 12월 6일(1383)	
2001년 12월 20일(1386)	아프가니스탄에서 NATO의 평화활동을 승인 아프가니스탄 임시정부 지원을 위해 국제안전지원군을 6개월 간 운영하기로 결정
2003년 10월 13일(1510)	국제안전지원군의 임무를 아프가니스탄 전지역으로 확대 결정

* 출처: 유엔(http://www.un.org)과 NATO(http://www.nato.int) 홈페이지를 통해 관련 결의안 참조 · 분석.

월 12일에 결의안 1368호와 2001년 9월 28일에 결의안 1373호를 통해 유엔헌장에 따라 테러리즘을 근절하기 위한 국제적 노력을 지지했고, 2001년 11월 14일에 결의안 1378호와 12월 6일에 결의안 1383호를 통해 아프가니스탄에 대한 이전의 결의안 내용들을 재확인하였다.

2001년 10월 7일에 미국이 주도한 대테러전쟁 차원의 아프가니스탄에 대한 실제적 작전이 이루어졌다. 비록 아프가니스탄 전쟁 동안 압도적인 군사력은 미군 전력이었지만 NATO는 미군을 직간접적으로 지원하기 위한 많은 수단을 제공하였다. 아프가니스탄 전쟁 수행과 관련, 미국은 NATO에게 구체적으로 8개 항목의 지원을 요청하였다. 이러한 요청 항목들은 NATO 군사력이나 개별 회원국의 병력 지원에 관한 것이 아니라 아프가니스탄 전쟁 기간 동안 군사적 · 비군사적 연합을 발전시키기 위한

39 Tom Lansford, *All for One: Terrorism, NATO and the United States*(Burlington: Ashgate Publishing Company, 2002), pp. 1~2.

부시 행정부의 노력을 지지해달라는 것이었다.[40] 특히, 2001년 12월 20일에 유엔안보리가 결의안 1386호를 통해 아프가니스탄에서 NATO의 평화활동을 승인함에 따라 NATO는 아프간 임시정부를 지원하기 위한 활동을 적극적으로 펼치게 되었다. 특히, 아프가니스탄에서 NATO의 평화활동을 공식적으로 승인한 유엔안보리 결의안 1386호는 2001년 12월 5일에 본 협정(Bonn Agreement)에 의거, 아프가니스탄 임시정부 지원을 위해 국제안전지원군(ISAF)을 6개월간 운영하기로 결정하였다. 국제안전지원군은 2001년 12월에 탈레반 정권을 몰아낸 후 본 협정에 따라 창설되었다. 국제안전지원군의 임무는 처음에는 카불(Kabul) 주변에 안전을 확보하는 것으로 제한되었으나 2003년 10월 13일에 유엔안보리 결의안 1510호를 통해 아프가니스탄 전지역에 걸쳐 임무를 수행하는 것으로 확대되었다.

NATO는 2003년 여름에 국제안전지원군의 전략적 협의를 접수한 이후 아프가니스탄에서 동맹의 역할 확대를 지속적으로 추진해왔다. 2003년 12월에 NATO는 아프가니스탄 북쪽지역으로의 임무 확장을 시작으로 2005년 2월에 아프가니스탄 서쪽지역, 2005년 12월에 아프가니스탄 남쪽지역, 그리고 2006년 10월에 아프가니스탄 동쪽지역으로의 임무 확장을 통해 아프가니스탄 전지역에 걸쳐 책임을 맡게 되었다.[41] 이러한 과정을 통해 아프가니스탄에서 NATO의 목적은 아프가니스탄의 완전한 평화와 재건을 지원하는 것으로 NATO의 역할은 크게 세 가지 차원으로 첫째, 유엔의 승인을 받은 국제안전지원군을 통해 아프가니스탄 정부가 전

---

40 Lansford, *All for One: Terrorism, NATO and the United States*, 2002, pp. 111~117.

41 "Expansion of NATO's presence in Afghanistan," http://www.nato.int/isaf/topics/expansion/index.html.

지역에 걸쳐 권위와 영향력을 행사할 수 있도록 안정화와 재건의 상황을 만들어내는 것이다. 둘째, 아프가니스탄 지역에 대한 NATO의 공약과 관련 정치 · 군사적 측면을 책임지고 있는 고위민간대표자가 국제안전지원군과 긴밀히 협의하고 아프가니스탄 정부 및 다른 국제기구와 연락을 취하며 주변 국가들과의 접촉을 유지하는 것이다. 그리고 마지막으로 아프가니스탄과의 실제적 협력 프로그램을 발전시켜나가는 것으로 이는 방위개혁, 방위제도 구축, 그리고 안보 영역 개혁의 군사적 측면에 초점이 맞추어져 있다.[42]

특히, 미국의 오바마 행정부 출범 이후 아프가니스탄에서 NATO와 국제안전지원군의 역할은 기존의 대테러전쟁 차원이 아니라 아프가니스탄이 또다시 테러주의자들의 근거지가 되는 것을 막고 아프가니스탄의 재건과 국민들의 더 나은 미래를 위해 기여하는 아프가니스탄 주민 중심의 게릴라 진압작전(COIN)을 수행하는 것이다. 그렇기 때문에 현재 NATO에게 있어서 가장 중요한 군사 활동 지역인 아프가니스탄에서 국제안전지원군과 연동되어 있는 NATO의 주된 역할은 아프가니스탄 주민들을 보호하고 아프가니스탄 국가안전군의 능력을 구축하며, 그리고 반란세력들의 네트워크를 중립화시켜 아프가니스탄 정부의 능력과 발전을 강화시켜 나가는 것이다.

이런 맥락에서 NATO는 2010년 11월 리스본 정상회담을 통해 아프가니스탄 관련 일련의 합의문을 도출해 냈고, 특히 NATO와 아프가니스탄 정부는 지속적 동반자관계 선언과 더불어 NATO와 아프가니스탄과의 장기적 관계를 재확인하였다.[43] 참고로, 2010년 12월 현재 아프가니스탄에

---

42 "NATO in Afghanistan," http://www.nato.int/issues/afghanistan/index.html.

43 "Declaration by the North Atlantic Treaty Organization and the Government of the

[그림 8-1] 2010년 12월의 국제안전지원군 현황

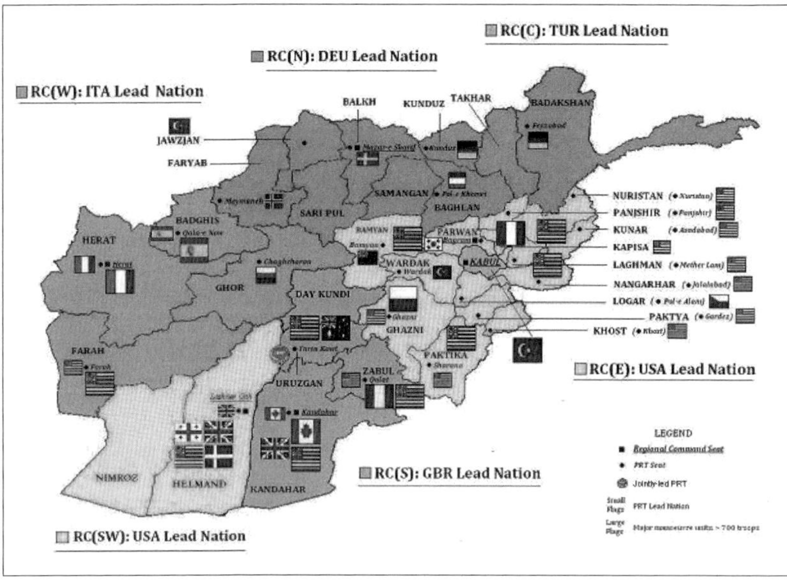

* 출처: http://www.isaf.nato.int/history.html

참여하고 있는 국가들과 병력은 총 48개국의 131,730 정도이고, 그중에서 1000명 이상 기여한 국가들과 병력 수는 아래와 같다.

[표 8-4] 국제안전지원군(ISAF) 기여국 및 병력 수(1,000명 이상)

국가	병력 수
미국	90,000
영국	9,500
독일	4,877
프랑스	3,850

Islamic Republic of Afghanistan on an Enduring Partnership signed at the NATO Summit in Lisbon, Portugal," 20 November, 2010.

국가	병력 수
이탈리아	3,770
캐나다	2,913
폴란드	2,488
터키	1,815
루마니아	1,664
호주	1,550
스페인	1,505

2) 리비아(Libya)

2010년 12월 17일의 튀니지 청년 노점상의 분신으로 튀니지의 국화이면서 '신의 선물' 이라는 의미를 갖고 있는 재스민(Jasmine) 사건은 중동과 북아프리카 지역으로 광범위하게 확산되어 이 지역에서 견고하게 유지되어왔던 독재 및 권위주의 체제의 변화와 붕괴라는 정치변동의 가능성을 내포하면서 중동지역의 정치적 지형 변화의 산파 역할을 담당하였다. 튀니지에서 발원하여 이집트로 건너간 이러한 변화의 물결은 사망 후 계승자를 뽑아 권력을 이양할 정도로 오래도록 권위주의 체제를 유지해온 이집트[44]를 넘어 예멘 · 알제리 · 시리아 · 바레인 · 요르단 · 이라크 등에서의 대규모 반정부 시위를 이끌어냈고, 급기야 42년 동안 철권정치를 펼쳐온 카다피(Muammar Gaddafi) 체제의 리비아로까지 확산되었다.

이러한 상황에 직면하여 리비아의 카다피 정권은 소셜 네트워크 서비

44 Shanthi Kalathil and Taylor C. Boas, *Open Networks, Closed Regimes: The Impact of the Internet on Authoritarian Rule*(Washington, D. C.: Carnegie Endowment for International Peace, 2003), 고경민 외 역, 『권위주의적 지배와 인터넷, 그리고 민주주의』(서울: 인간사랑, 2009), p. 246.

스(SNS)를 강한 동력으로 해서 나타난 시민들의 체제 변화에 대한 거대한 시대적 조류를 다른 중동 국가들과는 달리 철저한 군사적 진압으로 일관하였다. 즉, 카다피 정권은 무기를 소유하지 않은 자국 민간인들을 전투기까지 동원한 친위부대 및 아프리카 용병을 통해 학살하는 등 극명한 인권침해 행위를 보여 국제사회의 우려와 반감을 야기하였다.

이에 따라 국제사회는 2011년 2월 26일에 유엔안보리 결의 1970호를 통해 리비아에 대해 해외자산동결 및 무기금수조치 등 경제적 제재를 가하는 동시에 카다피의 인도에 반한 죄 혐의 등을 근거로 국제형사재판소(ICC)에 리비아 사태를 직접 회부하였다. 국제사회의 제재에도 불구하고 카다피 정부의 태도가 근본적으로 변하지 않자, 유엔안보리는 3월 17일에 추가적으로 유엔헌장 제7장에 근거한 비행금지구역 설정 및 회원국 무력사용 허가의 내용을 담은 안보리 결의 1973호를 채택하였다. 1973호 안보리 결의에 직접적으로 드러나지는 않았지만 민간인 보호라는 명분 및 추후 유엔 사무총장 등의 발언을 통해 2000년대 이후 유엔을 중심으로 논의되어왔던 보호책임(R2P)의 논리가 본 사안에 직접 적용되었음이 확인되었다.[45] 2011년 3월 17일에 유엔안보리 1973호 결의안 채택 이후 미국 · 영국 · 프랑스 등은 '민간인 보호'라는 명분으로 리비아 방공망 무력화 및 카다피의 군사적 예봉을 꺾기 위한 리비아 공습에 참여하게 되었다. 그러나 유엔 결의안 1973호를 근간으로 리비아 사태에 개입하는 국제사회의 주요 국가들의 입장은 자국이 처한 현실과 리비아와의 관계에 따라 매우 다양한 입장 차이를 노출하였다.[46]

---

45 조정현, 「리비아 사태의 국제법적 함의: 보호책임(R2P)을 중심으로」, 리비아 사태 관련 정세 현안 진단 워크숍(외교안보연구원), 2011년 4월 12일.

46 Steven Lee Myers and David D. Kirkpatrick, "Allies Are Split on Goal and Exit Strategy in Libya," *The New York Times*, March 24, 2011; David Usborne and John Lichfield,

먼저, 미국은 리비아 군사작전은 기간과 영역, 그리고 목적에 있어서 상당히 제한적임을 암시하면서 리비아 사태에 소극적 개입 입장을 보여주었다. 리비아 사태 개입에 상당히 신중하고 제한적인 태도를 보이는 미국의 입장 배경에는 무엇보다도 경제 위기에 따른 재정 적자의 문제가 가장 중요하게 작용한 것으로 파악된다. 1990년대 초반에 걸프전 당시 미국의 예산 적자는 GDP의 4.5%에 불과했으나 2011년 현재에는 예산 적자가 GDP의 10.9%로 미국 경제의 두 배 이상을 잠식하고 있을 뿐만 아니라 이라크와 아프가니스탄 전쟁 탓으로 지난 10년에 걸쳐 미국의 연 국방비는 150%까지 상승하였다. 또한 3월 초의 월스트리트 저널과 NBC 여론조사에서 국민의 37%는 국가의 가장 중요한 이슈로 일자리와 경제를 지적한 반면, 리비아 사태에 대해서는 단 1%만 선호하는 입장을 보였다.[47] 아울러 미국 의회의 대체적인 분위기 역시 아프간 파병 등의 상황을 고려하여 제한적 개입 의지를 나타낸 오바마 대통령의 입장을 지지하였다.

반면, '의지의 연합' 차원에서 첫 리비아 공습을 주도한 프랑스는 2003년의 미국의 이라크전쟁 때와는 달리 리비아 군사작전에 매우 적극적이며 궁극적으로는 카다피 정권교체까지를 고려하고 있는 것으로 판단되었다. 리비아 사태에 대한 프랑스의 적극적 개입은 아마도 2012년의 대통령선거와 맞물려 있는 국내 정치적 배경과 튀니지와 이집트에서의 민주화 혁명에 대한 초기 프랑스 정부의 대응책에 대한 국내의 비난 여론을 극복하기 위한 정치적 측면이 강하게 작용한 것으로 해석된다. 다만, 프

"Opposition to Libya Assault Grows as Allies Battle to Protect United Front," *The Independent*, 22 March 2011, http://www.independent.co.uk/news/world/politics/opposition-to-libya-assult-grows-...

47 Gerald F. Seib, "Austerity Guides U. S. Strategy," *The Wall Street Journal*, March 22, 2011.

랑스는 NATO의 작전통제권 행사와 관련해 소극적 입장을 견지하였다. 이에 따라 프랑스는 NATO 군사작전의 정치적 통제를 선호하면서 NATO 군사작전에 참가하면서도 자국 병력의 대부분을 국가 통제 하에서 운영하고자 하는 모습을 보여주었다.

[그림 8-2] 리비아 군사 개입 관련 주요 국가의 군사력 배치 현황

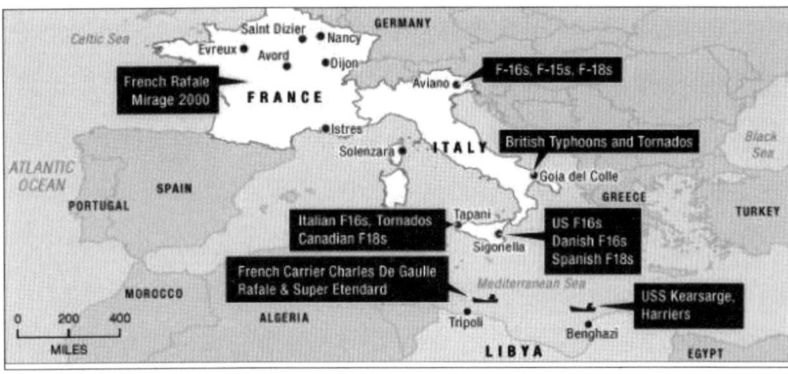

한편, 유엔안보리 결의안 1973호 채택 과정에서 기권한 독일은 국내 여론을 고려해, 어떠한 군사작전도 민간인 희생을 야기한다는 입장으로 처음부터 리비아 군사작전에 강하게 반대하는 입장을 보였다. 이러한 국내 여론의 부정적 입장은 무엇보다도 독일의 아프간 파병(2010년 12월 현재 4,877명)에 대한 부정적 여론과 맞물려 있는 것으로 이해된다. 다만, 독일은 서방 세계의 비난을 고려하여 리비아 사태에 대해 중립적 입장을 취하는 것이 아니라 광범위하고 포괄적인 경제 · 금융 제재를 선호한다는 입장을 강조하였다. 이와는 달리 리비아 공습 및 비행금지구역 설정과 관련하여 자국 내에 7개의 항공기지를 제공하고 있는 이탈리아는 리비아 임무에 대한 NATO의 작전통제를 강력히 선호하였다. 그럼에도 불구하고 이탈리아는 NATO의 리비아 임무는 비행금지구역 시행과 민간인 보호

차원으로 국한되어야 한다는 입장이며 동시에 카다피 군에 대한 무력 사용을 하지 않겠다는 입장을 보였다.[48]

이와 마찬가지로 NATO 회원국 중 유일하게 이슬람 국가인 터키는 NATO 임무가 ① 비행금지구역 시행, ② 민간인 보호, ③ 무기금수 조치, ④ 인도주의적 원조에 국한되어야 한다는 입장을 강조하였다. 터키는 이러한 임무 이상의 NATO 군사작전에는 참여하지 않겠다는 입장을 피력하고, 터키 정부는 리비아에 평화유지군을 파견할 용의가 있으나 터키 군이 무슬림 동료를 상대로 총을 발사하지는 않을 것(무력 사용 일체 금지)과 유럽과 무슬림 세계 간의 가교 역할을 강조하는 가운데 어떠한 형태의 리비아 점령에도 반대하는 입장을 보여주었다.[49] 그 외 러시아 · 중국, 그리고 인도는 유엔 결의안에 따른 서방 국가들의 리비아 공습을 국제사회의 내전 개입이라고 비난하는 입장에 동참하였다.

리비아 사태에 대한 국제사회 주요 국가들의 입장 차이가 부각되는 와중에도 리비아 사태에 대한 NATO 개입의 필요성에 대해서는 원칙적으로 한목소리를 보여주었다. 이에 따라 NATO는 2010년 11월의 신전략개념 채택 이후 처음으로 역외 군사작전에 개입할 수 있는 동력을 갖게 되었다. 우선적으로 3월 8일에 리비아 위기에 대한 국제사회의 우려가 고조됨에 따라 NATO는 중부 지중해에서의 감시작전을 강화하고 24시간 정찰을 위해 조기경보기(AWACS)를 배치하였다. NATO 방위기획위원회는 3월 10일에 감시 노력 강화 차원에서 동 지역으로의 NATO 군함을 이동하기로 한 유럽연합군최고사령관의 결정을 지지하였고, 3월 17일에 유엔안

48 http://news.yahoo.com/s/nm/20110321/지_nm/us_libya_italy_nato_2/print

49 "Turkish TV: NATO To Assume Command Libya Operation," *Huffpost World*, March 25, 2011, http://www.huffingtonpost.com/2011/03/24/nato-command-libya-militaryoperation_n...

보리는 결의안 1973호에 따라 리비아에서 민간인 보호를 위한 필요한 모든 조치를 취할 수 있는 권한을 회원국과 지역 기구에 승인하였다.

이에 따라 3월 22일에 NATO는 유엔의 요청에 부응하여 대(對)리비아 금수조치에 착수하는 동시에 3월 23일에 금수조치 작전을 개시하였다. 그리고 3월 24일에 북대서양이사회의 결정에 따라 NATO는 리비아 영공에 대한 비행금지구역을 시행하기로 결정하였다. 이러한 일련의 과정을 걸쳐 3월 27일에 최종적으로 라스무센(Anders Fogh Rasmussen) NATO 사무총장은 유엔안보리 결의에 따라 리비아에서 전개되는 모든 군사작전의 지휘권을 NATO가 맡기로 결정하고, 3월 31일을 기점으로 NATO는 리비아 군사작전을 본격적으로 시행하였다.[50] NATO의 리비아 군사 개입은 2010년 11월의 신전략개념에 바탕을 둔 것으로 ① 우선적으로, 인간안보 차원에서 안보리 결의안 1973호에 따른 민간인 보호 명분, ② 국제안보적 측면에서 9·11 테러 이후 보다 부각되고 있는 초국가적 · 비대칭적 안보위협으로부터 지역적 · 국제적 안정과 평화 유지와 특히, 테러리즘, 대량살상무기 확산, 실패한 국가, 초국가적 범죄라는 다양하고 복합적인 안보 위협에 대처, ③ 에너지 · 자원 안보 차원에서 저유황경중류라는 리비아산 석유 자원의 안정적 수급 확보, 그리고 ④ 리비아 사태에 따른 난민처리 등과 맞물린 주요 유럽 국가들의 국내 정치적 이해관계 작용한 것으로 파악할 수 있다.

NATO의 리비아 군사 개입의 목적은 공식적으로 안보리 결의안 1970호와 1973호에 따라 민간인과 공격을 받거나 공격의 위협에 있는 민간인 밀집지역을 보호하는 '통합된 보호자'(UNIFIED PROTECTOR) 작전을 수행하는 것이다. NATO의 군사작전의 임무는 ① 무기금수조치, ② 비행금지

50 http://www.nato.int/cps/en/natolive/topics_71652.htm

구역, ③ 공격이나 공격의 위협으로부터 민간인 보호를 위해 행동하는 것이다. 특히, NATO의 항공작전은 3월 31일 오전 8시를 시작으로 작전을 개시한 이후 6월 2일 현재 총 9,504차례의 임무수행(sorties)이 이루어졌으며, 그 과정에서 리비아 공습은 총 3,584차례가 단행되었다.

이번 리비아 사태에 대한 NATO 군사작전은 북대서양이사회(NAC) → 군사위원회(MC) → 연합군작전사령부(ACO) → 유럽연합군최고사령관(SACEUR) → 나폴리합동전력사령부(JFC, Naples) 지휘체계로 진행되고 있다. 이러한 지휘체계에 따라 NATO의 군사작전은 ① 연합군작전사령부와 유럽연합군최고사령관 수준에서의 전략 지침 → 나폴리합동전력사령부 수준에서의 작전지침 → 예하 실무작전부대(구성군)로 이루어진다. 그리고 지휘보고는 NATO 군사작전의 실무 책임자인 캐나다 출신의 찰스 부처드 중장 → 나폴리합동전력사령부 사령관인 새뮤엘 락클리어 미군 장성 → 유럽연합군사령관인 스타리디스(James Stavridis) 미군 장성 체제를 보이고 있다.

[표 8-5] NATO 군사작전 기여국 현황(2011년 4월 1일)

국가	항공기	함선	국가	항공기	함선
벨기에	**6**	**0**	**노르웨이**	**6**	**0**
불가리아	0	1	루마니아	0	1
캐나다	**11**	**1**	스페인	6	2
덴마크	**4**	**0**	터키	7	6
프랑스	**33**	**1**	**영국**	**17**	**2**
그리스	2	1	미국	90	1
이탈리아	12	4	**총 14개국**	**205**	**21**
네덜란드	7	1			

* 출처: NATO, "NATO and Libya: Operation UNIFIED PROTECTOR-Key Facts and Figures," 1 April, JFC Naples, SHAPE, NATO HQ.

한편, 리비아 사태에 개입한 NATO 군사작전의 병력구조는 NATO 군사구조의 특성과 회원 국가들의 입장 차이로 인해 '통합된 보호자'라는 작전명과는 정반대의 양상을 보이고 있다. 먼저, NATO의 군사구조는 NATO와 회원국 군사구조라는 이중적 구조로 구성되어 있기 때문에 NATO 군사력은 ① 할당 병력(forces assigned), ② 지정 병력(forces earmarked), 그리고 ③ 국가 병력(forces national)으로 구분된다. 따라서 NATO의 작전통제권은 회원 국가들이 일정 비율에 따라 NATO에 할당 · 지정한 병력에 대해서만 적용되며, 나머지 회원국의 병력에 대한 작전통제권은 개별 회원국의 국가 통제에 있다. 그렇기 때문에 2011년 4월 1일 현재 NATO 군사작전에 참여하는 국가들은 총 14개 국가로 이 중 6개국(벨기에 · 캐나다 · 덴마크 · 프랑스 · 노르웨이 · 영국)만이 공습에 참여하고 있고, 또한 공습에 필요한 대다수의 군사력은 NATO 통제 하에 있는 것이 아니라 NATO 회원국 각자의 국가 통제 하에 있다.[51]

비록 북대서양이사회가 6월 1일에 NATO의 목적을 완수하기 위해 9월 말까지로 NATO의 리비아 군사개입 시한을 연장하는 조치를 취했지만, 현재로서는 NATO가 소기의 목적을 달성할 수 있을지는 미지수이다. 왜냐하면, 우선적으로 리비아 사태에 대한 회원 국가들의 입장이 매우 다양하고 상이하여 회원 국가들 간 군사작전의 최종 목표와 전략지침 등에 관한 완전한 합의 부재 및 작전 목표 및 방향의 불분명성이 존재하고, 군사작전에 필요한 실질적 군사력이 상대적으로 부족하다는 점이다. 특히, 이번 NATO 군사작전에서 특이한 점은 적어도 비행 공습을 단행할 수 있는 NATO의 실질적 군사능력이 떨어진다는 점을 들 수 있다. 이는 주요 국

51 Ian Traynor and Richard Norton-Tatlor, "Nato Lacking Strike Aircraft for Libya Campaign," *Guardian.co.uk*, 5 April, 2011.

가들이 NATO 군사작전에 참여하고 있으면서도 상이한 입장 차이로 자신들의 군사력을 국가 통제 하에서 운영하고 있기 때문이며, 또한 NATO 공습 관련, 일부 국가는 참여하지 않고, 일부 국가는 지속적 NATO 공습에 반대하는 분열적 양상을 주기적으로 노출시켜왔다. 더군다나, 지상군 배제 및 리비아 정부군과 반군 간의 현격한 전력 차이라는 문제도 존재한다. 이번 NATO 군사작전에서는 현재까지 지상군이 전적으로 배제되어 있는 상황이다. 따라서 NATO가 카다피 정부군의 군사력을 상당할 정도로 와해시켰음에도 불구하고 정부군과 반군의 군사력 차이는 여전히 현격한 격차를 보이고 있기 때문에 NATO 군사작전의 성패 여부는 반군에 대한 NATO의 지속적 훈련 및 이들의 전장 투입 시기와 능력에 그 어느 때보다도 중요하게 작용할 것이다.

4. NATO와 유엔안보리와의 역학관계

1990년대에 들어와 유럽의 주요 안보제도들은 급작스런 냉전 종식으로 변화된 안보환경에 적응하기 위해 자신의 역할 조정을 단행해왔다. 특히, 유럽안보협력기구(OSCE)·유럽연합(EU)·서유럽연합(WEU), 그리고 NATO 등의 안보제도들은 모두 집단안보 차원의 인도주의적 평화활동을 강조하는 방향에서 자신의 새로운 역할을 모색하였다. 이에 따라 평화활동 영역에 있어서 안보제도들 간의 분업에 대한 기대감을 가질 수도 있었다. 또한 이러한 안보제도들의 새로운 역할은 군사 영역에 있어서 유엔의 전통적인 임무 및 기능과 중첩되는 것이었다. 따라서 이들 안보제도들과 유엔과의 상호 협력과 분업은 유엔 자체의 권위뿐만 아니라 다른 지역적 안보제도들의 위상에도 직접적인 영향을 미치는 중요한 문제였다.

이와 관련해서 가장 중요한 문제는 NATO의 새로운 역할 모색과 관련되었다. NATO를 제외한 다른 안보제도들은 기본적으로 위기관리와 갈등 예방, 그리고 인도주의적 임무 등 연성 안보(soft security) 유형에 초점을 두고 기능해왔었다. 그러나 이와는 달리 NATO는 전쟁 시나리오에 입각한 경성 안보(hard security)에 초점을 두고 집단방위 역할을 수행해왔던 안보제도이다. 그렇기 때문에 NATO에게 있어서 집단안보 역할 및 이와 관련된 인도주의적 개입의 평화활동은 생소한 영역인 것이다. 또한 이러한 영역으로의 NATO의 역할 확대는 필연적으로 유엔안보리와의 관계 설정을 야기할 수밖에 없는 것이다. 이런 맥락에서 앞에서 살펴본 세 가지 사례 분석에 토대를 두고 합법성 문제와 협력 문제에 초점을 두고 NATO와 유엔안보리 간의 역학관계를 살펴보겠다.

1) 합법성 문제

유엔헌장의 원칙들을 지지하는 무력 사용은 헌장 제7장 하에서 안보리의 상임이사국에 의해서만 취해질 수 있는 조치이다. 또한 유엔은 자신의 상비군을 보유하고 있지 않기 때문에 회원 국가들이나 지역안보제도에 필요한 군사력을 요청할 수 있다. 따라서 탈냉전 이후 집단안보 차원에서 NATO가 수행한 세 가지 사례와 유엔안보리와의 관계라는 측면에서 보았을 때, 보스니아-헤르체코비나와 아프가니스탄 사례는 유엔안보리의 승인 하에 이루어졌기 때문에 합법적이라고 말할 수 있다. 반면, 코소보 사례는 유엔안보리의 승인을 받지 않았기 때문에 합법적이지 않다고 말할 수 있을 것이다.

그러나 다음과 같은 연유에서 NATO의 코소보 사례를 단순히 유엔안보리의 승인을 받지 않았다는 이유만으로 합법적이지 않다고 단정지을 수는 없을 것이다. 먼저, 무력 사용의 합법성 기준이 되는 유엔헌장 제7

장에는 인권에 관한 언급이 없다는 점이다. 그렇기 때문에 인도주의적 개입과 관련한 무력 사용은 엄격한 의미에서 헌장 제7장의 논리로만 해석할 수 없을 것이다. 물론, 인권유린이 헌장 제7장의 규정 하에서 해석된다면, 그러한 행동은 유엔안보리가 승인한 결의안을 통해서만 법적으로 취해질 수 있을 것이다. 합법성 문제와 관련해 보다 중요한 것은 유엔헌장과 별도로 존재하는 관습법적 권리이다. 관습국제법은 국가 행위에 의해 만들어지는 법이다. 만약 국가들이 장기간에 걸쳐 어떤 특정한 방식으로 행동하고 그러한 행위가 법에 의해 요구되는 것으로 간주하게 된다면 그때까지 어떤 관습국제법이 발전해온 것이다. 국가들은 관습법의 지위를 갖는 것으로 간주되는 실천을 실제로 행해야 하는데, 이는 그들이 그러한 실천이 법으로 허용되었다고 믿기 때문이다.

이런 측면에서 1990년대 이후 국제사회의 집단안보 실행은 점차적으로 관습국제법이 되어가고 있으며, NATO의 코소보 사례도 예외라고 보기는 힘들 것이다. 이는 NATO가 유엔안보리의 승인을 받지 않고 코소보에 개입하기 전까지의 과정을 되새기면 어느 정도 이해가 될 것이다. NATO 개입 이전까지 유엔안보리 및 국제사회는 코소보 사태를 해결하기 위해 많은 노력을 기울였다. 특히, 보스니아-헤르체코비나의 경우와 마찬가지로 코소보 사태와 관련하여 국제사회라 말할 수 있는 접촉그룹의 활동에 주목할 필요가 있다. 접촉그룹은 미국 · 영국 · 프랑스 · 독일 · 이탈리아, 그리고 러시아로 구성되었으며 유엔안보리 상임이사국 대부분을 포함하고 있다. 접촉그룹은 NATO의 코소보 개입 이전까지 NATO와 더불어 나름의 역할을 수행하였다. 또한 NATO의 코소보 개입 이후 유엔안보리의 행동은 합법성 문제를 논의하는 데 있어서 하나의 기준이 될 수 있다. 왜냐하면 비록 NATO의 코소보 개입이 유엔안보리의 승인을 받지 않고 전개되었지만, 그럼에도 불구하고 유엔안보리는 NATO의 코소보평화유지군의 활동을 지지하는 결의안을 승인하였기 때문에 안보리 스스로가 자신의 권위를 훼손하는 행동을 보여주었기 때문이다.

이런 맥락에서 보았을 때, NATO의 집단안보 역할의 합법성 문제를 논의하는 데 있어서 고려해야 할 사항은 단순히 유엔안보리의 승인 여부만이 아니라 특정 사건에 개입하기 이전 NATO와 유엔안보리의 관계, 그리고 개입 이후 NATO 활동과 유엔안보리의 입장 등을 종합적으로 검토하는 것이 중요하다. 보다 현실적으로 앞에서 언급했듯이, 다원주의자와 연대주의자, 그리고 개입 비관주의와 개입 낙관주의의 입장이 나름의 타당성을 가지고 있는 점을 고려했을 경우에 동의, 군사력 사용, 그리고 공정성이라는 세 가지 측면을 종합해서 판단하는 것이 필요하다.

이를 코소보 사례에 적용했을 경우에 동의의 문제는 개입 낙관주의의 입장으로 나타난다. NATO는 코소보 상황을 해결하기 위해 분쟁 당사자 중 알바니아 저항세력으로부터 동의를 이끌어냈고 이에 근거하여 공습을 감행했던 것이다. 그러나 코소보에서 NATO의 군사력 사용은 너무 과다하여 NATO의 평화활동이 전통적인 전쟁의 한 형태로 변질되는 결과를 야기하였다. 이는 결국 NATO 회원 국가들뿐만 아니라 국제사회로부터 많은 논란을 야기했다.[52] 요컨대, NATO가 과다한 군사력 사용을 통해 이 지역에 강제적으로 평화를 구축하고자 했다는 점은 분명 평화활동의 정도를 넘어서는 것으로 이런 점에서 코소보에 대한 NATO의 인도주의적

52 NATO의 코소보 공습에 대한 여파에 대해서는 다음을 참조. 강봉구, 「코소보 전쟁과 새로운 국제안보체제」, 『국가전략』 제6권 1호, 2000, pp. 119~164; 구춘권, 「냉전체제의 극복과 집단안보의 잃어버린 10년: 평화연구의 시각에서의 비판적 재구성」, 『국제정치논총』 제43집 2호, 2003, pp. 43~47; 홍현익, 「코소보 사태와 미 · 러 관계」, 『세계지역연구논총』 제13집, 1999, pp. 347~361; Peter van Ham and Sergei Medvedev(eds.), *Mapping European Security after Kosovo*(Manchester and New York: Manchester University Press, 2002).

개입은 결코 합법적이지 않은 것이다. 이는 역으로 유엔안보리의 승인 하에 인도주의적 개입이 이루어졌다 할지라도 평화강제를 위한 지나친 군사력 사용은 또 다른 차원에 있어서 개입의 합법성 내지는 정당성 문제를 야기할 수 있음을 의미하는 것이기도 하다.

2) 협력의 문제

집단안보 역할을 둘러싼 NATO와 유엔안보리와의 협력 문제는 크게 안보리 차원의 정치적 역학관계라는 맥락과 구체적 상황과 관련된 집단안보 역할의 실제적 수행이라는 맥락에서 살펴볼 수 있다. 먼저, 유엔헌장 제7장의 무력 사용의 권위는 안보리 15개국의 책임 하에 있으나 실질적인 권한은 5개국의 안보리 상임이사국이 가지고 있다. 왜냐하면 이들은 거부권을 가지고 있기 때문이다.

이들 국가들은 각자 나름의 이해관계를 가지고 있기 때문에 특정 인도주의적 개입이 이들 국가들과 관련되었을 때에는 바로 안보리 결의안 승인에 직접적인 영향을 미치는 협력 문제(log-rolling problem)가 발생한다. 일례로, 러시아와 중국은 아이티(Haiti)에 대한 평화활동에 있어서 유엔안보리 결의안을 방해하였다. 러시아는 1994년에 조지아(George)에 대한 자국의 개입을 유엔안보리가 승인해주기를 원했다. 중국은 1996년에 새로운 대통령 취임식에 아이티가 대만의 부통령을 초대한 것에 대해 아이티의 공식 사과를 요구하였다.[53] 이렇기 때문에 특정 안보리의 결의안이 어느 상임이사국의 이해관계를 저버린다고 판단됐을 경우 관련 상임이사국은 거부권을 행사할 수 있는 것이다. 코소보 개입과 관련해서 NATO가 유엔안보리의 결의안 승인을 추진하지 않은 것도 이와 무관치 않은 것이

53 Farrell, "Humanitarian Intervention and Peace Operations," 2004, p. 298.

다. 요컨대, 인도주의적 개입과 관련한 유엔 및 국제안보제도의 평화활동에 있어서 평화활동의 목표가 동일하더라도(보스니아-헤르체코비나와 코소보의 경우처럼) 안보리 상임이사국의 이해관계에 따라 유엔안보리의 결의안 승인 여부가 달라질 수 있다. 이는 유엔안보리 내부의 정치적 역학관계가 작용하고 있기 때문인 것이다.

집단안보 역할을 둘러싼 NATO와 유엔안보리 간의 역학관계는 특정의 평화활동 전개 과정을 통해 보다 구체적으로 살펴볼 수 있다. 앞에서 살펴본 세 가지 사례 모두는 NATO와 유엔안보리 간의 협력 문제를 잘 보여주고 있다. 특히, 이들 사례는 NATO와 유엔안보리 간의 협력 문제에 있어서 공통적으로 다음과 같은 유형을 보여주고 있다. 첫째, 인도주의적 개입을 요하는 평화활동의 초기 단계에 있어서 유엔은 적극적인 입장을 보이면서 군사적 수단을 갖고 있는 NATO와의 긴밀한 협력을 강조한다는 점이다. 즉, 유엔안보리는 일련의 결의안 승인을 통해 NATO의 평화활동을 적극 지원하였다는 점이다.[54] 따라서 첫 단계에서는 유엔안보리와 NATO 간에 평화활동에 있어서 협력적 분업이 잘 이루어지는 것 같은 모습을 보여주었다.

그러나 군사력 사용을 필요로 하는 두 번째 단계를 기점으로 평화활동을 둘러싼 NATO와 유엔안보리 간의 협력관계는 무게중심이 급격히 NATO 쪽으로 기울게 되었다는 점이다. 보스니아-헤르체코비나의 경우, 안전지대를 보호하기 위한 NATO의 공군력 사용, 유엔안보리의 승인을 받지 않은 NATO의 코소보 개입과 공습 이후 NATO의 주도권이 강화되면서 NATO가 평화활동에 대한 책임을 갖게 되었다는 점이다. 이러한

54 NATO의 코소보 개입 사례도 예외는 아니다. 실제로 유엔안보리는 NATO의 코소보 개입 직전과 개입 이후에도 일련의 결의안을 승인하였다.

측면은 평화활동에 대한 NATO와 유엔안보리 간의 갈등을 야기하는[55] 동시에 인도주의적 개입을 야기한 분쟁 당사자들이 분쟁을 지속하는 하나의 이유로도 작용하였다. 결과적으로 유엔과 NATO 간의 갈등은 유엔안보리의 위상 약화를 가져오는 주요 계기로 작용하였다. 나아가 앞에서 살펴본 세 가지 사례에서 목격했듯이, 평화유지 차원을 넘어 평화강제 단계에서는 모든 상황을 NATO가 주도하고 다만 유엔안보리는 이에 필요한 법리적 합법성만 지원하는 상황으로 변하는 양상마저 보여주었다.

냉전 종식 이후 1990년대에 걸쳐서 유엔안보리는 인도주의적 개입과 같은 연성안보를 해결하는 데 적극적인 모습을 보이는 듯했다. 그러나 소말리아(Somalia, 1992~1995)와 르완다(Rwanda, 1993~1994) 사태 등을 겪으면서 국내적 갈등에 효과적으로 개입할 수 있는 유엔의 능력을 과대평가했다는 광범위한 인식이 퍼져나갔다. 이와는 달리 NATO는 유엔 및 다른 안보제도들과의 협력을 통해 집단안보 역할을 추구하면서 자신에게 생소한 영역에서도 국제적 위상을 쌓아나갔다. 앞의 분석을 통해 확인할 수 있듯이, 오늘날 NATO는 인도주의적 개입 등 집단안보 역할을 통해 자신의 새로운 존재이유를 확인하고 향후에도 보다 적극적으로 이러한 역할을 수행할 입장을 보이고 있다.

그러나 NATO가 보다 적극적으로 추진하고자 하는 집단안보 차원의 인도주의적 개입은 NATO 자신에게 뿐만 아니라 유엔안보리 및 국제사회에 적지 않은 문제점을 야기하고 있는 것도 사실이다. 인도주의적 개입을 둘러싼 합법성과 협력의 문제이다. 이것은 단지 NATO와 유엔안보리 간의 역학관계에만 국한되는 것이 아니라 보다 근본적으로 주권과 내정불간섭이라는 근대 국제체제의 일반 원칙과 관련된 문제이기 때문이다.

55 "UN and NATO in Struggle Over Bosnia," *Financial Times*, 26/27 November, 1994.

만약 제2, 제3의 코소보 사례가 발생할 경우, 유엔안보리 및 국제사회, 그리고 국제체제의 수많은 주권국가들은 이를 어떻게 받아들여야 할 것인가?

인도주의적 개입이 언제나 유엔에 의해서, 그리고 유엔안보리의 승인 하에 이루어진다면 가장 이상적이라 할 수 있을 것이다. 차선책으로 무력 사용을 위한 실제적 군사 수단을 갖고 있는 NATO가 유엔안보리의 승인을 받고 인도주의적 개입 관련 평화활동을 펼치는 것이다. 그러나 유엔은 자체의 무력 수단이 없을 뿐만 아니라 무력 사용을 승인하는 유엔안보리에는 자국의 이해관계라는 강대국 정치가 작동하고 있는 것도 엄연한 현실이다. 또한 NATO는 특정 국가군과 지역적 성향이 강하기 때문에 보편성을 갖기에는 무리가 있고 코소보 공습에서 알 수 있듯이, NATO의 평화활동은 인도주의적 개입이라는 원래의 목표와 취지를 무색하게 만들 가능성도 있다.

이러한 문제를 해결하기 위해 브라히미 보고서에서도 지적했듯이, 유엔 상비군을 창설하는 것도 하나의 대안이 될 수 있을 것이다.[56] 그러나 현 시점에서 보다 현실적이고 시급한 것은 유엔안보리가 중심을 잡고 분쟁 당사자들 간의 중재를 적극적으로 모색하는 예방 외교를 통해 특정 지역에서의 분쟁이 보다 심화되기 전에 인도주의적 개입 문제를 해결해나가는 것이다. 또한 유엔이나 특정의 안보제도가 인도주의적 개입에 따른 평화활동 임무를 수행하게 될 경우에도 어느 한쪽의 분쟁 당사자의 입장에 서는 것을 최대한 자제하면서 공정성을 유지해나가야 할 것이다. 아울러 분쟁 당사자들 모두로부터 동의를 얻어내려는 중재 노력과 어느 일방

56 Shashi Tharoor, "Should UN Peacekeeping Go Back to Basics?," *Survival*, 37-4(Winter 1995~1996), p. 62.

의 동의에 근거하여 군사력을 사용하게 될 경우에도 이로 인해 평화활동이 전통적인 전쟁 양상으로 변질되지 않도록 군사력 사용에 대해 보다 신중을 기해야 할 것이다. 이런 측면에서 보았을 때 NATO 회원 국가들은 코소보 사례를 향후 인도주의적 개입을 위한 하나의 전례로 해석해서는 안 될 것이다. 나아가 국제사회는 인도주의적 개입을 단순히 위기관리나 단기적 차원에서 바라보지 말고 변화된 국제안보환경과 세계 정치의 맥락에서 이해하고 보편성을 얻을 수 있는 해결책을 모색해나가야 할 것이다.

제3부

NATO, 동맹정치의 딜레마

제9장
동맹의 안보 딜레마와 NATO

주권국가들 사이에서 이루어지는 공식 · 비공식 안보협력체인 동맹은 근대 국제체제 등장 이후 오늘에 이르기까지 국제안보의 핵심적 엔진이라 할 수 있다. 무엇보다도 권력 규모의 측면에서 강대국과 약소국 사이의 안보협력체인 비대칭 동맹에 있어서 회원 국가들은 동맹에 대한 의존성의 정도, 각자의 안보이익, 그리고 동맹에 대한 안보 공약의 정도에 따라 개별적 차원에서 기회비용의 편차를 경험하게 된다. 특히, 이러한 기회비용의 편차는 회원 국가들의 권력 규모와 지리적 차이로 인해 특정 위협을 상이하게 인식할 수도 있고 설사 공통적으로 인식한 위협에 대해서도 위협해소 방법을 둘러싸고 상이한 입장을 보일 수도 있다. 따라서 기회비용의 편차는 동맹 회원 국가들 간에 안보적 갈등 야기의 원인으로 작용하면서 위기 때에 회원 국가가 동맹을 탈퇴할 가능성과 그 자신이 원치 않는 갈등에 휩쓸릴 가능성에서 발생하는 긴장감에 직면하게 된다. 이러한 긴장감이 바로 포기와 연루라는 동맹의 안보 딜레마를 구성한다. 동맹의 안보 딜레마는 동맹 회원 국가들 간의 안보적 갈등을 강조하는 것으로 동맹관리 측면에서 매우 중요한 부분이다. 이러한 동맹의 안보 딜레마는 안보(동맹) 계약의 측면에서도 분석할 수 있다.

일반적으로 동맹을 형성하는 국가들은 상호간의 계약(안보조약)을 통해 동맹을 형성하지만 안보와 관련된 계약 내용은 기본적으로 불완전성을 내포하고 있다. 따라서 안보 계약에서 명확하게 규정되지 않은 영역에서 파생하는 관계적 계약이론(the theory of relational contract)에 따른 잔여통제권(rights of residual control) 문제가 발생한다. 잔여통제권은 동맹 회원 국가들 간의 위계의 정도에 따라 달라지고 또한 그에 따라 회원 국가들 간의 안보관계도 다양한 형태로 변화될 수 있다. 그러므로 잔여통제권의 자율성 정도에 따라 동맹의 회원 국가들은 행동의 기회비용과 동맹관리의 거버넌스 비용을 산출할 수 있으며, 이를 통해 회원 국가들 간 상호의존의 정도를 규명할 수도 있다. 지난 냉전기 미국과 서유럽 국가들 간에 첨예하게 대립된 동맹 안보 딜레마의 주요 원천이 적성 국가인 소련의 위협을 둘러싸고 전개되었다면, 냉전종식 이후 NATO의 안보 딜레마는 주로 잔여통제의 영역에서 파생되는 다양한 쟁점들(유럽의 안보 자율성과 유럽 안보방위정책, 유럽 이외의 지역에서의 NATO 활동 문제, 그리고 NATO 안보활동 영역의 확장을 둘러싼 동반자관계 등)을 중심으로 전개되었다.

여기에서는 동맹의 안보 딜레마에 대한 분석 및 NATO 안보 딜레마의 주요 변수를 살펴보고 NATO 안보 딜레마의 변화 내용을 냉전기와 탈냉전기로 나누어 고찰한다. 특히, 여기에서 사용되는 포기와 연루라는 동맹의 안보 딜레마와 잔여통제권 개념에 따른 회원 국가들의 안보적 갈등 양상은 제10장과 제11장의 내용 분석과도 밀접하게 연관되어 있어 일종의 이론적 분석틀의 역할을 한다.

1. 포기와 연루의 동맹 딜레마

어원론적인 의미에서 딜레마는 두 개의 만족스럽지 못한 대안 중에서 어느 하나를 선택하는 것으로 정의할 수 있다.[1] 딜레마의 개념을 이렇게 정의했을 경우, 안보 딜레마에 관한 논의는 서로 관련을 맺으면서 다음과 같은 네 개의 형태로 나타날 수 있다. 첫째, 자국의 안보를 강화하기 위해 군사력을 증강했을 경우, 이것이 적성 국가나 주변국의 안보를 약화시키는 뜻하지 않는 상황에서 나타나는 안보 딜레마이다. 둘째, 군사력의 증대를 통해서 자국의 안보를 강화시켰을 경우, 적성 국가나 주변 국가들 역시 이와 동일한 방법으로 대응할 때 나타나는 상황이다. 셋째, 군사력의 증강을 통해 자국의 안보를 강화시켰을 경우, 이것은 적성 국가나 주변 국가들에게 그 의도의 불확실성을 심어준다는 측면이다. 그리고 마지막으로 자국의 안보상황을 해결하기 위한 적절한 정책이 부재함으로써 나타나는 안보 딜레마를 상정할 수 있다.[2] 국제안보체제에서 흔히 등장하는 이러한 안보 딜레마는 기본적으로 국제체제의 무정부성에서 연유한다고 볼 수 있다.

반면, 이와 유사하면서도 안보 딜레마의 원천과 성격이 다른 것이 바로 동맹 내에서 발생하는 회원 국가들 간의 안보적 갈등 양상을 설명하는 동맹의 안보 딜레마(alliance's security dilemma)이다. 안보 영역에 있어서 국가들 간의 협력의 한 형태라 할 수 있는 동맹을 형성하는 국가들의 주된

1 Ernest Klein, *A Comprehensive Etymological Dictionary of the English Language*(Amsterdam: Elseiner Publishing Company, 1966), p. 449.

2 Alan Collins, "The Security Dilemma," in M. Jane Davis(ed.), *Security Issues in the Post-Cold War World*(Cheltenham, U. K.: Edward Elgar, 1996), pp. 181~195.

이유는 위협에 대항하는 능력의 축적수단으로 국력 집합에서 연유한다.[3] 즉, 국가들은 공동의 적에 대항하는 능력을 집중시켜 안보를 증대시키기 위해 동맹을 형성하는 것이다. 관련 국가들 간의 협상을 통해 동맹이 탄생하면, 회원 국가들은 유형 · 무형의 안보자원의 공유와 안전 보장이라는 혜택들을 누릴 수 있다. 이와 동시에 회원 국가들은 동맹에 대한 의존성과 행동 자유의 제약을 받게 된다.

따라서 모든 군사동맹에서 알 수 있듯이, 회원 국가들은 각자의 안보이익, 동맹에 대한 의존성의 정도, 그리고 동맹에 대한 안보 공약의 정도에 따라 기회비용의 편차를 경험하게 된다. 이러한 기회비용의 편차는 회원 국가들의 권력 규모와 지리적 차이로 인해 특정 위협을 상이하게 인식할 수도 있고 설사 공통적으로 인식한 위협에 대해서도 위협해소 방법을 둘러싸고 상이한 입장을 보일 수도 있다. 특히, 회원 국가들은 위기 때 회원국의 일국이 동맹을 탈퇴할 가능성과 그 자신이 원치 않는 갈등에 휩쓸릴 가능성에서 발생하는 긴장감에 직면하게 된다. 이러한 긴장감이 바로 포기(abandonment)와 연루(entrapment)의 위험성이자 동맹의 안보 딜레마를 구성하는 것이다.[4] 동맹의 안보 딜레마를 구성하는 이러한 포기와 연루의 위험성은 국제체제의 극성(polarity)에 따라 성격을 달리할 수 있다.

---

3 Bruce Russett and Harvey Starr, *World Politics: The Menu for Choice*(New York: W. H. Freeman, 1989), p. 91.

4 포기와 연루의 위험성과 두려움은 행위의 주체와 객체가 상반되지만 서로 연계되어 있다. 한 동맹에서 동맹국 A가 그 동맹을 포기하고자 하는 행위(포기의 위험성)는 동맹국 B에게 포기의 두려움을 갖게 한다. 마찬가지로 한 동맹에서 동맹국 A가 적성 국가와 갈등상황을 조성한다면(연루의 위험성) 동맹국 B는 연루의 두려움을 갖게 된다. 요컨대, 한 동맹에서 포기와 연루의 위험성은 능동적 행위자(A)가 조성한다면, 그 두려움을 느끼는 것은 수동적 행위자(B)이다.

1) 다극체제와 포기-연루의 위험성

다극체제라는 국제안보환경에서 회원국 일국이 보여주는 포기는 다른 동맹 회원국에 대한 일종의 기만행위로 다양한 형태로 나타날 수 있다.[5] 포기의 주체 국가는 단순히 동맹에 대한 명시적 공약을 철회하거나 동맹 계약을 파기할 수도 있고, 더 나아가 이전의 적성 국가와 동맹을 체결할 수도 있다. 그러나 보다 일반적인 포기의 행태는 위협국가와 갈등관계에 있는 다른 동맹 회원국에게 그 동맹국이 기대하고 있던 외교적 지지를 보이지 않는 것이다. 한편, 포기의 주체국가는 자신으로 인해 포기의 두려움을 느끼는 회원국에게 동맹에 남아 있겠다는 확고한 약속을 함으로써 포기의 위험성을 완화할 수 있다. 그러나 이것은 포기의 두려움을 가졌던 동맹 국가로 하여금 적성 국가에 대해 보다 호전적이고 위험을 무릅쓸 정도의 강경 입장을 취할 수도 있기 때문에 역으로 포기의 주체 국가가 원치 않는 갈등에 연루될 위험성을 증대시킨다.[6]

연루는 동맹의 어느 회원국이 공유하지 않거나 단지 부분적으로만 공유하는 다른 회원국의 이익 때문에 분쟁에 휩쓸리는 것을 의미하며 다른 회원국의 이익을 위해 분쟁에 참여하는 희생보다 동맹에 남아 있는 가치가 더 클 경우에 발생한다.[7] 연루의 위험성은 연루의 두려움을 느끼는 동맹의 회원 국가가 동맹에 대한 일반적 공약을 약화시키거나 특정 쟁점에

---

5 Glenn Snyder, "The Security Dilemma in Alliance Politics," *World Politics*, 36-4(July, 1984), p. 466.

6 이것은 마치 연쇄연루(chain gangs)-책임전가(buck passing) 모델에서 제1차 세계대전의 원인을 설명하고 있는 연쇄연루의 논리와 유사하다. 연쇄연루-책임전가 모델에 대해서는 다음의 글을 참조. Thomas J. Christensen and Jack Snyder, "Chain Gangs and Passed Bucks: Predicting Alliance Patterns in Multipolarity," *International Organization*, 44-2(Spring, 1990), pp. 137~168.

7 Snyder, "The Security Dilemma in Alliance Politics," 1984, p. 467.

대한 지지를 철회함으로써 완화될 수 있다. 그러나 이것은 동맹 국가에 대한 동맹의 가치를 희석시키는 결과를 가져오기 때문에 역으로 포기의 위험성을 증가시킨다.

이와 같이 하나의 위험성을 완화시키고자 하는 조치들은 역으로 또 다른 위험성을 유발하는 경향이 있다. 따라서 포기와 연루의 두려움 간에 균형을 이루는 것은 엄격히 말해 딜레마라기보다는 하나의 교환이다. 문제는 포기와 연루 사이에서 가장 효과적으로 행동하는 것이다.[8] 이러한 포기-연루의 위험성은 동맹 회원 국가들이 동맹 내에서 그들의 비용과 위험을 최소화하고 이익과 혜택을 최대화하고자 하는 끊임없는 흥정 과정으로도 생각할 수 있다.

2) 양극체제와 포기-연루의 위험성

양극체제라는 국제안보환경에서 동맹에 참여하는 국가들 간의 안보적 상호작용은 체제의 구조가 이들 관계에 미치는 영향이 보다 크기 때문에 다극체제에서 나타난 역동적 독립성은 상대적으로 낮다. 따라서 양극체제에서는 다극체제에서와는 달리 포기의 위험성이 적다.[9] 왜냐하면 동맹에 참여하는 국가들이 기존 동맹에서 탈퇴해 다른 동맹에 가입할 수 있는 동기를 제공할 만큼 다른 강력한 국가가 존재하지 않기 때문이다.

그럼에도 불구하고 양극체제에서도 포기의 위험성은 존재한다. 정치적 수준에서 포기의 가장 극단적인 방법은 초강대국들 간의 공모(condominium)나 상대적 약소국들의 핀란드화(finlandization)이다. 초강대

8 Glenn Snyder, "Alliance Theory: A Neorealist First Cut," *Journal of International Affairs*, 44-1(Spring/Summer, 1990), p. 113.

9 Snyder, "Alliance Theory: A Neorealist First Cut," 1990, p. 118.

국 간의 공모란 초강대국들이 상호 공동이익과 경쟁적 이익을 유지하고 현존 국제질서를 유지하고자 긴밀하게 협력하는 행위를 의미한다.[10] 지난 냉전시대 서유럽 국가들의 입장에서 보았을 때, 이것은 미국이 서유럽의 안보이익을 충분히 고려하지 않고 소련과 기꺼이 군비통제협정을 맺고자 한다는 두려움을 유발시킨다. 반면, 서유럽의 핀란드화는 소련이 전쟁 없이 서유럽을 지배할 수 있는 상황을 의미한다.[11] 핀란드화된 서유럽은 시민의 자유, 서구의 민주주의적 제도, 그리고 자국의 영토 내에서 합리적인 정치적 선택을 할 수 있다. 그러나 서유럽 국가들은 소련의 군사력 때문에 대외관계에서 소련이 설정한 방침을 따라야 한다는 것이다.[12]

한편, 군사적 수준에서 재래식 무기를 통해 서유럽을 방위하겠다는 미국의 일반적 공약과 유사시 핵무기를 사용하겠다는 미국의 묵시적 공약

10 Snyder, "The Security Dilemma in Alliance Politics," 1984, p. 486.

11 Adam M. Garfinkle, *Finlandization: A Map to a Metaphor*(Philadelphia: Foreign Policy Research Institute, 1978); George Kennan, "Europe Problems, Europe's Choices," Foreign Policy, 14(Spring, 1974), pp. 3~16. 소련과 비교해보았을 때, 서유럽 국가들은 핀란드(Finland)처럼 약하지 않았다. 노르웨이의 북쪽지역을 제외하고는 서유럽의 어떠한 지역도 소련과 국경을 접하고 있지 않다. 집단적으로 보았을 경우, 서유럽 국가들은 소련보다 경제적 · 산업적 능력이 뛰어나고, 그리고 인구 면에서도 소련의 인구를 상회한다. 그러나 핀란드화와 관련해서 보다 중요한 것은 서유럽 국가들은 소련의 영향력을 적절히 극복할 수 있는 군사능력이 절대적으로 부족했다.

12 이러한 경우는 오히려 미국이 포기의 두려움을 느끼게 된다. 일례로 1970년대에 있어서 미국은 서유럽의 핀란드화라는 문제를 놓고 외교정책 논쟁을 벌였다. 1973년 당시 미국 국무차관이었던 러시(Kenneth Rush)는 유럽에서 미국 군사력의 감축을 우려했다. "우리가 유럽에서 병력을 철수하고, 지중해에서 6함대를 철수시킨다면, 우리는 더 이상 유럽의 동맹국들을 확신시킬 수 없고 소련의 위협으로부터 유럽의 평화를 위한 핵우산을 제공할 수 없을 것이다. 그 결과 서유럽 국가들은 소련의 비위를 맞추기 위해 서로 경쟁을 하게 될 것이다." Kenneth Rush, "The Nixon Administration's Foreign Policy Objectives," remarks before the national foreign policy conference for editors and broadcasters at the Department of State, March 29, 1973, *Department of State Bulletin 68*, 1765, April, 23, 1973, p. 478.

이 상존하기 때문에 포기의 위험성이 존재한다. 특히, 핵 포기는 서유럽 방위를 위해 미국이 자신의 전략핵무기를 사용하지 않겠다는 것을 의미하는 것으로 이는 미국의 대소 억지 능력이 수준 이하로 떨어지는 것이다.[13] 일례로, 1970년대 초반에 미국과 소련의 전략핵미사일이 균형을 이룬 상황에서 유사시에 미국이 서유럽 방위를 위해 전략핵무기 사용을 결정할 수 있을지는 상당한 의문이 따르는 것이었다. 이러한 미국의 불확실한 태도는 서유럽 국가들에게 하나의 포기의 두려움으로 작용하는 것이다.

양극체제에서 연루의 위험성은 다극체제에서와 마찬가지로 그 가능성이 크다. 연루의 위험성은 초강대국들에게보다는 약소국가들에게 더 큰 관심 중의 하나이다. 왜냐하면 일반적으로 약소국가들은 초강대국들의 지구적 이익의 일부분을 공유하고 있고, 초강대국들의 행위를 제재할 만한 동맹 국가들의 능력이 훨씬 떨어지기 때문이다.[14] 특히, 핵무기와 관련하여 핵 포기와 핵 연루 간의 긴장은 궁극적으로 억지와 전쟁 사이에서 나타나는 긴장과 동일하다. 유럽인들은 억지를 선호하고 전쟁은 있을 수 없다는 입장인 반면, 미국은 억지를 원했지만 억지가 실패했을 경우 제한 핵전쟁 전략을 선호하는 경향을 보여주기도 하였다.

이처럼 양극체제에서의 동맹의 안보 딜레마 역시 포기와 연루의 위험성에서 발생되는 긴장의 연속체라고 볼 수 있다. 그러나 다극체제에서와는 달리 동맹 자체는 안정적이다. 왜냐하면 동맹은 기본적으로 체제의 구조와 거기에서 발생된 공동 안보이익의 산물이기 때문이다. 따라서 양극

---

13 Snyder, "The Security Dilemma in Alliance Politics," 1984, pp. 491~492; Snyder, "Alliance Theory: A Neorealist First Cut," 1990, p. 119.

14 Snyder, "The Security Dilemma in Alliance Politics," 1984, p. 484.

체제에서 동맹국가들 간의 안보적 상호작용은 다극체제에서와 같은 흥정 과정이라기보다는 문제해결 과정의 성격이 강하다. 또한 다극체제에서의 동맹은 정책결속력의 정도와 동맹의 안정성 간에 상당한 연관성이 존재하지만, 양극체제에서의 동맹은 그러한 연관성이 상대적으로 미흡하다고 볼 수 있다.[15]

이상으로 다극체제와 양극체제라는 체제의 극성에 따른 포기와 연루의 위험성을 고찰하였다. 여기에서 반드시 짚고 넘어가야 할 사항은 포기와 연루의 위험성을 유발시키는 변수를 찾아내는 것이다. 그러한 변수들은 여러 가지가 있을 수 있겠지만—이미 체제의 구조(structure of system)라는 중요한 변수를 찾아냈지만—동맹의 안보 딜레마에서 동맹 회원 국가들이 갖는 포기와 연루라는 위험성을 결정하는 가장 중요한 변수들은 아마도 동맹에 참여하는 국가들과 동맹과의 상관관계라는 측면과 동맹 회원국들 간의 전략적 이익이라는 측면일 것이다. 즉, 동맹 회원국들이 동맹에 대해서 어느 정도의 상대적 자율성을 확보하고 있느냐의 문제와 회원국들이 전략적 이익의 측면에서 서로를 어떻게 인식 · 평가하느냐의 문제인 것이다. 이러한 문제들을 결정하는 가장 중요한 요인들은 동맹 국가들 간의 지리적 요소와 권력의 비대칭성이다.[16]

포기와 연루의 가능성과 두려움이란 측면에서 보았을 때, 동맹에 대해 상대적 자율성이 크고 동맹 국가들에 대해 전략적 이익의 가치를 낮게 평가하는 국가일수록 체제의 구조라는 변수와 상관없이 포기의 가능성이 높다. 반대로 동맹에 대해 상대적 자율성이 적고 동맹 국가들에 대해 전

15 Kenneth N. Waltz, *Theory of International Politics*(Reading, Mass.: Addison Wesley, 1979), pp. 169~170.

16 Snyder, "The Security Dilemma in Alliance Politics," 1984, p. 472.

략적 이익의 가치를 높게 평가하는 국가일수록 포기의 두려움을 그만큼 더 많이 갖는다. 그러나 연루의 가능성과 두려움은 상대적 자율성과 전략적 이익 이외에 체제의 구조라는 변수를 고려해야 할 것이다. 왜냐하면 포기의 가능성이 높은 국가라 할지라도 체제의 극성에 따라 그리고 핵무기의 존재로 인해 그 논리를 그대로 연루의 가능성에 적용시킬 수 없기 때문이다.

2. 잔여통제력과 동맹 딜레마

무정부적 국제체제에서 국가의 가장 중요한 일차적 목적은 국가의 생존이라 할 수 있다. 이에 따라 국가들은 경성균형전략을 통해 자신의 생존능력을 강화하거나 당면 위협을 극복하고자 하는 경향을 보여왔다. 대부분의 국가들이 취해왔던 경성균형전략 중에서 가장 고전적인 수단 중의 하나가 바로 동맹이다. 국제정치학적 관점에서 동맹은 두 국가 이상의 주권국가 간 공식적 · 비공식적 안보협력체이다.[17] 그러나 경제학적 관점에서 보면 동맹은 기본적으로 안보적 이해관계를 갖고 있는 관련 국가들 간의 계약에 근거하고 있다. 즉, 국가들은 흔히 방위조약의 형태로 안보계약을 체결하여 안보라는 재화나 관련 서비스를 생산하기 위해 동맹을 형성하는 것이다.

일반적으로 사적 경제 영역에서의 거래나 국제관계에서 이루어지는 국가들의 안보관계도 명시적 · 묵시적으로 조건들을 구체화한 계약이나 합의에 바탕을 두고 지속적인 관계를 유지해나간다. 그러나 사적 영역에서

---

17 Stephen M. Walt, *The Origins of Alliances*(Ithaca: Cornell University Press, 1987).

와 마찬가지로 현실의 국제관계에서 국가들 간에 이루어지는 모든 안보계약은 계약조건들을 명시적으로 구체화시켜나갈 수 없다. 왜냐하면 복잡하고 불확실성이 큰 상황에서 미래에 발생할 모든 상황을 사전에 계획한다는 것은 사실상 불가능할 뿐만 아니라 비록 계약 국가들이 그러한 계획을 작성할 수 있다 하더라도 당사국들은 그러한 계획에 대해 협상하는 일이 결코 쉽지 않기 때문이다. 그렇기 때문에 최소 비용으로 안보라는 재화를 생산하기 위해 이루어지는 국가들 간의 모든 안보계약은 기본적으로 불완전 계약관계에 바탕을 두고 있다.

거리비용경제학에서 계약조건에 구체적으로 명시되어 있지 않은 영역에 대한 계약 당사자들 간의 통제나 권리를 의미하는 잔여통제권을 갖는 것은 재계약이나 향후의 합의에 있어서 협상력을 강화시켜주기 때문에 매우 중요한 문제라고 판단하기 때문이다. 특히, 여기에서는 거래비용경제학의 관계적 계약이론을 국제안보에 적용한 레이크(Lake)의 잔여통제권 논지를 검토, 이를 수정 · 보완하고자 한다.

1) 관계적 계약이론과 레이크의 잔여통제권

일반적으로 사적 경제 영역에서 이루어지는 계약은 크게 고전적 혹은 완전 계약, 불완전 계약, 그리고 관계 계약으로 구분된다.[18] 고전적 계약은 주로 낮은 거래비용(transaction cost)을 초래하는 서비스에 가장 적합하지만, 불완전 계약과 관계 계약은 높은 거래 빈도, 높은 자산특수성(asset specificity), 그리고 높은 불확실성 때문에 계약의 내용을 사전에 세부적으

18 I. R. Macneil, “Contracts: Adjustments of Long-term Economic Relations under Classical, Neoclassical, and Relational Contract Law,” *Northwestern University Law Review*, 72, 1978, pp. 854~906; E. D. Sclar, *You Dont' Always Get What You Pay For: The Economics of Privatization*(Ithaca: Cornell University Press, 2000).

로 확정하기 어려워 서비스의 공급 과정에서 연속적인 의사결정이 이루어질 필요가 있다.[19] 이런 점에서 사적 경제 영역에서 이루어지는 경제적 거래 행위를 규정하는 다양한 계약은 일반적으로 완전 계약이 아닌 불완전계약에 바탕을 두고 있다. 왜냐하면 공급단위와 생산단위의 관계가 완전한 계약에 근거한다면 공급자와 생산자 간의 관계 형태는 중요하지 않고, 복잡하고 불확실한 상황에서 완전계약을 체결하기 위해서는 감내할 수 없는 비용이 들기 때문에 필연적으로 불완전 계약관계에 놓이게 되는 것이다. 따라서 불완전 계약이론은 거래 당사자 간의 계약이 불완전한 상황에서 이들 간의 관계를 적절하게 설정하기 위한 어떠한 노력이 필요한지를 분석하는 접근법이다.[20]

불완전한 관계적 계약에서 계약자 간의 정보의 불균형적인 배분이 이루어지기 때문에 재화 혹은 서비스 자체의 가격과 계약 내용의 결정뿐만 아니라 계약 내용의 실현을 위한 감시활동을 펴는 데 들어가는 비용인 거래비용이 중요하다. 관계적 계약이론을 발전시킨 윌리엄슨(Williamson)에 의하면,[21] 거래비용을 결정하는 중요한 요인이 바로 불확실성으로 이는 일반적 불확실성과 행태적 불확실성으로 구분된다. 일반적 불확실성은 인간의 제한적 합리성(bounded rationality)에 기인한 것으로 완전한 정보의 부재와 조직의 성과 측정 상의 어려움을 의미한다. 행태적 불확실성은 인

19 김재훈, 「민간위탁의 계약유형에 관한 비교연구: 거래비용경제학 및 신제도이론의 적용」, 『한국행정학보』 제39권 제3호, 2005년, pp. 205~228.

20 김성배, 「불완전 계약이론을 통한 공공서비스 전달의 거버넌스 비교연구」, 『제도와 경제』 제2권 제1호, 2008년, pp. 219~248.

21 Oliver E. Williamson, "Transaction-Cost Economics: The Governance of Contractual Relations," *Journal of Law and Economics*, 22-2(October, 1979), pp. 233~261; Oliver E. Williamson, *The Economic Institutions of Capitalism: Firms, Markets, Relational Contracting*(New York: The Free Press, 1985).

간의 기회주의(opportunism)에 기인하는 것으로 상대 계약 당사자에 대한 신뢰의 부재를 의미한다. 기회주의는 계약관계의 여건이 변할 때 자신에게 유리한 방향으로 계약의 내용을 바꾸고자 하는 행동을 의미한다. 또한 일반적 불확실성은 주로 거래 대상이 되는 재화나 서비스의 특성에 따라 결정되는 반면, 행태적 불확실성은 거래 당사자의 특성에 따라 결정된다. 거래 당사자의 인적 특징은 모든 거래관계에 적용되기 때문에 거래관계의 성격을 차별화시키는 핵심적 요인은 거래의 환경적 특징이다.

특히, 거래비용경제학에서 거래를 기술하는 가장 중대한 차원(critical dimension)으로 자산특수성의 조건을 들고 있다. 자산특수성이란 특정 거래를 지원하는 내구력 있는 투자 중 최초의 거래가 너무 이르게 종결되는 경우 최선의 대안 사용이나 대안 사용자들의 기회비용이 현저히 낮은 투자를 의미하는 것이다.[22] 즉, 자산특수성은 상대방 기업과 거래를 하기 위해서 상대방 기업에게 특별히 적합하도록 투자된 자산이다. 상대방 기업 입장에서 보면 바로 이 투자 때문에 투자를 하는 기업과 거래를 하는 것이 가격이나 품질 등에서 이점이 발생하고, 투자한 기업 입장에서 보면 투자한 자산이 상대방 기업과의 거래에서 쓸모가 있지만 그 밖의 기업에게는 쓸모가 덜하기 때문에 상대방 기업과의 거래에서 가장 큰 이익을 볼 수 있다. 따라서 거래는 경쟁적 입찰을 통해서 결정되는 것이 아니라 쌍방 간의 협상을 통해 결정되어 상호 독점관계가 형성된다. 그러나 자산특수성 때문에 거래가 상호 독점관계를 형성할 때 거래 당사자 중에 하나가 기회주의적 행동을 할 가능성이 있다.[23] 이러한 계약이론에 있어서 또 다

---

22 Williamson, *The Economic Institutions of Capitalism: Firms, Markets, Relational Contracting*, 1985, p. 55.

23 권명중, 『신산업조직론』(서울: 시그마프레스, 2010), pp. 39~41.

른 핵심적 개념은 잔여통제권이다. 잔여통제권이란 계약에 명시되지 않은 자산을 이용할 수 있는 권한[24]으로, 잔여통제권에 주목하는 이유는 공급자와 생산자가 실제로 공공서비스를 전달하는 과정에서 법이나 기준 등 공식적으로 명시된 사항 이외에도 수많은 부수적인 사항들에 대해서도 결정을 내려야 하기 때문이며, 특히, 잔여통제권을 갖는 것은 사실상 재산권을 보유하는 것과 같다고 할 수 있다.

이러한 거래비용경제학의 관계적 계약이론을 국제안보에 적용한 레이크는 무정부적 국제체제에서 국가들의 관계가 어떻게 구성되어 있느냐에 따라서 안보계약에 규정되어 있지 않은 잔여통제에 대한 국가들의 능력이 달라진다고 주장한다.

[그림 9-1] 안보관계의 연속체

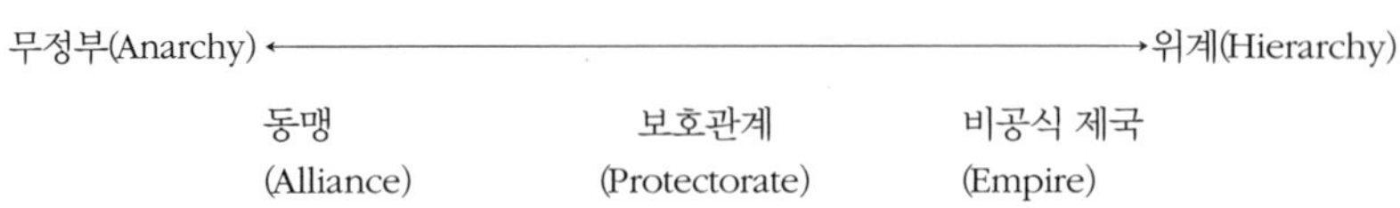

* 출처: David A. Lake, "Anarchy, Hierarchy, and the Variety of International Relations," 1996, p. 7.

즉, 레이크는 국가들의 구성 관계를 규정하는 위계의 정도(degree of hierarchy)에 따라 계약 국가들 간의 잔여통제력이 달라진다고 파악하면서 [그림 9-1]에서 알 수 있듯이, 국가들 간의 위계의 정도가 높으면 높을수록 지배적인 당사국이 잔여 결정을 할 수 있는 권리를 보유한다. 요컨대,

24 Oliver Hart, Firms, *Contract and Financial Structure*(Oxford: Oxford University Press, 1995).

관계 양상이 무정부에서 위계로 이동할수록 상대적 약소국의 잔여통제권은 줄어드는 것이다.

이런 측면에서 레이크는 '국가들 간의 위계의 정도'를 매우 중시한다. 레이크는 기본적으로 국제체제의 무정부 상태를 인정하는 가운데 국제정치에서 무정부 상태가 국가들의 관계에 미치는 영향[25] 못지않게 위계의 중요성을 강조하고 있다.[26] 따라서 국제정치의 무정부 상태에서 이루어지는 동맹 관계에서 회원 국가들은 각자의 완전한 잔여권리와 폭넓은 자유 재량권을 가지고 있다. 그렇기 때문에 무정부적 관계에서 상대 국가가 기회주의적으로 행동할 개연성은 비교적 높다. 국가는 상대 국가의 기회주의적 행동 가능성에 대한 보험의 형태로 헤징(hedging)을 구사할 수 있다. 잔여통제권의 크고 적음에 따라 기회주의의 잠재성과 기회비용의 높고 낮음이 결정된다.[27]

국가들 간의 위계의 정도를 중시하는 레이크의 논지에 있어서 가장 중요한 독립변수는 기회주의의 기대비용(expected costs of opportunism)과 관리비용(governance costs)이다. 관계적 계약이론에서와 마찬가지로 국제관계에서 국가들도 기회주의적 행태를 보이고 있기 때문에 기회주의는 관계 선택에 있어서 주요 결정인자이다. 국제관계에서 국가들이 취할 수 있

---

25 Kenneth N. Waltz, *Theory of International Politics*(Reading: Addison-Wesley, 1979).

26 David A. Lake, "Beyond Anarchy: The Importance of Security Institutions," *International Security*, 26-1(Summer, 2001), pp. 129~160; David A. Lake, "Escape from the State of Nature: Authority and Hierarchy in World Politics," *International Security*, 32-1(Summer, 2007), pp. 47~79.

27 David A. Lake, "Anarchy, Hierarchy, and the Variety of International Relations," *International Organization*, 50-1(Winter, 1996), p. 15.

28 Glenn H. Snyder, "The Security Dilemma in Alliance Politics," *World Politics*, 36-4(July, 1984), pp. 461~495; Glenn H. Snyder, *Alliance Politics*(Ithaca: Cornell

는 세 가지 종류의 기회주의적 행태는 포기와 연루,[28] 그리고 이용(exploitation)으로 관계에 의한 혜택과 비용의 분배가 이루어진 이후 계약 당사국들은 합의 조건의 변경을 지속적으로 추구하여 공동 이득을 자신에게 유리하도록 상대 국가를 이용할 수 있는 것이다. 이용을 통해 계약 당사국들은 원래 약속했던 것보다 공동사업에 덜 기여하거나 상대 국가로 하여금 바람직하지 않은 목적으로 자원을 전환시키도록 강제하거나 예상된 공동이익보다 더 많은 몫을 얻고자 한다.[29]

이러한 행위가 국가에게 끼치는 비용은 국가의 기회비용에 의해 결정된다. 국가가 다른 대안이 있다면 그 국가의 기회비용은 적지만, 다른 대안이 없다면 국가의 기회비용은 높다. 따라서 국가의 기회비용이 크면 클수록 상대 국가가 침해할 수 있는 피해도 더 높다.[30] 기회비용은 거래특수자산(relational specific assets)이나 상대적으로 용도나 관계에 있어서 더 큰 가치를 보유하는 정도(소위 자산 준지대)에 따라 결정된다.[31] 거의 모든 노동 분업은 일부 특수자산을 수반하기 때문에 특수자산이 많으면 많을수록 국가의 기회비용은 그만큼 커서 상대 국가의 기회주의적 행동에 따른 손실도 커진다.[32] 따라서 계약 당사국들의 기회주의적 행위 능력은 각자의 잔여통제권에 의해 결정되기 때문에 관계적 위계 정도가 낮을수록 자율적인 잔여통제력이 높아 그만큼 기회주의적 행위를 할 개연성이 높

University Press, 1997); 이수형, 「동맹의 안보 딜레마와 포기-연루의 순환: 북핵 문제를 둘러싼 한미 갈등관계를 중심으로」, 『국제정치논총』 제39집 1호, 1999, pp. 21~38.

29 Lake, "Anarchy, Hierarchy, and the Variety of International Relations," 1996, p. 13.

30 Lake, "Anarchy, Hierarchy, and the Variety of International Relations," 1996, p. 13.

31 준지대(quasi-rent)는 내구적 자본설비에서 얻어지는 초과이윤으로 노동의 투하 없이도 주위의 경제적 조건의 변화로 공급이 제한된 경제적 자산의 가격이나 용역의 가격이 상승함으로써 발생하는 이익을 의미한다.

32 Lake, "Anarchy, Hierarchy, and the Variety of International Relations," 1996, p. 14.

다.

한편, 관계적 계약이론에서 거래비용이 중요하듯이, 국제관계에서도 국가들이 관계를 맺고 이를 유지해나가는 데 필요한 관리비용이 생긴다. 이러한 관리비용은 세 가지 형태를 취하는데 첫째는 상대적 약소국(subordinate partner)에서의 동기 왜곡(distorted incentives), 둘째는 강대국에서의 안전장치, 셋째는 강압(coercion)이다. 관계적 위계에 따라 기회주의가 낮아지는 곳에서 관리비용이 증가한다. 그 결과 관리비용은 국가들이 보다 더 위계적 관계를 추구하지 못하도록 한다.[33] 그러므로 기회주의적으로 행동하고자 하는 상대 국가의 개연성은 역으로 행위자들이 구축하고자 선택하는 관리구조의 기능이다.

관계적 위계는 약소국에서 강대국으로 기회주의의 궤적을 이동시킨다. 한 국가에서 다른 국가로 잔여통제의 이동은 동맹의 약소국가에서 효율적 자원 사용을 위한 동기를 왜곡시킨다. 상대적 약소국가의 잔여통제가 축소되면 약소국의 동기도 변화되고 효율적 생산으로 생긴 여유 자원은 강대국에 의한 점증하는 통제에 예속되어 안보자원을 자신이 선택하지 않은 데 사용토록 만들어 약소국가에게는 그 가치가 떨어진다. 또한 경제 · 정치 영역에서와 같은 다른 영역에서의 동기도 왜곡된다. 그러므로 정의상 잔여권리가 축소되면, 동맹의 강대국은 더 큰 행동범위에 대한 통제력을 행사하고 잔여통제의 전환으로 약소국에게 미치는 왜곡은 다층적이다.[34] 약소국의 잔여통제력이 낮아짐에 따라 강대국의 통제력은 확대되고 그에 따라 강대국이 약소국에 대해 기회주의적으로 행동할 잠재성

33 Lake, "Anarchy, Hierarchy, and the Variety of International Relations," 1996, pp. 15~16.

34 Lake, "Anarchy, Hierarchy, and the Variety of International Relations," 1996, pp. 16~17.

은 높아진다.

특히, 여기에서 중요한 것은 약소국을 이용하고자 하는 강대국의 강화된 능력이다. 강화된 잔여통제권을 사용하여 강대국은 자신에게 유리하도록 초기의 계약 내용을 변경할 수 있다. 따라서 계약에 있어서 핵심적인 것은 양 당사자가 자신의 이익을 보호하고 승낙을 확보해 조약이 발효될 수 있도록 하는 안전장치이다. 안전장치는 계약에서 합의한 항목과 잔여통제권 모두에 적용될 수 있다. 동맹조약은 특정 상황에서 회원국의 원조를 이끌어내는 것이고 상호 협의해야 할 의무 정도이다. 따라서 전형적으로 동맹조약에서는 동맹 파기 정도 이외의 안전장치를 담고 있지 않다.[35]

그렇기 때문에 강압은 계약의 대체용이다. 강대국이 우발 사태의 구체화가 힘든 상황에서 약소국의 적절한 행위를 유인하여 왜곡을 바로잡기 위해 강압을 행사할 수 있다. 이와 마찬가지로 왜곡된 결과에 대한 적절한 보상 없이 위계적 관계에 따른 승낙을 확보하기 위해서도 이용될 수 있다. 이는 또한 강대국의 효과적인 안전장치를 대신하여 활용될 수 있다. 요컨대, 강압은 두 당사자 간 자발적으로 협상된 계약에서 일상적으로 요구되는 양보와 타협에 대한 대안이다. 강압은 또한 약자를 강자의 바람에 순응하도록 함으로써 선호 관계에서의 어려움을 극복하기 위해서도 사용된다. 강압을 사용할 비대칭적 능력은 종종 약소국이 선택의 망상만을 갖도록 만든다. 계약과 마찬가지로 강압은 희소 자원의 사용을 요구하며 강압을 사용하거나 사용하겠다고 위협하는 국가들에게 비용이 든다. 국가들은 자신들의 상대적 비용에 따라 계약이나 강압을 선택할 것이다. 강압에서 비교 우위를 갖고 있는 국가들은 이러한 수단에 의존하는

35 Lake, "Anarchy, Hierarchy, and the Variety of International Relations," 1996, p. 18.

경향을 보일 것이다.[36]

이상으로 관계적 계약이론을 국제안보 영역에 적용하여 관계적 위계에 따른 잔여통제권의 문제를 분석한 레이크의 논지는 자신이 인정하고 있듯이,[37] 핵심적 독립변수인 기회주의적 기대비용과 관리비용의 조작화의 어려움과 이들 변수들을 확률 분포(probability distributions)로서 정의하는 등 방법론적 단점도 존재한다. 그러나 위계의 정도에 따른 계약 국가들 간의 잔여통제의 문제를 분석한 레이크의 논지는 다음과 같은 또 다른 약점을 가지고 있다.

첫째, 무엇보다도 먼저, 레이크 논문의 핵심적 주제인 잔여통제에 대한 개념적 정의가 너무 추상적이고 포괄적이라는 점이다. 관계적 계약이론에 기초해 있는 레이크의 잔여통제에 대한 정의는 "안보 영역에서 이루어지는 모든 계약은 불확실하게 규정되어 가변적인 불특정 잉여권리"가 발생한다고 정의하고 있다.[38] 즉, 레이크의 잔여통제에 대한 개념 정의는 국가들 간의 안보계약(특히, 동맹 탄생을 위한 방위조약)에서 구체적으로 명시되지 않은 모든 조건(항목)과 상황, 그리고 영역인 것이다. 요컨대, 잔여통제권에 대한 이러한 레이크의 개념 정의에 있어서 가장 큰 문제가 되는 것은 잔여통제를 야기하는 대상(자산)이 구체적으로 언급되지 않고 있다는 점이다.

둘째, 레이크는 국가들의 구성 관계를 규정하는 위계의 정도에 따라 계약 국가들 간의 잔여통제력이 달라지고 특히, 무정부 상태의 동맹에서 위

36 Lake, "Anarchy, Hierarchy, and the Variety of International Relations," 1996, pp. 19~20.

37 Lake, "Anarchy, Hierarchy, and the Variety of International Relations," 1996, pp. 22~23.

38 Lake, "Anarchy, Hierarchy, and the Variety of International Relations," 1996, p. 7.

계의 제국으로 갈수록 계약 당사국의 자율적 잔여통제력이 약화된다고 주장한다. 그러나 현실적으로 강대국과 약소국 간에 체결된 안보계약의 한 형태라 할 수 있는 비대칭 동맹에서는 국제정치의 무정부 상태라 할지라도 능력의 비대칭으로 인해 관계의 위계가 존재하고, 이러한 관계의 위계는 결과적으로 완전하고 자율적인 회원 국가들의 잔여통제권에 지대한 영향을 미친다고 이해하는 것이 보다 적절할 것이다. 요컨대, 안보 관계는 국제정치의 '무정부 ↔ 위계의 구조에서 뿐만 아니라 무정부 상태의 동맹관계에서도 회원국 사이의 위계의 정도에 따라 달라질 수 있으며, 위계의 정도는 잔여통제권의 궤적에 의해 정의되는 것이다. 이런 맥락에서 보았을 때, 잔여통제권과 관련하여 가장 중요한 것은 그것이 국제정치의 무정부 혹은 위계 상태이든, 아니면 무정부 상황에서의 동맹관계에서든 상관없이 관계적 위계의 정도이다.

2) 동맹관계에서 잔여통제권의 정의와 종류

일반적으로 잔여통제권은 소유권과 불가분의 관계에 있는 것으로 어떤 자산에 대한 사용과 관련하여 법률이나 규정에 명시적으로 나타나지 않거나 또는 계약에 의해 명확하게 규정되지 않은 것에 대해 어떤 결정을 내릴 수 있는 권리를 말한다. 이러한 잔여통제권을 국제관계에 있어서 국가들의 가장 전형적인 안보계약의 한 형태라 할 수 있는 동맹에 적용했을 경우 다음과 같은 점을 고려해야 할 것이다.

무엇보다도 먼저, 동맹 탄생의 법적 기반이 되는 국가들 간의 안보 계약인 방위조약과 관련하여, 조약 당사자들의 안보적 책임과 권리를 규정하고 있는 조약의 내용에 근거하여 잔여통제권을 정의했을 경우에는 현존하는 모든 방위조약은 매우 가변적인 불특정 잔여권리와 의무를 가질 수밖에 없게 된다. 예를 들면, NATO의 법적 기반이 되는 북대서양 조약

제3조나 한미동맹의 상호방위조약 제2조에서는 유사시 공동방위와 원조에 근거해 있지만 그 조약에 회원국의 의무와 권리가 구체적으로 규정되어 있지 않아 회원국 각자는 완전한 자율적인 잔여통제권을 가지고 있다고 해석할 수 있다. 이는 바로 레이크가 잔여통제권을 정의한 논리와 동일한 것으로 잔여라는 나머지가 아닌 잔여를 파생시키는 주 대상(자산)이 부재한 논리적 결과를 초래한다. 따라서 동맹관계에서 잔여통제권을 정의할 때에는 동맹의 법적 기반이 되는 조약 내용보다는 동맹을 하나의 주 대상(자산)으로 전제하고 그중에서도 동맹의 어떤 것에 대한 나머지 측면인 잔여를 결정하고 그에 대한 통제력을 분석해내는 것이 중요하다.

이런 맥락에서 보았을 때, 동맹관계에서 잔여통제권에 대한 개념 정의는 잔여통제의 종류와 불가분의 관계에 있다. 잔여를 야기하는 동맹이라는 자산은 그 성격이 기본적으로 매우 복잡한 대상이기 때문에 동맹의 특정 측면에 따라 잔여통제권은 단순한 정도의 차이가 아니라 종류의 문제로 변화될 수 있다. 일례로, 거래비용경제학에서 중시하는 거래비용의 주요 결정인자인 불확실성을 고려했을 경우, 국제관계의 동맹관계에서도 완전한 정보의 부재로 인한 국가 행위자의 제한적 합리성, 동맹이라는 대상이 생산해내는 안보라는 재화나 서비스의 특성, 그리고 국제정치의 환경적 · 상황적 불확실성에 따른 동맹 회원 국가들의 기회주의적 행위 개연성 등과 맞물려 있기 때문이다. 따라서 동맹 관계에서 잔여통제권은 동맹의 목적(비전), 임무와 역할, 그리고 동맹의 안보 영역과 밀접한 관련이 있으며, 이는 또한 잔여통제의 종류를 수반한다.

동맹관계에서 잔여통제의 문제는 회원국 각자가 완전한 자율적인 잔여통제력을 갖고 있느냐의 여부 못지않게 어떤 잔여의 종류에서 자율적 통제권을 갖고 있느냐의 문제가 중요하다. 그러므로 동맹관계에서 잔여통제권은 동맹 그 자체보다는 동맹 목적(비전), 동맹의 임무와 역할, 그리고 안보활동 영역에 걸쳐 체결되는 일련의 계약이나 합의에서 구체적으로 명시되지 않은 잔여분에 대한 결정권이라고 정의할 수 있다. 즉, 동맹관계에서 잔여통제권은 동맹의 목적(비전), 임무와 역할, 그리고 안보활동 영역에 대한 계약이나 합의와 관련하여 이를 실행하는 데 들어가는 거래비용의 견적서에서 구체화되지 않은 잔여 항목에 대한 통제권을 의미하는 것이다.

이러한 거래비용의 견적서 산출에 가장 큰 영향을 미치는 것이 바로 동맹관계에서의 거래특수자산이라고 볼 수 있다. 거래비용경제학에서 윌리엄슨이 자산특수성의 유형을 ① 장소 특수성, ② 물리적 자산특수성, ③ 인적 자산특수성, ④ 헌납(dedicated) 자산으로 구분했듯이,[39] 동맹관계에 있어서 거래특수자산도 크게 네 가지로 분류할 수 있다.[40] 첫째는 회원국가들 간의 무기체계, 플랫폼, 인프라의 호환성을 보장하는 군사 하드웨어와 관련된 장비특수자산이다. 둘째는 협의와 조정 메커니즘, 군사계획 입안, 지휘구조와 군사교리 및 전략, 그리고 연합군의 작전과 연합훈련 등을 포함하는 과정특수자산이다. 셋째는 동맹의 목적과 임무 수행에 관여하는 다양한 네트워크와 관련된 인적특수자산이다. 마지막으로, 동맹의 군사시설이 배치되어 있는 상황 및 전략적 요충지와 관련된 장소특수자산이다. 이러한 거래특수자산은 동맹 유지비용은 낮추고 동맹 종결이나 변경에 드는 비용을 높여 궁극적으로 동맹이 영속화할 수 있는 주요 변수로 작동하지만, 다른 한편으로는 거래특수자산이 크면 클수록 국가

39 Williamson, *The Economic Institutions of Capitalism: Firms, Markets, Relational Contracting*, 1985, p. 55, pp. 95~96.

40 Suh Jae-Jung, *Power, Interest, and Identity in Military Alliances*(New York: Palgrave, 2007), 이종삼 역, 『한미동맹은 영구화 하는가: 군사동맹과 군사력, 이해관계, 그리고 정체성』(서울: 한울아카데미, 2009), pp. 104~162.

가 지불해야 할 기회비용도 더 커져 궁극적으로 잔여 영역에 있어서의 자율적 통제권 약화를 가져온다.

한편, 거래비용과 관련해서 동맹관계에서 잔여 영역의 대소(大小) 여부를 살펴보면, 거래의 환경적 특징, 안보 재화 및 서비스의 특성, 그리고 정책결정자의 신념체계에 따라 동맹 목적(비전), 동맹 임무와 역할, 동맹의 안보활동 영역에 관한 계약이나 합의 체결과 관련된 잔여 영역의 대소가 달라질 수 있다. 그러나 동맹의 목적(비전)에 국한해서는 동맹의 목적(비전)이 변화지 않는 이상 동맹의 거래비용과 관련된 잔여 영역의 큰 변화는 없을 것이다. 왜냐하면 동맹의 목적(비전)은 안보계약이나 합의 당시부터 상대적으로 명확하게 규정되어 있기 때문이다.

3. 냉전시대 NATO의 안보 딜레마

1) 안보 딜레마의 요인

동맹관계에서 나타나는 회원 국가들 간의 긴장과 갈등의 상징인 동맹의 안보 딜레마는 매우 다양한 측면에서 살펴볼 수 있을 것이다. 즉, 첫째, 동맹 회원 국가들의 수적 규모, 지리적 위치, 그리고 능력상의 편차, 둘째, 특정 안보환경에서 위협에 대한 인식과 위협해소 방법에 대한 견해차, 셋째, 회원 국가들의 군사전략문화에 대한 상이함, 넷째, 동맹 형성의 근간이 되는 당사자들 간의 안보계약이라 할 수 있는 동맹조약에서 규정하지 않은 문제(소위 잔여통제) 등에서 동맹의 안보 딜레마를 야기하는 원인이나 주요 변수들을 찾을 수 있을 것이다.

이런 측면에서 보았을 때, 지난 냉전시대 주기적으로 표출되었던 NATO 안보 딜레마의 주된 요인은 무엇보다도 미국과 유럽 회원 국가들 간의 지정학적 상이성과 소련의 군사적 발전에서 비롯되는 안보 딜레마에 내재해 있는 상호성의 결합이라고 볼 수 있다. 먼저, 지정학적 차원에서 비롯된 NATO의 안보 딜레마는 대륙간탄도미사일(ICBM)이 발명되지 않았던 전후 초기와 미국의 전략핵무기가 소련보다 절대적 입장에 있었던 1950년대 중반까지는 크게 부각되지 못했다. 왜냐하면 미국은 소련에 대한 전략적 억지 때문에 유럽의 전진기지시스템(FBS)을 필요로 했고, 또한 유사시 미국의 전략핵무기 사용으로 서유럽에 대한 소련의 군사적 위협을 억지할 수 있었기 때문이었다.

그러나 1950년대에 들어와 대륙간탄도미사일과 해상발사탄도미사일의 발명으로 미국은 전략적 의미에서 더 이상 유럽의 전진기지시스템을 필요로 하지 않게 되었고, 1950년대 중반 이후 소련의 핵전략이 발전함에 따라 지정학적 차이에서 비롯된 NATO의 안보 딜레마는 아주 중요하게 되었다. 소련의 전략핵무기의 발전은 NATO의 안보 딜레마에 있어서 지정학적 차이에서 연유하는 미국과 서유럽 안보 간의 분리(de-coupling)라는 쟁점을 부각시켰기 때문이다. 그 결과 미국과 서유럽 국가들은 지리적 위치 때문에 전략적이란 의미를 상이하게 바라보게 되었고, 미국과 서유럽 국가들 간의 지리적 억지의 일체성이 끝나면서 핵 억지 딜레마가 발생하였다.[41] 따라서 미국과 서유럽 국가들은 서유럽 안전에 대한 소련의 군사적 위협을 공통적으로 인지함에도 불구하고 그 대응책을 모색하는 데 있어서는 서로 자국의 입장에 유리한 측면에서 NATO의 대응전략을 구상하고자 했다. 이것이 바로 NATO 안보 딜레마의 본질이었다.

NATO의 안보 딜레마와 관련해서 또 다른 차원은 소련의 군사력 증강

---

41 Christoph Bertram, "The Implications of Theater Nuclear Weapons In Europe," *Foreign Affairs*, 60-2(Winter, 1981/1982), p. 287.

에서 비롯되는 안보 딜레마이다. 이것은 자국의 군사력 증강이 적성 국가의 군사력 증강을 가져오는 안보 딜레마에 내재해 있는 상호성(reciprocity)의 차원이다.[42] 즉, 소련의 군사력 증대는 일반적으로 NATO의 억지력 증대를 야기할 것이다. 그러나 양차 세계대전을 경험한 서유럽 국가들은 이제는 유럽에서 어떠한 일이 있더라도 전쟁만은 피해야 한다는 생각을 갖게 되었다. 만약 미국과 소련 간의 갈등이 전쟁으로 비화된다면 주전장은 바로 유럽 영토가 될 것이다. 따라서 서유럽 국가들의 영토는 잠재적인 전장이었다. 그러나 미국의 본토는 적어도 지리적으로는 유럽의 전장에서 떨어져 있다. 따라서 NATO의 회원 국가인 미국과 서유럽 국가들은 유럽에 대한 소련의 정치 · 군사적 위협을 상이하게 해석하는 경향을 보여왔다.

미국과 서유럽 국가들 간의 상이한 역사적 경험은 지정학적 요인을 더욱 중요하게 만들었다. 서유럽 국가들은 자신의 영토에서 양차 세계대전을 경험했기 때문에 전쟁을 피하고자 하는 바람이 강했다. 미국 역시 전쟁을 피하기를 원했으나 남북전쟁(Civil War) 이후 미국은 자국 영토에서 전쟁을 치른 적이 없었다. 또한 미국은 양차 세계대전에 참전하게 된 것도 유럽 국가들이 평화에 대한 위협을 제대로 다루지 못했기 때문이라고 생각하는 경향이 있었다. 따라서 미국인들은 소련의 위협을 막고자 하는 서유럽 국가들의 태도를 유약하다고 여기는 경향이 있었다. 반면 서유럽 국가들은 미국의 태도를 경솔하다고 파악하였다.[43] 또한 서유럽 국가들의 역사적 경험은 공산주의냐 죽음이냐(red or dead)의 이분법적 선택에서

42 Robert Lieber, *No Common Power*(New York: Harper Collins, 1991), pp. 5~6.

43 Stanley R. Sloan, "Crisis in NATO: A Problem of Leadership?," *NATO Review*, 30-3(June, 1982), p. 14.

공산주의를 택하고자 하는 경향을 보여왔다.[44] 오늘날 정치적 자유와 경제적 번영을 누리고 있는 대부분의 서유럽 국가들은 점령이나 종속을 일시적인 것으로 생각하며, 저항과 회생이 가능하지만 죽음은 끝이라고 생각하였다. 그러나 무한한 개척의 역사와 외부의 침략이나 정복을 당해보지 않은 미국은 주어진 한계를 극복하고 새로운 가능성을 찾고자 하는 경향을 보이면서 소련과의 경쟁에서 서유럽 국가들이 받아들이고자 하는 한계를 넘어서는 경향을 보여왔다. 이러한 미국의 행동은 서유럽 국가들에게는 경솔하고 부주의한 행동으로 비춰졌다.

따라서 서유럽 국가들의 정책과 전략의 일차적 목적은 어떠한 종류의 전쟁 발발도 회피해야 한다는 강한 확신이다. 전쟁에 대한 서유럽 국가들의 이러한 혐오감은 소련의 위협을 막기 위한 NATO의 정책 전개에 심오한 영향을 미쳐왔으며, 소련의 위협과 유럽에서 재래식 혹은 핵전쟁을 피하고자 하는 서유럽 국가들의 바람을 조화시키기 위한 서유럽의 대응책은 전후 서독의 안보정책의 주류로 유형화되었다.[45] 1960년대 후반 이래로 서독은 자국의 안보를 미국의 핵무기에 의존하면서도 전쟁을 야기할 수도 있는 동—서 간의 긴장을 완화시키려는 정책을 추진해왔다. 이러한 정책 방향은 국가들마다 정도의 차이는 있을지라도 모든 서유럽 국가들의 한결같은 입장이었다. 결국 NATO의 안보 딜레마는 NATO 회원 국가들 간의 지정학적 상이성과 소련의 군사적 발전에서 비롯되는 안보 딜레마에 내재해 있는 상호성의 결합으로 발생한 것이었다. 이런 NATO의 안보 딜레마는 미국과 서유럽 국가들 간의 정치적 관계를 경색시키는 중요

44 Sloan, "Crisis in NATO: A Problem of Leadership?," 1982, p. 14.

45 Wolfgang E. Heisenberg, "The Reception of American Deterrence Theory in the Federal Republic of Germany and the German Nuclear Debate of 1950s," *The Journal of Strategic Studies*, 9-4(December, 1986), pp. 70~83.

한 원인이 되었다. 특히 이러한 NATO의 안보 딜레마 때문에 약소국가의 입장에 있었던 서유럽 국가들은 포기와 연루라는 안보적 두려움을 주기적으로 갖게 되었다.

2) NATO의 이중결정과 동맹 딜레마

미국이 전략적으로 우위를 누리던 시대에는 소련의 중거리핵무기(INF)[46]의 규모와 성격은 NATO에게 심각한 위협이 되지 못했다. 그러나 1970년대 중반까지 미국과 소련의 군사적 균형상의 변화로 서유럽 국가들은 NATO의 유연반응전략의 신뢰성을 의심하였다. 1977년 초반부터 소련이 기존의 SS-4, SS-5 미사일을 대체하여 SS-20 중거리핵미사일을 배치하기 시작함에 따라, 유럽에서 유지되어왔던 동-서 간의 군사적 균형이 무너지기 시작하였다.

다탄두핵미사일인 소련의 SS-20 미사일은 최대 사정거리가 5,000km에 달했다. 따라서 SS-20 미사일은 미국 본토를 공격할 수는 없어도 유럽 전역을 공격할 수 있었다. NATO는 이에 비교될 만한 중거리핵미사일이 없었다. 따라서 SS-20 미사일은 전술핵무기로 선제공격할 NATO의 능력을 위협했다. 만약 NATO가 전술핵무기를 사용한다면[47] 소련은 SS-

46 중거리핵무기(INF)는 미국의 전략핵무기와 유럽에 있는 전장핵무기 간의 연계(coupling)를 강조하기 위해 미국의 관료들이 만들어낸 용어이다. 이 용어의 원뜻은 장거리전장핵무기(LRTNF)이다. 오늘날에는 교전지역무기(battlefield weapons)를 제외한 모든 전장핵무기를 포함하는 의미로도 사용된다. 본 논문에서는 사정거리상 단거리핵무기(500km 이하)와 장거리핵무기(5,500km 이상) 사이의 500~5,000km에 해당되는 모든 미사일을 지칭한다. 때때로 중거리핵무기는 유로전략(Euro-strategic)미사일 또는 회색지대무기라는 명칭으로도 사용된다.

47 전술이라는 용어는 전장 혹은 전략과는 구별되는 것으로 교전지역(battlefield)과 관련이 있다. 따라서 전술핵무기는 적의 본토나 적 지역을 공격하기보다는 적군과의 교전을 위한 무기이다. NATO의 전장핵무기에서 사정거리상 최하 수준에 해당되는 무기가 바로 전술핵무

20 미사일로 유럽의 주요 목표물들을 공격할 것이고, 동시에 소련은 미국의 전략핵무기 공격을 억지하기 위해 자국의 전략핵무기를 예비로 남겨둘 것이다. SS-20 미사일은 NATO의 서유럽 국가들에게 억압적인 효과를 가졌다. 특히 소련의 SS-20 미사일은 핵무기를 보유하지 못한 서유럽 국가들을 위협했던 것이다.[48] 만약 소련이 SS-20 미사일을 사용하겠다고 위협한다면, NATO는 미국의 전략핵무기를 사용하겠다고 위협함으로써만 대응할 수 있을 것이다. 그러나 이것은 미국의 본토가 공격당할 개연성이 있기 때문에 미국의 대통령이 취하기를 주저하는 조치이다.

이러한 상황에서 카터 행정부 기간 동안 NATO의 대응정책은 미국과 서유럽 국가들 간의 주요 마찰의 원천이었다.[49] 특히 미-소 간의 제2차 전략무기제한협상(SALT II)이 진행되고 있는 상황에서 미국과 서유럽 국가들은 크루즈(cruise)미사일 문제를 놓고 첨예하게 대립하였다. 동시에 크루즈미사일은 소련의 SS-20 미사일 배치에 대항할 수 있는 NATO의 중거리핵무기에 해당되었기 때문에 서유럽의 안보이익에 아주 중요하였다. 따라서 미-소 간의 전략무기제한협상은 서유럽 국가들의 안보이익과 밀접하게 연계되었다. 그렇기 때문에 크루즈미사일은 미-소 간의 전략무기제한협상에서 중요한 쟁점이었다. 당시 미-소 간에 진행되고 있었던 제2차 전략무기제한협상의 주요 내용을 살펴보면 다음과 같다.[50] 첫

기인 것이다. 전술핵무기는 사정거리가 500km 이하인 단거리핵무기(SNF)를 지칭하는 것이다.

48 물론, 영국과 프랑스는 자신들의 핵무기로 소련의 SS-20 미사일 사용을 억지할 수는 있지만, 이것은 다른 서유럽 국가들의 방위를 전혀 고려하지 않은 조치일 뿐만 아니라 자신들의 영토를 황폐화시키는 조치가 될 것이다.

49 Ronald E. Powaski, *The Entangling Alliance: The United States and European Security, 1950~1993*(London: Greenwood Press, 1994), p. 117.

50 Harry G. Gelber, "SALT And The Strategic Future," *Orbis*, 22-2(Summer, 1978), p. 283;

째, 미국과 소련은 전략핵무기 발사 수단을 2,400기로 제한하며, 1980년이나 1982년까지 2,200기로 감축할 것이다. 둘째, 독립다탄두대륙간탄도미사일(MIRVed ICBM)·잠수함발사탄도미사일(MIRVed SLBM), 그리고 중거리크루즈미사일을 적재하는 폭격기의 발사 장치를 1,320개로 제한한다. 셋째, 소련의 백화이어 폭격기는 전략핵무기 발사 수단에서 제외한다. 넷째, 3년간 유효한 의정서에 의거, 2,500km가 넘는 크루즈미사일의 개발과 배치를 금지하고 600km가 넘는 항공발사 크루즈미사일의 배치는 중폭격기로 한정한다. 그리고 600km가 넘는 해상, 지상발사 크루즈미사일을 개발할 수는 있으나 배치는 금지한다는 것이다.

이러한 미－소 간의 제2차 전략무기제한협상 내용을 고려했을 경우, 서유럽 국가들의 관심은 몇 가지로 정리될 수 있다. 첫째, 미국은 2,500km가 넘는 크루즈미사일에 대한 옵션을 보유해야만 한다. 둘째, 지상발사크루즈미사일처럼 유럽에 배치된 전진기지시스템은 600km 이하로 한정되어서는 안 된다. 셋째, 그 협정은 크루즈미사일 기술을 NATO의 서유럽 국가들에게 이전하는 것을 금지하지 말아야 한다는 것이다.[51] 미－소 간의 전략적 핵 균형이 이루어진 상황에서 NATO는 유럽 전장의 재래식 전력과 전장핵무기(TNF)[52] 분야에서 WTO보다 열세에 있었다. 따

1972년부터 2009년에 이르기까지 미국과 소련(러시아) 간에 진행된 전략무기 군비통제와 군축 협상에 대해서는 다음을 참조. 이수형, 「미국과 러시아의 군비통제와 군축: 전략무기감축조약(START)을 중심으로」, 『외교안보연구』 제5권, 2009, pp. 67~95.

51 Gelber, "SALT And The Strategic Future," 1978, p. 286.

52 NATO의 전장핵무기는 유럽 전장에 배치 혹은 할당된 핵무기를 의미하기 때문에 잠재적으로 모든 핵무기는 전장핵무기에 속한다고 볼 수 있다. 그러나 현실적으로 전장(Theater)이라는 의미가 지역적으로 유럽을 지칭하는 의미로 사용되기 때문에 중거리핵무기와 전술핵무기를 지칭하는 것으로 이해된다. 여기에서는 전장핵무기는 중거리핵무기를 의미한다. NATO의 전장핵무기에 대해서는 다음의 문헌을 참조. Oliver Ramsbotham, *Modernizing NATO's Nuclear Weapons: No Decisions Have Been Made*(London: Oxford Research

라서 대다수의 서유럽 국가들은 미－소 간의 제2차 전략무기제한협상이 유럽의 안보에 미치는 영향을 심각하게 우려하였다. 특히, 서유럽 국가들은 미－소 간의 전략핵무기가 대등해졌기 때문에 유사시 미국과 NATO의 안보가 분리될지도 모른다고 우려했다.

더군다나 미－소 간의 제2차 전략무기제한협상에서 카터 행정부는 크루즈미사일을 전략핵무기 차원에서 그리고 제2차 전략무기제한협상이라는 맥락에서만 파악하여 서유럽 국가들에게 크루즈미사일 기술을 이전하지 않으려는 의향을 보였다. 따라서 서유럽 국가들은 미국은 서유럽의 안보를 강화하기보다는 미국 본토에 대한 소련의 핵위협을 완화하는 데 더 큰 관심이 있다고 생각했다.[53] 서유럽 국가들은 미국이 서유럽의 입장을 충분히 고려하지 않고 유럽의 안보에 직접적인 영향을 미치는 군비통제 협정을 체결할 것이라고 우려했다. 또한 서유럽 국가들은 기술 이전 금지 조항은 크루즈미사일 기술에 대한 유럽의 접근을 차단할 것이라고 우려했다. 결국, 서유럽 국가들은 미－소 간의 제2차 전략무기제한협상의 진행 과정과 결과에 보다 예민하게 되었다. 협상이 진행될수록 서유럽 국가들의 우려감은 한층 고조되었다. 미국이 크루즈미사일 프로그램의 추진을 꺼리면 꺼릴수록, 서유럽 국가들은 크루즈미사일을 더욱더 원했다. 이러한 상황과 맞물려 소련의 군사적 위협에 직면해 있던 서유럽 국가들의 우려감이 증대되는 시점에서 서독의 슈미트(Helmut Schmidt) 수상은 대다수의 서유럽 국가들이 가지고 있던 포기의 두려움을 공개적으로 표출하였다. 슈미트 서독 수상은 1977년 10월 28일에 영국의 국제전략연구소

Group, 1989), pp. 3~19.

53 Jacquelyn K. Davis, Charles M. Perry, and Robert L. Pfaltzgraff, Jr., *The INF Controversy: Lesson for NATO Modernization and Transatlantic Relations*(Washington, D. C.: Pergamon Brassey's International Defense Publishers, 1989), p. 8.

(IISS)에서 미－소 간의 전략적 핵능력이 대등하게 되었기 때문에 NATO는 더 이상 미국의 우월한 전략핵무기에 의존할 수 없게 되었다고 주장했다.

> 전략무기제한협정은 미－소 간의 전략적 핵 균형을 명문화한다. 달리 표현하면, 전략무기제한협정은 초강대국들의 전략적 핵능력을 중립화시킨다. 이것은 유럽에 배치된 전술핵무기와 재래식 무기에 있어 동－서 간의 불균형이라는 중요성을 증대시킨다. [……] 전략적 핵무기의 제한과 감축에 관한 초강대국들 간의 협상은 계속되어야 하고, 지속적인 협정을 이끌어내야 한다는 점은 우리 유럽인들에게 있어서 사활적 관심 중의 하나이다. 한편으로 우리 유럽인들은 이러한 협상으로 NATO의 억지전략이 무시되지 말아야 한다는 점을 확실히 하는 데 특히 유의해야만 한다. [……] 미국과 소련에 한정된 전략적 군비제한은 필연적으로 서유럽 국가들의 안보를 해칠 것이다.[54]

유럽에서 전장핵무기 균형상의 변화에 주목해야 한다는 슈미트 수상의 연설은 기본적으로 당시 미－소 간에 진행 중에 있었던 제2차 전략무기제한협상에서 유럽의 안보이익을 보장받고자 하는 동기에서 나온 것이었다. 따라서 미국은 서유럽 국가들의 우려감을 불식시키고, 소련의 SS-20 미사일 배치와 관련된 소련의 군사적 위협에 대한 대응책을 모색하기 위해 서유럽 국가들과 문제 해결을 위한 협상을 벌여나갔다. 그 결과 미국과 서유럽 국가들은 NATO의 안보 딜레마를 해결하기 위한 방안으로 1979년 12월에 이중결정을 탄생시켰다. 1979년 12월에 NATO의 이중결

---

54 Helmut Schmidt, "The 1977 Alastair Buchan Memorial Lecture," *Survival*, XX-1(January/February, 1978), pp. 3~4.

정(double track decision)은 소련의 SS-20 미사일에 대항하여 서유럽에 지상 발사 크루즈미사일과 퍼싱 투(Pershing II) 탄도미사일을 배치하는 동시에 유럽에서 동-서 간의 중거리핵무기 균형을 가능한 한 최저 수준으로 유지하기 위해 미-소 간의 군비통제협상을 진행시키는 결정이었다.[55] 즉, 군비증강과 군비통제라는 외형상 상호 모순적이지만 상당한 합리성을 갖는 대응책을 마련했던 것이다.

그러나 1979년의 소련의 아프가니스탄 침공을 계기로 1980년대에 들어와 상황이 급변하게 되어 1970년대 내내 미-소 간에 지속되었던 데탕트가 끝나게 되었다. 따라서 1980년대 초반의 국제환경은 NATO의 이중결정이 논의되었던 상황과는 달랐다. 특히, 1980년 8월에 카터 행정부는 대통령 결정인 PD-59를 발표하였다.[56] PD-59의 핵심적인 내용은 유사시 제한핵전쟁을 가정하여 광범위한 군사적 · 정치적, 그리고 경제적 목표물들을 제시한 것이었다. PD-59는 NATO의 억지력을 강화하기 위해 미국의 핵전력을 진보적으로 수정한 것이지 미국이 핵전쟁을 수행할 수 있고, 또한 승리할 수 있다는 사상에 기반을 둔 것은 아니었다. 그럼에도 불구하고, 서유럽 국가들은 PD-59를 미국의 정책이 억지에서 전쟁수행전략으로 전환된 것으로 해석하였다. 또한 새로 들어선 미국의 레이건(Reagan) 행정부는 군비통제를 경시하는 경향을 보이면서 미국의 전략적 우월성 확보를 추구하였다. 특히 1981년 후반에 레이건 행정부는 핵무기

---

55 NATO, *The North Atlantic Treaty Organization: Facts and Figures, 1949~1989* (Brussels: NATO Information Service, 1989), p. 33, pp. 101~103.

56 "President Carter's Address Before the Annual Convention of the American Legion in Boston," August 21, 1980, in Sam C. Sarkesian with Robert A. Vitas, *U. S. National Security Policy And Strategy: Documents and Policy Proposals*(New York: Greenwood Press, 1988), p. 312.

배치에 관한 국가안보결정지침-13(NSDD-13)과 1982년 초반에 주요 군사 정책지침을 마련하였다. 이러한 정책지침에서 중요한 변화는 효과적인 억지는 효율적인 전쟁수행력을 필요로 한다는 가정 하에 소련과의 장기적인 핵전쟁이나 재래식전쟁을 수행할 수 있는 필요조건들을 표명한 것이었다.[57]

이러한 상황 변화로 NATO의 이중결정에서 군비통제결정이 실행에 옮겨질지는 미지수였고 아울러 서유럽 국가들은 또 다른 안보적 두려움인 연루의 두려움을 갖게 되었다. 1980년대 초반에 서유럽에서는 유럽 대륙 전체에 걸쳐서 반핵 · 평화운동이 전개되었고, 이에 따른 소련의 정치공세도 강화되었다. 따라서 서유럽 국가들은 미국에게 이중결정에 따른 소련과의 군비통제협상을 시작하라고 강력히 촉구하였다. 결국, 미국은 1979년에 NATO의 이중결정에 따라 서유럽에 중거리핵무기 배치를 위해서는 서유럽 국가들의 지지가 필수적이라고 파악하였다. 따라서 미국은 중거리핵무기 배치를 위한 서유럽 국가들의 지지 확보와 중거리핵무기 배치에 따른 정치적 부담감을 줄이기 위해 1981년 11월 30일에 제네바에서 소련과 중거리핵무기 협상을 시작하게 되었다.

4. 냉전 종식 이후 NATO의 안보 딜레마

지난 냉전시대 NATO의 안보 딜레마는 기본적으로 냉전체제의 특성에서 연유한 것이었다. 즉, 미국과 서유럽 국가들은 지리적 상이함과 국력

57 Raymond L. Garthoff, *The Great Transition: American-Soviet Relations and the End of the Cold War*(Washington, D. C.: The Brookings Institution, 1994), p. 37.

의 비대칭성으로 인해 서유럽에 대한 소련의 군사적 위협을 억지하는 과정에서 주기적인 대립과 갈등 양상을 노출시켜왔다. 특히, 서유럽 국가들은 동맹에 대한 자율성이 상대적으로 낮으면서도 미국과의 안보협력에 대한 전략적 이익을 높게 인식 · 평가했기 때문에 미국과 소련 간의 안보적 변화 양상에 따라 포기와 연루라는 안보 딜레마를 주기적으로 경험하였다. 이러한 안보 딜레마는 서유럽 국가들에게 동맹에 대한 상대적 자율성을 증진시킬 필요성을 깨닫게 하는 주요 계기를 마련해주었다.

한편, 냉전 종식 이후 변화된 안보환경으로 인해 NATO의 군사적 역할 변화와 유럽연합을 통한 서유럽 국가들의 안보정책 증진 노력 등으로 탈냉전시대 NATO의 안보 딜레마는 그 성격과 내용에 있어서 과거와는 근본적으로 다른 양상을 보여주게 되었다. 즉, 탈냉전시대 미국과 서유럽 국가들 간에 나타나는 NATO의 안보 딜레마는 유럽 안보정책의 발전에 따른 미국과 서유럽 국가들 간의 갈등, 지난 냉전체제 하에서 상이하게 발전한 미국과 서유럽 국가들 간의 전략 문화, 그리고 집단안보를 강조하는 NATO의 군사 역할의 변화에 따른 역외 활동에 대한 미국과 서유럽 국가들 간의 상이한 입장 차이 등으로 연유하는 것이다. 그렇기 때문에 NATO의 안보 딜레마는 과거와 같은 명확한 적이 존재하는 상황에서 적대자 게임과 동맹 게임에서 차원에서 나타난 포기와 연루의 안보 딜레마보다는 북대서양 조약에 명시되어 있지 않은 잔여통제와 결부된 문제에서 대립과 갈등을 보여주는 양상으로 전개되었다.

냉전 종식 이후 잔여통제 문제에서 비롯되는 NATO의 안보 딜레마는 다양한 측면에서 나타날 수 있다. 우선적으로 북대서양 조약 제5조에 위배되는 소위 역외 활동(out of area)에 대한 회원 국가들의 입장 차이, 동맹의 뚜렷한 적이 존재하지 않는 상황에서 전개되는 동맹의 방위비 분담 문제, 동맹의 군사 역할의 변화에 따른 회원 국가들의 입장 차이 등이다. 여기에서는 NATO와 유럽연합의 동시 확대에 따른 회원 국가들의 다양성, 그리고 미국과 유럽 국가들의 상이한 전략문화 및 역외 활동에 대한 입장 차이에 따른 동맹의 안보 딜레마를 살펴보고자 한다.

1) 회원 국가들의 다양성과 동맹 딜레마

무엇보다도 먼저, 탈냉전시대 NATO의 안보 딜레마는 유럽연합의 통합과정이 보다 확대·심화되고 특히, 그러한 과정을 통해 발전하게 된 유럽연합의 안보정책을 둘러싸고 미국과 서유럽 국가들, 그리고 NATO 회원국이면서도 유럽연합 회원국인 유럽 국가들 사이에서 NATO와 유럽연합의 안보정책 간의 관계 설정 문제를 둘러싸고 발생하게 되었다(이 부분에 대한 자세한 논의는 제10장 유럽연합의 안보정책과 동맹 딜레마에서 보다 구체적으로 다루고 있기 때문에 여기에서는 대략적인 윤곽만 제시하고자 한다).

2010년 12월 현재 NATO 회원국은 28개국이고, 유럽연합 회원국은 27개국이다. 이 중 NATO와 유럽연합 회원국 모두에 속하는 국가들은 21개국이다. 특히, NATO와 유럽연합에 공통적으로 속하는 21개 유럽 국가들의 안보정책은 통일적인 입장을 갖고 있지 않을 뿐만 아니라 NATO와 유럽연합과의 관계에 대해서도 매우 다양한 입장을 갖고 있다. 즉, 미국 및 NATO와의 안보협력 강화를 강조하는 영국·포르투갈·스페인, 그리고 탈냉전 시기에 NATO와 유럽연합 회원국이 된 중동유럽 국가들로 대표되는 소위 대서양주의 국가들, 전통적으로 유럽의 독자 안보를 강조하면서 유럽연합의 안보정책을 우선시하는 프랑스로 상징되는 유럽주의자들, 중립적인 양상을 보이면서도 유럽연합의 안보정책을 지지하는 독일, 그리고 상황에 따라 입장 변화를 달리하는 중립적 성향을 갖고 있는 유럽의 군소 국가들이 존재한다.

이처럼, NATO와 유럽연합에 공통적으로 속하는 유럽 국가들의 다양한 입장 차이는 주기적으로 NATO의 발전에서 뿐만 아니라 유럽연합의 안보정책 및 NATO와 유럽연합과의 관계 설정에 주요 갈등 요인으로 작용하고 있다. 일례로, 미국과의 안보협력 및 NATO의 역할 강화를 지지하는 대서양주의자들은 소위 연성안보 위협을 다루는 데 있어서 NATO의 옵션 및 NATO 신속대응군을 선호하는 반면, 유럽연합을 선호하는 국가들은 유럽연합의 옵션 및 전투그룹을 선호하는 경향을 보인다.

[그림 9-2] NATO와 유럽연합 회원국들의 지도

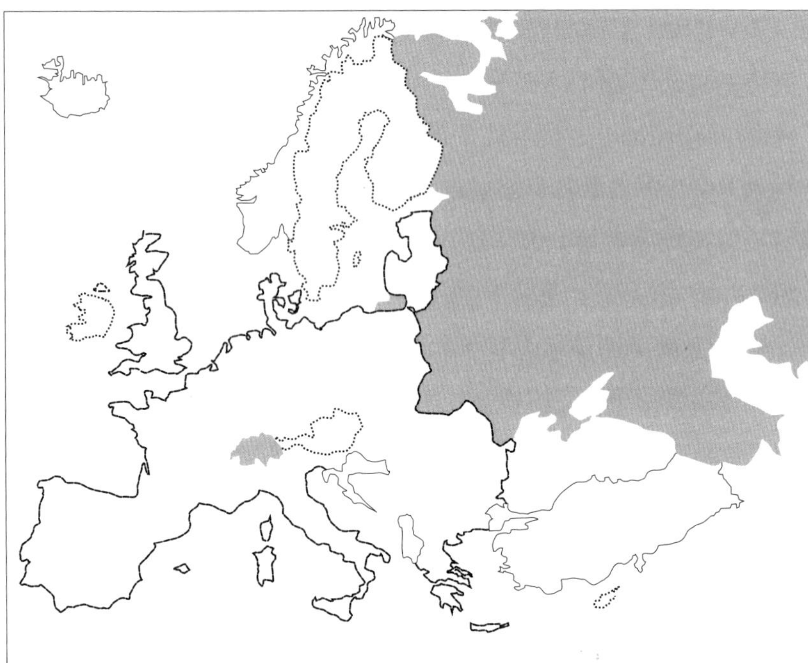

NATO.
유럽연합.
NATO · 유럽연합.

2) 전략문화의 차이와 동맹 딜레마

탈냉전시대 NATO의 안보 딜레마를 야기하는 또 다른 핵심요인으로 미국과 유럽 국가들의 전략문화의 차이와 집단안보 차원에서 이루어지는 연성안보 위협에 대한 NATO의 역외 활동에 대한 상이한 입장이다. 이러한 측면에서 나타나는 NATO의 안보 딜레마는 정치적으로 수평적 동맹관계에 있는 미국과 유럽 국가들이 지난 냉전시대와는 달리 NATO의 잔여통제 영역에서 각자의 배타적인 통제권을 행사할 수 환경과 여건이 어느 정도 충족되어 있기 때문이다.

무엇보다도 NATO 회원 국가들 중에서 미국과 유럽 국가들의 전략문화는 매우 상이하다. 미국과 유럽 국가들 간의 전략문화의 상이성은 직접적으로는 양차 세계대전의 결과에서 기인하였다.[58] 양차 세계대전의 결과로 미국은 때때로 심각한 자국의 국내적 문제에도 불구하고 자국의 이익은 본토에서가 아니라 전세계에 걸친 정치적 · 군사적, 그리고 경제적 개입을 필요로 한다는 것을 깨닫게 되었다. 군사적 개입에 대한 인지된 필요성, 때때로 해외 국가들에서 상당한 전력을 전진 배치할 필요성, 그리고 미국의 지도력을 중심으로 구축되어온 자신의 전략문화 때문에 미국은 자국의 협소한 국가안보의 필요성과 초강대국으로서 자국의 인지된 세계적 책임성 모두를 지탱할 수 있는 재래식과 핵전력을 위한 이용 가능한 자원들을 보유해왔다. 따라서 미국의 방위예산은 영토방위의 원칙이 아니라 해외에서 미국의 이익들을 보호하기 위한 전력투사 원칙을 근거로 이루어진다. 오늘날 미국 방위예산의 소규모만이 영토방위에 할당되

58 미국과 유럽 국가들 간의 전략문화의 차이에 관해서는 다음을 참조. Robert Kagan, *Of Paradise and Power: America vs Europe in the New World Order*, 홍수원 역, 『미국 vs 유럽: 갈등에 관한 보고서』(서울: 세종연구원, 2003).

고 다량의 방위비가 해외에 있는 미국의 이익들과 가치들을 보호하는 전력투사능력을 위해 지출된다.

한편, 냉전시대 동안 유럽의 전략문화는 상이한 일련의 요소들과 역사적 경험들에 의해서 형성되어왔다. 그중에서도 가장 근본적인 것은 정책과 전략의 일차적 목적은 어떠한 종류의 전쟁 발발도 회피해야 한다는 강한 확신이다. 따라서 유럽 국가들은 미국과는 대조적으로 해외 공약을 감축하고 실용주의적 태도로 전환해왔다. 그 결과 유럽 국가들은 지역적 · 국제적 안보를 위한 필수적 구성요소로서의 군사력의 균형보다는 안정성을 창조하고 국가이익들을 보호하기 위한 정책의 비군사적 수단들을 보다 더 강조하는 방향으로 나아갔다. 따라서 대다수 유럽 국가들의 군사체제는 미국과는 정반대이다. 유럽의 국가적 전력들은 주로 자신들의 영토와 일부 경우에 있어서 자신들과 인접한 NATO 주변국들의 영토를 방위하기 위해 조직화되었다. 지난 냉전기간 동안 영토방위는 유럽의 주된 급선무였고, 유럽 군사력의 훈련과 장비는 이러한 임무 수행에 적합하도록 기획되었다. 물론 1980년대 초반에 유럽주의자의 부각과 냉전 종식으로 유럽의 전략적 시야가 과거보다는 넓어졌으나, 넓어진 유럽의 전략적 시야는 기껏해야 두 개의 지리적 호형(geographic arcs)에만 집중되어 있다.[59]

미국과 서유럽 국가들 간의 이러한 전략문화의 상이성은 NATO의 군사전력에 있어서 회원 국가들 간 전력투사능력의 비대칭성을 보다 부각시키고 있다. 회원 국가들 간의 전력투사능력의 비대칭성은 유럽 국가들

59 두 개의 지리적 호형은 동쪽의 호형과 남쪽의 호형이다. 동쪽의 호형은 독일과 발칸반도를 지난 러시아 사이의 북유럽의 발트해에서 흑해에까지 미친다. 남쪽의 호형은 북아프리카와 지중해를 거쳐 터키에 이르고 더 넓은 중동지역을 포함한다. Ronald D. Asmus, Richard L. Kugler, and F. Stephen Larrabee, "Building a New NATO," *Foreign Affairs*, 72-4(Sep./Oct., 1993), pp. 28~40.

간의 관계와 미국과 유럽 국가들 간의 관계라는 이중적 성격을 갖고 있다. 유럽 국가들 사이에서 프랑스와 영국만이 실제적으로 전력투사 능력을 보유하고 있다. 독일은 역사적 이유뿐만 아니라 냉전기간 동안 자국의 지전략적 조건 때문에 그러한 입장에 반대하고 자국의 전력구조의 조정을 매우 완만하게 진행시키고 있다. 유럽 국가들 간의 전력투사능력의 이러한 비대칭성으로 인해 많은 유럽인들은 사활적 이익의 방위는 자국의 국경선을 넘어서거나 심지어는 자국에 바로 인접한 동맹 국가들의 국경선을 넘어서까지 필요하다고는 당장 생각하지 않는다. 그리고 대부분의 유럽 국가들이 식민지를 보유했었고 식민지전쟁에 관여했었지만, 유럽 국가들은 적어도 반세기 동안 그러한 경험이 없었다. 해외에서 전력을 전개하는 것은 그러한 식민지시대의 함축성을 가지고 있고, 기껏해야 낡은 것으로 인식되고, 최악의 경우 비도덕적인 신식민주의로 인식된다.[60]

회원 국가들 간의 전력투사능력의 비대칭성이 갖는 또 다른 성격은 미국과 유럽 국가들 간의 관계이다. 미국과 유럽 국가들 간의 전력투사능력의 비대칭성으로 미국은 제한적인 전력투사능력을 가진 유럽 국가들을 진지하게 동반자로서 대우하지 않을 것이라는 점이다. 오늘날 유럽인들은 내부지향적 태도를 여전히 유지하고 있으며, 또한 유럽 국가들은 미국이 유럽을 동등한 전략적 동반자로 취급하거나 공동의 사활적 이익이 걸려 있는 지역들에서 미국의 영향력을 유럽과 공유할 것이라고 믿지 않는다. 마찬가지로 미국인들은 때때로 유럽의 전략적 근시를 불평하지만 유럽 국가들을 그러한 쟁점들에 개입시키고자 하는 진지한 노력을 보이지

60 이러한 인식의 가장 대표적인 예는 1994년 6월에 프랑스가 르완다에서 인도주의적 개입을 제안했을 때 다른 유럽 국가들은 그것을 신식민주의적 함축성을 갖는 것으로 의심하면서 프랑스의 제안을 반대한 경우이다.

않는다. 왜냐하면 미국은 자국과 유럽의 우선순위들이 똑같지 않을 것이라는 점을 두려워하거나 아니면 만약 유럽이 보다 적극적으로 활동한다면 필연적으로 자국의 정책이 제한을 받거나 영향력이 상실되는 것을 두려워하기 때문이다.

3) 역외 활동에 대한 상이한 입장과 동맹 딜레마

안보정책에 대한 유럽 국가들의 다양한 입장, 미국과 유럽 국가들 간의 상이한 전략문화와 그로 인해 비롯되는 군사능력의 비대칭성 못지않게 탈냉전시대 NATO의 역외 활동을 둘러싸고 미국과 유럽 회원 국가들 간의 안보 딜레마 역시 중요하다. 특히, 탈냉전시대에 들어와 2001년의 9·11 테러 이후 NATO 동맹국인 미국과 유럽 국가들의 안보 딜레마는 중동지역에 대한 접근 방법을 둘러싸고 극대화되는 양상을 보여주었다.

비록 미국과 유럽 국가들은 중동에 관련된 많은 공동이익이 있지만, 공동의 비전이나 전략은 부재한 상태이다. 냉전 종식과 사막의 폭풍 작전 이래로 미국은 페르시아 만 지역에서 우월한 외부 강대국이 되었다. 실제로 미국은 그 지역의 최종적인 안보 관리자이며, 이러한 역할을 통해 그 지역으로부터 원유공급의 안전을 확보하는 데 도움을 주고 있다. 그러나 이란과 이라크로부터의 군사적 위협에 대처하기 위한 미국의 계획에 있어서 유럽의 NATO 동맹국들로부터 의미 있는 군사적 지원을 받지 못했다. 이는 기본적으로 일부 유럽 국가들은 걸프지역에 대한 위협을 미국과 다르게 인식하고, 위협에 대해 동일한 인식을 하는 나라들조차도 미국의 해결 방법에 대해 공감하지 않기 때문이다.[61]

61 David C. Gompert & F. Stephen Larrabee(eds.), *America and Europe: A Partnership for a New Era*(Cambridge: Cambridge University Press, 1998); 이수형 역, 『미국과 유럽

중동지역에 대한 미국의 접근 방법이 주로 미국과 이스라엘의 특수한 관계, 그리고 자신의 군사안보적 측면의 전략적 입장에 따라 중동정책을 펼치는 반면, 유럽 국가들의 중동지역에 대한 접근 방법은 보다 구체적이고 직접적인 이해관계에서 연유한다. 유럽 국가들의 중동지역에 대한 이해관계는 역사적으로 제국주의 정책에서 연유하지만 냉전 종식 이후 유럽 국가들의 입장은 무엇보다도 유럽과 중동지역 간의 지리적 근접성에서 연유하는 다양한 쟁점에 따른 민감성과 취약성에서 기인한다고 볼 수 있다. 이러한 지리적 근접성에 따른 민감성과 취약성의 문제는 크게 경제문제, 이민 문제, 안보 문제의 상호작용에서 발생하며 이로 인해 유럽 국가들은 중동지역의 상황 변화에 지대한 이해관계를 가질 수밖에 없다.

먼저, 경제적 측면에서 유럽연합 국가들은 중동지역으로부터 경제성장에 필수적인 원유를 최소 30% 이상 수입하고 있으며, 중동에 대한 천연가스의 의존도도 증가하고 있는 상황이다. 따라서 유럽연합은 중동지역에서의 불안정에 매우 민감할 수밖에 없다. 만약 원유 생산지역에서 분쟁이 일어나 핵심 원유생산 및 수송시설 등이 파괴된다면, 또는 극단주의자 집단들이 석유를 통제하고 주요 수입국들에 대한 무기로 사용한다면 석유공급이 단절될 수도 있다. 이러한 상황은 중동지역에 대한 유럽연합의 투자 감소 및 에너지 수입의 차질로 이어져 유럽연합 국가들의 경제성장에 심대한 타격을 입힐 것이다.

또 다른 문제는 중동지역의 불안정으로 인한 유럽으로의 이민이나 난민 유입의 증가이다. 사하라 하부 지역 다음으로 중동지역은 세계 어느 지역보다 높은 인구 증가를 보이고 있다. 따라서 중동지역의 불안정은 지리적 근접성으로 인해 유럽으로의 엄청난 이주자를 발생시켜 리비아 · 알

의 21세기 국제질서』(서울: 한울아카데미, 2000), pp. 274~275.

제리 · 이집트 · 모로코 · 튀니지 출신의 유럽으로의 이민이 지속적으로 늘어나고 있는 상황을 보다 악화시킬 것이다. 유럽연합으로 유입되는 중동지역의 이주자로 인해 유럽연합의 이해당사국들은 중동의 극단주의가 유럽으로 파급될지도 모른다는 우려감을 가질 수 있다. 아울러 테러리즘의 확산은 중동지역에서의 불안정과 밀접한 관계가 있으며, 특히 이슬람의 관여와 유럽에 근거한 아랍 네트워크와 연계된 2001년의 9·11 테러는 중동의 문제가 유럽의 심장부와 직접적으로 연계된 위협감을 추가했다.[62] 요컨대, 중동지역에 대한 미국과 유럽 국가들은 많은 측면에서 공동의 이해관계를 가지고 있지만, 그럼에도 불구하고 중동지역에 대한 미국과 유럽 국가들의 상이한 입장과 해결 방법 모색은 NATO 역외 활동에 대한 동맹의 안보 딜레마를 주기적으로 야기하였고, 특히, 그러한 동맹의 안보 딜레마는 지난 2003년 미국의 이라크전쟁을 계기로 가장 논쟁적으로 표출되었다.[63]

---

62 Roland Dannreuther, "The Middle East: Towards a Substantive European Role in the Peace Process?," in Roland Dannreuther(ed.), *European Union Foreign and Security Policy: Towards A Neighbourhood Strategy*(London and New York: Routledge, 2004), p. 152.

63 Philip H. Gordon & Jeremy Shapiro, *Allies at War: America, Europe, and the Crisis Over Iraq*(New York: McGraw-Hill, 2004).

제10장 유럽연합의 안보정책과 동맹 딜레마

안보정체성(security identity)이란 행위자가 어떤 방식으로 정치 · 안보 행위자로서 자신을 조직하고 정의하느냐이며, 동시에 국제관계에서 자신의 행위 방향과 관련된 목표와 역할을 어떻게 설정할 것인가의 문제이기도 하다. 따라서 행위자의 정체성은 행위와 불가분의 관계에 있는 것으로 행위는 정체성을 형성하고 정체성은 역으로 행위 능력을 재형성한다. 유럽의 안보정체성과 관련해서 NATO 회원 국가들은 유럽 안보의 기본 성격에 대한 인식과 이를 담당할 행위 주체의 문제에 따라 대서양주의자(Atlanticist)와 유럽주의자(Europeanist)로 구분된다. 대서양주의자들은 유럽 안보에 있어서 NATO의 일차적 안보 역할과 미국과의 안보적 유대관계를 강조한다. 이에 비해 유럽주의자들은 NATO의 군사적 측면보다는 정치적 역할과 미국과 유럽 국가들 간의 상이한 국가이익 및 안보이익을 부각시키면서 유럽 국가들의 안보적 자율성을 강조한다.

제2차 세계대전 이후 전통적 강자였던 유럽 국가들은 두 차례에 걸친 대전쟁의 여파로 약소국으로 전락하여 자신의 운명을 미국과 소련이라는 초강대국의 관리에 맡기게 되었다. 이에 서유럽 국가들은 유럽통합을 통해 민족주의와 과거의 갈등을 극복하고 경제적 번영을 통해 최종적으로 전략적 운명을 통제하여 미국으로부터 독립적인 지구적 세력이 되는 하나의 유럽이 되는 비전을 추구하게 되었다. 이러한 비전을 달성하기 위해 1950년대 초 서유럽 6개국으로 출발한 유럽통합은 오늘날 27개국을 보유한 유럽연합(EU)이라는 국제제도로 발전해왔다. 특히, 유럽연합의 안보정책(공동외교안보정책 · 안보방위정책 · 공동안보방위정책)은 반세기 이상 걸쳐 진행되어온 경제 · 정치통합과는 달리 매우 빠르게 발전하는 양상을 보이고 있다. 불과 20년도 안 걸려 전반적인 윤곽을 갖춘 유럽연합의 안보정책은 여전히 해결해야 할 많은 문제점과 단점을 갖고 있음에도 불구하고 1987년 서유럽연합 강령(WEU Platform)에서 제시한 유럽안보정체성을 구현하는 정책적 대세로 굳어져가고 있는 것은 확실한 것 같다. 그러나 상대적으로 짧은 기간에 걸쳐 발전해가고 있는 유럽연합의 안보정책은 역설적으로 60여 년 이상 유럽안보의 근간으로 작동해왔던 NATO에 미칠 영향력을 둘러싸고 소위 대서양주의자와 유럽주의자 간에 주기적이고 지속적인 안보 딜레마 논쟁을 야기하는 촉진제가 되었다.

여기에서는 먼저, 유럽 안보 정체성의 태동과 발전을 살펴보고, 마스트리히트 조약에서부터 리스본 조약에 이르기까지 유럽연합의 공동외교안보정책 및 안보방위정책을 중심으로 펼쳐진 대서양주의자와 유럽주의자 간의 안보정체성 문제를 살펴보고, 이것이 NATO에 미치는 영향과 관련된 동맹 딜레마를 분석하고자 한다.

1. 유럽 안보 정체성의 태동과 발전

1945년부터 1949년에 걸쳐 NATO의 탄생 과정에서 미국과 유럽 국가들의 입장은 상당히 대조적이었다. 미국은 어느 정도 동맹 창설에 주저하는 입장을 보였으며 동맹이 창설된 후에도 유럽 안보문제에의 관여를 한시적으로 생각했으나 유럽 국가들은 동맹의 창설과 미국의 관여를 장기적 관점에서 바라보았다. NATO가 탄생된 이후에도 유럽 안보에 대한 미국의 관여는 한시적이었으나 유럽 국가들의 불충분한 방위력 개선 노력, 독일의 재무장 문제, 그리고 한국전쟁 등으로 미국의 정책 입장이 바뀌게 되었으며[1] 특히, 1952년 북대서양이사회(NAC)의 리스본 회담에서 채택한 재래식 전력목표가 비현실적이고 달성될 수 없다는 회원 국가들의 우려감이 점증함에 따라[2] NATO의 억지력은 미국화되었다. 1950년대 초반에 미국의 핵무기가 유럽 전장에 최초로 배치된 이후로 NATO의 실제적 억지력은 미국의 핵무기가 담당하였다. 냉전시대 NATO는 미국이 제공하는 핵무기에 의존하면서 WTO와의 팽팽한 군사적 균형을 통해 유럽의 안보를 안정적으로 관리해왔다.

이런 상황에서 유럽 안보를 바라보는 서유럽 국가들의 입장은 기본적으로 미국과의 공고한 안보유대를 강조하는 범대서양주의자의 입장이라고 볼 수 있다. 그러나 성공적인 유럽의 경제적 통합 과정과 국제안보환경의 변화는 안보문제를 바라보는 유럽 국가들의 상이한 입장을 부각시키는 배경을 형성했다. 특히 핵무기는 미국과 서유럽 국가들 간의 갈등적 측면을 부각시키는 촉진제가 되었다. 왜냐하면 유럽에 배치될 핵무기의 종류, 배치 지역, 동맹의 핵전략, 그리고 핵무기의 사용권한 등 핵무기 정책결정에서 미국과 서유럽 국가들은 내재적 갈등을 안고 있었기 때문이

1 Ted Galen Carpenter, *A Search For Enemies: America's Alliances after the Cold War* (Washington, D. C.: CATO Institute, 1992), pp. 21~22.

2 Lawrence Freedman, *The Evolution of Nuclear Strategy*(London: Macmillan Press Ltd., 1982), p. 69.

었다. 1950년대 중반 이후 소련의 핵전력이 증강하여 동—서 간의 전략적 균형이 이루어져 감에 따라 WTO의 위협에 대한 대응책을 둘러싼 미국과 서유럽 국가들 간의 내재적 갈등은 표출되기 시작하였다.

NATO의 핵무기 정책결정을 둘러싼 미국과 서유럽 국가들 간의 갈등 표출은 한편으로는 동맹 내에서 핵무기 정책결정과 관련한 동맹의 정치구조의 발전을 야기했으나 다른 한편으로는 미국과 유럽 국가들의 안보이익의 상이성을 강조하면서 유럽 국가들에게 안보의 자율성에 대한 필요성을 인식시켰다. 1960년대 중반 동맹의 핵전략인 유연반응전략을 둘러싸고 벌어진 미국과 유럽 국가들 간의 논쟁이 대표적인 예이다.[3] 1960년대 중반 동맹의 핵전략 채택 여부를 둘러싼 동맹 내부의 갈등과 위기는 1960년대 후반부터 시작된 동—서 데탕트의 전개, 독일의 동방정책, 그리고 1970년대 중반에 탄생한 유럽안보협력회의(CSCE)의 발전 등으로 유럽 안보를 바라보는 미국과 유럽 국가들 간의 인식의 차이를 더욱 확대시켰다. 특히 1970년대 중반 소련의 SS—20 중거리핵미사일 배치 문제와 관련된 동맹의 대응책인 1979년 12월의 NATO의 이중결정(double-track decision)은 유럽 안보를 위한 유럽인들 자체의 협력을 모색하게 하는 주요 동기를 제공해주었다.

1979년 12월의 NATO의 이중결정은 소련의 SS—20 중거리핵무기에 대항하여 서유럽에 지상발사 크루즈미사일과 퍼싱 투(Pershing II) 탄도미사일을 배치하는 동시에 유럽에서 동—서 간의 중거리핵무기 균형을 가능한 한 최저 수준으로 유지하기 위해 미—소 간의 군비통제 협상을 진행

---

3 NATO의 핵전략으로서 유연반응전략의 채택 여부를 둘러싼 미국과 서유럽 국가들 간의 논쟁과 갈등에 대해서는 다음을 참조. Helga Haftendorn, *NATO AND THE NUCLEAR REVOLUTION: A Crisis of Credibility, 1966~1967*(Oxford: Clarendon Press, 1996).

시키는 결정이었다.[4] 이중결정 과정에서 서유럽 국가들은 자신들의 보호국인 미국과의 안보적 차별성을 확연히 인식하게 되었다. 이것은 서유럽 국가들에게 NATO를 개혁할 필요성, 동구와의 화해를 모색하고자 하는 강한 동기부여, 그리고 더 나아가 유럽 자체의 방위체제에 관한 논의를 유발시키면서 유럽주의자의 입장을 구체화시켰다.[5]

이런 맥락에서 냉전시대 유럽 안보를 바라보는 유럽 국가들 간의 주된 논쟁은 NATO의 개혁 방향성을 놓고 벌어졌다. 미국과의 안보 공조체제를 강조하는 대서양주의자는 NATO의 현존 구조를 유지, 핵 균형을 유지하려는 미국의 노력을 지지, 동구에 대한 강력한 방위력 유지를 주장하였다. 서유럽의 안보적 자율성 모색의 필요성을 강조하는 유럽주의자는 NATO의 해체가 아닌 개혁을 요구하고 서유럽 방위비 부담에 더 많은 몫을 책임지면서 동시에 NATO의 정책결정에서 더 많은 책임감 공유를 주장하였다.[6] 즉, 대서양주의자들이 유럽 안보에서 NATO가 일차적인 책임을 맡으면서 미국과의 안보적 유대를 강조한다면, 유럽주의자들은 NATO의 군사적 측면보다는 정치적 역할을 강조하고 미국과 유럽 국가들 간의 상이한 국가이익 및 안보이익을 부각시켜 유럽 국가들의 안보적 자율성 확대를 강조하는 입장이다.

---

4 NATO, *The North Atlantic Treaty Organization: Facts and Figures*(Brussels: NATO Information Service, 1989), p. 33, pp. 101~103.

5 Hedley Bull, "European Self-Reliance and the Reform of NATO," *Foreign Affairs*, 61-4(Spring, 1983), pp. 874~892. 또한 유럽안보의 대서양화와 유럽안보의 유럽화에 대한 각각의 입장에 대해서는 다음을 참조. A. DePorte, *Europe Between the Superpowers: The Enduring Balance*(New Haven: Yale University Press, 1986); John Palmer, *Europe Without America? The Crisis in Atlantic Relations*(Oxford: Oxford University Press, 1988).

6 Bull, "European Self-Reliance and the Reform of NATO," 1983, p. 874.

냉전시대 서유럽에 대한 소련의 위협이 상존하는 상황에서 유럽의 안보적 자율성 확대 노력은 큰 영향력을 발휘할 수 없었다. 그러므로 냉전시대 유럽 안보에 관한 대서양주의자와 유럽주의자 간의 차별성은 크게 부각되지 못했다. 그러나 20세기 두 번에 걸친 세계대전의 여파로 수립된 베르사유(Versailles)와 얄타(Yalta) 질서의 해체를 가져온 1989년의 지정학적 지진은 유럽주의자의 입지 확보에 유리하게 작용하였다. 냉전 종식은 한편으로는 유럽의 역사를 통틀어 냉전시대가 가장 안정적이었다는 양극체제의 안정성을 무너뜨렸지만[7] 다른 한편으로는 안보의 속성과 유형상의 변화를 가져와 유럽인의 독자적 안보능력을 신장시킬 수 있는 기회를 제공해주었다. 이러한 측면은 냉전 종식의 여파로 새롭게 형성되고 있는 유럽의 안보환경과 밀접히 연계되어 있다.

무엇보다도 먼저, 냉전 종식에 따른 유럽의 새로운 환경에서 안보의 속성과 유형은 적극적 · 연성적 측면이 중요시되고 있다는 사실이다. 지난 냉전시대 유럽의 안보환경에서 주된 안보위협은 NATO와 WTO의 영토에 대한 직접적이고 군사적인 경성 안보(hard security)였다. 그러나 탈냉전시대 유럽의 안보환경에서 주된 안보위협은 과거 NATO의 적성 국가들이었던 지역에서 파생되는 정치적 · 경제적 · 사회적 곤경에서 파생되는 인종분규와 영토분쟁 등으로 인해 그에 따른 난민과 이민, 인권 유린, 환경오염, 마약 등의 문제가 중요시되는 연성 안보(soft security)이다. 냉전 종식이 유럽 안보환경에 미친 두 번째 측면은 안보질서에서의 변화를 가져왔다는 점이다. 냉전시대 유럽의 안보는 일반적으로 군사력 위주의 상위 정치와 주권의 핵심 요소인 영토 차원에서 규정되었고 동맹을 주축으

7 John J. Mearsheimer, "Back to the Future: Instability in Europe After the Cold War," *International Security*, 15-1(Summer, 1990), p. 10.

로 한 세력균형체제를 통해 운영 · 관리되어왔다. 그러나 탈냉전시대 유럽의 안보질서는 안보위협의 속성이 기본적으로 다면적 · 전방향적이고 예측과 평가가 어렵기 때문에 어느 일국의 권력에 의해서 통제 · 유지될 수 없을 뿐만 아니라 기존에 존재했던 냉전적 안보제도의 역할을 통해서도 불가능하게 되었다. 그 결과 오늘날 유럽의 안보질서는 NATO, 유럽연합(EU), 유럽안보협력기구(OSCE) 등의 안보제도들 간의 협력과 경쟁을 통해 이루어지는 다자주의적 안보체제가 형성되었다. 이러한 다자주의적 안보체제는 과거의 세력균형과는 달리 국가보다는 국제제도의 상호 중첩적인 역할을 강조하고 또한 이들 제도들 간의 협력과 경쟁을 통해서 안보질서를 유지 · 관리하는 체제이다.[8] 이러한 모든 측면을 고려했을 경우 1990년 이후 유럽국가들 간의 안보논의는 NATO의 차원을 넘어 새로운 안보위협에 효율적으로 대응할 수 있는 차원으로 확대되면서 궁극적으로는 유럽통합의 정치적 맥락에서 바라보게 되었다.

2. 유럽연합과 공동외교안보정책

1) 공동외교안보정책 탄생의 역사적 배경

제2차 세계대전 이후 본격화된 유럽통합 과정[9]에서 협력의 핵심은 언

8 냉전 종식 이후 유럽의 안보환경에서 다자주의적 안보제도들 간의 협력과 경쟁에 대해서는 다음을 참조. Andrew M. Dorman and Adrian Treacher, *European Security: An Introduction To Security Issues In Post-Cold War Europe*(Brookfield, USA: Dartmouth Publishing Company, 1995), pp. 43~83.

9 유럽통합 과정은 그 역사를 통해서 세 개의 상이하지만 중첩적인 의제/비전들을 추구해왔다. 첫 번째는 화해의 의제/비전이었다. 이것은 민족주의와 과거의 갈등 유형들을 극복하고 유럽의 심장부, 특히 프랑스와 독일 간의 전쟁을 불가능하게 만들기 위한 바람인 유럽통합을 위한

제나 경제적 쟁점들이었지만 국가들 간의 상호의존도가 확대 · 심화됨에 따라 정치적 협력에 대한 필요성이 증대해왔다. 상위정치(high politics)와 하위정치(low politics) 간의 경계가 모호해진 국제환경에서 효율적인 경제정책을 추진하기 위해서는 외교정책의 일관성과 신뢰할 수 있는 안보정책의 지원이 필요하게 되었다. 특히 냉전구조의 해체에 따른 유럽 안보환경의 급격한 변화는 유럽연합의 확대 · 심화 과정에 큰 충격을 가하면서 그 어느 때보다도 회원 국가들에게 공동외교안보정책(CFSP)의 필요성을 절감케 했다.

유럽통합 과정에서 공동외교안보정책에 필요한 정치적 협력은 오랜 역사를 가지고 있다. 공동외교안보정책을 창설하기 위한 유럽 국가들의 노력은 유럽공동체(EC) 이전에 이미 존재하였다. 냉전이 격화되는 상황에서 유럽 방위의 핵심에 위치한 독일의 재무장 문제와 관련하여 프랑스 · 서독 · 이탈리아 · 벨기에 · 룩셈부르크, 그리고 네덜란드는 군사화된 독일에 대한 두려움 없이 독일 재무장을 추구하기 위해 유럽방위공동체(EDC) 구축을 계획했었다. 그러나 이 계획은 프랑스의 반대로 실패하였다. 유럽경제공동체가 형성되고 유럽의 경제력이 발전함에 따라 서유럽 국가들은 또다시 유럽의 정치적 구축에 관한 논의를 시작하였고, 특히 프랑스는 유럽정치공동체 형성에 강한 관심을 보였다. 1961년과 1962년에 이른바 푸

원래의 동기였다. 두 번째는 유럽이 성공적으로 경쟁하고 성장하고자 한다면 유럽은 경제적으로 통합해야만 한다는 경제적 번영이었다. 세 번째이자 마지막 의제/비전은 궁극적으로 그 자신의 정치적 · 경제적, 그리고 최종적으로 전략적 운명을 통제하여 미국으로부터 독립적인 지구적 세력이 되는 하나의 유럽이었다. Ronald D. Asmus, "Double Enlargement: Redefining the Atlantic Partnership after the Cold War," in David C. Gompert and F. Stephen Larrabee(eds), *America and Europe: A Partnership For A New Era*(Cambridge, UK: Cambridge University Press, 1998), 이수형 역, 『미국과 유럽의 21세기 국제질서』(서울: 한울아카데미, 2000), pp. 54~55.

세 플랜(Fouchet Plan)으로 알려진 프랑스의 제안이 바로 그것이었다. 푸세 플랜으로 알려진 국가연합에 관한 조약(Treaty on the Union of States)의 핵심 내용은 회원 국가들 간의 협력은 통일된 외교정책 및 안보 강화와 방위정책의 조정을 야기할 것이며, 장기적으로 이 조약은 유럽 공동체에 포함되는 것이다. 그러나 이러한 프랑스의 제안은 연방적 유럽연합을 이루고자 하는 측면과 유럽의 방위를 NATO와 연계시키고자 하는 회원 국가들의 바람으로 무산되었다. 1969년의 헤이그 정상회담을 계기로 유럽 정치협력은 새로운 전환점을 맞이하였다. 1970년에 룩셈부르크에서 유럽 국가들은 유럽 정치협력의 출범을 알리는 룩셈부르크 보고서를 채택했다. 1973년 7월에 코펜하겐에서 회원 국가들은 회담의 빈도를 높이고 공동 접근 방법의 모색과 일치된 외교를 추구하기로 결정했다. 1980년대에 들어와 유럽 정치협력은 보다 구체화되었으며 특히 1986년에 단일유럽의정서(SEA)는 유럽 외교정책협력을 포함하였을 뿐만 아니라 유럽 정치협력을 위한 법적 토대를 마련하였다.

이처럼, [표 10-1]에서 알 수 있듯이, 냉전시대 공동외교안보정책을 추진하기 위한 유럽 국가들의 정치적 협력은 꾸준히 이루어졌으나 현실적으로 상징적 차원을 벗어나지 못했다. 즉, 냉전시대 유럽 정치협력은 실천성을 결여한 선언적 의미에 머물렀던 것이다. 그러나 냉전 종식은 공동외교안보정책을 위한 진정한 계기를 제공하였다. 냉전시대와 마찬가지로 미국이 계속적으로 유럽의 안보 문제에 관여할 것인가? 향후 NATO의 위상은 어떻게 될 것인가? 베를린 장벽의 붕괴와 독일 통일이 유럽 안보에 대한 시사점은? 냉전구조의 해체에 따른 동유럽 국가들에서 발생하는 위기들은 유럽 안보에 어떠한 영향을 미치는가?

이러한 문제의식과 더불어 냉전 종식에 따른 유럽 안보환경의 급격한 변화와 특히 독일 통일의 전망은 예정된 1990~1991년 정부 간 회담 의

[표 10-1] 유럽 정치협력의 주요 발전사

사건/날짜	목적	절차	수단
헤이그정상회담 (1969년 12월)	• 정치협력 출범	• 정치협력에 관한 보고서 준비	
룩셈부르크 보고서 (1970년 10월)	• 연합 형성과 의지 부여 • 유럽의 점증하는 책임감 행사 • 정치 · 경제적 정책의 조화 • 공동합의 분야에서 점진적 행동	• 정기적인 정보 교환 • 입장 조정 • 연 2회 외무장관 회담 • 연 4회 정치 이사회 회담 • 회원국 수도에서 회담	공동입장
코펜하겐 보고서 (1973년 7월)	• 명확한 존재로서 세계에서 행동 • 공동 해결책 모색 • 협의의 목적은 현재 공동 정책이다	• 외무장관 회담 증대 • 의장직의 역할 정교화 • 통신자 그룹 확립 • 실무그룹 공식화 • COREU 수립	정치적 대화
런던 보고서 (1981년 10월)	• 유럽정치협력의 목적은 현재 공동행동이다. • 안보의 정치적 측면에 대한 조정	• 의장국의 역할 강화 • 3두 사무국 체제 확립 • 의장직의 초국적성 • 협의에 대한 공약 강화 • 집행위원회와의 완전 연합	제재, 무역, 원조
유럽연합에 관한 엄숙한 선언 (1983년 6월)	• 응집력 강화와 유럽공동체와 유럽정치협력 간의 밀접한 조정 • 안보의 경제적 측면 고려	• 유럽이사회는 유럽공동체와 유럽정치협력을 위한 일반 지침 발행 • 유럽이사회의 각 의장국은 유럽의회에 보고서 제출	
단일 유럽의정서 (1987년 7월)	• 전체로서 유럽연합으로의 관계 전환 • 일관성과 결속력을 통해 달성 • 유럽정치협력의 수단과 유럽공동체간의 차이 심화를 완화 • 1993년까지 조약 제고	• 유럽정치협력을 위한 법적 조약기반 • 정보와 협의를 통한 공동 행동 • 유럽정치협력 사무국 창설 • 합의에 의한 결정. 그러나 정부들은 합의를 방해하지 말아야 한다.	경제적 · 정치적 수단

* 출처: Anthony Forster and William Wallace, "Common Foreign and Security Policy: A New Policy or Just a New Name?" in Helen Wallace and William Wallace(eds), *Policy-Making In The European Union*(Oxford: Oxford University Press, 1996), pp. 418~419 참조.

제에 외교안보정책의 중요성을 부각시켰다.[10] 1990년 3월 21일에 벨기에 정부는 공동체의 제도개혁을 촉구하는 가운데 중 · 동유럽 문제를 강조하면서 국제 문제에서 진정한 공동외교정책은 그 어느 때보다도 응집력을 요구하며, 그리고 공동체는 이러한 문제들을 논의하는 데 정치적 실체로서 참여해야 한다고 주장했다.[11] 벨기에 정부의 외교 문서는 프랑스 · 네덜란드 · 스페인, 그리고 이탈리아 정부의 지지를 받았으며 1990년 4월 28일에 독일 통일과 공동체와 다른 유럽 국가들과의 관계를 논의하기 위해 더블린(Dublin)에서 열린 특별 유럽이사회에 제출되었다.

한편, 1990년 4월 19일에 미테랑 프랑스 대통령과 콜 독일 수상은 정부 간 회담은 민주적 결점, 보다 효율적인 제도, 경제 · 통화 · 정치 분야에서 회원 국가들 간의 행동의 통일성과 응집력, 그리고 공동외교안보정책의 발전을 다루어야 한다고 제안한 공동서한을 아일랜드 의장국에게 보냈다.[12] 이처럼, 벨기에 정부의 외교문서와 독-프 공동서한을 계기로 공동외교안보정책이라는 개념이 등장하게 되었다. 1990년도 중반까지

10 원래 1990~1991년의 정부 간 회담은 통화통합과 그것의 제도적 결과에 초점이 맞추어져 있었다. 외교방위정책의 측면에서 정의된 정치연합과는 직접적인 관계가 없었다. Anthony Forster and William Wallace, "Common Foreign and Security Policy: A New Policy or Just a New Name?," in Helen Wallace and William Wallace(eds), *Policy-Making In The European Union*(Oxford: Oxford University Press, 1996), p. 420.

11 Philippe de Schoutheete de Tervarent, "The Creation of the Common Foreign and Security Policy," in Elfriede Regelsberger, Philippe de Schoutheete de Tervarent, Wolfgang Wessels(eds), *Foreign Policy of the European Union: From EPC to CFSP and Beyond*(London: Lynne Rienner Publishers Inc., 1997), p. 43.

12 Finn Laursen, "Explaining the Intergovernmental Conference," in Finn Laursen and Sophie Vanhoonacker(eds), *The Intergovernmental Conference on Political Union*(Maastricht: European Institute of Public Administration, 1992), p. 5; Marit Sjøvaag, "The Single European Act," in Kjell A. Eliassen(ed), *Foreign and Security Policy in the European Union*(London: ASGE Publications, 1998), p. 28에서 재인용.

공동외교안보정책이라는 새로운 개념에 대한 회원 국가들의 명확한 입장 표명은 나타나지 않았으나[13] 1990년 12월에 로마에서 유럽통화연합과 유럽정치연합에 관한 정부 간 회담이 공식화되면서 구체화되기 시작하였다. 요컨대, 공동외교안보정책은 냉전 종식에 따른 변화된 유럽의 안보환경에서 유럽이 직면한 도전에 대한 대응책 모색 과정의 산물로서 나타났던 것이다.

2) 공동외교안보정책과 대서양/유럽주의자의 입장

1990년 12월에 로마에서 유럽통화연합(EMU)과 유럽정치연합(EPU)에 관한 1991년 정부 간 회담이 공식적으로 열렸다. 유럽이사회가 제시한 지침을 따라서 정치협력에 관한 회담은 민주적 정당성, 공동외교안보정책, 유럽의 시민권, 공동체 행동의 확장과 강화, 그리고 효율성과 효과성이라는 다섯 가지의 상이한 쟁점들에 초점이 맞추어졌다.[14] 그중에서도 공동외교안보정책에 관한 논의는 정책결정규칙과 공동체 제도들의 역할 등에 관한 유럽연합의 구조 문제와 NATO와 서유럽연합(WEU)의 역할 등과 관련된 유럽연합의 안보 문제로 압축되었다. 유럽연합의 구조와 안보 문제에 관한 회원 국가들의 입장은 자신들의 외교정책과 국가이익에 따라 다양한 입장을 보였다. 특히, 대서양주의자인 영국과 유럽주의자인 프랑스의 입장은 상당히 대조적인 입장을 노출시켰다.

먼저, 회원 국가들의 주권 문제와 직결된 쟁점인 유럽연합의 구조 문제와 관련하여 정부간주의와 연방주의 중 어느 입장을 공동외교안보정책의

---

13 de Tervarent, "The Creation of the Common Foreign and Security Policy," 1997, pp. 44~45.

14 Sjøvaag, "The Single European Act," 1998, p. 28.

접근 방법으로 삼을 것이냐의 문제였다. 이러한 유럽연합의 구조 문제는 1950년대 이후 유럽 정치구조의 핵심적 쟁점이 되어왔다. 일반적으로 유럽의 소국들, 특히 네덜란드와 벨기에는 정치연합은 공동체 구조를 기반으로 해서 발전되어야 한다는 연방주의적 접근 방법을 선호했으나 영국과 프랑스는 전통적으로 정부간주의를 선호해왔다. 이런 측면을 고려해 1991년 4월 12일에 룩셈부르크 의장국은 'non-paper'를 제출하였다. 이 문서에서 나타난 유럽연합의 구조는 각각의 제도와 정책결정규칙을 가진 유럽경제공동체, 공동외교안보정책, 그리고 사법과 내무라는 세 개의 기둥 구조였다. 네덜란드와 벨기에는 초국가주의적 속성이 결여되었다는 이유로 기둥 구조를 반대했다. 그러나 영국과 프랑스는 안보와 방위 쟁점을 포함하는 효율적인 외교정책은 국가를 대표하는 정부들의 공약에 달려 있다는 입장을 보였고,[15] 다른 국가들은 회원 국가들의 상이한 입장을 해결할 수 있는 현실적인 접근 방법으로 생각했다. 특히 대서양주의자인 영국은 이러한 기둥 구조가 유럽공동체의 초국가성, 공동외교안보정책, 그리고 사법과 내무 문제 간의 영역적 차별성을 명확하게 할 것이라고 여겼다. 또한 유럽연합의 구조 문제와 관련하여 대서양주의자와 유럽주의자 간의 논쟁의 초점은 공동외교안보정책의 정책결정규칙이었다. 영국과 덴마크 등 대서양주의자들은 공동외교안보정책 결정은 회원국의 만장일치나 합의에 의해서만 가능하다는 입장을 보였다. 프랑스와 스페인 등의 유럽주의자들은 가중다수결투표를 선호하였다. 또한 대서양주의자로 분류할 수 있는 포르투갈은 만약 다수결투표를 채택한다면 가중다수결이 아닌 1국 1표에 기초한 다수결투표를 해야 한다는 입장을 보였다.

15 Forster and Wallace, "Common Foreign and Security Policy: A New Policy or Just a New Name?," 1996, p. 424.

공동외교안보정책에 관한 대서양주의자와 유럽주의자 간의 상이한 입장은 유럽연합의 안보 문제에서 현저하였다. 이들 간의 논쟁의 핵심은 NATO와 서유럽연합 간의 관계를 어떻게 규정할 것인가의 문제였다. 프랑스·독일, 그리고 이탈리아는 브뤼셀 조약이 만료되는 1998년에 서유럽연합과 유럽연합 간의 통합을 제안하였다. 그때까지 서유럽연합은 서유럽의 안보·방위정책결정에서 핵심적 역할을 담당하고 유럽이사회는 안보 개념의 내용에 관한 원칙들을 정하는 것이었다.[16] 특히 유럽주의자인 프랑스가 서유럽연합의 역할 강화를 강조하는 맥락은 자국의 외교정책과 밀접한 관련이 있었다. 냉전 종식, 독일 통일, 그리고 유럽공동체의 확대와 심화라는 환경에서 프랑스 외교정책의 목적은 자신의 독자적인 외교정책을 유지하고 독일을 봉쇄하며, 그리고 미국이 지배하는 NATO의 영향력 약화를 추구하는 것이었다. 이러한 목적을 이루기 위한 프랑스 외교정책을 위한 세 가지 가능한 전략은, 첫째, 세력균형정치로의 복귀를 의미하는 고립정책, 둘째, 유럽공동체 외부에서 안보쟁점을 다루기 위해 유럽안보협력기구와 같은 안보제도의 영역을 확대하는 것, 그리고 셋째, 유럽정치연합을 구축하기 위한 노력을 배가시키는 것이었다.[17]

이런 상황에서 프랑스가 선택한 현실적 전략은 독일이 지배적인 국가로 부상하는 것을 막기 위한 조치로서 정치협력을 강화하고 자신의 전략적 핵 능력과 역량을 개선하는 것이었다. 따라서 프랑스는 정치연합의 틀 내에서 공동안보 정체성의 발전을 독일과 모색하고자 했으며 서유럽연합이 그러한 안보정체성의 실체로 여겨졌던 것이다. 또한 궁극적으로 서유

16 Sjøvaag, "The Single European Act," 1998, p. 29.

17 Enrico Martial, "France and European Political Union," in Finn Laursen and Sophie Vanhoonacker(eds), *The Intergovernmental Conference on Political Union*(Maastricht: EIPA, 1992), p. 119; Sjøvaag, "The Single European Act," 1998, p. 34에서 재인용.

럽연합은 유럽연합으로 통합되어야 한다고 생각했던 것이다. 그러나 영국과 네덜란드로 대표되는 대서양주의자들은 이러한 유럽주의자의 제안을 반대하였다. 특히 영국은 NATO는 계속적으로 서유럽의 가장 중요한 방위기구로 남아야 한다는 입장이었다. 영국은 서유럽연합과 유럽연합은 각자의 대표성을 유지하면서 서유럽연합을 유럽연합과 NATO 간의 가교 역할로서 파악하였다.

대서양주의자인 영국이 유럽연합과 서유럽연합 간의 개별성을 강조하는 맥락은 프랑스의 경우처럼 자신의 외교정책과 밀접한 관련이 있었다. 1948~1949년에 영국이 공식적인 북아메리카–서유럽안보 조약의 개념을 증진시킨 이후로 NATO는 영국의 국가안보의 핵심이 되어왔다. NATO에 대한 영국의 집착은 냉전 종식 이후에도 계속되었고 서유럽의 초국가주의와 미국의 고립주의라는 인지된 도전에 직면하여 더욱 심화되었다. 만약 유럽의 외교안보정책이 NATO를 대체 혹은 약화시키는 것이라면 두 가지 심각한 결과가 발생할 것이다. 서유럽 정치 · 경제 쟁점에 관한 영국의 상대적 고립감은 안보 쟁점으로까지 이어질 수 있고 유럽의 공동외교안보정책은 유엔안전보장이사회에서 영국과 프랑스의 의석을 대체하는 단일 유럽연합의 의석을 위한 동기를 부여할 것이다.[18]

이러한 측면을 고려했을 경우, 그리고 NATO가 영국의 전략적 이익에 긍정적 영향을 미치는 점들을 고려한다면, 유럽연합의 안보 문제에서 영국이 NATO의 일차적 중요성을 강조하는 것은 어쩌면 당연하다고 볼 수 있다. 유럽주의자의 주장처럼, 서유럽연합이 강화된다면 이는 유럽 국가들 간의 결속력을 증대시켜 미국에게 유럽의 결의를 수락/반대하는 구조

---

18 James H Wyllie, *European Security in the New Political Environment*(London and New York: Longman, 1997), p. 107.

적 선택을 강조하는 효과를 낳을 것이고, 또한 서유럽연합의 강화는 NATO의 자원을 고갈시킬 수 있다. NATO의 핵심은 회원 국가들 간의 전력 할당이 아니라 합의메커니즘에 있다. 만약 유럽 방위조직이 강화된다면 그것은 NATO의 구조적 핵심과 동일하게 될 것이고, 이는 유럽 국가들에게 유사시 NATO나 유럽 방위조직 어느 하나의 선택을 강요하게 될 것이다.

3) 마스트리히트 조약과 공동외교안보정책의 태생적 한계

공동외교안보정책에 관한 1991년의 정부 간 회담의 결과로 탄생한 마스트리히트 조약은 하나의 타협책이자 미봉책이었다. 즉, 주권 논의와 안보 논의를 둘러싼 회원 국가들의 이해관계를 절충한 결과물이었다. 여기에서는 공동외교안보정책에 관한 마스트리히트 조약(Title V, Article J)의 주요 내용들을 살펴보고, 이를 바탕으로 앞에서 살펴본 대서양주의자와 유럽주의자 간의 논쟁적 쟁점이 어떤 식으로 타협되었는가를 고찰하고자 한다.

공동외교안보정책에 관한 규정인 J조의 주요 내용을 살펴보면, 공동외교안보정책의 목적[19]과 달성 방법,[20] 국제무대에서 회원 국가들 간의 협조 문제,[21] 공동외교안보정책에서 공동행동(joint action) 채택 절차,[22] 공동외교안보정책의 영역과 관련된 문제,[23] 공동외교안보정책의 대표성 및 책임성 문제,[24] 공동외교안보정책과 유럽의회와의 관계,[25] 공동외교안보

---

19 Treaty on European Union, Title V, Article J.1.2.

20 Treaty on European Union, Title V, Article J.1.3.

21 Treaty on European Union, Title V, Article J.2.

22 Treaty on European Union, Title V, Article J.3.

23 Treaty on European Union, Title V, Article J.4.

정책과 유럽이사회와의 관계,[26] 공동외교안보정책과 집행위원회와의 관계[27] 등이다.

이러한 규정을 담고 있는 공동외교안보정책에 관한 마스트리히트 조약에서 대서양주의자와 유럽주의자 간의 논쟁점은 공동외교안보정책의 정책결정 규칙과 유럽연합의 안보 문제인 유럽연합과 서유럽연합, 그리고 NATO와의 관계설정 문제였다. 먼저, 정책결정 규칙과 관련하여 공동외교안보정책에 관한 마스트리히트 조약에서 공동행동은 복잡성을 띠고 있다. 유럽이사회는 이사회를 위한 지침을 작성하고 이사회는 그에 기반하여 특정 쟁점이 공동행동의 주제가 되는지의 여부를 만장일치로 결정하도록 규정하고 있으며[28] 그 영역 내에서 차후의 결정들이 가중다수결로 이루어질 수 있다고 규정한다.[29]

유럽연합의 안보 문제와 관련하여 마스트리히트 조약에서 서유럽연합은 유럽연합 발전의 핵심적 부분으로서 방위적 함축성을 가지는 유럽연합의 결정과 행동을 수립 · 실행할 것을 요구받고 있으며 이사회는 서유럽연합과 일치하여 필요한 실제적 준비를 채택할 것이라고 규정하고 있다.[30] 그러나 한편으로는 유럽연합의 정책은 북대서양 조약에 따른 회원국가들의 의무를 존중하며 그러한 틀 내에서 수립된 공동안보방위정책과 조화를 이루어야 한다고 규정하고 있다.[31] 또한 서유럽연합과 대서양동

---

24 Treaty on European Union, Title V, Article J.5.
25 Treaty on European Union, Title V, Article J.7.
26 Treaty on European Union, Title V, Article J.8.
27 Treaty on European Union, Title V, Article J.9.
28 Treaty on European Union, Title V, Article J.3.1.
29 Treaty on European Union, Title V, Article J.3.2.
30 Treaty on European Union, Title V, Article J.4.2.
31 Treaty on European Union, Title V, Article J.4.4.

맹의 틀에서 쌍무적 수준에 기반한 2개국 이상의 회원 국가들 간의 긴밀한 협력 발전을 막지 않고 있다.[32]

1993년 11월 1일을 기해 유럽정치협력은 공동외교안보정책으로 전환되었다. 공동외교안보정책의 탄생은 냉전 종식으로 야기된 변화된 안보환경에 대한 유럽연합의 도전과 응전을 위한 질적 도약을 의미했다. 냉전시대 서유럽 국가들에게 붙여진 '경제 거인, 정치 난쟁이'라는 꼬리표를 떼어내고 '정치 거인, 경제 거인'이라는 새로운 이미지를 창출할 수 있는 계기를 마련하였다. 그럼에도 불구하고 공동외교안보정책은 태생적으로 많은 문제점을 갖고 있었다. 무엇보다도 먼저, 유럽연합의 세 개의 개별적인 기둥 구조에 따른 정책의 일관성 부재 문제이다. 원래 유럽연합의 기둥 구조의 목적 중의 하나가 공동외교안보정책의 효율성을 높이기 위한 것이었으나 마스트리히트 조약은 세 개의 기둥에서 각각의 제도에 따른 상이한 역할을 규정하였기 때문에 의도하지 않은 정책의 일관성 부재를 불러왔다.

일례로, 마스트리히트 조약 제C조를 통해 이사회와 집행위원회는 다양한 정책 분야에서 취해진 외교-대외정책 조치들의 일관성에 책임을 지는 반면(수평적 일관성), 그 조약 제J조 1(4)항은 이사회에게 유럽연합과 회원 국가들 간의 일관성을 확신시키는 특별한 역할을 부여하고 있다(수직적 일관성).[33] 이런 상황에서 유럽연합의 공동행동이나 다른 외교정책 이니셔티브가 갖는 정치적 중요성은 절차적 · 구조적 혼란을 야기할 수 있다. 이러한 측면은 정책결정에 영향을 미치고 아울러 유럽연합의 대외적

32 Treaty on European Union, Title V, Article J.4.5.

33 Horst-Gunter Krenzler and Henning C. Schneider, "The Question of Consistency," in Regelsberger, de Tervarent, Wessels, 1997, p. 136.

이미지에도 부정적 영향을 미친다.

정책의 일관성 부재에서 가장 심각한 문제 중의 하나는 공동외교안보정책의 실행에 필요한 재정 문제와 관련이 있다. 정부 간 협력을 토대로 작동하는 공동외교안보정책의 활동 지출은 역설적으로 공동체 예산으로 충당된다.[34] 이것은 자동적으로 공동외교안보정책의 정부 간 차원을 부정한 것이며 각료이사회와 예산 집행기관으로서 유럽의회, 그리고 집행위원회의 관여를 촉발시키는 문제이다. 따라서 공동외교안보정책의 정책결정에서 처음 의도했던 대로 다른 제도들의 영향력을 배제시킬 수 있는지 상당한 의문의 여지가 있다. 공동외교안보정책에 내재된 두 번째 태생적 문제점은 공동외교안보정책의 우선순위와 정책결정 규칙과 관련이 있다. 1990~1991년 정치연합에 관한 정부 간 회담에서 논쟁적인 주제 중의 하나가 모든 외교정책 문제들을 동일하게 취급할 것인가, 아니면 시급한 공동이익에 관한 쟁점들을 우선적으로 다룰 것이냐의 문제였다.[35] 공동행동은 회원 국가들이 중요한 공동이익을 가지고 있는 영역을 향상시키기 위한 주요 용어였고, 공동입장은 일반적 이익을 지닌 문제들에 관한 회원 국가들 간의 체계적 협력으로 정의되었다. 이러한 구별은 유럽정치협력에서 공동외교안보정책으로의 이행 과정을 용이하게 하기 위함이었으나 현실적으로 제1기둥과 제2기둥 간의 상이한 지침으로 공동행동과 공동입장 간의 명확한 구별은 불가능하다.[36]

34 Treaty on European Union, Title V, Article J.11.2.

35 Arnhild and David Spence, "The Common Foreign and Security Policy from Maastricht to Amsterdam," in Eliassen, *Foreign and Security Policy in the European Union*, 1998, p. 47.

36 Arnhild and Spence, "The Common Foreign and Security Policy from Maastricht to Amsterdam," 1998, p. 48.

정책결정 규칙과 관련된 문제점은 공동외교안보정책의 공동행동은 기본적으로 만장일치를 원칙으로 하고 있다는 점이다. 물론 마스트리히트 조약은 제J.3.2에서 가중다수결 투표의 적용을 제시하고 있으나 현실적으로 그 규정은 공동외교안보정책에 가시적인 효과를 미치지 못할 뿐만 아니라 만장일치 규칙의 보편적 적용은 공동외교안보정책의 발전을 가로막는 주된 장애물로 작용하고 있는 것이 현실이다. 이로 인해 회원 국가들은 일방적으로 행동하거나 유럽연합을 벗어나서 개별적으로 국제적 공조를 추구하는 형편이다.

공동외교안보정책이 갖고 있는 세 번째 문제점은 안보적 측면과 관련이 있다. 마스트리히트 조약에서 회원 국가들은 공동방위로 나가 궁극적으로 공동방위정책을 형성하는 것을 포함하여 안보의 모든 문제들을 포함하고자 하는 의도를 천명했으나[37] 그와 동시에 마스트리히트 조약은 각 회원국의 안보적 특수성, 공동외교안보정책과 NATO의 안보정책과의 조화성, 서유럽연합과 유럽연합의 개별성, 그리고 서유럽연합과 NATO 간의 상호보완성을 인정하고 있기 때문에 공동외교안보정책을 위한 유럽연합의 실질적이고 독자적인 방위정책이나 그 수단이 존재하지 않는 모순적 상황을 노출시켰다.

4) 1996년의 정부 간 회담과 대서양/유럽주의자 입장

공동외교안보정책의 이러한 태생적 문제점들은 마스트리히트 조약 제N조 2항에서 언급했듯이 시간이 경과함에 따라 조약 개정을 위한 1996년 정부 간 회담의 필요성을 더욱 부각시켰다. 특히 1990년 중반 이후 유럽연합이 직면한 대내외적 환경 변화는 유럽연합으로 하여금 공동외교안

37 Treaty on European Union, Title V, Article J.4.1.

보정책의 효율성 확보를 강조하게 되었다. 이런 상황에서 1994년 6월 24~25일에 유럽이사회의 코푸 회기(Corfu session)에서 심사그룹(Reflection Group)이 창설되었다. 이 그룹은 최종 보고서인 웨스턴도르프 보고서(Westendorp Report)를 1995년 12월 15~16일에 유럽이사회의 마드리드 회기에 제출하였다. 유럽이사회는 이를 토대로 1996년 3월 29일에 투린(Turin)에서 1996년 정부 간 회담의 시작을 공식적으로 결정하였다.[38]

1996년 3월 29일에 투린에서 개최된 정부 간 회담의 주제는 주로 웨스턴도르프 보고서[39]를 기반으로 논의되었다. 정부 간 회담을 위한 웨스턴도르프 보고서는 유럽연합의 개혁, 시민과 유럽연합, 효율적이고 민주적인 유럽연합, 그리고 유럽연합의 대외활동이라는 네 개의 주요 바스켓으로 구성되었고 네 번째 바스켓은 세 부분[40]으로 나누어져 있다. 웨스턴도르프 보고서의 네 번째 바스켓은 마스트리히트 조약에서 나타난 공동외교안보정책의 문제점을 개선하기 위한 주제들을 제시하고 있다. 따라서 여기서는 그러한 주제들, 즉 공동외교안보정책의 가시성 문제, 정책결정

---

38 Catriona Gourlay and Eric Remacle, "The 1996 IGC: The Actors and their Interaction," in Eliassen, *Foreign and Security Policy in the European Union*, 1998, p. 59.

39 Westendorp Report, "Progress Report from the Chairman of the Reflection Group on the 1996 Intergovernmental Conference," 1995. 이하 웨스턴드로프 보고서 내용에 관해 특별한 각주가 없는 이상 Gourlay and Remacle, "The 1996 IGC: The Actors and their Interaction," 1998, pp. 59~60에서 재인용.

40 첫 번째 부분은 지구성(globality)과 응집력(coherence)에 관련된 문제들을 다룬다. 즉, 유럽연합의 목적에 대한 정의, 첫 번째 기둥과 두 번째 기둥 간의 관계, 상이한 기둥 간에 수행되는 정책의 일관성, 유럽연합의 국제법적 인격에서의 이익, 공동외교안보정책의 수단들에 대한 명확화이다. 두 번째 부분은 공동외교안보정책 그 자체를 다루고 네 가지 발전 가능한 측면을 구체화한다. 즉, 분석 조직의 창설, 특히 만장일치제를 완화시키는 정책결정의 개혁, 공동외교안보정책의 인격화, 그리고 공동외교안보정책의 예산과 유럽 의회의 역할이다. 세 번째 부분은 위기관리에 관련된 새로운 임무들, 유럽의 운용 수단들, 그리고 이러한 발전들과 국가 주권과 대서양 동맹에 미치는 이러한 영향 간의 연계성에 대한 고찰을 다룬다.

규칙 문제, 그리고 방위와 서유럽연합 문제를 중심으로 유럽주의자와 대서양주의자의 입장을 분석하고자 한다.

먼저, 공동외교안보정책의 가시성 문제는 정책기획과 조기경보 조직 문제를 포함한 공동외교안보정책의 고위 대표직 창설과 관련되었다. 과거의 경험에 비추어보아 유럽연합은 대외적 문제에 효율적 · 협조적으로 대응하지 못했다. 이러한 약점을 보강하고 정책의 효율성을 증대시키기 위해 회원 국가들은 국제적 쟁점들을 공동으로 분석하고 효율적으로 대응하기 위한 차원에서 정책기획국과 조기경보조직의 필요성을 자각하였다. 모든 회원 국가들은 이러한 조직의 창설에 찬성했으나 유럽연합의 행정구조에서 그 조직의 역할과 지위에 관해서는 상이한 입장을 표명하였다. 따라서 이 문제는 공동외교안보정책의 대표직 창설과 맞물렸다. 특히 유럽주의자인 프랑스는 공동외교안보정책 실행에서 상당한 정도의 자율성을 가진 정치적 인물이 정책기획과 조기경보 조직을 책임지는 방안을 강력히 선호하였다. 프랑스는 유럽연합은 자신의 대표성을 강화하고 자신의 이익을 지켜야만 한다. 이러한 목적을 위해서 이사회가 임명하는 고위급 대표직이 필요하다는 입장을 밝혔다. 프랑스의 입장에서 이 문제는 고위급 대표자, 특히 이사회의 사무총장이 가용할 수 있는 모든 수단들의 강화와 공동외교안보정책과 공동체의 대외정책 간의 명확화를 암시했다.[41]

공동외교안보정책의 대표직 창설 문제는 회원 국가들 사이에서 상당한 논란거리가 되었다. 국제 문제에 대해 유럽연합의 역할 강화를 꺼리는 회원 국가들은 이러한 제안을 유럽외무부의 탄생을 알리는 조치로 해석했

41 Gourlay and Remacle, "The 1996 IGC: The Actors and their Interaction," 1998, p. 61 참조.

고, 유럽의 힘에 대한 프랑스의 계획과 너무 밀접하였다. 또한 유럽의 구축은 공동체 방법과 제도에 기초해야 한다고 생각하는 국가들에게 있어 이것은 너무 정부간주의이고 집행위원회와 위원회의 역할을 약화시킨다고 생각했다.[42] 한편, 대서양주의자인 영국과 포르투갈은 공동외교안보정책의 고위 대표직 창설에 반대하였다. 특히 영국의 입장에서 공동외교안보정책의 고위 대표직 창설 문제는 회원 국가들의 집단적 견해를 나타내는 각료이사회에서 보다 신중하고 조심스럽게 논의되어야 할 쟁점으로 여겨졌다. 따라서 공동외교안보정책의 가시성 문제는 1991년의 정부 간 회담과 마찬가지로 공동외교안보정책의 고위 대표직 창설과 이사회와의 밀접한 연계라는 기반 하에 유럽주의자와 대서양주의자 간에 타협이 이루어질 운명이었다.

1996년 정부 간 회담 동안 대다수 회원 국가들은 군사 쟁점을 제외하곤 공동외교안보정책에 있어서 만장일치보다는 점진적인 가중다수결 투표의 도입을 지지했다. 이런 맥락에서 강화된 가중다수결 투표, 한두 개국이 빠진 합의, 건설적 기권과 같은 중재안들이 고려되었다. 프랑스와 아이슬란드는 주요 쟁점에 대해서 주권을 손상시키지 않으면서 가중다수결 투표의 확대를 지지했으나 영국 · 덴마크 · 그리스 · 포르투갈 · 스웨덴은 사실상의 거부권을 포기하지 않았다.[43]

42 베네룩스 국가들은 가장 공동체에 기반한 접근 방법을 제안했다: 공동외교안보정책에 있어서 집행위원회의 발의권(the right of initiative)의 완전한 사용, 분석 조직의 창설, 집행위원회와의 협의 하에 이사회에 의한 공동외교안보정책의 대표자 임명, 브뤼셀에 상주하는 일단의 대표자 창설. 그리스도 이와 비슷한 입장을 보였다. 아이슬란드 · 이탈리아 · 스페인 · 독일, 그리고 오스트리아는 보다 실용주의적이고 공동외교안보정책에 있어서 유럽이사회의 역할 강화를 주장하였다. 이들은 책임성과 투명성에 기반한 제도의 필요성을 강조했고, 외교정책 업무를 사무총장에게 부여할 가능성을 고려했다. Gourlay and Remacle, "The 1996 IGC: The Actors and their Interaction," 1998, pp. 61~62 참조.

공동외교안보정책에 관한 1991년의 정부 간 회담에서 유럽주의자와 대서양주의자 간에 첨예한 쟁점이 되었던 것이 유럽연합의 안보 문제였던 것처럼 1996년의 정부 간 회담에서도 유럽연합의 안보 문제라 할 수 있는 방위와 서유럽연합 문제가 가장 큰 논쟁거리가 되었다. 특히 1996년의 정부 간 회담은 공동방위정책 문제와 유럽연합과 서유럽연합 간의 관계, 중립국가들(오스트리아 · 핀란드 · 아이슬란드 · 스웨덴)과 서유럽연합의 다섯 번째 옵서버인 덴마크의 입장을 명확히 하기 위해 마스트리히트 조약 제J.4조를 진지하게 고려해야만 하였다. 공동방위 문제와 관련하여 마스트리히트 조약에서는 공동외교안보정책은 공동방위정책의 '궁극적'(eventual) 틀을 포함하는 모든 안보 문제를 포함한다고 규정한 바 있다.[44] 1996년의 정부 간 회담에서 논쟁의 초점이 된 것은 공동방위정책의 '궁극적'이라는 표현이었다. 이런 맥락에서 독일을 포함하여 프랑스 · 이탈리아 · 스페인 · 벨기에 · 룩셈부르크, 그리고 네덜란드 의장국은 공동방위정책의 목표 확장을 지지했다. 이들 국가들은 공동방위정책은 기본 규칙(ground rule)의 수립, 방위 분야에서 목표와 수단을 포함하고 피터스버그 임무(Petersberg Tasks)[45]는 공동안보방위정책의 첫 번째 표현이라는 점과 군비정책은 공동방위정책의 핵심적 부분이라는 점을 밝혔다.[46] 한편, 영국과 덴마크를 포함하여 아이슬란드 · 핀란드 · 스웨덴, 그리고 오스트

---

43 Gourlay and Remacle, "The 1996 IGC: The Actors and their Interaction," 1998, p. 62.

44 Treaty on European Union, Title V, Article J.4.1.

45 피터스버그 임무(Petersberg Tasks)의 주된 내용은 NATO와 서유럽연합 회원 국가들은 워싱턴 조약 5조와 개정된 브뤼셀조약 5조에 따라 공동방위에 기여하는 것과는 별도로 서유럽연합 회원 국가들의 군사전력은 서유럽연합의 지휘 하에 인도주의적 구조 임무, 평화유지 임무, 그리고 평화집행을 포함하여 위기관리에서 전투력 임무를 수행할 수 있다는 것이다. Petersberg Declaration, WEU Ministerial Council, Bonn, 19 June, 1992.

46 Gourlay and Remacle, "The 1996 IGC: The Actors and their Interaction," 1998, p. 87.

리아는 이러한 입장에 강력히 반대하면서 유럽연합과 서유럽연합 간의 관계설정 문제에서 현상유지 입장을 취했다. 또한 공동외교안보정책의 '궁극적' 틀이라는 표현의 강도를 낮추기를 원했다. 다만 공동방위를 위해 군비 분야에서 회원 국가들 간의 협력 증진을 지지하였다.

5) 암스테르담 조약과 공동외교안보정책

1996년의 정부 간 회담을 통해 탄생한 공동외교안보정책에 관한 암스테르담 조약은 기본적으로 이전의 조약과 마찬가지로 대서양주의자와 유럽주의자 간의 타협의 산물이었다. 그럼에도 불구하고 암스테르담 조약을 통해 나타난 공동외교안보정책은 정책의 효율성 제고라는 측면에서 어느 정도 진일보한 모습을 보여주었다. 먼저, 암스테르담 조약은 공동외교안보정책의 보다 응집력 있는 수단과 보다 효율적인 정책결정 규칙의 도입을 통해 정책의 효율성을 높이고자 하였다. 암스테르담 조약은 기존의 공동행동과 공동입장 이외에 공동전략을 도입하였다.[47] 암스테르담 조약을 통해 공동외교안보정책의 원칙과 일반 지침을 정의하는 유럽이사회는 합의를 통해 회원 국가들의 공동 이해관계가 있는 영역에서 공동 전략을 정의할 수 있는 권한을 갖게 되었다. 또한 이사회는 가중다수결 투표를 통해 채택된 공동행동과 공동입장을 통해 공동 전략을 수행할 책임을 지고 유럽이사회에 공동전략을 추천할 수 있다.

암스테르담 조약에서는 공동외교안보정책의 일반적 정책결정 규칙은 만장일치지만 회원 국가들은 정책결정의 채택을 방해하지 않는 건설적 기권을 행사할 수 있다.[48] 회원 국가들이 공식 선언을 통해 자신의 기권

---

47 "Treaty on European Union," Offical Journal C340, November, 1997, Article 13.
48 "Treaty on European Union," Article 23.

을 선언하면 회원 국가는 정책결정에 따른 의무에서 벗어날 수 있다. 그러나 회원 국가는 결속의 정신 하에 그 결정은 전체로서의 유럽연합에 미치며, 그 결정 하에서 유럽연합의 행동과 충돌을 일으킬 어떠한 행동도 하지 말아야 한다. 이러한 메커니즘은 건설적 기권을 한 회원 국가들이 이사회의 1/3 이상을 넘어섰을 때에는 적용되지 않는다. 또한 암스테르담 조약에서는 다음의 두 가지 경우에 가중다수결 투표의 적용을 허용하였다. 유럽이사회가 정의한 공동전략을 적용하는 결정과 이미 이사회가 채택한 공동행동이나 공동입장을 실행하는 모든 결정의 경우이다. 또한 회원 국가들이 중요한 국가정책을 이유로 다수결 투표를 방지할 수 있는 안전조항을 두었다. 그러한 경우 관련 회원 국가가 입장을 밝혔을 때 이사회는 그 문제를 유럽이사회로 넘기는 문제를 가중다수결 투표로 결정할 수 있다.[49]

암스테르담 조약은 공동외교안보정책의 일관성 문제를 해결하기 위한 방안으로 고위 대표직을 신설하였다.[50] 고위 대표직은 이사회의 사무총장이 맡으면서 공동외교안보정책의 대표성을 갖는다. 그는 공동외교안보정책과 관련된 문제에서 이사회를 돕는 역할을 담당한다. 이러한 새로운 역할 때문에 사무총장의 행정업무는 부총장에게 이관되었다. 그러나 이사회는 특별한 정치적 쟁점을 다룰 수 있는 권한을 가진 특별 대표자들을 임명할 수 있다. 또한 암스테르담 조약의 부속 선언은 정책기획과 조기경보 조직을 신설하기로 합의하였다. 새로 창설될 부서의 주된 임무는 첫째, 공동외교안보정책과 관련된 영역에서의 발전을 감시 · 분석하고, 둘째, 공동외교안보정책 이익들에 대한 평가를 제공하고 향후 공동외교안

49 "Treaty on European Union," Article 23(2).

50 "Treaty on European Union," Article 18.

보정책이 초점을 두어야 할 영역을 구체화시키는 것 등이다. 아울러 암스테르담 조약에서는 공동외교안보정책과 관련된 유럽의회의 역할과 관련하여 공동외교안보정책의 지출과 자금 분배, 협의 심화, 그리고 정보 수혜의 기능을 강화했다.[51]

유럽연합의 안보 문제와 관련하여 암스테르담 조약에서는 대서양주의자의 완강한 반대로 서유럽연합의 유럽연합으로의 통합 가능성을 고려하여 서유럽연합과의 밀접한 제도적 관계라는 표현으로 매듭지어졌고,[52] 피터스버그 임무가 통합되었다. 그러나 공동방위정책과 관련하여 암스테르담 조약에서는 마스트리히트 조약에서 '궁극적'(eventual)으로 명시되었던 부분을 '진보적'(progressive)으로 바꾸었으며, 공동방위를 위한 NATO의 역할을 강화하였다. 공동외교안보정책의 효율성을 증대시키기 위해서는 마스트리히트 조약과 암스테르담 조약을 통해 나타난 가장 중요한 쟁점이었던 정책결정 규칙과 유럽연합, 서유럽연합, 그리고 NATO 간의 관계설정 문제에 대해 타협이 아닌 합의가 이루어져야 한다는 측면이 부각되었다. 그러나 공동외교안보정책에 관한 마스트리히트 조약과 암스테르담 조약은 이러한 문제에 대해 회원 국가들, 특히 대서양주의자와 유럽주의자 간의 공통분모를 찾아내지 못했다. 그 결과 유럽연합의 공동외교안보정책은 대서양주의자와 유럽주의자의 이해관계를 상호적으로 반영한 타협의 산물이었다. 따라서 유럽연합의 공동외교안보정책은 조약에 근거한 정책이라기보다는 정치협력을 위한 과정으로 이해하는 것이 타당할 것이다.

---

51 "Treaty on European Union," Article 21.

52 "Treaty on European Union," Article 17.

3. 유럽연합의 안보방위정책의 발전과 변화

1) 안보방위정책의 탄생과 발전

유럽연합의 안보와 방위를 보다 구체적으로 발전시켜나가기 위한 유럽 안보방위정책(ESDP)은 1996년 6월에 베를린에서 개최된 북대서양이사회의 합의에 그 기원을 두고 있다. 베를린 회담에서 북대서양이사회는 서유럽연합이 NATO 구조 내에서 유럽안보방위정체성(ESDI) 창설을 관장할 수 있는 것에 합의하였다.[53] 따라서 유럽안보방위정체성의 공식적 등장은 대서양동맹의 역사에 있어서 유럽 국가들이 처음으로 자신의 안보 정체성을 형성할 수 있게 되었다는 역사적 상징성을 내포하고 있는 것이다. 그러나 유럽안보방위정체성을 구현하고자 하는 서유럽 국가들의 노력은 1990년대 후반까지 선언적 의미에만 머무르는 경향이 강했으나 1998~1999년 코소보 사태를 계기로 새로운 전환점을 맞게 되었다. 1999년의 코소보 사태에서 나타난 미국과 유럽연합 간의 극명한 군사력의 격차, 그리고 미국의 일방주의적 사태 해결에 대해 우려감을 갖게 된 서유럽 국가들은 1998년 12월에 영국과 프랑스의 생-말로(St. Malo) 정상회담을 통해 공동외교안보정책의 약점을 보완하는 차원에서 유럽연합의 자율적 군사행동능력의 확보를 천명하게 되었고, 이는 유럽안보방위정체성을 계승한 유럽안보방위정책으로 구체화되어갔다.[54] 즉, 코소보 사태는

53 유럽안보방위정체성 창설을 둘러싼 미국과 서유럽 국가들 간의 합의 과정에 대해서는 다음을 참조. Paul Cornish, *Partnership in Crisis: The US, Europe and the Fall and Rise of NATO*(London: The Royal Institute of International Affairs, 1997), pp. 31~53.

54 Robert J. Art, "Europe Hedges Its Security Bets," in T. V. Paul, James J. Wirtz, and Michel Fortmann(eds.), *Balance of Power: Theory and Practice in the 21st*

NATO 내에서 유럽안보방위정체성을 구현하기 위한 서유럽 국가들의 바람을 극적으로 전환시켜 유럽연합 차원에서 안보방위정체성을 실현하고자 하는 강한 의지를 촉발시킨 결정적 계기가 되었던 것이다.

이런 맥락에서 유럽연합은 1999년 6월에 콜로뉴(Cologne) 정상회담에서 서유럽연합을 흡수 · 통합할 것을 결정하였고, 공동외교안보정책과 유럽안보방위정책의 진전을 도와주기 위한 공동외교안보정책의 고위직에 솔라나(Javier Solana)를 임명하였다. 특히, 1999년 12월 10~11일 양일 간 핀란드 헬싱키에서 열린 유럽 정상회담은 유럽안보방위정책에 맞춰 코소보 사태와 같은 지역분쟁에 신속하고 효율적으로 대응하기 위한 유럽 독자방위기구의 필요성에 의견을 같이하였다. 유럽연합 회원 국가들은 '헬싱키 헤드라인 목표'(Helsinki Headline Goal)에 서명하여 소위 '헬싱키 전력 목록'(Helsinki Force Catalogue)을 작성하여 유럽연합의 군사능력을 증강할 수 있는 최초의 구체적 조치들을 단행하였다.

[표 10-2] 헬싱키 헤드라인 목표(HHG)의 단계별 발전 방안

단계	발전 방안
제1단계	전반적인 전략적 맥락에 대한 평가 작업
제2단계	기획안의 핵심 가정 설정
제3단계	군사력 사용을 위한 상황별 기획시나리오 작성
제4단계	시나리오별 요청되는 병력 소요에 대한 평가
제5단계	시나리오별 군사력 패키지 개발 및 예상전투력 분석
제6단계	개발된 군사력 패키지가 적용 가능한 HHG의 모든 병력 소요 산출

* 출처: "Elaboration of the Headline Goal-Food for Thought," Dep. 00/1367, 11 July, 2000, 온대원, 『유럽연합의 공동안보방위정책』(서울: 높이깊이, 2007), p. 82에서 재인용.

Century(Stanford: Stanford University Press, 2004), pp. 196~199.

이를 통해 유럽연합은 유럽의 안보를 주도적으로 관리하고 있는 NATO와는 별도로 2003년까지 역내 평화유지 작전수행을 위한 5~6만 명 규모의 군단급 유럽방위군 창설과 단일 지휘통제체제를 갖춘 유럽연합의 정치안보위원회와 군사위원회 등을 신설하여 본격적으로 공동외교안보정책의 하위 영역으로서 유럽안보방위정책(ESDP)을 구체화시켜나가기로 결정하였다.[55] 아울러, 유럽연합은 2001년 12월에 라켄(Laeken) 정상회담에서 헬싱키 헤드라인 목표의 점진적 · 단계적 목표 달성을 지원하기 위한 유럽능력행동계획(EACP)을 출범시켰다.

유럽안보방위정책의 본격적인 추진과 더불어 유럽연합은 2003년 12월에 브뤼셀 유럽정상회담에서 유럽안보전략(ESS)을 승인하여 역사상 처음으로 공동안보전략을 형성하게 되었다. 유럽연합의 유럽안보전략은 미국의 국가안보전략에 해당하는 것으로 유럽연합의 정치적 프로젝트 및 유럽연합의 희망과 야망을 종합한 것이다.[56] 유럽연합은 미국과의 첨예한 갈등을 야기한 미국의 이라크전쟁 와중에 자신의 안보전략을 작성하면서 미국의 전략적 리더십을 포용하는 반면, 유럽연합은 세계가 이익과 권력 자원보다는 연성권력과 초국가적 제도들에 의해 규제되고 공유된 가치에 근거한 지구 사회로 나아간다는 인식 하에 유럽안보전략에 이러한 안건에 대한 유럽의 특징적인 접근 방법을 담아냈다. 따라서 유럽안보전략은 미국과의 차별적인 수단들을 포용하면서 강압과 군사력보다는 대화와 경제적 원조와 같은 조치들을 강조하였다.[57] 유럽안보전략의 채택과 더불

---

55 Neil Winn, "CFSP, ESDP, and the Future of European Security: Whither NATO?," *The Brown Journal of World Affairs*, IX-2(Winter/Spring, 2003), pp. 149~160 참조.

56 Sven Biscop, "Odd Couple or Dynamic Duo? The EU and Strategy in Times of Crisis," *European Foreign Affairs Review*, 14-3(2009), pp. 367~384.

57 Asle Toje, "The 2003 European Union Security Strategy: A Critical Appraisal,"

[표 10-3] 연성안보 위협에 대한 NATO와 유럽연합의 군사능력 비교

구분	NATO 신속대응부대(NRF)	EU 전투그룹(Battle Groups)
목표	• 첨단기술과 고도로 준비된 합동 전력을 사용하여 NATO에 신속 대응 능력 부여	• EU에 위기 대응에 고도로 준비된 군사적 전개능력 부여
임무	• 전세계 사태에 신속히 대응	• 피터스버그 임무 수행 • 6,000km 이내 작전수행
작전능력	• 5일 이내에 전개 개시 • 30일간 활동 지속	• 5일 이내에 작전 개시 결정 • 10일 이내에 전개 가능 • 120일 간 지속
편성	• 여단 규모의 육상부대(약 4,000명)를 중핵으로 해군 · 공군 부대 및 전문 부대로 편성되는 상설 통합부대 • 병력 규모는 약 25,000명	• 1,500명 규모의 부대를 13개 편성 • 이 중 2개 부대가 동시에 긴급 전개 가능
운용	• 1년간(육상부대의 경우 훈련 6개월, 대기 6개월) 로테이션	• 한 국가 또는 다국적 구조로 로테이션에 따라 편성, 대기
정비	• 2002년 11월 구상 • 2003년 10월 기본 부대 편성 • 2004년 10월 초기 작전능력 보유 • 2006년 11월 완전한 작전능력 확보	• 2004년 6월 구상 • 2007년 1월 완전한 작전능력 확보

* 출처: Frances G. Burwell et al, *Transatlantic Transformation: Building a NATO-EU Security Architecture*(Washington, D. C.: The Atlantic Council, 2006), p. 9; 국방정보본부, 『2007 일본 방위백서』(서울: 국방정보본부, 2007), p. 116 참조.

어 유럽연합은 지구적 행위자로서 세계안보를 위한 책임감을 공유할 준비로서 2004년 5월에 유럽연합의 국방장관들은 헬싱키 헤드라인 목표의 시한을 확장한 '헤드라인 목표 2010'을 승인하였다.[58] 또한 유럽연합은

European Foreign Affairs Review, 10-1(2005), pp. 117~133.

58 "Headline Goal 2010," *Approved by General Affairs and External Relations Council on*

유럽안보전략이 형성됨에 따라 유럽안보방위정책 목표들을 이루기 위해 회원 국가들의 군사능력 개선을 지원하기 위한 조치로 2004년 7월에 유럽방위청(EDA)을 신설하였다.

2) 리스본 조약과 공동안보방위정책으로의 변화

2004년에 10개국이 유럽연합의 신규 회원국으로 가입함에 따라 유럽연합은 헌법적 틀을 다시 논의할 필요가 생겼다. 이미 유럽연합은 2001년 12월에 라켄 선언을 통해 유럽연합의 민주주의 · 투명성, 그리고 효율성 개선을 약속하였고, 이를 위한 새로운 헌법이 제안되고 그 최종 원문에 대한 합의가 2004년 7월에 유럽정상회담에서 이루어졌다. 그러나 2005년에 네덜란드와 프랑스에서 치러진 국민투표에서 유럽헌법이 거부됨에 따라 유럽연합은 소위 성찰 기간(period of reflection)을 갖게 되었다가 2007년에 들어와 성찰 기간의 종료를 선언함과 동시에 2009년까지 새로운 조약을 발효하기로 하였다. 특히, 2007년 3월 25일에 로마 조약 서명 50주년을 맞이하여 열린 베를린 회담에서 나온 베를린 선언에 따라 유럽연합 지도자들은 후에 리스본 조약으로 알려진 유럽연합의 새로운 공동기반 창출을 위해 비공식적으로 새로운 조약을 위한 시한 일정을 잡았다. 즉, 2007년 6월에 유럽이사회는 정부 간 회의 개최를 지시하여 2007년 7월 23일에 리스본에서 정부 간 회의가 개최되었고, 2007년 9월에 외무장관 회담, 10월에 리스본 유럽이사회 회의를 통해 개혁 조약에 대한 최종 합의, 그리고 12월 13일에 리스본에서 최종 서명, 2009년 1월에 효력 발효라는 시간표를 작성하였다.

이러한 시간표에 따라 순조롭게 진행되어 2009년 1월에 발효하게 된

17 May 2004, Endorsed by the European Council of 17 and 18 June 2004, pp. 1~8.

유럽연합의 개혁 조약인 리스본 조약의 주요 내용을 외교안보정책과 관련하여 살펴보면 다음과 같다.

[표 10-4] 각료이사회와 유럽이사회에서의 투표 비중

회원국	Nice		Lisbon	
	투표	백분율(%)	인구(백만 명)	백분율(%)
독일	29	8.4	82	16.5
프랑스	29	8.4	64	12.9
영국	29	8.4	62	12.4
이탈리아	29	8.4	60	12.0
스페인	27	7.8	46	9.0
폴란드	27	7.8	38	7.6
루마니아	14	4.1	21	4.3
네덜란드	13	3.8	17	3.3
그리스	12	3.5	11	2.2
포르투갈	12	3.5	11	2.1
벨기에	12	3.5	11	2.1
체코공화국	12	3.5	10	2.1
헝가리	12	3.5	10	2.0
스웨덴	10	2.9	9.2	1.9
오스트리아	10	2.9	8.3	1.7
불가리아	10	2.9	7.6	1.5
덴마크	7	2.0	5.5	1.1
슬로바키아	7	2.0	5.4	1.1
핀란드	7	2.0	5.3	1.1
아이슬란드	7	2.0	4.5	0.9
리투아니아	7	2.0	3.3	0.7
라트비아	4	1.2	2.2	0.5
슬로베니아	4	1.2	2.0	0.4
에스토니아	4	1.2	1.3	0.3
사이프러스	4	1.2	0.87	0.2
룩셈부르크	4	1.2	0.49	0.1
몰타	3	0.9	0.41	0.1
합계	**345**	**100%**	**498**	**100%**
필요 다수결	**255**	**74%**	**324**	**65%**

* 출처: http://en.wikipedia.org/wiki/Treaty_of_Lisbon

우선, 리스본 조약에서는 거의 모든 정책 영역에 있어서 만장일치를 상설투표 절차로 대체함으로써 각료이사회의 가중다수결 투표의 사용을 확대했다. 더군다나 2014년에 효력을 발효할 것으로 예상되는 가중다수결의 기준이 적어도 유럽연합 시민의 65%이자 회원국의 55%가 되는 것으로 변화될 것이다. 또한 각료이사회는 회원국의 72% 가중다수결 투표가 있어야만 집행위원회나 고위대표직의 제안을 거부할 수 있고, 법안 상정을 막기 위해서는 적어도 4개국(유럽연합 인구의 35%)의 반대가 있어야 한다. 따라서 회원국의 투표권 행사력은 인구수에 근거하게 되었다. 또한 2014년부터는 유럽연합의 소국들이 유럽연합의 결정에 대한 재검토를 요구할 수 있는 1994년의 이오니아 타협(Ioannina Compromise)이 효력을 발휘하게 되었다.[59]

또한 리스본 조약에서는 회원 국가들과 유럽연합 간의 다양한 정책 영역에 대한 권한 배분을 세 가지 범주로 구분하였다. 첫째, 배타적 권한(exclusive competence)으로, 유럽연합은 배타적인 지시 권한과 법률적 행동이 제공되었을 경우 국제협정을 체결하는 권한을 갖는다. 이와 관련된 주요 정책 영역으로는 역내 시장 기능을 위해 필요한 경쟁규칙 제정, 유로화를 사용하는 회원 국가들의 통화정책, 공동어업정책 하에서 해양생물자원 보존, 그리고 공동 상업정책 등이다. 둘째, 공유 권한(shared competence)으로 회원 국가들은 유럽연합의 권한에 속하는 영역(역내 시장, 사회정책, 환경, 소비자 보호, 에너지, 자유, 안전, 사법 등)에서는 권한을 행사할 수 없으며, 역으로 유럽연합의 권한 행사로 연구, 기술 발전, 발전 협력과 인도주의적 원조 등 회원 국가들의 권한 행사가 침해되어서도 안 된다. 또한 유럽연합은 회원국의 정책을 조정하거나 다른 곳에서 포괄하지 않

59 http://europa.eu/scadplus/glossary/ioannina_compromise_en.htm

는 회원국의 공동정책에 대한 보완으로 정책을 실행하는 것으로 주로 경제적 고용과 사회정책의 조정, 그리고 공동외교안보방위정책 영역이 해당된다. 마지막으로 지원 권한(supporting competence)으로 회원 국가들의 행동을 조정 · 보완 · 지원하기 위해 유럽연합이 행동할 수 있는 영역으로 주로 산업 · 문화 · 관광 · 교육 · 행정 협력 등이다.[60]

한편, 리스본 조약은 지구적 안보 행위자로서 유럽연합의 응집력과 능력을 증대시키기 위한 일련의 조치들을 취했다. 먼저, 리스본 조약은 기존의 유럽안보방위정책의 명칭을 공동안보방위정책(CSDP)으로 개칭했고, 대외관계와 안보정책의 고위 대표직을 신설하여 공동외교안보정책의 고위 대표직과 대외관계와 유럽이웃정책을 담당하는 집행이사회 위원을 폐지하였다. 또한 리스본 조약에서는 유럽연합이 2011년 6월까지 서유럽연합의 모든 업무를 담당하게 되어 사실상 서유럽연합의 해체를 가져왔고 방위 쟁점에서의 협력 증대를 위해 상설구조협력(PSCoop) 의정서를 채택하여 향후 이를 위한 구체적 작업을 추진해나갈 수 있는 발판을 마련하였다.

이러한 개혁 조치들을 통해 유럽의 독자적인 안보방위정책을 추진하고자 한 유럽 국가들의 노력에도 불구하고 리스본 조약은 제한적 변화만을 반영했다고 볼 수 있다. 왜냐하면 첫째, 기본적으로 리스본 조약은 정부간주의의 성격을 그대로 유지하고 있어 만장일치의 원칙이 유럽연합의 안보방위협력의 주춧돌로 남아 있고, 설사 가중다수결 투표에 따른 정책결정이 이루어졌다 하더라도 군사적 혹은 방위의 의미를 함축하는 결정에서는 배제되며, 국가안보는 여전히 유일하게 회원 국가들의 책임 하에 있다. 둘째, 리스본 조약을 통해 새로 신설된 대외관계와 안보정책 고위

60 http://en.wikipedia.org/wiki/Treaty_of_Lisbon

[표 10-5] 리스본 조약에서 유럽안보방위정책 관련 주요 변화

조항	주제	내용
9E, 13A, 14, 19	대외관계와 안보정책 고위 대표직	신설
27	공동안보방위정책 실행을 위한 구체적 규정	중요 변화
188R	결속력 조항	신설
28A7	상호방위 조항	신설
28A-1, 28B	피터스버그 임무	변경
28A5, 28C	회원 국가들의 집단에 의한 업무 실행	신설
28D	유럽방위청	신설
27-6, 31, PSCoop 의정서	상설구조협력	신설

*출처: Christian Molling, "ESDP After Lisbon: More Coherent and Capable?," *CSS Analyses in Security Policy*, 3-28(February, 2008), p. 2.

대표직의 권한과 위상이 강화된 것은 사실이나 과거와 마찬가지로 유럽의 안보방위정책을 대표하는 유일한 권위체로까지는 발전하지 못해 공동안보방위정책의 단일적 권위자가 여전히 존재하지 않는다는 점이다.[61] 셋째, 유럽연합이 어떠한 유형의 작전을 전개할 수 있는가에 대한 합의가 존재하지 않는다는 점이다. 비록 법적 측면에서 유럽연합은 피터스버그 임무를 수행하면서 전투작전을 포함하는 폭력적 갈등의 최정점의 작전을 포함하고는 있지만 정치적으로 회원 국가들은 유럽연합의 깃발 아래 군사력 사용에 대해서는 분열적인 양상을 보이고 있다. 유럽연합은 안보방위정책의 맥락에서 2003년부터 2007년에 이르기까지 11개 국가에서 18

61 공동외교안보정책의 주요 행위자에 대해서는 다음을 참조. Stephanie C. Hofmann, Frederic Merand, Martial Foucault, "Who Rules CSDP?," *Paper presented at the SGIR 7th Pan-European International Relations Conference*, Stockholm, September 9~11(2010), pp. 1~15.

개의 위기관리 작전을 전개했지만, 이러한 군사작전의 핵심적 성격은 경성안보가 아닌 연성안보와 관련된 것이었다.[62] 이러한 문제 이외에도 공동안보방위정책과 관련하여 유럽연합은 정책의 우선순위와 활동 공간의 확장성 여부, 군사작전의 규모와 성격 등에 관한 다양하고 중요한 문제들에 관해 유럽연합 차원에서의 합의된 입장을 모색해나가야 하는 어려운 과제를 남겨두고 있다.

4. 유럽연합의 안보정책과 동맹 딜레마

세기의 전환기에 발생한 지정학적 대격변인 냉전 종식을 계기로 구체화되고 발전해온 유럽연합의 안보정책(공동외교안보정책 · 안보방위정책 · 공동안보방위정책)은 반세기 이상 걸쳐 진행되어온 경제 · 정치 통합과는 달리 매우 빠르게 발전하는 양상을 보이고 있다. 불과 20년도 안 걸려 전반적인 윤곽을 갖춘 유럽연합의 안보정책은 여전히 해결해야 할 많은 문제점과 단점을 갖고 있음에도 불구하고,[63] 1987년 서유럽연합 강령(WEU Platform)에서 제시한 유럽안보방위정체성을 구현하는 정책적 대세로 자리 잡아가고 있는 것은 확실한 것 같다.

그러나 짧은 기간에 걸쳐 발전해가고 있는 유럽연합의 안보정책은 역

62 Aurel Sari, "Status of Forces and Status of Mission Agreements under the ESDP: The EU's Evolving Practice," *The European Journal of International Law*, 19-1(2008), pp. 67~100.

63 유럽연합 안보정책의 문제점에 대해서는 다음을 참조. Alexander Mattelaer, "The CSDP Mission Planning Process of the European Union: Innovations and Shortfalls," *European Integration online Papers*(EIoP), Special Issue 1, 14(2010), pp. 1~18.

설적으로 60여 년 이상 유럽안보의 근간으로 작동해왔던 NATO에 미칠 영향력을 둘러싸고 미국과 영국을 중심으로 한 대서양주의자와 프랑스와 독일로 대표되는 유럽주의자 간에 주기적이고도 지속적인 안보 딜레마 논쟁을 야기하는 촉진제가 되었다. 비록 NATO와 유럽연합은 ① 1996년의 베를린 합의, ② 2002년 12월의 '유럽안보방위정책에 대한 NATO-유럽연합 선언'을 통한 전략적 동반자관계 구축, ③ 2003년 3월의 베를린 플러스 협정, ④ 2003년 7월의 '서부 발칸에 대한 협조 접근' 등을 통해 타협점을 모색해왔지만, 1990년 이후 유럽연합 안보정책의 발전과 그에 따른 NATO의 장래, 그리고 유럽연합과 NATO와의 관계 등을 둘러싼 대서양주의자와 유럽주의자 간의 안보 논쟁은 주기적인 갈등과 대립 양상을 지속시키고 있다.

1) 대서양주의자와 유럽의 안보정책

1994년 1월에 브뤼셀 NATO 정상회담에서 유럽안보와 관련하여 NATO 확대정책이 공식 천명된 것 못지않게 NATO 내에 유럽의 안보방위정체성을 발전시켜나가야 한다는 결정이 이루어졌다. 그 결과, NATO가 서유럽연합이 담당하는 유럽 국가의 군사작전을 지원하도록 하는 실질적인 협정이 채택되었고, 이는 1996년 6월에 북대서양이사회의 베를린 회의와 브뤼셀에서 열린 NATO 국방장관 회의를 통해 합의를 보게 되어 유럽 국가들은 NATO 자산을 활용하여 서유럽연합 주도 작전을 수행할 수 있는 기회를 갖게 되었다.[64] 따라서 유럽 국가들은 역사상 처음으로

---

64 Ministerial Meeting of the North Atlantic Council, *Final Communique*, Berlin, NATO Press Communique M-NAC-1(96)63, June 3, 1996; Meeting of the North Atlantic Council in Defense Minister's Session, *Final Communique*, Brussels, NATO Press Communique M-NAC(DM)-2(96)89, June 3, 1996. 또한 1996년 6월 NATO 내 유럽안보

NATO 내에서 자신들의 안보방위정체성을 형성할 수 있게 되었다.

소위 베를린 합의로 회자되는 유럽연합의 안보정책(안보방위정체성)에 대해 대서양주의자의 거두인 미국은 유럽의 안보정책을 지지하는 입장이었다. 왜냐하면 기본적으로 1996년의 베를린 합의는 NATO 내에서 유럽의 안보 기둥을 발전시키기로 합의한 것이었기 때문에 이것이 NATO의 우선성이나 대서양 안보관계를 위한 NATO의 통일성에 부정적 영향을 미치는 것이 아니며, 오히려 NATO 내에서 유럽 안보 기둥의 강화는 NATO 내에서 유럽의 군사능력의 발전과 더 많은 유럽 국가들의 방위비 분담을 이끌어낼 수 있기 때문이었다. 즉, 미국은 유럽의 안보정책의 발전 및 강화를 NATO 군사능력의 개선으로 파악하면서[65] 유럽 국가들이 더 많은 역할을 하되 필요 이상의 많은 역할을 하지 않기를 원했던 것이다.[66]

그러나 베를린 합의 이후 유럽연합의 안보정책이 보다 구체화되고, 나아가 NATO와는 별개로 유럽연합의 독자적인 안보정책으로 발전하는 경향을 보이자 미국의 입장은 유럽연합의 안보정책에 대한 지지 입장에서 이를 우려하는 입장으로 전환하게 되었다. 1998년의 코소보 위기 당시 미국의 일방적인 사태 해결에 대해 우려감을 갖게 된 유럽 국가들이 1998년 12월에 영국과 프랑스의 생-말로 정상회담을 통해 유럽연합의 공동외교안보정책의 약점을 보완하는 차원에서 유럽연합의 독자적인 안보방

정체성을 야기한 소위 '베를린과 브뤼셀의 대협상'의 주요 내용에 대해서는 다음을 참조. Robert E. Hunter, *The European Security and Defense Policy: NATO's Companion or Competitor?*(Washington, D. C.: RAND, 2002), pp. 13~19.

65 Rob de Wijk, "The Reform of ESDP and EU-NATO Cooperation," *The International Spectator*, XXXIX(2004), p. 77.

66 Cornish, *Partnership in Crisis: The US, Europe and the Fall and Rise of NATO*, 1997, p. 34.

위정책을 추진해나감에 따라 이에 대한 미국의 우려감은 더욱 높아져갔다.

특히, 당시 미국의 울브라이트(Madeleine Albright) 국무장관은 1998년 12월에 브뤼셀에서 열린 북대서양이사회에서 생-말로 정상회담에서 나온 유럽연합의 독자 안보화에 대한 미국의 우려감을 공개적으로 피력했다. 미국은 동맹 내에서의 유럽안보방위정체성을 지지하고 유럽의 능력을 강화하는 그러한 조치들을 진정으로 지지한다고 말했다. 그러나 그녀는 유럽연합의 군사능력 강화의 판단 기준으로 소위 '3D'로 알려진 탈연계(De-linking), 비차별(Discriminating), 그리고 복제(Duplicating)를 제시하였다.[67] 즉, 유럽연합의 안보정책 발전을 위한 어떠한 이니셔티브도 유럽안보방위정체성을 NATO로부터 탈연계시키는 동맹의 정책결정을 피해야만 하고 나아가 미국과 유럽의 안보를 분리(Decoupling)시키지 말아야 하며, NATO 회원국이면서도 유럽연합 회원국이 아닌 국가들(여기서는 주로 터키를 암시)을 차별하지 말아야 하며, 그리고 무엇보다도 유럽연합의 안보정책의 발전이 현존하는 NATO의 군사구조를 복제하는 양상으로 발전해서는 안 된다는 것이다.[68]

이러한 미국의 입장은 유럽연합의 안보정책의 변화에 따라 다양하게 표출되면서도 그 기본적 입장은 변하지 않고 있다. 즉, 유럽연합의 독자적 안보방위정책을 바라보는 미국의 인식과 입장은 유럽연합의 안보정책의 발전 및 강화는 NATO의 우선성을 위협해서는 안 되며, 그것은 NATO에 보충적인 노력이 되어야 한다는 것으로, 명시적 혹은 묵시적으로 이러

67 Secretary Albright's remarks to the North Atlantic Council ministerial meeting, Brussels, December 8, 1998.

68 Hunter, *The European Security and Defense Policy: NATO's Companion or Competitor?*, 2002, pp. 33~44.

한 기준이 준수되는 한 미국은 유럽연합의 안보정책의 발전 및 강화를 지지하는 것이라고 요약할 수 있다. 그렇기 때문에 미국으로서는 이러한 기준에서 벗어나 발전하는 유럽연합의 안보정책을 받아들이기 쉽지 않은 입장이다. 나아가 유럽연합의 안보정책의 발전은 안보 위기에 대한 유럽의 능력을 강화시키기보다는 약화시킬 수 있다는 우려감도 존재한다. 즉, 유럽연합의 안보정책의 발전은 그 내재적 문제점으로 범대서양 관계에 부정적 영향을 미칠 수 있고, 유럽연합의 제도적 복잡성으로 인해 안보위기 상황에서 시의 적절한 대응을 할 수 없을 뿐만 아니라 스스로를 시민권력(civilian power)으로 선언한 유럽연합은 군사적 관점보다는 정치적 관점에 의해 취해질 자신의 정책 이니셔티브는 군사자원의 핵심적인 문제들에 대한 주의를 분산시킬 수 있다. 나아가 NATO와 유럽연합 간의 효율적이고 기능적인 동반자관계의 발전에 위협이 될 수 있다면서 유럽의 안보정책 발전에 부정적이다.[69]

한편, 유럽 국가로서 대서양주의자인 영국은 전통적으로 미국과 '특별한 관계'를 유지하고 있을 뿐만 아니라 정보 공유, 공동 획득, 군사기지, 핵무기 원조와 유지 등 유럽의 그 어떤 나라보다도 미국과 높은 수준의 안보협력을 유지하고 있다. 그렇기 때문에 유럽 안보에 대한 영국의 일차적인 관심은 NATO를 통한 유럽의 안보와 방위에 대한 미국의 공약을 유지하고 유럽연합의 안보정책의 발전으로 미국의 유럽 안보 공약의 축소나 혹은 유럽에서의 철수를 야기할 수도 있는 조치들에 반대하는 것이다. 그렇기 때문에 미국과 마찬가지로 영국은 유럽연합의 안보정책의 발전을

69 Anand Menon, "Why ESDP is Misguided and Dangerous for the Alliance," in Jolyon Howorth and John T. S. Keeler(eds.), *Defending Europe: The EU, NATO and The Quest for European Autonomy*(New York: Palgrave Macmillan, 2003), pp. 203~217.

본질적으로 NATO에 대한 보완적 차원에서 그리고 NATO와의 전략적 연계성 차원에서 이해하고 있는 것이다.

비록 영국이 1998년의 프랑스와의 생-말로 정상회담을 통해 유럽연합의 안보정책 발전에 새로운 전기를 마련하는 데 크게 기여했지만 이는 유럽연합의 독자 안보화를 지지한 것이 아니라 NATO와 유럽연합의 안보능력의 상호 강화를 확보하기 위한 차원에서 이루어진 것이다.[70] 또한 영국이 유럽연합의 안보정책 발전에 적극적으로 관여하는 것도 미래의 가능한 발전에 대한 대비책 차원으로 유럽연합의 안보정책과 유사하게 자신의 안보 이익을 헤징(hedging)하는 것이기 때문이다.[71] 즉, 영국은 유럽연합의 안보정책에 적극 관여하여 유럽연합 내에서 자신의 권력을 증대시키고 나아가 있을지도 모르는 NATO에 대한 프랑스의 부정적인 영향력을 상쇄시키기 위한 차원이다. 이와 관련된 가장 대표적인 사례로 영국은 유럽연합의 안보정책결정 과정에 있어서 군사주권의 공동체화보다는 군사주권의 국가화를 지속적으로 주장 · 관철시켜나가고 있다는 것과 미국이 찬성하고 있는 비유럽연합 회원국인 터키의 유럽연합 가입을 지지하는 것 등을 들 수 있다. 특히, 영국의 입장에서 보았을 때, 터키의 유럽연합 가입은 유럽연합을 주로 경제통합 위주로 발전시켜나가면서 외교안보정책에서는 대서양주의의 색채를 띠게 될 것이라는 나름의 전략적 의도가 작용한 결과이기도 하다.

70 Ministry of Defense(UK), "Defense Policy 2001: Policy Priorities-National and European Security," http//www.mod.uk/issues/policy2001/priorities.htm

71 냉전 종식 이후 유럽연합의 안보정책 발전을 헤징전략 차원에서 분석한 글에 대해서는 다음을 참조. Art, "Europe Hedges Its Security Bets," 2004, pp. 179~213.

2) 유럽주의자와 유럽의 안보정책

유럽연합 국가들 중에서 유럽주의자의 상징인 프랑스는 전통적으로 독자적인 유럽안보방위정책의 발전을 지지해왔다. 지난 냉전시대 프랑스는 유럽통합 과정을 통해 독일 재건을 유럽안보질서에 보다 밀접하게 연결시켜 가능한 독일의 부활에 따른 위협을 줄이고 미국의 헤게모니에 대한 공고한 균형으로서 유럽연합의 발전을 이해하는 것이었다. 냉전 종식 이후 유럽연합의 안보정책이 보다 구체적으로 가시화됨에 따라 유럽연합은 프랑스에게 보다 중요하게 되었다. 왜냐하면 프랑스의 입장에서 유럽연합은 보다 거대하고 권력을 투사할 수 있으며, 유럽연합의 군사적 · 경제적 자원을 축적하여 그 자신을 지구적 행위자로서 천명할 수 있는 유용한 수단으로 파악하기 때문이다.[72]

비록 프랑스가 유럽연합의 안보정책 발전을 통해 NATO 대체를 추진하지는 않지만, 그럼에도 불구하고 프랑스는 보다 큰 유럽의 지도력과 능력을 바탕으로 범대서양 관계를 재조정하려고 하는 전략적 의도를 갖고 있다. 그러나 프랑스와 전통적 경쟁관계에 있는 영국은 유럽안보방위정책을 발전 · 강화시켜나가고자 하는 프랑스의 궁극적인 목적은 NATO의 대체와 대륙에서 미국의 철수라는 우려감을 갖고 있다. 그렇기 때문에 냉전 종식 이후 유럽연합의 안보정책의 발전 과정에서 나타난 동맹의 안보딜레마 논쟁은 한편에서는 NATO와 유럽연합 간의 적절한 안보관계 설정의 문제인 동시에 다른 한편에서는 유럽연합 안보정책의 발전 방향과 성격, 그리고 목적 등에 관한 대서양주의자와 유럽주의자를 상징하는 영

---

72 Charles A. Kupchan, "After Pax Americana: Benign Power, Regional Integration, and the Sources of a Stable Multipolarity," *International Security*, 23-2(Autumn, 1998), p. 70.

국과 프랑스 간의 안보 논쟁이라는 두 축이 동시적 · 복합적으로 작용했다고 평가할 수 있다.

영국과 프랑스의 뿌리 깊은 상호 불신은 상황에 따라서는 영국을 배제하고 유럽연합의 독자적 안보정책을 발전시키고자 하는 프랑스의 전략적 의도를 추동시키는 주요 요인으로 작동하기도 한다. 이러한 극히 예외적인 상황은 미국의 부시 행정부가 보여준 일방주의적 군사 위주의 외교 행태와 특히, 이라크전쟁에 대한 미국과 NATO의 유럽 회원 국가들 간의 첨예한 이해관계의 대립과 결부되어 나타났다. 2003년 1월에 새롭게 합의한 독－프 우호관계[73]를 기반으로 프랑스는 2003년 4월에 브뤼셀에서 독일 · 벨기에, 그리고 네덜란드가 참여한 소위 미니 정상회담(mini-summit)을 열어 유럽방위의 핵심그룹을 구성하고자 하였다. 이 회담에서 이들 네 개 국가들은 유럽연합은 신뢰할 만한 외교안보방위정책을 발전시켜나갈 수밖에 없으며, 국제무대에서 완전한 역할을 하기 위해서는 한 목소리를 내야만 한다는 입장을 밝히면서 유럽안보방위연합을 제안하였고, 특히 중요한 것은 이 제안을 통해 유럽의 자율적인 안보 행동을 위한 유럽연합의 군사기획사령부를 창설하자는 제안이었다.[74] 나아가 2003년 9월에 벨기에 수상은 2004년에 벨기에 근처의 터뷰런(Tervuren)에 유럽군사지휘사령부를 구축하겠다고 발표했다. 유럽연합의 군사기획사령부를 창설하겠다는 제안은 NATO의 유럽연합군최고사령부의 기획구조를 복제하는 성격을 갖고 있어서 미국과 영국에게는 이 제안이 NATO를 희생

73 Joint Franco-German Declaration on the Occasion of the 40th Anniversary of the Elyse'e Treaty, Paris, 22, January, 2003.

74 Meeting of the Heads and State and Government of Germany, France, Luxembourg and Belgium, Brussels, 29 April, 2003; de Wijk, "The Reform of ESDP and EU-NATO Cooperation," 2004, p. 78에서 재인용.

하면서 유럽의 독자적인 안보정책을 추진하겠다는 의도로 여겨졌다. 이에 대해 당시 미국의 NATO 대사였던 번스(Nicholas Burns)는 범대서양 관계에 가장 큰 위험 중의 하나라고 말했다.[75] 유럽연합과 NATO 간의 경쟁의 상징이 될 수 있는 이 제안은 비록 실현되지 못했지만, 유럽연합의 안보정책 노력에 어느 정도의 발전을 가져왔다. 그러나 다른 한편으로 이 제안은 유럽연합의 다른 많은 국가들의 의구심과 반발을 초래한 역작용도 초래하였다.

한편, 유럽연합의 주요 4대 군사 강국(영국 · 프랑스 · 독일 · 이탈리아) 중에서 독일은 자신의 역사적 · 정치적, 그리고 헌법적 이유에서 유럽연합의 안보정책 발전에 매우 독특한 입장을 보여왔다. 1990년 10월, 통일 이후 독일은 유럽안보정책 발전에 중도적인 입장을 견지해왔으나[76] 미국의 이라크전쟁에 대해 강력히 반대하면서 유럽주의자의 경향을 보다 부각시키고 있다. 독일은 2002년에 자신의 전략적 군사기획을 재평가한 후 2003년 국방정책 지침에서는 고강도 작전을 포함한 모든 수준에 걸친 업무 준비를 위해서는 지구적으로 전개할 수 있는 신속대응군이 필요하고 독일 군사력의 능력과 정향을 새롭게 형성하는 방향으로 독일 안보정책을 변혁시켜야 한다고 지적하고 있다.[77] 독일은 21세기의 불확실한 안보환경에 대비할 수 있는 군사력의 재정비뿐만 아니라 유럽연합이 구상하고 있는 피터스버그 임무의 충족에도 많은 노력을 기울이고 있다. 이에 따라

75 de Wijk, "The Reform of ESDP and EU-NATO Cooperation," 2004, p. 78.

76 통일 이후 독일은 대서양주의자와 유럽주의자 모두의 입장을 받아들이는 중도적 입장을 견지했으나 일부에서는 이러한 독일의 입장을 대서양주의자의 탈을 쓴 유럽주의라고 비판하였다.

77 Giegerich Von Bastian, "Mugged by Reality: German Defense in Light of the 2003 Policy Guidelines," Dusseldorf Institute for Foreign and Security Policy, 12. 10, 2003. http//www.diasonline.org, p. 9.

독일은 유럽연합의 안보정책 노력에 대한 프랑스의 입장을 수용하면서 유럽안보방위정책의 맥락에서 자신의 경제력에 부합하는 보다 큰 지정치적 역할을 도모하기 위해 유럽안보방위정책에 더 많은 기여를 할 수 있도록 자신의 군사능력을 발전시켜나가고 있다.

제11장
NATO의 동반자관계와 동맹 딜레마

1949년 4월에 워싱턴 조약을 통해 탄생한 NATO는 외부의 군사적 공격으로부터 회원국의 영토와 안보를 책임지는 집단방위기구로 출발했다. 지난 냉전체제에서 NATO는 유럽 안보질서의 핵심적 행위자로 동맹의 목적과 역할을 성공적으로 수행하여 근대 유럽의 역사에 있어서 서유럽 국가들이 가장 평화로운 시기를 구가할 수 있는 튼튼한 발판 역할을 담당하였다.

1989년 11월의 베를린 장벽의 붕괴, 1990년 10월의 독일 통일, 1991년의 WTO 및 소연방의 해체 등으로 상징되는 냉전체제의 와해에도 불구하고 NATO는 동맹의 새로운 존재이유와 역할 모색을 통해 냉전 이후 유럽의 안보질서를 형성하는 데 주도적 역할을 맡았고, 나아가 급격히 변화된 국제안보환경에 적응하고 새로운 위협에 대처하기 위해 동맹의 정치 · 군사적 구조조정을 단행해왔다.

1990년 이후에 NATO의 정치 · 군사적 변환 과정에 있어서 가장 중요한 구상 중의 하나가 바로 '동반자관계'(partnership)라는 것이었다. 왜냐하면 'NATO의 동반자관계'라는 구상은 1990년대 초반에서 2001년

9·11 테러 이전까지 새로운 유럽의 안보지형을 형성하는 가운데 중동유럽으로의 확대정책을 추진하는 주된 전략으로 활용되었고, 나아가 9·11 테러 이후 NATO가 자신의 안보 영역을 유럽을 넘어 지구적으로 확장하는 과정에 있어서 가장 핵심적인 전략으로 부상했기 때문이다.

'NATO의 동반자관계' 구상은 NATO 자체의 변화뿐만 아니라 미국과 유럽의 안보적 관계, 유럽 및 지구적 안보지형에도 지대한 영향을 미칠 수 있는 핵심변수로 작용하고 있다. 특히, 2001년의 9·11 테러 이후 지구적 차원으로의 안보 영역의 확장을 추진하기 위한 NATO의 핵심전략으로 부상한 '지구적 동반자관계'는 이전의 동반자관계 구상과는 또 다른 국제안보적 함의를 갖고 있다. 왜냐하면 NATO의 안보 영역이 지구적 차원으로 확장된다는 것은 유럽 이외의 지역에서 미국과 동맹을 맺고 있거나 NATO와 안보협력을 모색 · 강화하고자 하는 많은 비유럽 국가들의 동맹정책에도 지대한 영향을 미칠 것이며, 나아가 미국과 안보협력을 맺고 있는 국가들의 동맹정책 및 동맹 자체의 성격과 역할 변화를 추동할 수 있기 때문이다.

여기에서는 NATO의 동반자관계 구상의 변화 의미와 이를 둘러싼 유럽 역 · 내외 주요 국가들의 입장을 고찰한다. 특히, NATO의 지구적 동반자관계와 한미 전략동맹과의 연계선상에서 관계적 계약이론에 따른 잔여통제권의 문제를 분석하고자 한다. 왜냐하면 한미 전략동맹에서 잔여통제권 문제는 아직까지는 구체적으로 나타나지는 않았지만, 한미 전략동맹의 평화구축활동은 불가피하게 한미 전략동맹에 있어서 안보활동 영역의 확장에 따른 잔여통제권의 문제를 야기할 것이기 때문이다. 또한 잔여통제권 문제는 향후 한미 전략동맹의 발전 과정에 있어서 필연적으로 전개될 한미 양국 사이의 협상력에 있어서 중요한 변수 중의 하나인 것이다.

1. NATO의 동반자관계의 발전

1) 냉전종식과 NATO의 역내 동반자관계

1989년 11월의 베를린 장벽의 붕괴, 1990년 10월의 독일 통일, 1991년의 바르샤바조약기구 및 소연방의 해체 등으로 상징되는 냉전의 종식은 20세기 두 번에 걸친 세계대전의 여파로 구축된 국제질서의 근본적 해체를 의미했다. 독일 통일은 얄타 질서를 뿌리째 뽑아버렸고 소연방·유고슬라비아, 그리고 체코슬로바키아의 해체는 주로 베르사유 질서를 해체시켰다.[1]

이에 따라 냉전 종식 이후 유럽의 안보환경은 불평등한 세계화 및 탈국가화 과정과 맞물리면서 상이한 유형의 외교안보적 관계와 국내의 사회-경제적, 그리고 정치-문화적 발전의 상이한 과정들로 특징되는 세 개의 광범위한 지역으로 나뉘어졌다. 즉, 서유럽과 북아메리카로 대변되는 안정된 평화지역인 핵심지역(core zone), 역사적으로 유럽의 문화적·지적 운동과 밀접한 관련이 있으며 유럽으로의 복귀를 갈망하는 중유럽 중심의 중간지역(intermediate zone), 그리고 민족주의적 정체성이 혈연과 영토의 측면에서 정의되고 종종 소수 공동체에 대한 불관용과 국가 건설이 정치적 의제의 핵심을 차지하고 있는 동유럽과 발칸지역에 해당하는 외부지역(outer zone)이다.[2]

---

1 Ronald D. Asmus, "Double Enlargement: Redefining the Atlantic Partnership after the Cold War," in David C. Gompert and F. Stephen Larrabee(eds), *America and Europe: A Partnership For A New Era*(Cambridge, UK: Cambridge University Press, 1998), 이수형 역, 『미국과 유럽의 21세기 국제질서』(서울: 한울아카데미, 2000), p. 51.

2 Adrian Hyde-Price, "European Security in the Twenty-first Century: Towards a Stable

서유럽 핵심지역은 다원주의적 안보 공동체가 형성되어 상대방을 더 이상 잠재적 위협국가로 인식하지 않고, 상호간에는 제로섬 게임의 안보 딜레마나 지정학적 경쟁논리에 입각한 세력균형의 두려움을 해소할 수 있는 기회를 맞이하였다. 또한 이 지역 국가들의 안보적 상호작용은 절차적 규칙의 속성을 반영하고 있는 안보 거버넌스(security governance)에 기초해 있다.[3] 안보 거버넌스는 상호 영향을 받는 대다수 국가들의 승낙에 기초한 의도적인 규칙체계로 공식·비공식적인 규제 메커니즘을 통해 안보 범위와 쟁점 영역에 걸친 행위들의 거버넌스로 정의될 수 있다.[4] 따라서 서유럽 핵심지역의 국가들은 NATO, 유럽연합, 그리고 유럽안보협력기구(OSCE)를 중심으로 한 안보 제도들 간의 협력과 경쟁을 통해 안보 거버넌스를 촉진시키는 동시에 이들 간의 다자주의적 안보체제를 형성하고 있다.

반면, 중유럽과 동유럽 및 발칸의 중간지역과 외부지역의 안보상황은 냉전 종식 직후 가졌던 초기의 바람과는 달리 매우 혼탁하고 불안정한 모습을 보여주었다.[5] 특히, 동유럽과 발칸지역에서 목격된 민족주의라는 유럽의 악령은 분단 독일과 유럽대륙의 분단에서 기인하는 냉전적 우려감을 이들 지역 주변에 걸쳐 있는 두 개의 지리적 호형에서 파생되는 탈

Peace Order?," in Andrew Cotty and Derek Averre(eds.), *New Security Challenges in Postcommunist Europe: Securing Europe's East*(Manchester and New York: Manchester University Press, 2002), pp. 190~212.

3 이수형, 「국제안보체제의 변화에 관한 역사적 고찰」, 『국제정치논총』 제43집 3호, 2003, pp. 126~127.

4 Mark Webber, "Security Governance and the Excluded States of Postcommunist Europe," in Cotty and Averre, *New Security Challenges in Postcommunist Europe: Securing Europe's East*, 2002, p. 44.

5 John J. Mearsheimer, "Back to the Future: Instability in Europe after the Cold War," *International Security*, 15-1(Summer, 1990), pp. 5~56.

냉전의 우려감으로 대체시켜놓았다. 첫 번째 동쪽의 호형은 독일과 발칸 반도를 지나 러시아 사이의 북유럽의 발트해에서 흑해에까지 미치고, 두 번째 남쪽의 호형은 북아프리카와 지중해를 거쳐 터키에 이르는 더 넓은 중동지역을 포함한다.[6] 더군다나, 이들 지역에서 파생되는 안보위협은 주로 정치 · 경제 · 사회적 곤경에 따른 불안정과 인종분규와 영토분쟁 등으로 인한 난민과 이민, 인권유린, 그리고 환경오염 등 비전통적 안보유형에 속하는 것이다. 이러한 안보위협의 속성은 기본적으로 다면적 · 전방향적이고 예측과 평가가 어렵기 때문에 어느 한 국가의 권력에 의해서 통제 · 유지될 수 없다. 따라서 냉전 종식 이후 유럽의 안보상황에서 가장 핵심적인 문제는 중간지역과 외부지역에서 발생하는 이러한 불안정과 비전통적 안보위협을 어떻게 다룰 것이며, 그와 동시에 어떠한 방법을 통해 서유럽 핵심지역에서 발전하고 있는 안보 거버넌스를 이들 지역으로 확산시켜나갈 것이냐의 문제였다.

냉전 종식 직후 이러한 유럽안보상황에서 NATO는 자신의 방위 영역을 넘어서 발생하는 위협과 사건들이 서유럽 핵심지역의 안보에 영향을 미칠 수 있다는 판단에 따라 동반자관계라는 구상을 통해 이러한 도전들에 대처할 정책들을 단계적으로 시행하였다. 먼저, NATO는 1990년 7월에 런던 정상회담에서 나온 런던선언을 통해 과거 자신의 적대 국가들이었던 중 · 동유럽 국가들과의 정치 · 군사적 협력을 촉구하였고, 이는 1991년 12월에 북대서양협력이사회(NACC)로 제도화되었다. 또한 NATO는 1991년의 로마 정상회담에서 신전략개념을 채택하여 조약 제5조의 영토방위 임무에 대한 강조를 완화했고, 위기관리와 평화활동에 더 큰 관심

6 Ronald D. Asmus, Richard L. Kugler, and F. Stephen Larrabee, "Building a New NATO," *Foreign Affairs*, 72-4(September/October, 1993), pp. 28~40.

을 부여했다.[7]

특히, NATO는 1994년 1월의 브뤼셀 정상회담을 통해 중·동유럽으로의 NATO 확대를 공식적으로 선언하면서 확대전략으로 북대서양협력이사회 틀 내에서 평화를 위한 동반자관계(PfP)를 수립하였다. 평화를 위한 동반자관계는 당시 NATO의 유럽연합군최고사령관(SACEUR)이었던 샬리(John Shalikashvilli)의 생각으로 NATO 확대를 고무시키기 위한 시간적 여유와 확대에 따른 러시아의 우려감을 완화시킬 필요성을 고려하여 나온 것이었다.[8] 평화를 위한 동반자관계는 북대서양협력이사회에 참여한 모든 중·동유럽 국가들에게 문호를 개방하고 이들 국가들에게 북대서양조약 제5조의 내용(영토방위)만 제외하고는 NATO의 모든 군사 활동에의 참여를 개방한 것이다.

NATO는 평화를 위한 동반자관계를 통해 중·동유럽으로의 확대를 점진적으로 추진하는 동시에 이들 지역에서 발생할 수 있는 잠재적 불안정을 해소시켜나가고자 하였다. 또한 NATO는 확대 과정을 보다 촉진시키고 평화를 위한 동반자관계 참가국들과의 정치·안보협력을 강화하기 위하여 1997년 5월에 북대서양협력이사회와 평화를 위한 동반자관계 참여국으로 구성된 유럽-대서양 동반자관계이사회(EAPC)를 수립하였다. 북대서양협력이사회를 계승한 유럽-대서양 동반자관계이사회는 개별적 혹은 집단적 차원에서 보다 직접적으로 NATO와의 정치관계를 발전시킬 수 있었다. 북대서양협력이사회와의 본질적 차이는 유럽-대서양 동반자관계이사회는 참여 국가들의 필요성에 맞게 정치적·안보적 협의가 이루

7 Gen. George A. Joulwan, "A New NATO: New Strategy, New Structure and New Programs," *International Defense Review*, Defense 1995, p. 4.

8 Ronald D. Asmus, *Opening NATO's Door: How The Alliance Remade Itself for a New Era*(Columbia: Columbia University Press, 2002), p. 35.

어지고, 이사회가 보다 정기적으로 개최된다는 점이다.[9] 유럽-대서양 동반자관계이사회는 26개 회원국과 20개 평화를 위한 동반자관계 참여 국들을 포함하는 46개의 국가들을 결집시킨 다자간 포럼으로 NATO와 평화를 위한 동반자관계 참여 국가들 간에 개발된 양자적 관계의 정치적 틀로서도 동시에 작용한다.[10]

2) 9 · 11 테러 이후 NATO의 지구적 동반자관계

2001년의 9·11 테러는 미국과 세계 주요 국가들의 안보관을 급격하게 변화시키는 결정적 계기가 되었다. 9·11 테러 사건을 계기로 미국은 자국의 안보정책을 재구성하고 수많은 국가들과의 관계를 재평가하였다. 또한 당시 국방장관이었던 럼스펠드(Rumsfeld)는 9·11 테러를 단순한 테러리즘 행위가 아닌 21세기 최초의 새로운 전쟁으로 파악하였으며,[11] 9·11 테러는 결과적으로 NATO에게 새로운 동반자관계 구축의 필요성을 제기한 중대한 사건이었다. 9·11 테러 직후 NATO는 동맹의 자산을 극대화하고 미국의 노력을 지원하기 위한 정책과 전략을 발전시키기 위해 부시 행정부와 협력을 강화하기 시작하였다.[12]

2001년 10월 2일에 북대서양이사회는 NATO 역사상 처음으로 조약 제5조를 발동하였고 미국의 아프간전쟁을 지원함과 동시에 대테러 전쟁

9 Todd Scandler & Keith Hartley, *The Political Economy of NATO: Past, Present, and into the 21st Century*(Cambridge: Cambridge University Press, 1999), p. 64.

10 한용섭 · 박휘락 역, 『NATO의 실상과 이해』(서울: 국방대학교 안보문제연구소, 2007), p. 196.

11 Donald H. Rumsfeld, "A New Kind of War," *The New York Times*, September, 27, 2001.

12 Tom Lansford, *All for One: Terrorism, NATO and the United States*(Burlington: Ashgate Publishing Company, 2002), pp. 111~117.

을 보다 효율적으로 수행하기 위해 자신의 활동 영역을 기존의 유럽 중심에서 지구적 차원으로 확장할 필요성을 강하게 느꼈다. 여기에는 테러 위협뿐만 아니라 점증하는 대량살상무기의 위협, 세계 도처에서 발생하는 위기지역에서 새로운 작전능력의 필요성 등이 포함되었다. 9·11 테러를 계기로 변화된 안보환경에서 보다 가시화된 새로운 위협과 지역적 · 국제적 불안정에 NATO가 적극적으로 대처하기 위해 마련한 것이 새로운 동반자관계라 할 수 있는 '지구적 동반자관계'였다.

NATO의 지구적 동반자관계는 이전의 동반자관계와는 질적으로 다른 성격을 내포하고 있다. 냉전 종식 이후 9·11 테러 이전까지 NATO의 동반자관계는 주로 중 · 동유럽 국가들과의 정치 · 안보적 협력관계를 구축하면서 NATO 확대정책을 점진적으로 원만히 추진하는 동시에 새로운 유럽의 안보질서를 안정적으로 구축하는 데 그 목적이 있었다. 반면, 9·11 테러 이후 등장한 지구적 동반자관계는 기본적으로 NATO의 활동영역을 확장하기 위해 비유럽 국가들과의 안보적 협력관계를 강화하기 위한 것이다. 즉, 이전의 동반자관계가 주로 정치적 측면에 초점을 두었다면 새로운 지구적 동반자관계는 군사능력에 초점을 두고 있는 것이다.[13] 특히, 지구적 동반자관계는 NATO 안보활동 영역의 확장과 맞물리면서 유럽 이외 지역에서 미국과 동맹을 맺고 있거나 군사적 협력관계를 강화하고자 하는 중동이나 아시아 · 태평양 국가들과의 군사안보적 협력을 도모하고자 하는 것이다.

지구적 동반자관계의 기원은 1998년에 NATO가 접촉 국가(Contact Countries)들과의 관계에 있어서 일련의 일반 지침들을 수립한 데 있다. 접

13 Karl-Heinz Kamp, "Global Partnership? A New Conflict Within NATO?," *Analysen und Argumente der Konrad-Adenauer-Stiftung*, Nr. 29/2006, p. 4.

촉 국가는 NATO의 공식적 동반자관계인 유럽－대서양 동반자관계이사회, 평화를 위한 동반자관계, 지중해 대화, 그리고 이스탄불협력 구상에 속하지 않으면서 NATO와의 안보협력을 추진하는 NATO 비회원국, 비유럽 국가들을 일컫는 용어이다. NATO 회원 국가들은 2004년에 접촉 국가라는 용어에 합의했고, 최근에는 전세계에 걸친 다른 동반자 국가(other partners across the globe)라는 용어도 사용한다.[14] 많은 경우에 있어 접촉 국가들은 자유민주주의 국가들로 호주 · 일본 · 한국, 그리고 뉴질랜드 등이 대표적인 경우이다. NATO의 일반 지침(general guidelines)은 접촉 국가들과의 관계를 공식적으로 제도화하지는 않으나 이들과의 협력 증대를 위한 동맹의 바람을 반영한 것이다. 그러나 NATO의 지구적 동반자관계를 위한 구체적 조치들은 2002년 11월에 개최되었던 프라하(Prague) NATO 정상회담에서 나타났다. 프라하 회담에서 NATO는 군사능력을 개선하기 위한 일련의 조치들을 채택하였는데, 여기에는 프라하 능력공약, NATO 대응전력(NRF) 창설, 군사지휘구조의 효율화가 포함되었다. 또한 프라하 회담에서는 테러리즘에 대한 방위를 위한 군사개념 채택, 아프간에서 NATO 회원국 지지 결정, 그리고 무엇보다도 동반자 국가들과 새로운 관계를 형성하기 위한 일련의 구상들이 승인되었다.[15]

프라하 정상회담을 계기로 NATO의 지구적 동반자관계는 보다 구체화되기 시작하였다. 2006년 4월에 소피아(Sofia)에서 북대서양이사회는 유럽 역외 국가들과의 군사전략적 협력강화를 모색하는 지구적 동반자관계에 관한 공식적인 회담을 가졌다. 특히, 2006년 11월에 리가(Riga) 정상회

14 http://www.nato.int/cps/en/natolive/topics_49188.htm

15 "Prague Summit Declaration," issued by the Heads of States and Government participating in the meeting of the North Atlantic Council in Prague, Czech Republic, 21 Nov., 2002.

담을 앞두고 미국의 부시 대통령은 이번 회담에 일본 · 호주 · 한국 · 핀란드, 그리고 스웨덴을 초대한다는 지구적 동반자관계를 제의하기도 하였다.[16] 그러나 리가 정상회담에서 NATO의 지구적 동반자관계 구상은 미국과 영국의 지지에도 불구하고 성공하지는 못했다. 이는 프랑스와 독일을 포함하여 다수의 유럽 국가들이 이를 비판적으로 여겼기 때문이었다. 이들은 지구적이라는 단어가 세계적 확장 과정에서 NATO에 대한 잘못된 인식을 야기하고, 아시아나 중동 국가들은 지구적 동반자관계를 이슬람 세계에 대항하는 서방의 전선으로 오해할 수도 있다는 우려를 가지고 있었다. 이와 동시에 이미 다른 동반자관계에 참여하고 있는 중 · 동유럽과 남 · 동유럽 국가들은 지구적 동반자관계는 부국의 동반자관계(partnership of the rich)를 탄생시켜 현존하는 동반자관계와 자신들의 협력관계를 약화시킬 수 있다는 우려를 가졌다.[17]

이러한 비판에도 불구하고 리가 정상회담에서는 현존하는 NATO의 협력 프로그램을 충분히 발전시켜나가고 두 가지 독특한 방식에 따라 비회원 국가들과의 운영적 관계 준거를 증대시키기로 합의하였다. 이러한 방식은 NATO는 이해관계가 있는 접촉 국가들을 포함하여 NATO 임무에 대한 (잠재적) 기여국과 사건이 발생할 때마다 임시 회담을 요청할 수 있고, 기존의 동반자관계를 사안별로 이해관계가 있는 접촉 국가와 지중해 대화 및 이스탄불협력 구상 참여국들이 보다 폭넓게 이용할 수 있다는 것이다.[18] 따라서 결과적으로 리가 정상회담은 NATO의 지구적 동반자관계

16 "Bush to Propose Global Partnership for Five Countries at NATO Summit Next Week," *International Herald Tribune*, November, 21, 2006.

17 Karl-Heinz Kamp, "NATO before Bucharest," *Atlantisch perspectief*, 32-2(2008), pp. 4~8.

http://www.atlcom.nl/ap_archive/pdf/AP%202008%20nr.%202/Kamp.pdf), p. 3.

[표 11-1] 냉전 종식 이후 NATO의 동반자관계 구상의 발전

연도	명칭	비고(범위)
1991년	북대서양협력이사회(NACC)	중 · 동유럽
1994년	평화를 위한 동반자관계(PfP)	중 · 동유럽
1994년	지중해 대화(MD)	남 · 동유럽
1997년	유럽-대서양 동반자관계이사회(EAPC)	유럽 차원
2002년	NATO-러시아이사회(NRC)	NATO와의 양자 차원의 특별한 동반자관계
2002년	NATO-우크라이나위원회(NUC)	
2003년	NATO-유럽연합(EU)의 전략적 동반자관계	NATO-EU
2004년	이스탄불협력구상(ICI)	범중동지역
2006년	지구적 동반자관계(Global Partnership)	지구적 차원

를 공식적으로 추진하는 매우 중요한 회담이 되었다.

특히, NATO는 2008년 4월에 부카레스트(Bucharest) 정상회담을 통해 이를 재확인하고 접촉 국가들과의 협력강화 모색을 논의하였다. 그 일환으로 NATO는 호주 · 뉴질랜드 · 일본, 그리고 한국과 맞춤형 협력프로그램(TCPs)을 협상하였다. 맞춤형 협력프로그램은 NATO가 지중해 대화 및 이스탄불협력 구상 국가들에게 제공한 것과 유사한 것으로 NATO의 우선순위와 동반자 국가의 특수한 이해관계에 바탕을 두고 개별 국가들에게 맞추어주는 협력활동 목록이다.[19] 물론 여기에는 군사협력도 포함되어 있다.

18 "Riga Summit Declaration," issued by the Heads of States and Government participating in the meeting of the North Atlantic Council in Riga, on 29 November, 2006.

19 "Bucharest Summit Declaration," issued by the Heads of States and Government participating in the meeting of the North Atlantic Council in Bucharest, on 3 April, 2008.

2. 지구적 동반자관계와 동맹 딜레마

1) 역내 주요 회원국의 입장

2006년 4월에 소피아에서 열린 북대서양이사회 논의를 기반으로 11월의 리가 NATO 정상회담에서 공식화된 지구적 동반자관계 구상은 냉전 종식 이후 지속적으로 단행되어왔던 NATO의 정치 · 군사적 구조조정을 재검토하고 새로운 변환을 추진하는 계기를 마련했을 뿐만 아니라[20] NATO와 유럽연합과의 전략적 이해관계와 밀접한 관계를 갖게 되었다. 따라서 NATO의 지구적 동반자관계를 바라보는 미국과 유럽 역내 회원국가들의 입장은 지구적 동반자관계가 대서양동맹이라는 NATO의 근본적 성격 및 유럽연합의 독자적인 안보역할에 미치는 문제에 대해 민감한 반응을 보일 수밖에 없었다.

무엇보다도 먼저, 미국은 NATO 창설 당시부터 오늘에 이르기까지 NATO 군사력의 절대적 부분을 책임지면서 세계안보전략 차원에서 NATO의 전략과 정책을 추진해왔다. 따라서 지구적 동반자관계에 대한 미국의 전략적 입장은 분명하다. 즉, NATO를 지역 동맹이 아닌 지구적 동맹으로 발전시켜나가야 한다는 것이다. 물론, 미국은 유럽 국가들의 입장을 고려하여 NATO를 지구적 동맹으로 변화시키겠다는 구체적 표현은 자제하면서도 지구적 동반자관계를 NATO 활동 영역의 확장으로 적극 활용하겠다는 입장을 공개적으로 천명하고 있다.[21] 필자는 미국은 여건

20 이런 의미에서 2006년 11월에 NATO 리가 정상회담을 변환회담(transformation summit)이라고도 한다.

21 R. Nicholas Burns, Under Secretary for Political Affairs, "A Renewed Partnership for Global Engagement," Remarks at the European Institute Annual Gala Dinner,

이 허락된다면 지구적 동반자관계를 통해 NATO를 지구적 동맹으로 변환시키겠다는 정책적 입장을 견지하고 이를 위해 다양한 노력을 기울여 나갈 것이라고 판단한다. 이와 관련하여 필자가 주목하는 것은 당시 브루킹스 연구원이었다가 현재는 미국의 NATO 대사로 있는 댈더(Daalder)의 논문이다. 그는 2006년에 한 논문에서 지구적 동맹으로의 NATO 변환을 강하게 주장하였다. 그는 "NATO의 새로운 임무 수행에 참여할 의지와 능력을 갖춘 세계 모든 민주 국가에게 회원국 자격을 개방하고 [……] NATO는 회원국을 유럽과 북미로 제한한 조직의 배타성을 포기해야만 한다. [……] NATO 가입 자격을 유럽국가로 못 박고 있는 [북대서양 조약] 10조의 수정이 불가피하다"는 입장을 밝혔다.[22]

반면, 지구적 동반자관계를 바라보는 NATO 유럽 국가들의 입장은 대서양주의자와 유럽주의자의 관점에 관계없이 NATO 활동 영역의 확장에 대해서는 대체적인 공감대가 형성되어 있는 것 같다. 그러나 지구적 동반자관계가 대서양동맹이라는 NATO의 근본적인 성격과 유럽연합의 안보 역할에 미칠 파장에 대해서는 사뭇 다른 입장을 보이고 있다. 특히, 안보 문제에 있어서 유럽주의를 표방하면서 미국의 NATO 정책에 대해 전통적으로 비판적 입장을 견지해온 프랑스는 지구적 동반자관계에 대한 미국의 구상에 대해 반대하는 입장이다. 프랑스는 지구적 동반자관계에 따른 NATO와 접촉 국가들과의 협력 강화 움직임을 미국의 관점에서 나온 전략적 쟁점으로 미국의 영향력 확대 차원으로 파악한다.[23]

Mayflower Hotel, Washington, DC, December 15, 2005.

22 Ivo Daalder and James Goldgeier, "Global NATO," *Foreign Affairs*, 85-5(September/October, 2006), pp. 105~113.

23 "Nato Looks to Create a Global Partnership," *Financial Times*, April 3, 2006; "France Blocks Nato Bid to Create a Global Terror Force," *The Independent*, 4 November, 2006.

이와 관련해서 당시 국방장관이었던 마리(Michele Alliot-Marie)는 피가로지에 기고한 글을 통해 NATO의 지구적 확장 노력에 대한 프랑스의 반대 입장을 개진했다. 그녀는 아프가니스탄에서 평화유지활동에 대한 호주와 일본의 기여에 찬사를 보내고 이들의 군사 활동을 둘러싼 실제적 협정 개선 용의를 보였지만 이는 유럽-대서양 군사동맹이라는 NATO의 근본적 성격 변화 없이 이루어져야 한다는 입장을 추가했다. 또한 그녀는 지구적 동반자관계의 발전은 유럽인과 북아메리카인들 간의 자연적인 결속력을 희석시키는 위험을 초래할 것이라고 주장했다.[24] 또한 시라크(Chirac) 프랑스 대통령도 지구적 동반자 국가들과의 협력은 실제적인 문제에 국한되고 동맹의 군사적 개입을 요하는 상황에 초점이 맞추어져야 하며 국제연합(UN)이 보편적 권위를 가진 유일한 정치 포럼으로 남아 있어야 한다고 주장하였다.[25] 프랑스와 마찬가지로 독일 역시 NATO의 지구적 동맹 구상에는 반대하는 입장이다. 독일은 지구적 동반자 관계국들의 협력 증진에는 찬성하지만 이러한 협력은 상황별로 이루어져야 하며 NATO의 핵심은 대서양으로 남아 있어야 한다는 입장을 보이고 있다.[26]

이처럼, NATO 안보 영역의 확장에 대해서는 대체적으로 NATO 내에서 의견 일치가 이루어졌지만 지구적 동반자관계의 성격과 목적, 그리고 역할 등에 대해서는 미국 · 영국 · 스페인[27]을 중심으로 한 대서양주의자

---

24 Michele ALLIOT-MARIE, "Don't Diminish NATO's Effectiveness," *The Washington Times*, on Friday, October 20, 2006.

25 Jacques Chirac, "France's Vision for NATO," *Christian Science Monitor*, 99-2(November, 28), 2006.

26 "NATO After the Riga Summit," Speech by ambassador Dr. Edmund Duckwitz at the Konrad Adenauer Foundation European Affairs Office, December 6, 2006.

27 NATO의 지구적 동반자관계에 대한 스페인의 입장에 대해서는 다음을 참조. Strategic Studies Group, *NATO 3.0: Ready for a New World*(Madrid: Strategic Studies Group,

와 프랑스와 독일을 중심으로 한 유럽주의자의 입장이 대립하고 있다. 따라서 현재까지 명확하고 체계적인 지구적 동반자관계 구상이 제시되지 못하고 있을 뿐만 아니라 지구적 동반자관계를 둘러싼 NATO 회원 국가들의 입장은 당시 NATO 사무총장이었던 슈페(Jaap de Hoop Scheffer)의 'NATO는 지구적 동맹이지만 지구적 동반자와 함께하는 동맹이 될 것'(a global alliance, but an alliance with global partnerships)[28]이라는 타협적 표현으로 압축되어 있는 상태이다.

2) 역외 주요 관련국의 입장

지구적 동반자관계에 대한 유럽 역외의 NATO 비회원 국가들은 주로 NATO와의 안보협력 강화를 원하는 국가들이다. 대표적으로 스웨덴 · 핀란드 · 이스라엘 · 걸프협력이사회 · 호주 · 일본 · 뉴질랜드 · 싱가포르, 그리고 한국 등을 들 수 있다. 이들 국가들이 지구적 동반자관계를 통해 NATO와의 안보협력을 모색하는 동기나 목적은 국가들마다 다양한 입장을 보이고 있다. 어떤 국가들은 NATO 회원국 가입 차원에서 지구적 동반자관계에 동참하는 입장을 보이지만,[29] 다른 국가들은 회원국 가입보

2009).

28 "Global NATO: Overdue or Overstretch?," Speech by NATO Secretary General, Jaap de Hoop Scheffer at the SDA Conference, Brussels, 6 November, 2006.

29 특히, 이스라엘이 NATO의 스물아홉 번째 회원국이 될 것이라는 전망에 대해서는 다음을 참조. Rick Rozoff, "Israel: Global NATO's 29th Member," *Global Research*, January 17, 2010; 또한 이스라엘과 NATO와의 동반자관계 발전 양상에 대해서는 다음을 참조. Uzi Arad, Ambassador Oded Eran, Tommy Steiner, "Anchoring Israel to the Euroatlantic Community: Future Upgrading and Institutionalizing NATO-Israel Relations," in Ronald D. Asmus(ed.), *NATO and Global Partners: View from the Outside, Riga Papers*(Washington, D. C.: The German Marshall Fund of the United States, 2006), pp. 4~16.

다는 NATO와의 안보협력을 통해 자신들의 안보활동 영역을 확장시키고자 한다. 여기에서는 아시아 · 태평양 국가인 호주와 일본을 중심으로 지구적 동반자관계에 대한 역외 NATO 비회원 국가들의 입장을 살펴보고자 한다.

아시아 · 태평양 국가 중에서 현재까지 지구적 동반자관계에 가장 적극적인 참여 의사를 보이고 있는 나라는 호주이다. 역사적으로 호주의 외교안보정책의 근간은 1951년의 앤저스 조약(ANZUS)에 따른 미국과의 동맹이다. 따라서 호주는 동맹의 틀 내에서 자신의 안보정책을 추진해왔다. 그러나 9·11 테러를 계기로 동맹의 기능이 변화되면서 호주의 안보정책 범위도 보다 지구적으로 확장되는 경향을 보이게 되었다.[30]

이런 상황에서 2004년 5월에 호주 고위급 인사로는 처음으로 다우너(Alexander Downer) 외무장관의 NATO 방문은 호주와 NATO의 협력관계에 새로운 전기를 마련하였다. 이후 다우너 외무장관은 2005년과 2006년 연속해서 NATO를 방문하였고 2005년에는 NATO 사무총장이 호주를 방문하였다. 그 과정에서 2005년에 호주와 NATO는 기밀정보교환에 관한 협정을 체결하여 상호 협력 증대를 위한 발판을 마련하였다. 특히, 2008년 4월의 부카레스트 NATO 정상회담 때에는 호주의 루드(Kevin Rudd) 수상이 아프가니스탄 안정화를 위한 NATO 주도 국제안보군(ISAF)의 병력지원국 자격으로 참석하기도 하였다. 아프가니스탄 안정화 임무를 위한 호주의 파견 병력은 2008년 현재 1,100여 명에 달하고 있으며 호주와 NATO는 테러리즘, 비확산구상, 그리고 다른 군사 활동 영역에서 상호 협력관계를 보다 증대시키고 있다. 이에 따라 호주는 NATO와의 협력관

30 Jeffrey Grey, "Future Directions for NATO: An Australian Perspective," in Asmus, *NATO and Global Partners: View from the Outside, Riga Papers*, 2006, pp. 26~27.

계를 지원하고 강화하기 위해 브뤼셀에 무관(defense attache)을 두어왔다.[31]

호주와 마찬가지로 일본 역시 NATO와의 안보협력에 지대한 관심을 가지고 있다. 아시아 · 태평양 국가 중에서 NATO와의 협력관계를 가장 오랫동안 지속시켜오고 있는 국가는 다름 아닌 일본이다. 지난 냉전시대에 일본은 1979년, 1981년, 그리고 1984년 세 차례에 걸쳐 방위청 장관이 NATO 본부를 방문한 적이 있으며,[32] 냉전 종식 직후인 1990년에 NATO－일본의 만남을 계기로 양쪽의 전략적 대화는 6개월에 한 번씩 열리게 되어 일본과 NATO의 안보협력은 보다 구조화되어갔다. 1990년대에 일본은 발칸 안정화 임무에 재정적으로 주요 역할을 담당하였다. 더욱이, 2000년대에 들어와서 일본은 아프간 안정화 임무에 재정적 기여를 하는 동시에 군사적 활동에의 참여뿐만 아니라 위기관리, 민간 재난구호, 비확산, 테러리즘 등 다양한 영역에서 NATO와의 실제적 협력을 강화시켜나가고 있다.[33] 이러한 안보협력 강화의 일환으로 2007년 1월에는 아베(Abe) 일본수상이 북대서양이사회를 방문하여 NATO와 일본과의 안보협력의 필요성을 강조하였고, 2008년의 부카레스트 NATO 정상회담 때에는 호주와 마찬가지로 아프간 안정화 임무에 대한 주요 기여국 자격으로 사세(Sasae) 외무성 부장관이 초대되었다.

이상에서 살펴보았듯이, 호주와 일본은 변화된 국제안보환경과 유럽 역외 지역으로의 안보영역 확장이라는 NATO의 정치 · 군사적 변환 과정에 부응하면서 NATO와의 안보협력을 넓혀나가는 동시에 이를 강화시켜

---

31 http://www.nato.int/cps/en/natolive/topics_48899.htm

32 Masashi Nishihara, "Can Japan be a Global Partner for NATO?," in Asmus, *NATO and Global Partners: View from the Outside, Riga Papers*, 2006, p. 34.

33 http://www.nato.int/cps/en/natolive/topics_50336.htm

나가고 있다. 아직까지는 호주와 일본이 NATO와의 안보협력을 증진 · 강화시켜나가는 궁극적 목적이 무엇인지는 알 수 없다. 즉, 호주와 일본이 NATO와의 안보협력을 증진 · 강화시키는 것이 단순히 자신들의 군사적 활동 영역을 확장시키기 위함인지, 국제정치에서 자신들의 영향력을 확대시키기 위한 일환으로 NATO와의 협력관계를 발전시켜나가는 것인지, 아니면 중장기적인 차원에서 회원국 가입을 고려하여 NATO와의 협력관계를 지속시키는지는 불분명하다. 그러나 어떤 경우에든 호주와 일본이 NATO와의 안보협력을 증진 · 강화시켜나가는 데에는 나름의 제약이 존재하는 것도 사실이다. 그중에서도 가장 중요한 것은 다름 아닌 지구적 행위자로 부상한 중국과의 관계이다.

1990년대에 NATO의 확대정책과 관련해서 NATO 및 신규 회원 가입 신청 국가들이 NATO 확대에 대한 러시아의 입장을 가장 중요하게 여겼듯이, 현재 NATO의 지구적 동반자관계와 관련해서 NATO 및 아시아 · 태평양의 접촉 국가들이 전략적으로 가장 중시하는 부분이 이에 대한 중국의 입장이다. 2002년 11월의 프라하 정상회담을 계기로 NATO는 비유럽 지역으로의 활동영역 확장을 꾸준히 추진해왔으며, 그 과정에서 아시아 지역의 많은 국가들과 공식 · 비공식적인 안보협력관계를 발전시켜왔다.[34]

아시아 지역으로의 NATO 안보 영역의 확장과 관련해서 중국이 특히 예민한 반응을 보이고 있는 것은 아프가니스탄과 중앙아시아에 존재하는

34 아시아 지역으로의 NATO 안보영역 확장에 대해서는 다음을 참조. Rick Rozoff, "Global Military Bloc: NATO' s Drive Into Asia," *Stop NATO*, January 24, 2009. http://rickrozoff.wordpress.com/2009/08/26/global-military-bloc-nations-drive-into-asia; W. Bruce Weinrod, "NATO and Asia's Changing Relationship," http://globalasia.org/articles/issue7/iss7_11.html

NATO의 군사력이다. 이들 지역은 중국의 국경선과 맞닿아 있기 때문에 중국으로서는 아시아로의 NATO 진출을 예의 주시할 수밖에 없는 상황이다. 더군다나 호주와 일본 등 해양세력을 중심으로 한 아시아 · 태평양 국가들과 NATO의 안보협력은 유사시 중국에게 유럽과 태평양 국가들에 의해 양쪽으로부터 자신이 봉쇄될지 모른다는 안보적 우려감을 갖게 만들 수도 있는 것이다. 이러한 중국의 안보적 우려감은 중국이 주도하고 있는 상하이협력기구(SCO)의 창설과도 무관하지 않은 것으로 여겨진다. 비록, 상하이협력기구의 창설 목적이 명분상으로는 대테러에 있지만, 중국은 이를 통해 중앙아시아에서 미국의 영향력을 제한시키고자 하는 의도도 갖고 있는 것이다.

이러한 상황을 고려했을 경우, NATO와의 안보협력 강화를 꾀하는 호주와 일본은 중국과의 관계를 고려할 수밖에 없으며, 그에 따라 가급적이며 NATO와의 안보협력을 비공식적 · 비제도적으로, 그리고 매우 조심스럽게(low ley) 추진하고자 하는 것이다. 왜냐하면 호주와 일본은 기본적으로 미국과의 동맹관계에 바탕을 두고 있기 때문에 세력 전이의 가능성이 그 어느 곳보다 큰 아시아 지역에 있어서 미-중 관계가 안보적 갈등으로 치달을 경우,[35] 이는 역으로 호주와 일본에게 연루의 딜레마를 부과할 수 있기 때문이다. 요컨대, NATO와의 안보협력 강화를 추진하고 있는 호주와 일본의 궁극적 목적이 무엇이든지간에 한 가지 분명한 사실은 양국은 미-중 관계의 변화 양상 및 아시아 지역으로의 NATO 확장에 대한 중국의 반응을 전략적으로 고려할 수밖에 없다는 것이다.

35 미-중의 군사적 긴장 고조에 대해서는 다음을 참조. Rick Rozoff, "U. S. - China Military Tensions Grow," *Global Research*, 20 January, 2010.
http://www.creative-i.info/2010/01/23/u-s-china-military-tensions-grow-by-rick-rozoff

3. 지구적 동반자관계와 한미동맹

1) 한미동맹의 전략동맹으로의 변화

이명박 정부 출범 이후 오늘에 이르기까지 한미관계는 긴밀한 관계를 유지하면서 크고 작은 외교안보 현안을 해결하는 데 있어서 그 어느 때보다도 양국 간 공조체제를 유감없이 발휘하고 있다. 이러한 양국의 공조체제는 비단 북핵 문제 해결과 한반도 및 동북아시아 안보관리 차원에만 그치지 않고 국제금융위기, 대테러전쟁, 핵 및 대량살상무기 확산 방지 등 지역적 · 지구적 안보 현안 문제 해결 과정에서도 두드러지고 있다. 이처럼, 한미관계가 굳건한 신뢰관계를 유지할 수 있는 기저에는 무엇보다도 양국의 동맹정책에 대한 이해와 합의가 깔려 있기 때문이다.

21세기 국제안보환경의 급격한 변화와 더불어 지난 노무현 정부에서 한미 양국은 본격적으로 미시적 · 거시적 동맹조정에 착수하였다. 일반적으로 동맹조정은 크게 미시적 동맹조정과 거시적 동맹조정으로 분류할 수 있다. 미시적 동맹조정은 동맹의 적대 세력과 목표에 있어서의 인지적 · 정책적 변화를 동반하지 않는 가운데 동맹의 변화를 추진하는 것으로 보통 주둔군지위협정(SOFA)의 변화, 방위비 분담 비율 및 방식의 변화, 기지 이전, 군사전력의 재배치, 주둔 군사력의 증감, 군사전략의 변화 등을 야기한다. 반면, 거시적 동맹조정은 동맹의 적대 세력과 동맹 목표에 있어서의 인지적 · 정책적 변화를 수반하는 가운데 동맹의 새로운 정체성을 모색 · 정립해나가는 근본적 동맹 변화를 야기하는 것으로 보통 국제안보체제의 근본적 변화와 맞물려 발생한다. 따라서 거시적 동맹조정은 기존의 위협 인식과 동맹 목표에 있어서의 수정 · 변화, 동맹의 군사구조의 근본적 변화, 주둔군 군사전력 및 동맹의 역할 변화 등으로 나타난

다.[36]

한미동맹과 관련하여 미시적 동맹 재조정은 주로 미래한미동맹정책구상(FOTA)이라는 실무급 협의 채널을 통해 진행되었다. 한미 양국은 미군 2사단 재배치, 용산 기지 이전, 한국군으로의 군사임무 전환, 주한미군 감축, 한미 방위비 분담 협상 등에서 완전한 합의를 보는 성과를 거두었다. 반면, 거시적 동맹 재조정은 주로 한미안보정책구상(SPI)이라는 협의 채널을 통해 진행되면서 전략적 유연성, 전시작전통제권 전환, 한미연합방위체제의 해체에 따른 새로운 한미동맹 군사구조 모색, 동맹의 미래 공동비전과 새로운 군사적 역할에 대한 논의 등이었다. 그러나 당시 진행되었던 동맹조정의 결과는 '미시적 차원의 합의 이행과 거시적 차원의 정치적 타협'이라는 결과를 가져왔다.[37] 이러한 동맹조정의 결과는 당시 한미 양국의 국가안보전략과 동맹정책의 상이함에서 기인한 것이었다. 그렇기 때문에 지난 정부에서 추진되었던 동맹조정은 한미 양국 모두에게 부분적 성과만을 부여하고 변화된 안보환경에 부합할 수 있는 동맹의 새로운 정체성을 모색 · 정립해나가는 거시적 차원의 동맹조정은 미완의 과제로 남겨놓을 수밖에 없었다.

한미동맹의 새로운 좌표를 설정하는 데 정치적 타협을 볼 수밖에 없었던 이전 정부의 유산을 물려받고 출범한 이명박 정부는 새로운 외교안보의 비전과 전략으로 성숙한 세계국가(Global Korea)를 천명하였다. 성숙한 세계국가 대한민국은 범세계 차원에서 지구촌 공통 관심사에 관해 적극 협력하고 처방을 내리는 나라로 더 넓은 시야, 보다 능동적인 자세로 국

36 이수형, 「중견국가와 한국의 외교안보정책: 노무현 정부의 동맹재조정 정책을 중심으로」, 『국방연구』 제52권 제1호, 2009년, p. 14.

37 이수형, 「중견국가와 한국의 외교안보정책: 노무현 정부의 동맹재조정 정책을 중심으로」, 2009, pp. 21~23.

제사회와 교류하고 이를 통해 세계의 평화와 발전에 적극적으로 기여하는 세계국가를 지향하는 것이다. 이는 한반도의 범주에 국한된 소극적이고 축소지향적인 외교의 관성에서 벗어나 대한민국의 대외관계와 국가이익을 세계차원의 공간에서 설정하는 개방적이고 진취적인 자세에서 출발하며, 성숙한 세계국가로서의 대한민국은 보다 안전한 한반도, 보다 풍요로운 아시아, 보다 정의로운 세계를 추구하는 것이다.[38]

성숙한 세계국가라는 비전과 전략의 일환으로 이명박 정부는 2008년 4월 19일의 한미 정상회담을 통해 새로운 한미동맹의 미래비전으로 한미 전략동맹을 제시하였고, 이에 양국은 한미동맹을 전통적 우호관계에서 21세기 전략동맹으로 격상하기로 합의하였다. 한미 전략동맹은 21세기 새로운 국제환경에 직면하여 한국과 미국은 한반도와 아시아의 평화, 그리고 번영에 기여할 수 있는 관계라고 설명하면서 전략동맹의 핵심으로 가치동맹, 신뢰동맹, 평화구축동맹을 표방하였다. 이러한 흐름에 발맞춰 이명박 정부는 2009년 6월 16일의 한미 정상회담을 통해 21세기 변화하는 환경에 부합하는 동맹미래비전을 채택하여 한반도, 아시아 · 태평양 지역 및 세계의 평화롭고 안전하며 번영된 미래를 보장하기 위한 동맹, 개방된 사회 및 자유 민주주의와 시장경제에 대한 신념, 공동의 가치와 상호 신뢰에 기반한 양자 · 지역 · 범세계적 범주의 포괄적인 전략동맹을 추구하기로 합의하고 자유민주주의와 시장경제 원칙에 입각한 평화통일 비전을 명문화하였다. 따라서 한미 전략동맹은 성숙한 세계국가라는 외교안보비전과 전략의 산물이자 지난 정부에서 미완의 과제로 남겨놓았던 거시적 차원의 동맹조정을 큰 틀에서 매듭짓는 결과물이기도 하다.

결론적으로, 이명박 정부 출범과 더불어 나타난 한미 전략동맹은 9·11

38 청와대, 『성숙한 세계국가: 이명박 정부 외교안보의 비전과 전략』(서울: 청와대, 2009).

테러 이후 소위 '군사 변환'에 따라 지구적 동맹 네트워크를 구축하여 자신이 설정한 안보정책의 효율적 추진을 위해 동맹의 성격과 역할 확대를 추진해온 미국의 동맹전략과 성숙한 세계국가라는 외교안보비전 하에서 미국과의 동맹관계를 강화하고 이와 더불어 변화된 한국의 역량과 위상을 고려하여 지역적 · 국제적 역할 확대를 통해 국가의 위상을 높이고자 하는 한국의 동맹전략 사이에 존재하는 차별성보다는 두 전략 간의 공통분모 강조에 따른 합의의 결과이다.

미국과 한국의 동맹전략 간의 공통분모 강조의 결과로 나타난 한미 전략동맹은 동맹의 성격과 역할 등에서 과거의 그것과는 많은 점에서 근본적인 변화 양상을 보일 가능성을 내포하고 있다. 즉, 기존의 한미동맹이 한반도 차원의 대북 억지력 강화에 초점을 둔 영토적 방위였다면, 현재의 한미 전략동맹은 동맹미래비전에서 확인할 수 있듯이 기존 동맹의 역할을 성공적으로 수행하는 가운데 변화된 안보환경 및 우리의 역량 고려, 성숙한 세계국가를 추구하는 주요 동력의 한 축을 담당할 것으로 예상된다.

이런 맥락에서 한미 전략동맹의 주요 특성을 분석해보면 다음과 같다. 우선적으로 동맹의 목적과 불가분의 관계에 있는 동맹의 정체성 변화이다. 2009년 6월에 한미 양국이 채택한 '한미동맹을 위한 공동비전'을 통해 알 수 있듯이, 한미 전략동맹은 기존의 영토 방위 이외에 지역적 · 범세계적 범주의 다양한 안보협력 강화를 강조하고 있다. 이는 동맹의 존재이유라고 할 수 있는 동맹 정체성의 변화를 야기한다. 전통적으로 한미동맹의 정체성은 안보의 지정학에 근거해 있었다. 즉, 1953년 탄생 이래 한미동맹은 대북 억지력의 보루이자 동북아시아의 평화와 안정의 증진자로서 한반도와 동북아시아라는 지역적 영토방위의 안보협력체로 존재해왔던 것이다. 그러나 이제 한미동맹이 전략동맹화로 변화된 현 시점에서 동맹의 정체성은 기존의 지정학적 안보 이외에 지역적 · 세계적 평화와 안정을 위협하는 다양한 안보 도전에도 대처해야 하는 기능적 안보 행위자의 성격도 갖게 되었다.

이러한 한미 전략동맹의 정체성 변화는 동맹의 임무 및 역할 확대와 불가분의 관계에 있다. 2009년 6월의 '한미동맹을 위한 공동비전' 채택을 계기로 한미 양국은 전략동맹 차원에서 평화유지활동, 안정화 및 재건 지원, 인도적 지원 및 재난구조를 통한 협력을 포함하여 광범위한 범세계적 안보 도전에 대처하기 위한 긴밀한 협력을 증진해나갔다. 일례로, 한국은 2009년 5월에 확산방지구상(PSI)을 승인하고, 이에 참여하여 대량파괴무기 확산을 방지하기 위한 국제사회와의 협력을 강화해나갔고, 또한 과거 이라크에서 뿐만 아니라 아프가니스탄 지방재건팀 파견, 아이티 재해복구 활동, 아덴만에서의 해적 퇴치 노력과 레바논에서의 유엔 평화유지 활동 등을 전개해왔다. 이러한 한미 전략동맹의 임무와 역할 확대는 2010년 10월의 제42차 한미안보협의회의(SCM)에서 재확인되었다. 특히, 제42차 한미안보협의회의에서는 한미 전략동맹의 지정학적 안보와 기능적 안보 활동을 뒷받침하기 위한 차원에서 '전략동맹 2015', '국방협력지침', 그리고 '전략기획지침'을 승인하였다.[39] 요컨대, 한미 전략동맹의 성격과 주요 특성은 동맹의 정체성을 새롭게 모색 · 정립해가는 가운데 동맹의 역할과 활동 영역의 확장을 도모해나가는 것으로 기존의 영토적 방위와 현재 및 미래의 기능적 안보 역할을 병행하면서 동맹의 포괄성(?)을 강조하고 있는 것이다.

---

39 제42차 한미안보협의회의(SCM) 공동성명, 2010년 10월 8일 워싱턴 D. C.

2) 지구적 동반자관계와 한미 전략동맹에서의 잔여통제권 문제

NATO의 지구적 동반자관계는 아직까지 체계적이고 구체적인 윤곽이 완성된 구상이 아니지만, 적어도 21세기 미국의 변화된 동맹전략의 핵심 요소 중의 하나인 것은 분명하다. 또한 한미동맹이 전략동맹으로 변화해 가는 현 시점에서 NATO의 지구적 동반자관계는 이미 한미동맹과 직간접적으로 연계된 양상을 보이고 있다. 이러한 측면은 NATO의 지구적 동반자관계에서 강조하는 민주주의 체제와의 안보협력 강화나 지구적 차원으로의 안보 영역의 확장 등은 한미 전략동맹에서 강조하는 가치동맹이나 평화구축동맹과 부합하고, 한국 정부 역시 NATO와의 안보협력을 추진하고 있기 때문이다.

한국과 NATO와의 안보협력은 2005년 12월에 당시 반기문 외교부장관의 NATO 방문 및 북대서양이사회 연설을 통해 마련되었다. 이후 한국과 NATO의 안보협력은 2006년의 NATO 리가 정상회담을 전환점으로 하여 2008년 4월의 부카레스트 NATO 정상회담을 통해 맞춤형 협력프로그램을 협상하기 시작하였다. 이를 계기로 오늘에 이르기까지 한국과 NATO의 안보협력은 안보 이슈의 세계화 추세에 따라 협력의 필요성이 보다 증대되는 상황을 맞이하게 되었다. 비록, 현재까지 한국과 NATO의 안보협력은 정책 대화 및 NATO가 제공하는 세미나와 교육훈련 프로그램에 참여하는 수준이지만, 향후 한국과 NATO의 안보협력은 범세계적 차원에서 그리고 다양한 영역에 걸쳐 협력의 강도가 높아질 가능성이 많다. 이런 맥락에서 보았을 때, NATO의 지구적 동반자관계와 한미 전략동맹에서의 잔여통제권 문제를 살펴보면 다음과 같다.

먼저, 국가이익의 지정학적 편차와 잔여통제의 문제이다. 관계적 계약이론과 잔여통제라는 맥락에서 보았을 때, 지난 냉전기 소련의 주도로 구축되었던 WTO는 국제정치의 무정부 상태에서 형성된 동맹이 아니라 국제정치의 위계 상태에서 형성된 비공식 제국에 해당된다.[40] 그렇기 때문에 바르샤바조약기구의 회원 국가들 간의 잔여통제의 궤적은 압도적으로 소련의 편의적 책략에 좌우되었다.[41] 따라서 지난 냉전시대에 중 · 동유럽 국가들에게 있어서 위협의 본질은 NATO에서 비롯된 것보다도 일차적으로 자신이 속한 WTO에서 연유되었다.[42] 즉, 중 · 동유럽 국가들은 체제 수준에서의 위협보다 소련에 의한 진영 내부로부터의 안보적 위협을 더 심각하게 받아들일 수밖에 없었던 것이다.[43]

이와는 달리, NATO와 한미동맹은 국제정치의 무정부 상태에서 형성된 동맹으로 동맹 회원국 각자는 잔여 영역에 있어서 완전한 자율성을 가지고 있다는 논리적 추론이 가능하다. 그러나 잔여통제의 정도는 국가들이 '무정부 ↔ 위계'라는 안보관계의 연속체에서 어디에 존재하느냐 못지않게 동맹 형성의 목적에 따라서도 달라진다. 이런 점에서 한미동맹의 경우, 한미 양국이 잔여 영역에 있어서 완전한 개별적 자율성을 갖고 있다고 보기에는 무리가 있다. 왜냐하면 한미동맹의 형성 목적은 기본적으로 국력이 상대적으로 차이가 나는 국가들 간에 맺어진 '자율성 · 안보 교환'(autonomy－security trade off) 동맹이기 때문이다. 강대국과 약소국 간에 맺어지는 비대칭적 안보동맹은 대개 그 서명국들의 동맹 목적이 다르

---

40 David A. Lake, "Beyond Anarchy: The Importance of Security Institutions," *International Security*, 26-1(Summer, 2001), pp. 129~160.

41 Neil Fodor, *The Warsaw Treaty Organization: A Political and Organizational Analysis*(New York: St. Martin' s Press, 1990).

42 Laszlo Valki, "Security Concerns in Central Europe," in Jacob Kipp(ed.), *Central European Security Concerns: Bridge, Buffer or Barrier?*(London: FRANK CASS & CO. LTD., 1993), p. 1.

43 이수형, 「중추적 중견국가로서의 폴란드와 국제안보제도: 안보 딜레마 극복전략과 나토(NATO) 가입결정 배경」, 『한국과 국제정치』 제25권 제4호, 2009년, p. 64.

다. 약소국의 경우는 강대국 동맹으로부터 군사적 지원을 확보하여 자국의 안보를 확고히 하는 데 그 목적이 있다. 반면, 강대국이 약소국과 동맹을 맺을 경우 강대국은 약소국의 정책결정 과정에 영향력을 행사할 수 있는 이득이 있다. 약소국은 강대국으로부터 군사적 지원을 통한 자국의 안보를 공고히 할 수 있지만, 자국의 자율성은 그만큼 잃게 된다. 약소국은 군사, 외교정책결정뿐만 아니라 경제정책 결정 등의 경우에도 동맹국의 입장과 의사를 정책에 반영해야 하고, 강대국이 원할 경우 군사기지 및 시설 등을 제공해야 한다.[44]

이처럼, 강대국과 약소국 간에 체결되는 비대칭적 동맹의 성격을 고려했을 경우, 한미동맹에는 국가이익의 차이에 따른 잔여통제의 문제가 잠재되어 있다. 이러한 측면은 무엇보다도 한미 양국이 동맹전략을 형성·발전시켜나가는 접근 방법의 차이에서 보다 분명해진다. 강력한 지구적 세력으로 존재해온 미국의 동맹전략은 기본적으로 '지구 → 지역 → 한반도·국내'로 상위전략의 원칙이 하위 영역에서 구체화되는 하향식(top-down)으로 전개되어 한미동맹의 비전을 세계전략의 틀 내에서 구체화하고 있다. 반면, 한국은 전통적으로 '국내·한반도 → 지역 → 지구'로 확대되는 상향식 접근 방법을 취하면서 지구와 동아시아 차원의 요인에 대한 고려는 지극히 제한적인 범위 내에서만 이루어져왔다.[45] 즉, 미국이 세계적 차원에서의 국가이익을 중시하면서 동맹전략을 수립해왔다면, 한국은 한반도 차원에서의 국가이익을 중시하면서 동맹전략을 추진해왔던 것이다. 결과적으로, 한미 양국의 동맹전략의 접근 방법의 차이와 국가이

44 김우상, 「한미관계와 동북아 질서: 한미동맹의 이론적 재고」, 『한국과 국제정치』 제20권 1호, 2004년, pp. 1~28.

45 하영선 편, 『한미동맹의 비전과 과제』(서울: 동아시아연구원, 2007), pp. 30~48.

익에 대한 상이한 지정학적 편차는 주기적으로 동맹 갈등의 한 원인으로 작용한 동시에 동맹의 목적, 임무와 역할을 수행하기 위한 거래비용에 있어서 잔여통제의 문제를 갖고 있었다.

그러나 기존의 한미동맹에서 잔여통제는 '종류(kind) 차원이 아닌 정도(degree)'의 문제였다. 왜냐하면, 기존의 한미동맹의 목적(비전)이 우선적으로 대북 억지에 초점이 맞추어져 있었고, 이와 관련되어 한미동맹이 생산해내는 안보 재화 및 서비스의 성격, 그리고 지역적 · 국제적 환경 변화와 정책결정자들의 신념체계라는 동맹 유지의 거래비용이 상대적으로 제한된 범주 안에서 가변적인 불특정 잔여 권리와 의무를 담고 있었기 때문이다. 그러나 이명박 정부의 동맹전략은 한국의 역대 어느 정부보다도 지구와 동아시아 차원의 제반 요인들을 중시하고 있고, 그 결과로서 나타난 한미동맹의 전략동맹으로의 변화는 동맹의 목적(비전), 임무와 역할, 그리고 안보활동 영역의 변화를 야기하고 있기 때문에 이를 위해 한미 양국이 체결 혹은 합의하는 다양한 안보 계약에는 상대적으로 거래비용 견적서에 잔여 부분이 늘어날 수밖에 없게 되었다.

한미 전략동맹에서 국가이익의 지정학적 편차에 따른 잔여통제의 문제는 매우 중요하다고 볼 수 있다. 이는 기본적으로 비대칭적 동맹에서 상대적 약소국인 한국의 지전략적 배경 때문이다. 우선적으로 한국은 반세기 이상 지속되고 있는 분단의 적폐를 해소하지 못하고 있다. 그렇기 때문에 한국의 국가안보전략에 있어서 가장 중요한 핵심은 국가의 생존이자 북한의 위협에 대한 억지력에 방점이 놓여 있다. 북한의 핵무기 개발이 국제사회의 주목을 받기 시작한 이후 북핵 문제는 한국의 국가안보에 있어서 생존과 직결된 최우선적이고 최대의 난제가 되고 있다. 한국의 역량과 위상이 변화 · 발전되고 한미 전략동맹이 군사동맹과 포괄적 안보동맹, 그리고 지역 중심과 위협 중심의 기능적 안보동맹으로 발전해나간다

하더라도 그 전제조건은 영토적 방위라는 전통적 국가안보위협이 해소되어야만 실질적 의미를 가질 수가 있다.

국가이익의 지정학적 편차에 따른 잔여통제의 문제는 과거 전통적인 한미동맹에서는 동맹의 목적(비전)이 상대적으로 구체적으로 규정되어 이를 수행하기 위한 거래비용 견적서에서의 잔여통제는 정도의 문제였다. 그러나 한미 전략동맹은 기본적으로 동맹의 목적(비전)의 변화를 동반하고 있기 때문에 기존의 동맹 목적과 새롭게 추가되는 동맹 목적을 위한 거래비용 견적서에서의 잔여통제는 정도의 문제뿐만 아니라 잔여통제의 종류의 문제까지 고려해야 하는 것이다. 특히, 동맹의 이중적 목적이 상호 부조화를 야기할 경우 이러한 이중적 동맹 목적에서 파생되는 잔여통제의 문제는 앞에서 살펴본 것처럼, 한미 양국에 있어서 포기와 연루, 그리고 이용이라는 기회주의적 행태에 따른 동맹의 안보 딜레마를 부각시킬 수 있고, 이는 또한 대북 억지 정책의 수위와 그 정책적 · 전략적 수단을 중심으로 펼쳐지는 잔여통제의 문제를 정도의 차원이 아닌 새로운 종류의 잔여 영역으로 변화시킬 개연성도 갖고 있는 것이다.

다음으로 안보 영역의 확대와 잔여통제의 문제이다. 국가이익의 지정학적 편차에 따른 잔여통제의 문제는 한미 전략동맹의 임무와 역할, 그리고 안보활동 영역의 확대와 맞물리면서 이에 필요한 거래비용을 둘러싼 잔여통제의 문제를 더욱 확대 · 증폭시킬 수 있다. 즉, 한미동맹이 전략동맹으로 변화해가는 과정에서 한미 전략동맹이 생산해내는 안보재화와 서비스의 성격은 국제정치의 환경적 · 상황적 불확실성과 양국의 정책결정자들의 신념체계에 따라 동맹의 포괄성과 국가이익, 그리고 임무와 역할의 확대 등으로 가변적인 불특정 잔여권리를 둘러싼 동맹 갈등이 주기적으로 분출될 가능성이 내재되어 있다.

우선적으로, 동맹의 포괄성과 국가이익의 문제이다. 한미 전략동맹은 기본적으로 포괄적 동맹, 동맹의 포괄적 성격을 강조하고 있다. 한미동맹의 포괄적 전략동맹으로의 발전은 2009년 6월에 채택한 동맹미래비전에 기초하여 2010년 10월에 제42차 한미안보협의회의에서 보다 구체화되었다. 특히, 제42차 한미안보협의회의에서 한미 양국이 합의한 국방협력지침에서 한미 양국은 21세기 포괄적 전략동맹 구축을 위한 추진 방향으로 ① 한반도에서 확고한 연합방어 태세를 유지하면서 지역·범세계 평화·안정에 기여 능력 강화, ② 대량살상무기 비확산 활동 지원, ③ 양자·3자·다자 활동을 통한 지역 협력 강화, ④ 국제안보 및 평화유지 노력 강화, ⑤ 초국가적·비전통적 안보 도전에 대한 협력에 합의하였다.[46]

이처럼, 대한민국의 국가이익을 세계 차원의 공간에서 설정하는 것은 21세기 안보환경의 변화를 반영한 포괄안보 접근에 따른 합리적 정책결정의 결과라 할 수 있을 것이다. 그러나 문제는 동맹의 성격이 보다 포괄적으로 변해감에 따라 동맹의 전략적 논거가 모호해질 수 있고, 역설적으로 합의 구축과 효율적 정책결정이 어려워질 수 있다는 점이다. 특히, 비대칭적 동맹이 포괄적 동맹으로 변화해나간다는 것은 그에 따라 잔여 영역이 확장되면서 상대적 약소국의 자산 특수성으로 인해 동맹의 강대국은 더 큰 행동 범위에 대한 통제력을 행사하고 잔여통제의 전환으로 동맹의 약소국에게는 동맹 이익과 국가이익 간의 괴리가 발생할 수 있다는 것이다.

46 *The Guidelines for U. S.－ROK Defense Cooperation*, October 8, 2010. 이와 더불어 2009년 6월 16일에 발표된 한미동맹 미래비전과 1953년 10월 1일에 서명된 한미상호방위조약에 기반을 두고 있는 국방협력지침은 향후 동맹과 연합방위 태세를 더욱 강화하기 위한 분야로 ① 정보 공유, ② 계획발전 능력 강화, ③ 북한 미사일 위협 대응능력 향상, ④ 확장억제정책위원회 설치, ⑤ 상호운영성 향상, ⑥ 연합연습 개선, ⑦ 제(諸) 분야 교훈 교류를 제시하고 있다.

비대칭적 동맹에서 상대적 약소국인 한국이 세계 차원의 공간에서 국가이익을 설정한다 하더라도 국가이익의 지정학적 편차는 여전히 남아 있는 것이다. 즉, 한국의 핵심적이고 사활적인 국가이익이 대북 억지와 불가분의 관계에 있는 생존의 문제가 불변이라면 '지구 → 한반도 차원이나 한반도 → 지구 차원'이라는 국가이익 설정의 접근 방법이 중요한 것이 아니라 영토적 방위라는 지정학의 안보가 핵심인 것이다. 그렇기 때문에 상대적으로 영토방위보다는 기능적 안보에 방점이 놓여 있는 미국에게 있어서 기능적 안보는 한국에게는 국가의 핵심적 이익이 아닌 동맹이익으로 작용하고 있는 것이며, 역으로 한국에게 있어서 핵심적이고 사활적인 지정학의 안보가 언제나 항상 미국에게도 사활적인 지정학의 안보로 수용된다고 보기 힘든 것이다.

동맹의 안보 영역의 확대와 포괄적 동맹으로의 지향은 구조적으로 가변적이고 불특정 잔여 영역의 확장을 야기하여 이에 대한 동맹 회원국 간의 잔여 권리와 의무, 그리고 잔여 영역과 관련된 능력과 행동의 문제를 발생시킨다. 우선적으로 동맹의 이중적 목적과 그에 따른 임무와 역할 및 안보활동 영역의 확대는 거래비용의 불확실성과 관련하여 상대적 약소국에게 완전한 정보의 부재에 따른 국가 행위자의 제한적 합리성을 더욱 제약할 것이며, 한미 양국에게 있어 전략동맹이 생산해내는 안보재화와 서비스의 성격이나 용도에 대한 만족도의 편차가 부각되고, 국제정치의 환경적 · 상황적 불확실성에 따라 동맹 회원국의 기회주의적 행태 가능성이 높아질 것이다.

특히, 거래비용의 불확실성에 대한 민감성과 취약성, 그리고 동맹의 거래특수자산을 고려했을 경우, 비대칭적 동맹이 포괄적 동맹으로 발전해 나가면서 새롭게 등장하는 가변적인 불특정 잔여 영역은 한국에게 있어서 사활적 국가이익이 아닌 동맹이익으로 변화할 개연성을 가지고 있다.

일례로, 한반도 차원에서 뿐만 아니라 지역적 · 지구적 협업을 전제로 하고 가치와 신뢰, 그리고 평화구축동맹을 주요 특성으로 한 한미 전략동맹에서 한국의 입장에서 지정학적 안보라는 핵심적 국가이익과 기능적 안보라는 동맹이익은 가변적인 불특정 잔여통제권 문제를 놓고 거래비용의 측면에서 동맹 갈등을 야기할 수 있다. 이는 마치 한미 전략동맹의 주요 특성 중에서 신뢰 동맹과 평화구축 동맹 간에 발생할 수 있는 안보 딜레마 논리와 유사하며, 이와 관련된 잔여통제력의 문제는 포기와 연루라는 전통적인 동맹 딜레마로도 발전할 수 있다.

[표 11-2] 비대칭 한미 전략동맹에서 지구적 협업의 장단점

미국과의 지구적 협업의 정도	장점	단점
높은 참여 (동맹이익 중시)	• 신뢰동맹과 평화구축동맹 강화 • 성숙한 세계국가 이미지 강화	• 비용분담 증가 • 연루 가능성 증대 • 지정학적 · 기능적 안보 간의 부조화 가능성
낮은 참여 (국가이익 중시)	• 잔여통제권 강화에 따른 대미 협상력 증대 • 지정학 안보에 대한 우선적 투자와 집중 • 연루 가능성 낮음	• 신뢰 약화에 따른 포기 위험성 증대 및 동맹 딜레마 • 성숙한 세계국가 이미지 손상

* 출처: 조동준, 「지구적 쟁점에서 한국과 미국의 협업」, 정경영 외, 『오바마 행정부와 한미 전략동맹』(서울: 한울아카데미, 2009), p. 164 참조해 새롭게 작성함.

이상에서 살펴본 것처럼, NATO의 지구적 동반자관계와 한미 전략동맹에 있어서 잔여통제권의 문제는 매우 중요하다고 판단된다. 왜냐하면 앞에서 살펴보았듯이, 동맹의 목적(비전), 동맹의 임무와 역할, 그리고 안보활동 영역의 확대는 불가피하게 잔여 영역의 확대를 야기하고, 잔여통제의 정도와 종류에서의 편차는 회원 국가들 간에 주기적으로 동맹 갈등을 야기할 수 있는 개연성을 갖고 있을 뿐만 아니라 이로 인해 국가이익의 침해도 발생할 수 있기 때문이다. 이것이 한국의 동맹전략에 시사하는 바는 잔여통제에 대한 자율성의 정도는 전략동맹의 발전 과정에서 나타날 수 있는 향후의 새로운 안보 계약이나 합의에 있어서 우리의 협상력에 지대한 영향력을 미칠 수 있다는 점이다.

1953년 10월 1일의 한미 상호방위조약에 근거하여 탄생한 한미동맹을 바탕으로 지난 60여 년 동안 한미 양국은 안보 분야는 물론 정치 · 경제 · 사회 등 다양한 분야에 걸쳐 협력적 관계를 유지 · 발전시켜왔다. 이와 동시에 다양한 영역에 걸친 우호적이고 협력적인 관계에도 불구하고, 안보적 영역에서 한미 양국은 여러 쟁점 영역에 있어서 주기적인 갈등적 양상을 노출시켜왔던 것도 사실이다.[47] 그러나 한미동맹 관계에서 주기적으로 나타나는 갈등은 수많은 동맹관계에서 거의 예외 없이 목격할 수 있는 자연스러운 현상 중의 하나이다. 문제는 동맹관계에서 나타나는 갈등 그 자체가 아니라 이를 어떻게 관리하여 보다 바람직하고 신뢰할 수 있는 동맹관계를 만들어 나갈 수 있느냐이다.

2011년 10월에 제42차 한미안보협의회의에서 합의한 '전략동맹 2015', '전략기획지침', 그리고 '국방협력지침'의 일반적 내용을 고려했을 경우, 한미 전략동맹을 구현하기 위한 동맹조정 과정은 과거와 마찬가지로 현재도 진행형 상태이고, 어떤 측면에서는 앞으로의 향후 과제가 보다 중요하다고 생각된다. 따라서 향후 전개될 동맹조정과 관련해서 우리가 체계적이고 전략적인 대응책을 사전에 준비하여 이에 대비하는 것은 아무리 강조해도 지나치지 않을 것이다. 한미 전략동맹으로의 변화 · 발

47 지난 냉전시대 한미 간의 안보적 갈등관계에 대해서는 다음을 참조. 문창극, 『한미 갈등의 해부』(서울: 나남신서, 1994), pp. 91~155.

전이 한미 양국의 동맹전략 간의 공통분모에서 출발하였다 할지라도 양국의 능력 편차에서 파생되는 전략의 차별성은 여전히 존재하기 때문에 이에 대한 한국의 체계적인 동맹전략은 그 어느 때보다도 중요하다.

이 시점에서 한미동맹의 전략동맹으로의 변화 · 발전과 관련하여 한국의 입장에서는 무엇보다도 국가이익과 동맹이익의 갈등을 조정하고 이를 치유하여 동맹정책의 선택지와 자율성을 높일 수 있는 동맹관리전략의 구축이 그 어느 때보다도 절실히 요청된다 하겠다. 왜냐하면 앞에서도 간략히 언급했듯이 기본적으로 한미 전략동맹의 성격과 역할, 그리고 활동영역의 확장은 동맹 탄생의 법적 토대인 한미상호방위조약에 구체적으로 명시되어 있지 않을 뿐만 아니라 향후 전략동맹의 발전 과정에서 나타날 수 있는 제반 문제점들은 한미 양국의 새로운 협의를 통해 조절하고 해결해나가야 하기 때문이다. 바로 이러한 부분에서 한미 양국은 각자의 기회비용과 동맹관리의 거버넌스 비용을 계산하고 그에 따라 잔여통제권의 정도가 달라질 수 있기 때문이다. 특히, 비대칭적 동맹관계를 고려했을 경우, 한미동맹의 전략동맹으로의 변화 과정에서 우리는 잔여통제의 문제를 반드시 고려하여 대미 협상력 강화를 위한 발판을 마련해야 한다.

한미 전략동맹에서의 잔여통제권 문제는 아직까지는 구체적으로 나타나지는 않았지만, 한미 전략동맹의 평화구축 활동은 불가피하게 한미 전략동맹에 있어서 안보활동 영역의 확장에 따른 잔여통제권의 문제를 야기할 것이다. 잔여통제의 문제는 동맹에 대한 한미 양국의 상호의존도를 반영하기도 하지만 다른 한편으로는 잔여통제의 정도에 따라 동맹의 안보 딜레마를 보다 부각시킬 수 있다. 따라서 향후 한미 전략동맹으로의 발전과 관련하여 우리는 잔여통제의 영역 확대와 그에 따른 동맹의 안보 딜레마를 최소화하고 대미 협상력 강화를 위해서라도 동맹관리를 전략적 차원에서 체계적으로 만들어나가야 할 것이다. 전략적 차원에서 이루어지는 동맹관리 매뉴얼의 작성은 잔여 영역에 대한 우리의 통제력을 강화시켜나가는 동시에 한미 전략동맹이 보다 건강하고 상호의존의 관계로 발전할 수 있는 출발점이 될 것이다.

결론

NATO, 쿠오바디스(Quo Vadis)?

제2차 세계대전 전후, 이념의 소용돌이가 유럽을 휘감아가고 있던 시기에 탄생한 북대서양조약기구 NATO는 소련을 주축으로 한 중·동유럽의 거대한 이념적 파고가 분단된 독일연방공화국을 넘어 서유럽으로 넘쳐나는 것을 막아낸 자유민주주의 국가들의 이념적 방파제였다. 즉, NATO는 지난 냉전기 대서양 국가인 미국을 주축으로 WTO의 정치·군사적 위협을 억지하고 서독을 다자주의 군사동맹의 틀에 가두어 민족주의라는 유럽의 악령을 퇴치시키는 동시에 유럽통합을 지원, 이념의 대결을 종식시키면서 분단 유럽을 하나의 통합 유럽으로 변화시킨 일등 공신이었다.

따라서 지난 냉전시기 NATO의 정체성과 존재이유는 명약관화하였다. 우선 내부적으로 NATO는 20세기 두 번의 세계대전을 가져온 민족주의의 악령을 희석시키면서 협력과 조화를 기반으로 하는 다자주의 행위양식을 습관화하고 이를 제도적으로 발전시켜 서유럽 국가들과 미국 간의 동질적 안보 정체성을 강화하여 자유민주주의 국가들의 발전을 도모해나가는 것이었다. 외부적으로 NATO는 동질적인 정치적 가치를 토대로 군사협력을 강화하면서 소련을 주축으로 한 WTO의 위협을 억지하고 나아가 중 · 동유럽의 변화를 이끌어낼 수 있는 강력한 안보 자석 역할을 담당했던 것이다. 그렇기 때문에 지난 냉전시기 동안 NATO 회원 국가들은 크고 작은 수많은 안보 쟁점에서의 이견이나 갈등을 주기적으로 표출하였음에도 불구하고 뚜렷하고 명확한 존재이유와 역할로 인해 NATO의 위상은 확고부동하였다.

1989년의 베를린 장벽의 붕괴, 1990년의 독일 통일, 1991년의 WTO 및 소연방의 해체 등으로 상징되는 냉전체제의 급작스런 와해는 NATO의 내 · 외부적 역할이 성공적이었다는 것을 웅변적으로 상징해주었다. 그러나 NATO의 성공이 가져온 냉전체제의 붕괴는 역설적으로 NATO의 존재이유와 안보 정체성에 의문의 그림자를 드리우는 직접적인 배경으로 작용하게 되었다. 비록 냉전 종식 이후 NATO는 일련의 정상회담을 통해 새로운 존재이유와 정체성 모색을 추구해왔지만, NATO에 드리워진 모호함의 그림자는 사라질 줄 모르고 오히려 시간이 지나면서 더욱 증폭되어만 갔다.

이는 기본적으로 NATO의 성공이 가져온 냉전체제의 와해와 그에 따른 안보환경의 변화에서 기인한 것이었다. 우선적으로 안보환경의 변화에 적응하기 위한 NATO 군사 역할의 획기적 변화이다. 지난 냉전시기의 NATO 군사역할은 회원국의 영토방위에 초점이 맞추어진 집단방위 임무를 수행하는 것이었다. 그러나 냉전체제의 붕괴와 새로운 안보위협의 등장으로 NATO 군사역할은 집단방위에서 그 실체가 상대적으로 모호하고 회원국의 역외에서 이루어지는 집단안보로 변화하게 되었다. 비록 오늘날까지 NATO는 명목적으로 집단방위의 중요성을 강조하고는 있지만 1992년의 오슬로 각료선언에서 집단안보 역할을 공식화한 이후 집단안보는 실질적으로 NATO의 가장 중요한 임무가 되어버렸다.

NATO의 주된 안보역할인 집단안보가 NATO에 미치는 부정적 측면은 적어도 두 가지 맥락에서 살펴볼 수 있다. 우선적으로 안보라는 재화의 측면에서 보았을 때, 냉전시기 NATO의 집단방위 역할은 회원 국가들에게만 그 혜택이 돌아가는 배타적인 집단 안보재였으나 집단안보는 회원국은 물론 비회원 국가들에게도 혜택이 돌아가는 비배타적 공공 안보재의 성격이 강하다. 그렇기 때문에 NATO의 집단안보 역할은 무엇보다도 회원 국가들 간에 무임승차의 문제를 야기하고 비용분담의 차별성 문제를 부각시켜 이를 둘러싸고 회원 국가들 간에 NATO의 응집력을 약화시킬 수 있는 주기적인 동맹 딜레마를 내포하고 있다는 점이다. 나아가 NATO의 집단안보 역할은 회원국의 영토를 넘어서서 이루어지는 소위 역외 문제를 태생적으로 갖고 있다는 점이다. 회원국 영토 외부에서 이루어지는 NATO의 집단안보 역할은 군사 활동의 지리적 범주를 둘러싸고 내부적으로 이견을 보일 수 있을 뿐만 아니라 특정 국가나 지역에서 이루어지는 NATO의 군사 활동은 국제사회 및 주요 국가들과의 마찰을 야기하여 역설적으로 지역적 · 국제적 긴장을 조성할 수 있는 개연성을 갖고 있다는 점이다.

NATO에 드리워진 모호함의 두 번째 요인으로는 유럽 국가들의 안보 정체성 강화이다. 제2차 세계대전 이후 전통적 강자였던 유럽 국가들은 두 차례에 걸친 대전쟁의 여파로 약소국으로 전락하여 자신의 운명을 미국과 소련이라는 초강대국의 관리에 맡기게 되었다. 그러나 유럽 국가들은 통합을 통해 민족주의와 과거의 갈등을 극복하고 경제적 번영을 통해 최종적으로 전략적 운명을 통제하여 미국으로부터 독립적인 지구적 세력이 되는 하나의 유럽이 되는 비전을 추구하게 되었다. 이러한 비전을 달성하기 위해 1950년대 초반에 서유럽 6개국으로 출발한 유럽통합은 오늘날 27개국을 보유한 유럽연합이라는 국제제도로 발전해왔다. 특히, 냉전 종식과 더불어 유럽연합은 자신의 안보 자율성을 강화시키기 위한 차원에서 공동외교안보정책, 안보방위정책, 그리고 공동안보방위정책이라는 일련의 안보정책을 지속적으로 추진하고 있다.

반세기 이상 걸쳐 진행되어온 경제 · 정치 통합과는 달리 불과 20여 년도 안 걸려 전반적인 윤곽을 갖추어나가고 있는 유럽연합의 안보정책은 역설적으로 60여 년 이상 유럽안보의 근간으로 작동해왔던 NATO의 미래에 어두운 그림자 역할을 하게 되었다. 이는 기본적으로 체제의 구조적 제약성이 약화되고 유럽연합의 경제적 능력이 부상함에 따라 자신의 안보 정체성을 확립해나가고자 하는 유럽 국가들의 강한 의지가 작용한 결과이다. 비록 유럽연합 회원 국가들 간에는 대서양주의자와 유럽주의자가 존재하여 이들 간에 안보정책의 방향과 성격을 둘러싸고 주기적인 마찰음을 내고 있기는 하지만, 그럼에도 불구하고 지구적 세력으로 부상하고자 하는 유럽연합은 자신의 독자적인 안보 자율성 강화를 위해 안보정책을 지속적으로 추진해오고 있는 것이다. 이러한 유럽연합의 안보정책 강화는 NATO와의 중첩적인 회원국 관계로 인해 NATO의 응집력을 약화시켜나가는 또 다른 요인으로 작용하고 있는 것이다. 비록 NATO와 유럽연합이 전략적 동반자관계를 구축하여 상호보완적인 성격을 강화시켜나간다 할지라도 국제안보와 다양한 지역적 · 국제적 안보 쟁점들을 바라보는 미국과 유럽 국가들 간의 시각 차이는 근본적으로 사라지지 않을 것이다.

NATO 정체성의 모호함을 가져오는 세 번째 요인으로는 회원국 확대에 따른 군사적 기능의 약화이다. 주지하다시피, NATO는 창설 당시 12개국으로 출범했으나 오늘날에는 여섯 번에 걸친 확대 과정을 통해 현재 28개국으로 늘어난 상태이다. 이처럼 회원국이 엄청나게 늘어났다는 것은 일반적으로 군사동맹에서 찾아보기 힘든 예외적인 경우일 뿐만 아니라 이러한 신규 회원국의 많은 증가는 군사적 목적에 따른 것이라기보다는 비군사적이고 정치적인 이유에서 배태되었다고 볼 수 있다. 특히, 명확한 적성국이 부재한 상황에서 동맹의 회원국이 지속적으로 증가하는 주된 이유는 무엇보다도 비군사적 이유가 크게 작용했기 때문이라고 해석할 수 있다.

구체적이고 명확한 NATO 회원국 증대의 원인이나 배경이 무엇이든지 간에 지속적인 NATO 회원국 증대는 NATO의 정체성 약화를 가져오는 동시에 군사적 기능 약화를 초래할 가능성이 높다. 우선적으로 정치적 협의에 바탕을 두고 작동하는 NATO에게 있어서 회원국의 확대는 NATO의 정책결정 과정을 보다 복잡하게 만들 뿐만 아니라 다양한 이해관계를 갖고 있는 많은 회원 국가들로 인해 특정 안보 쟁점에 대해 회원국 간 합의 도출이 그 어느 때보다도 힘들게 되었다는 점이다. 또한 변화된 NATO 군사역할의 성격을 고려했을 경우 회원국 확대는 NATO 군사역할과 관련하여 가장 중요한 전략적 논거를 모호하게 만들어 NATO가 적절한 군사적 기능을 발휘할 수 없는 상황을 초래할 가능성도 배제할 수 없다. NATO 회원국 확대는 2010년의 리스본 신전략개념에서 나타났듯이 역으로 NATO의 정치적 기능을 강화시켜나갈 개연성이 더 높은 것이다.

세계화와 정보화의 지대한 영향으로 무극체제의 도래 가능성이 높은 21세기의 국제안보환경에서 오늘날 NATO는 모든 측면에서 중대한 전환의 기로에 있다. NATO는 어디를 향해 가고 있는 것일까? NATO는 안보환경의 급변이 파생시킨 다양한 영역에서의 많은 문제점들을 극복할 수 있을까? 앞에서 살펴본 NATO에 드리워진 모호함의 그림자는 단지 기우에 불과한 것인가? 정말로 NATO의 쿠오바디스는 어디이며, 그 정체는 무엇인가? 이러한 의문에 대해 그 누구도 명확하고 확실한 답을 내놓기는 힘들 것이다. 이와 관련하여 여기에서는 크게 세 가지의 시나리오를 간략히 제시하고자 한다. 첫 번째 시나리오는 강대국 정치의 재등장과 군사동맹으로서 NATO의 부활이다. 두 번째 시나리오는 NATO의 집단안보 역할이 보다 강화되는 가운데 지역적 · 국제적 평화와 안정을 위해 주기적으로 새로운 위협을 찾아나서는 NATO의 하이에나(Hyena) 성격이다. 세 번째 시나리오는 NATO가 명실상부하게 지역적 혹은 지구적 정치안보제도의 장으로 탈바꿈하는 것이다.

NATO의 쿠오바디스와 관련하여 첫 번째 시나리오는 강대국 정치의 재등장에 따라 NATO가 전통적인 군사동맹의 위용을 되찾는 것이다. 이 시나리오는 강대국 국제정치가 체제 수준으로까지 일반화되었을 경우 가능한 것이다. 국가들의 흥망성쇠와 갈등의 지속이라는 역사의 숙명론적 순환과 관련하여 현실주의자인 미어셰이머(Mearsheimer)에 따르면,[1] 이러한 폭력의 순환은 새로운 천년에도 지속될 것이다. 평화를 위한 희망은 이루어질 것 같아 보이지 않는다. 왜냐하면 국제체제를 구성하는 강대국들은 상대방을 서로 두려워하고 그 결과 권력을 위한 경쟁을 벌일 것이기 때문이다.

국제체제의 무정부성에 따른 역사의 숙명론적 순환론과 미어셰이머의 공격적 현실주의의 논리를 고려했을 경우, 향후의 국제정치는 미국 · 유럽연합, 그리고 중국 중심의 강대국 국제정치가 등장할 개연성이 높다. 카나(Khanna)에 따르면, 향후 국제정치의 권력구조는 미국 · 유럽연합, 그리고 중국의 제1세계(first world), 이들 주변의 주요 국가들인 제2세계(second world), 그리고 제3세계로 구성될 것이다.[2] 특히, 제1세계 주변에

1 John J. Mearsheimer, *The Tragedy of Great Power Politics*(New York: W. W. Norton, 2001), p. xi.

2 Parag Khanna, *The Second World: Empires and Influence in the New Global Order*(New York: Random House, 2008).

위치해 있는 제2세계 국가들은 미국 · 유럽연합, 그리고 중국이라는 제1세계 국가들의 지구적 세력 기반을 확장하고 그들의 경쟁상대를 약화시키는 초강대국의 전략에 비유되는 최상의 권력투쟁의 장(premier arena)이다. 따라서 제2세계 국가들은 다극세계의 경도점(tipping-point)이 되는 국가들로 이들의 결정은 지구적 세력 균형을 바꿀 수 있는 것이다.[3]

카나의 주장대로 연합(coalition)의 미국, 합의(consensus)의 유럽연합, 협조(consultation)의 중국이라는 상이한 외교적 스타일을 보이고 있는 제1세계의 3개국 간에 제2세계 주요 국가들을 중심으로 강대국 권력정치가 등장한다면, NATO는 과거의 전통적인 군사동맹으로 복귀할 개연성이 그 어느 경우보다도 높을 것이다. 다만, 이 경우에는 미국과 유럽연합 간의 전통적인 정치적 동질성과 사회적 맥락에 따라 구성되는 정체성의 영향으로 NATO는 일종의 친미우호조약기구(PATO)로 확대 개편되어 중국과 제2세계의 주요 국가인 러시아가 주축이 된 상하이협력기구(SCO)와 군사적 대립과 경쟁을 벌일 가능성을 배제할 수 없다.

NATO의 쿠오바디스와 관련하여 두 번째 시나리오는 하스(Haass)의 무극체제가 도래하여 국가 및 비국가 행위자의 영향력이 증대하고 이들의 권력 원천의 다원화와 분산화가 더욱 부각되는 국제안보환경에서 NATO의 집단안보 역할이 보다 부각되는 가운데 지역적 · 국제적 평화와 안정을 위해 주기적으로 새로운 위협을 찾아나서는 NATO의 하이에나(Hyena) 성격이다. 이 시나리오의 전제는 설사 강대국 권력정치가 작동하더라도 세계화와 정보화의 영향으로 전통적인 강대국 전쟁(major war) 가능성이 매우 희박한 상황에서 지역적 · 국제적 평화와 안정을 위협하는 초국가

---

3 hanna, *The Second World: Empires and Influence in the New Global Order*, 2008, p. xxiv.

적 · 비대칭적 위협이 당대의 핵심적 안보위협으로 기능하는 경우이다. 이 시나리오에 따른 NATO의 위상은 동맹에 부합하는 최소한의 선언적 · 명목적 기능을 유지하는 가운데 명확한 적성국을 갖지 못해 자신의 존재이유와 정체성을 유지하기 위해 추상적이고 모호한 기능적 위협이라는 새로운 적을 지속적으로 찾아다니는 하이에나의 성격을 갖게 되는 것이다. 결과적으로 이 시나리오에 따른 NATO의 장래는 구조적 현실주의의 논리와 부합하는 것으로 NATO는 자신의 내재적 문제점과 한계로 인해 사실상 명목적으로 존재하거나 아니면 시간이 지남에 따라 서서히 고사되는 전철을 밟을 가능성도 배제할 수 없다.

마지막으로, NATO의 쿠오바디스와 관련하여 세 번째 시나리오는 NATO가 명실상부한 지역적 혹은 지구적 정치안보제도로 탈바꿈하는 것이다. 이 시나리오에 있어서 가장 핵심적인 것은 NATO의 확대와 동반자관계이다. 즉, NATO는 유럽에 국한된 회원국의 지속적 확대와 더불어 국제테러리즘과 대량살상무기와 같은 초국가적인 기능적 안보위협에 적절히 대처하기 위하여 유럽 이외의 국가들과의 동반자관계를 통해 외연을 확대해나가면서 지역적 혹은 지구적 정치안보제도로 자리매김을 하는 것이다. 세 번째 시나리오에 따른 NATO의 성격은 선언적 · 명목적 수준에 머물렀던 최소한의 동맹 기능마저 상실되고 지역적 · 지구적 차원의 안보현안에 대해 주요 관심 국가들 간의 주기적이고 정기적인 안보 포럼의 활성화와 긴급한 현안 문제를 해결하기 위한 최소한의 군사적 능력을 겸비하고 있는 안보제도로의 변신이다.

NATO의 쿠오바디스와 관련하여 여기에서 제시한 세 가지 시나리오는 가설적 수준이고 또한 이러한 시나리오의 복합형으로 또 다른 형태의 시나리오가 존재할 수 있을 것이다. 다만, 여기에서 한 가지 명확한 것은 NATO의 변화가 어떠한 방향으로 전개되고 그에 따라 NATO의 성격이 어떻게 변한다 할지라도 분명 NATO의 변화는 미국과 유럽연합과의 관계, 유럽연합의 안보정책의 위상과 역할, 그리고 NATO의 동반자관계와 직간접적으로 관계가 있는 국가들의 안보정책과 동맹전략에 지대한 영향을 미칠 것이라는 점이다.

참고문헌

1. 국문 자료

강봉구, 「코소보 전쟁과 새로운 국제안보체제」, 『국가전략』 제6권 1호, 2000.

강봉구, 「아프간 전쟁 이후 미국의 군변혁: 변화된 전쟁양상에 대한 대응을 중심으로」, 『국제정치논총』 제 42집 1호, 2002.

구춘권, 「냉전체제의 극복과 집단안보의 잃어버린 10년: 평화연구의 시각에서의 비판적 재구성」, 『국제정치논총』 제43집 2호, 2003.

국방정보본부, 『2007 일본 방위백서』(서울: 국방정보본부, 2007).

권명중, 『신산업조직론』(서울: 시그마프레스, 2010).

김성배, 「불완전 계약이론을 통한 공공서비스 전달의 거버넌스 비교연구」, 『제도와 경제』 제2권 1호, 2008.

김열수, 「탈냉전 후 유엔안보리의 위상변화: 군사력 사용을 중심으로」, 『국제정치논총』 제48집 1호, 2008.

김우상, 「한미관계와 동북아 질서: 한미동맹의 이론적 재고」, 『한국과 국제정치』 제20권 1호, 2004.

김재훈, 「민가위탁의 계약유형에 관한 비교연구: 거래비용경제학 및 신제도이론의 적용」, 『한국행정학보』 제39권 제3호, 2005.

문창극, 『한미 갈등의 해부』(서울: 나남신서, 1994).

박건영, 「국제관계이론의 역사와 계보」, 우철구 · 박건영 편, 『현대 국제관계이론과 한국』(서울: 사회평론, 2004).
박건영 · 남창희 · 이수형, 「미국의 동북아 동맹전략과 동맹의 안보 딜레마, 그리고 한국의 국가안보전략에 대한 함의」, 『한국과 국제정치』 제18권 4호(2002).
송승종, 『유엔 평화유지활동의 이해』(서울: 연경문화사, 2006).
이근 · 전재성, 「안보론에 있어서 구성주의와 현실주의의 만남」, 『한국과 국제정치』 제17권 1호, 2001.
이근욱, 「자유주의 이론과 안보」, 『국제정치논총』 제49집 5호, 2009.
이근욱, 『왈츠 이후: 국제정치이론의 변화와 발전』(서울: 한울아카데미, 2009).
이수형, 「동맹의 안보 딜레마와 포기-연루의 순환: 북핵 문제를 둘러싼 한미 갈등관계를 중심으로」, 『국제정치논총』 제39집 1호, 1999.
이수형, 「9·11 뉴욕테러와 21세기 신전쟁」, 『戰史』 제4호, 2002.
이수형, 「국제안보체제의 변화에 관한 역사적 고찰」, 『국제정치논총』 제43집 3호, 2003.
이수형, 「제국의 관점에서 바라본 미국의 군사안보전략과 21세기 국제정치」, 『세계 정치』 제26집 1호, 2005.
이수형, 「중추적 중견국가로서의 폴란드와 국제안보제도: 안보딜레마 극복전략과 나토(NATO) 가입 결정 배경」, 『한국과 국제정치』 제25권 제4호, 2009.
이수형, 「중견국가와 한국의 외교안보정책: 노무현정부의 동맹재조정 정책을 중심으로」, 『국방연구』 제52권 제1호, 2009.
이수형, 「미국과 러시아의 군비통제와 군축: 전략무기감축조약(START)을 중심으로」, 『외교안보연구』 제5권, 2009.
이수형, 「유럽과 동북아 안보에 미친 한국전쟁의 영향: 냉전의 평화와 갈등의 비대칭 구도 정립」, 『GRI 연구논총』 제12권, 제3호, 2010.
전재성, 「19세기 유럽협조체제에 대한 국제제도론적 분석: 현실주의와 구성주의 제도론의 시각에서」, 『한국과 국제정치』 제15권 2호, 1999.
전재성, 「동맹이론과 한국의 동맹정책」, 『국방연구』 제47집 2호, 2004.
정진영, 「국제정치 이론노쟁의 현황과 전망: 새로운 이론적 통합의 향방」, 『국제정치논총』 제40집 3호, 2000.
조동준, 「지구적 쟁점에서 한국과 미국의 협업」, 정경영 외, 『오바마 행정부와 한미 전략동맹』(서울: 한울아카데미, 2009).

조정현, 「리비아 사태의 국제법적 함의: 보호책임(R2P)을 중심으로」, 리비아 사태 관련 정세 현안 진단 워크숍(외교안보연구원), 2011년 4월 12일.

진장철, 「신유럽 안보체제에서 러시아의 역할」, 이호재 외, 『유럽통합과 신유럽안보 질서』(서울: 민음사, 1998).

청와대, 『성숙한 세계국가: 이명박 정부 외교안보의 비전과 전략』(서울: 청와대, 2009).

하영선 편, 『한미동맹의 비전과 과제』(서울: 동아시아연구원, 2007).

함동참모대학 국제평화활동센터, 『평화유지활동: UN PKO 종합지침서』(서울: 합동참모대학, 2005)

홍현익, 「코소보 사태와 미 · 러 관계」, 『세계지역연구논총』제13집, 1999.

2. 영문 자료

Acheson, Dean, *Present at the Creation: My Years in the State Department*(New York: Norton, 1969).

Allot-Marie, Michele, "Don't diminish NATO's effectiveness," *The Washington Times*, on Friday, October 20, 2006.

Andersen, Michael and Theo Farrell, "Superpower Summitry," in David H. Dunn(ed.), *Diplomacy at the Highest Level: The Evolution of International Summitry*(New York: St. Martin's Press, Inc., 1996).

Arnhild and David Spence, "The Common Foreign and Security Policy from Maastricht to Amsterdam," in Kjell A. Eliassen(ed.), *Foreign and Security Policy in the European Union*(London: ASGE Publications, 1998).

Arad, Uzi, Ambassador Oded Eran, Tommy Steiner, "Anchoring Israel to the Euroatlantic Community: Future Upgrading and Institutionalizing NATO-Israel Relations," in Ronald D. Asmus(ed.), *NATO and Global Partners: View from the Outside, Riga Papers*(Washington, D. C.: The German Marshall Fund of the United States, 2006).

Aron, Raymond, *Peace and War: A Theory of International Relations*(New Brunswick, NJ.: Transaction Publishers, 2003).

Armstrong, J. D., "The Group of Seven Summits," in David H. Dunn(ed.), *Diplomacy at the Highest Level: The Evolution of International Summitry*(New York: St. Martin' s Press, Inc., 1996).

Arquilla, John and David Ronfeldt, *Swarming and the Future of Conflict*(Santa Monica: RAND, 2000).

Art, Robert, "Creating a Disaster: NATO's Open Door Policy," *Political Science Quarterly*, 1998.

Art, Robert, "Europe Hedges Its Security Bets," in T. V. Paul, James J. Wirtz, and Michel Fortmann(eds.), *Balance of Power: Theory and Practice in the 21st Century*(Stanford: Stanford University Press, 2004).

Asmus, Ronald D., Richard L. Kugler, and F. Stephen Larrabee, "Building a New NATO," *Foreign Affairs*, 72-4(September/October, 1993).

Asmus, Ronald D., "Double Enlargement: Redefining the Atlantic Partnership After the Cold War," in Gompert, David C. and F. Stephen Larrabee(eds,) *America and Europe: A Partnership For A New Era*(Cambridge, UK: Cambridge University Press, 1998), 이수형 역, 『미국과 유럽의 21세기 국제질서』(서울: 한울아카데미, 2000).

Asmus, Ronald D., *Opening NATO's Door: How The Alliance Remade Itself for a New Era*(Columbia: Columbia University Press, 2002).

Aybet, G. Inur, *NATO's Developing Role in Collective Security*, SAM Paper No. 4, 1999.

Ayoob, Mohammed, "Squaring the Circle: Collective Security in a System of States," in Thomas G. Weiss(ed.), *Collective Security in a Changing World*(Boulder: Lynne Rienner Publishers, Inc., 1993).

Barnett, Michael N., "Identity and Alliances in the Middle East," in Peter J. Katzenstein(ed.), *The Culture of National Security: Norms and Identity in World Politics*(New York: Columbia University Press, 1996).

Bastian, Von Giegerich, "Mugged by Reality: German Defense in Light of the 2003 Policy Guidelines," Dusseldorg Institute for Foreign and Security

Policy, 12. 10, 2003.

Baylis, John, "Britain and the Formation of NATO," in Joseph Smith(ed.), *The Origins of NATO*(Exter, U. K: University of Exter Press, 1990).

Baylis, John, *The Diplomacy of Pragmatism: Britain and the Formation of NATO 1942~1949*(London: Macmillan, 1993).

Bennett, Christopher, "Combating terrorism," *NATO Review*, Spring, 2003.

http://www.nato.int/docu/review/2003/issue1/english/art2_pr.html

Berman, Robert P. and John C. Baker, *Soviet Strategic Forces: Requirements and Responses*(Washington, D. C.: The Brookings Institution, 1982).

Bertram, Christoph, "The Implications of Theater Nuclear Weapons In Europe," *Foreign Affairs*, 60-2(Winter, 1981/1982).

Biscop, Sven, "Odd Couple or Dynamic Duo? The EU and Strategy in Times of Crisis," *European Foreign Affairs Review*, 14-2(2009).

Blackburn, Robin, "Kosovo: The War of NATO Expansion," *New Left Review*, 235(May/June, 1999).

Bland, Douglas L., *The Military Committee of the North Atlantic Alliance*(New York: Praeger Publishers, 1991).

Børgensen, Berit Kaja, "NATO and International Terrorism: Can NATO Move Beyond Controversy?," in Jens Ringsmose and Sten Rynning(eds.), *NATO's New Strategic Concept: A Comprehensive Assessment*, DIIS Report 2011: 02.

Boyle, Peter G., "America's Hesitant Road to NATO," in Joseph Smith(ed.), *The Origins of NATO*(Exter, U. K: University of Exter Press, 1990).

Bull, Hedley, "European Self-Reliance and the Reform of NATO," *Foreign Affairs*, 61-4(Spring, 1983).

Bull, Hedley, *The Anarchical Society: A Study of Order in World Politics*(London: Macmillan, 1977).

Burwell, Frances G.(et al), *Transatlantic Transformation: Building a NATO-EU Security Architecture*(Washington, D. C.: The Atlantic Council, 2006).

Buteux, Paul, *Strategy, Doctrine, and the Politics of Alliance*(Boulder: Westview

Press, 1983).

Buteux, Paul, *The Politics of Nuclear Consultation in NATO, 1965~1980*(London: Cambridge University Press, 1983).

Campbell, Kurt M., "The End of Alliances? Not So Fast," *The Washington Quarterly*, 27-2(2004).

Caporaso, James A., "International Relations Theory and Multilateralism: The Search for Foundations," in John Gerard Ruggie(ed.), *Multilateralism Matters*(New York: Columbia University Press, 1993).

Carpenter, Galen Ted, *A Search For Enemies: America's Alliances after the Cold War*(Washington D. C.: CATO Institute, 1992).

Chirac, Jacques, "France's Vision for NATO," *Christian Science Monitor*, 99-2(November 28, 2006).

Christensen, Thomas J. and Jack Snyder, "Chain Gangs and Passed Bucks: Predicting Alliance Patterns in Multipolarity," *International Organization*, 44(Spring, 1990).

Clark, Ian, *The Post Cold War Order: The Spoils of Peace*(Oxford: Oxford University Press, 2001).

Cleveland, Harland, *The Transatlantic Bargain*(New York: Harper & Row, 1970).

Collins, Alan, "The Security Dilemma," in M. Jane Davis(ed.), *Security Issues in the Post-Cold War World*(Cheltenham, U. K.: Edward Elgar, 1996).

Cornish, Paul, *Partnership in Crisis: The US, Europe and the Fall and Rise of NATO*(London: The Royal Institute of International Affairs, 1997).

Couloumbis, Theodore, *The United States, Greece and Turkey: The Troubled Triangle*(New York: Praeger, 1983).

Cox, M., "Beyond the West: Terrors in Transatlantia," *European Journal of International Relations*, 11(2005).

Daalder, Ivo and James Goldgeier, "Global NATO," *Foreign Affairs*, 85-5(September/October, 2006).

Dannreuther, Roland(ed.), *European Union Foreign and Security Policy: Towards*

A Neighbourhood Strategy(London and New York: Routledge, 2004).

Davis, Jacquelyn K., Charles M. Perry, and Robert L. Pfaltzgraff, Jr., *The INF Controversy: Lesson for NATO Modernization and Transatlantic Relations*(Washington, D. C.: Pergamon Brassey's International Defense Publishers, 1989).

Davis, Norman, "An Information-Based Revolution In Military Affairs," in John Arquilla and David Ronfeldt(eds.), *In Athena's Camp: Preparing For Conflict In The Information Age*(Washington, D. C.: RAND, 1997).

de Mesquita, Bruce Bueno, *The War Trap*(Conn.: Yale University Press, 1981).

Department of the Army, *FM 100-23 Peace Operations*(Washington, D. C.: US GPO, 1994)

http://globalsecurity.org/military/library/policy/army/fm/100-23/index.html

Deporte, A., *Europe Between the Superpowers: The Enduring Balance*(New Haven: Yale University Press, 1986).

dePuig, Lluis Maria, "The European Security and Defense Identity within NATO," *NATO Review*, 46-2(Summer, 1998).

de Schoutheete de Tervarent, Philippe, "The Creation of the Common Foreign and Security Policy," in Elfriede Regelsberger, Philippe de Schoutheete de Tervarent, Wolfgang Wessels(eds.), *Foreign Policy of the European Union: From EPC to CFSP and Beyond*(London: Lynne Rienner Publishers, Inc., 1997).

Dorman, Andrew M. and Adrian Treacher, *European Security: An Introduction To Security Issues In Post-Cold War Europe*(Brookfield, USA: Dartmouth Publishing Company, 1995).

Dougherty, James E. and Pfaltzgraff, Jr. Robert L., *Contending Theories of International Relations: A Comprehensive Survey*(New York: Harper Collins Publishers, 1990).

Dougherty, James E. and Pfaltzgraff, Jr. Robert L., *American Foreign Policy: FDR To Reagan*(New York: Haper & Row, Publishers, Inc., 1986), 이수형 역, 『미

국외교정책사: 루스벨트에서 레이건 까지』(서울, 도서출판 한울, 1997).

Downs, George W. and Keisuke Iida, "Assessing the Theoretical Case Against Collective Security," in George W. Downs(ed.), *Collective Security Beyond the Cold War*(Ann Arbor: University of Michigan Press, 1994).

Dubbie, Charles, "A Concept for Post-Cold War Peacekeeping," *Survival*, 36-3(1994).

Duffield, John S., *Power Rules: The Evolution of NATO's Conventional Force Posture*(Stanford, California: Stanford University Press, 1995).

Dunbabin, J. P. D., *The Cold War: The Great Powers and Their Allies*(London: Longman, 1994).

Dunn, David H., "What is Summitry?," in David H. Dunn(ed.), *Diplomacy at the Highest Level: The Evolution of International Summitry*(New York: St. Martin's Press, Inc., 1996).

Edwards, A. J. C., Nuclear Weapons, *The Balance of Terror, The Quest for Peace*(Albany, New York: State University of New York Press, 1986).

European Security and Defense Assembly, *The NATO Strategic Concept and Evolution of NATO*, Report submitted on behalf of the Defense Committee by the Earl of Dundee and Ren? Rouquet, 2 December, 2010.

Faringdon, Hugh, *Confrontation: The Strategic Geography of Nato and the Warsaw Pact*(London: Routledge, 1986).

Farrell, Theo, "Humanitarian Intervention and Peace Operations," in John Baylis, James Wirtz, Eliot Cohen, Colin S. Gray(eds.), *Strategy in the Contemporary World*(Oxford: Oxford University Press, 2004).

Flockhart, Trine, Kristensen Kristian Soby, *NATO and Global Partnerships-To Be Global or To Act Globally?*, DIIS Report 2008: 07.

Flockhart, Trine, "Nuclaer Posture, Missile Defense and Arms Control-Towards Gradual but Fundamental Change," in Jens Ringsmose and Sten Rynning(eds.), *NATO's New Strategic Concept: A Comprehensive Assessment*, DIIS Report 2011: 02.

Flockhart, Trine, *After The Strategic Concept: Towards a NATO Version 3.0*, DIIS Report, 2011: 06.

Fodor, Neil, *The Warsaw Treaty Organization: A Political and Organizational Analysis*(New York: St. Martin's Press, 1990).

Folly, Martin H., "Britain and the Issue of Italian Membership of NATO 1948~1949," *Review of International Studies*, 13-3(1987).

Folly, Martin H., "Breaking the Vicious Circle: Britain, the United States and the Genesis of the North Atlantic Treaty," *Diplomatic History*, 12(Winter, 1988).

Forster, Anthony and William Wallace, "Common Foreign Policy and Security Policy: A New Policy or Just a New Name?," in Halen Wallace and William Wallace(eds.), *Policy-Making In The European Union*(Oxford: Oxford University Press, 1996).

Frankel, Benjamin, "Restating the Realist Case," *Security Studies*, 5-3(Spring, 1996).

Freedman, Lawrence, "NATO Myth," *Foreign Policy*, 45(Winter, 1981~1982).

Freedman, Lawrence, *The Evolution of Nuclear Strategy*(London: Macmillan Press Ltd., 1982).

Gaddis, John Lewis, *Strategies of Containment*(New York: Oxford University Press, 1982).

Garfinkle, Adam M., *Finlandization: A Map to a Metaphor*(Philadelphia: Foreign Policy Research Institute, 1978).

Garnett, John C., "Why Have States Survived for so Long?," in John Baylis and N. Rengger(eds), *Dilemmas of World Politics: International Issues in a Changing World*(Oxford: Clarendon Press, 1992).

Garnett, John C., "European Security after the Cold War," in M. Jane, Davis(ed.), *Security Issues in the Post-Cold War World*(Cheltenham, U. K.: Edward Elgar, 1996).

Garthoff, Raymond L., *The Great Transition: American-Soviet Relations and the End of the Cold War*(Washington, D. C.: The Brookings Institution, 1994).

Gelber, Harry G., "SALT And The Strategic Future," *Orbis*, 22-2(Summer, 1978).

Genscher, Hans-Dietrich, "The Atlantic Alliance: Foundations and Perspectives," *NATO Review*, 26-6(December, 1978).

Gilpin, Robert G., "The Richness of the Tradition of Political Realism," in Robert O. Keohane(ed.), *Neorealism and Its Critics*(New York: Columbia University Press, 1986).

Goldstein, Erik, "The Origins of Summit Diplomacy," in David H. Dunn(ed.), *Diplomacy at the Highest Level: The Evolution of International Summitry* (New York: St. Martin's Press, Inc., 1996).

Goldgeier, James M., "NATO Expansion: The Anatomy of a Decision," *The Washington Quarterly*, 21-1(Winter 1998).

Gordenker, Leon and Thomas G. Weiss, "The Collective Security and Changing World Politics," in Thomas G. Weiss(ed.), *Collective Security in a Changing World*(Boulder: Lynne Rienner Publishers, Inc., 1993).

Gordon, Philip H. & Jeremy Shapiro, *Allies at War: America, Europe, and the Crisis over Iraq*(New York: McGraw-Hill, 2004).

Gourlay, Catriona and Erric Remacle, "The 1996 IGC: The Actors and their Interaction," in Kjell A. Eliassen(ed.), *Foreign and Security Policy in the European Union*(London: ASGE Publications, 1998).

Greenwood, Sean, "Return to Dunkirk: The Origins of the Anglo-french treaty of March 1947," *The Journal of Strategic Studies*, 6(1983).

Gregory, Shaun R., *Nuclear Command and Control in NATO: Nuclear Weapons Operations and the Strategy of Flexible Response*(New York: St. Martin's Press, 1996).

Grey, Jeffrey, "Future Directions for NATO: An Australian Perspective," in Ronald D. Asmus(ed.), *NATO and Global Partners: View from the Outside, Riga Papers*(Washington, D. C.: The German Marshall Fund of the United States, 2006).

Grieco, Joseph M., *Cooperation among Nations: Europe, America Non-Tariff Barriers to Trade*(Ithaca, New York: Cornell University Press, 1990).

Grieco, Joseph M., "Anarchy and the Limits of Cooperation: A Realist Critique of the Newest Liberal Institutionalism," *International Organization*, 42-3(Summer, 1998).

Group of Experts, *NATO 2020: Assured Security, Dynamic Engagement*(Brussels: NATO Public Diplomacy Division, 2010).

Gue'henno, Jean-Marie, "The Impact of Globalization on Strategy," *Survival*, 40-4(1998~1999).

Haass, Richard, "The Age of Nonpolarity: What Will Follow U. S. Dominance," *Foreign Affairs*, 87-3(May/June, 2008).

Haftendorn, Helga, *NATO AND THE NUCLEAR REVOLUTION: A Crisis of Credibility, 1966~1967*(Oxford: Clarendon Press, 1996).

Haglund, D. G., "Must NATO Fail?," *International Journal*, 50-4(Autumn, 1995).

Hahn, Walter F., "West Germany's Ostpolitik: the Grand Design of Egon Bahr," *Orbis*, 16-4(Winter, 1973).

Hall, John A. and T. V. Paul, "Introduction," in T. V. Paul and John A. Hall(eds.), *International Order and the Future of World Politics*(Cambridge: Cambridge University Press, 1999).

Hamilton, Keith and Langhorne Richard, *The Practice of Diplomacy*(London: Routledge, 1995).

Hanmer, Stephen R., "NATO's Long-Range Theatre Nuclear Forces: Modernization In Parallel With Arms Control," *NATO Review*, 28-1(February, 1980).

Hart, Oliver, *Firms, Contract and Financial Structure*(Oxford: Oxford University Press, 1995).

Haslam, Jonathan, *The Soviet Union and the Politics of Nuclear Weapons in Europe, 1969~1987: The Problem of the SS-20*(London: MacMillan Press, 1989).

Hedegaard, Niels Henrik, "NATO's Institutional Environment: the New Strategic Concept Endores the Comprehensive Approach," in Jens Ringsmose and

Sten Rynning(eds.), *NATO's New Strategic Concept: A Comprehensive Assessment*, DIIS Report 2011: 02.

Heisenberg, Wolfgang E., "The Reception of American Deterrence Theory in the Federal Republic of Germany and the German Nuclear Debate of 1950s," *The Journal of Strategic Studies*, 9-4(December, 1986).

Heuser, Beatrice, *Transatlantic Relations: Sharing Ideals and Costs*(London: The Royal Institute of International Affairs, 1996).

Hide, Paal Sigurd, "The Strategic Concept and NATO's Command Structure: Shifting Gears?," in Jens Ringsmose and Sten Rynning(eds.), *NATO's New Strategic Concept: A Comprehensive Assessment*, DIIS Report 2011: 02.

Hofmann, Stephanic C., Frederic Merand, Martial Foucault, "Who Rules CSDP?," *Paper presented at the SGIR 7th Pan-European International Relations Conference, Stockholm*, September 9-11, 2010.

Hogan, Michael J. and Thomas G. Paterson(eds.), *Explaining the History of American Foreign Relations*(Cambridge: Cambridge University Press, 1991).

Holsti, K. J., *International Politics: A Framework for Analysis*, 곽태환 · 김왕헌 역, 『국제정치학: 분석의 틀』(서울: 박영사, 1990).

Howorth, Jolyon and John T. S. Keeler(eds.), *Defending Europe: The EU, NATO and The Quest for European Autonomy*(New York: Palgrave Macmillan, 2003).

Hundley, Richard O., *Past Revolution and Future Transformations*(Santa Monica: RAND, 1999).

Hunter, Robert E., *Security in Europe*(London: Elek, 1969).

Hunter, Robert E., "Starting at Zero: US Foreign Policy for the 1990s'," *Washington Quarterly*, 15-1(Winter, 1992).

Hunter, Robert E., *The European Security and Defense Policy: NATO's Companion or Competitor?*(Washington, D. C.: RAND, 2002).

Hyde-Price, Adrian, "European Security in the Twenty-first Century: Towards a Stable Peace Order?," in Andrew Cotty and Derek Averre(eds.), *New Security*

Challenges in Postcommunist Europe: Securing Europe's East(Manchester and New York: Manchester University Press, 2002).

Hyde-Price, Adrian, "NATO's Political Transformation and International Order," in Jens Ringsmose and Sten Rynning(eds.), *NATO's New Strategic Concept: A Comprehensive Assessment*, DIIS Report 2011: 02.

Ikenberry, John G., "The State and Strategies of International Adjustment," *World Politics*, 39-1(1998).

Ikenberry, John G., "Institutions, Strategic Restraint, and the Persistence of American Postwar Order," *International Security*(1998~1999).

Ikenberry, John G., "Liberal Hegemony and the Future of American Postwar Order," in T. V. Paul and John A. Hall(eds.), *International Order and the Future of World Politics*(Cambridge: Cambridge University Press, 1999).

Ireland, Timothy, *Creating the Entangling Alliance: The Origins of the North Atlantic Treaty Organization*(London: Aldwych Press, 1981).

Jacquelyn, Davis K., Charles M. Perry, and Robert L. Pfaltzgraff, Jr., T*he INF Controversy: Lesson for NATO Modernization and Transatlantic Relations*(Washington, D. C.: Pergamon Brassey's International Defense Publishers, 1989).

Jordan, Robert S. with Bloome Michael W., *Political Leadership in NATO: A Study in Multinational Diplomacy*(Boulder: Westview Press, 2000).

Joulwan A. George Gen., "A New NATO: New Strategy, New Structure and New Programs," *International Defense Review*, Defense(1995).

Kagan, Robert, "Power and Weakness," *Policy Review*, 113(2003).

Kagan, Robert, *Of Paradise and Power: America vs Europe in the New World Order*, 홍수원 역, 『미국 vs 유럽: 갈등에 관한 보고서』(서울: 세종연구원, 2003).

Kalathil, Shanthi and Boas Taylor C., *Open Networks, Closed Regimes: The Impact of the Internet on Authoritarian Rule*(Washington, D. C.: Carnegie Endowment for International Peace, 2003), 고경민 외 역, 『권위주의적 지배와 인터넷, 그리고 민주주의』(서울: 인간사랑, 2009).

Kaldor, Mary, *New and Old Wars: Organized Violence in a Globalized Era*(Palo Alto, CA: Stanford University Press, 2001).

Kamp, Karl-Heinz, "Global Partnership? A New Conflict Within NATO," *Analysen und Argumente der Konrad-Adenauer-Stiftung*, Nr 29/2006.

Kamp, Karl-Heinz, "NATO before Bucharest," *Atlantisch perspectief*, 32-2(2008).

Kamp Karl-Heinz, "NATO's Straregy Sfter the Lisbon Summit," *Atlantisch Perspectief*, 34-8(2010).

Kaplan, Lawrence S., *A Community of Interests: NATO and the Military Assistance Program 1948~1951*(Washington, DC: Office of the Secretary of Defense, 1980).

Kaplan, Lawrence S., "Collective Security and the Case of NATO," in Joseph Smith(ed.), *The Origins of NATO*(U. K.: University of Exter Press, 1990).

Kapstein, Ethan B. and Michael Mastanduno(eds.), *Unipolar Politics: Realism and State Strategies After the Cold War*(New York: Columbia University Press, 1999).

Kaufmann, William W., *The McNamara Strategy*(New York: Harper & Row, 1964).

Kauhman, Daniel J., McKitrick Jeffrey S., Leney Thomas J.(eds.), *U. S. National Security: A framework for Analysis*(Lexington: D.C. Heath and Company, 1985).

Kennan, George, "Europe Problems, Europe's Choices," *Foreign Policy*, 14(Spring, 1974).

Keohane, Robert O., *After Hegemony: Cooperation and Discord is the World Political Ecnonmy*(Princeton, NJ: Princeton University Press, 1984).

Keohane, Robert O., "Theory of World Politics: Structural Realism and Beyond," in Robert O. Keohane(ed.), *Neorealism and Its Critics*(New York: Columbia University Press, 1986).

Keohane, Robert O., "Alliances, Threats and the Uses of Neorealism," *International Security*, 13-1(Summer, 1988).

Keohane, Robert O. & Joseph S. Nye, *Power and Interdependence*(Glenview, Illinois: Scott Foresman/Little, Brown, 1989).

Keohane, Robert O., *International Institutions and State Power: Essays in International Relations Theory*(Boulder, CO: Westview Press, 1989).

Keohane, Robert O., "Multi-lateralism: An Agenda for Research," *International Journal,* XLV(1990).

Keohane, Robert O., Joseph S. Nye, "Introduction: The End of the Cold War in Europe," in Robert O. Keohane, Joseph S. Nye, Stanley Hoffmann(eds.), *After the Cold War: International Institutions and States Strategies in Europe, 1989~1991*(Cambridge: Cambridge University Press, 1993).

Keohane, Robert O., and Lisa L. Martin, "The Promise of Institutionalist Theory," *International Security,* 20-1(1995).

Keohane, Robert O., "Alliances, Threats and the Uses of Neorealism," *International Security,* 13-1(1998).

Keohane, Robert O., "International Institutions: Can Interdependence Work?," *Foreign Policy,* 110(Spring, 1998).

Khanna, Parag, *The Second World: Empires and Influence in the New Global Order*(New York: Random House, 2008).

Kirgus, Frederic L., "NATO Consultation as a Component of National Decision-Making," *American Journal of International Law,* 73-3(July, 1979).

Kirshner, Jonathan, "Globalization and National Security," in Jonathan Kirshner(ed.), *Globalization and National Security*(New York: Routledge, 2008).

Klein, Ernest, *A Comprehensive Etymological Dictionary of the English Language* (Amsterdam: Elseiner Publishing Company, 1966).

Knorr, Klaus, *Military Power and Potential*(Lexington: D. C. Health and Company, 1970).

Konovalov, Alexander, "Central European Security: A View from Moscow," in Jacob Kipp(ed.), *Central European Security Concerns: Bridge, Buffer or*

Barrier?(London: FRANK CASS & CO, LTD, 1993).

Krauthammer, Charles, "The Unipolar Moment," *Foreign Affairs*(1990~1991).

Krebs, Ronald R., "Perverse Institutionalism: NATO and the Greco-Turkish Conflict," *International Organization*, 53-2(Spring, 1999).

Krenzler, Horst-Gunter and Henning C. Schneider, "The Question of Consistency," in Elfriede Regelsberger, Philippe de Schoutheete de Tervarent, Wolfgang Wessels(eds.), *Foreign Policy of the European Union: From EPC to CFSP and Beyond*(London: Lynne Rienner Publishers, Inc., 1997).

Krepinevich, Andrew, "Cavalry to Computer: The Pattern of Military Revolutions," *The National Interest*, 37(1994).

Kuniholm, Bruce R., "Turkey and NATO," in Lawrence S. Kaplan, Robert W. Clawson and Raimondo(eds.), *NATO and the Mediterranean*(Washington, DC: Scholarly Resources, 1985).

Kupchan, Charles A. and Clifford A. Kupchan, "Concerts, Collective Security, and the Future of Europe," *International Security*, 16-1(Summer, 1991).

Kupchan, Charles A. and Clifford A. Kupchan, "The Promise of Collective Security," *International Security*, 20-1(Summer, 1995).

Kupchan, Charles A., "After Pax Americana: Benign Power, Regional Integration, and the Sources of a Stable Multipolarity," *International Security*, 23-2(Autumn, 1998).

Labs, Eric J., "Offensive Realism and Why States Expand Their Security Aims," *Security Studies*, 6-4(Summer, 1997).

Lake, David A., "Anarchy, Hierarchy, and the Variety of International Relational Relations," *International Organization*, 50-1(Winter, 1996).

Lake, David A., "Beyond Anarchy: The Importance of Security Institutions," *International Security*, 26-1(Summer, 2001).

Lake, David A., "Escape from the State of nature: Authority and Hierarchy in World Politics," *International Security*, 32-1(Summer, 2007).

Lane, Christopher, "The Unipolar Illusion: Why New Great Power Will Arise," *International Security*(1993).

Lane, Christopher, "US Hegemony and the Perpetuation of NATO," in Ted Galen Carpenter(ed.), *NATO Enters The 21st Century*(London: Frank Cass, 2001).

Lane, C. Frederic, *Profits From Power: Readings in Protection Rent and Violence-Controlling Enterprises*(Albany: State University of New York: W. W. Norton, 1981).

Lansford, Tom, *All for One: Terrorism, NATO and the United States*(Burlington: Ashgate Publishing Company, 2002).

Lapid, Yosff, "The Third Debate: On the Prospect of International Theory in a Post-Positivist Era," *International Studies Quarterly*, 33-3(September, 1989).

Laps, Eirc J., "Offensive Realism and Why States Expand Their Security Aims," *Security Studies*, 6-4(Summer, 1997).

Larrabee, Stephen F., *East European Security After the Cold War*(Santa Monica: RAND, 1993).

Laursen, Finn and Sophie Vanhoonacker(eds), *The Intergovernmental Conference on Political Union*(Maastricht: European Institute of Public Administration, 1992).

Leffler, Melvyn P., *A Preponderance of Power: National Security, the Truman Administation, and the Cold War*(Stanford, CA: Stanford University Press, 1992).

Legge, Michael J., *Theater Nuclear Weapons and the NATO Strategy of Flexible Response*(Santa Monica, CA: RAND Corporation, 1983).

Legge, Michael J., "The Making of NATO's New Strategy," *NATO Review*, 39-6(December, 1991).

Lepgold, Joseph, "NATO's Post-Cold War Collective Action Problem," *International Security*, 23-1(Summer, 1998).

Lieber, Robert, *No Common Power*(New York: Harper Collins, 1991).

Light, M. and A. Groom(eds.), *International Relations: A Handbook of Current*

Theory(London: Frances Pinter, 1985).

Lind, William(et als), "The Changing Face of War: Into the Forth Generation," *Military Review*, LXIX-10(1989).

Macneil, I.R., "Contracts: Adjustments of Long-term Economic Relations under Classical, Neoclassical, and Relational Contract Law," *Northwestern University Law Review*, 72(1978).

Mandelbaum, Michael, "Is Major War Obsolete?," *Survival*, 40-4(1998-99).

Mastanduno, Michael and Ethan B. Kapstein, "Realism and International Relations After the Cold War," in Ethan B. Kapstein and Michael Mastanduno(eds.), *Unipolar Politics: Realism and States Strategies After the Cold War*(New York: Columbia University Press, 1999).

Mattelaer, Alexander, "The CSDP Mission Planning Process of the European Union: Innovations and Shortfalls," *European Integration online Paper(EIoP)*, Special Issue 1, 14(2010).

Mayers, Teena Karsa, *Understanding Nuclear Weapons and Arms Control: A Guide to the Issues*(Washington: Pergamon-brassey's, 1986).

McCalla, B. R., "NATO's Persistence after the Cold War," *International Organization*, 50-3(Summer, 1996).

McGhee, George C., *The US-Turkish-NATO Middle East Connection: How the Truman Doctrine and Turkey's NATO Entry Contained the Soviets*(London: Macmillan, 1990).

McLean, Scilla(ed.), *How Nuclear Weapons Decisions Are Made*(New York: St., Martin's Press, 1986).

Mearsheimer, John J., "Back to the Future: Instability in Europe After the Cold War," *International Security*, 15-1(Summer, 1990).

Mearsheimer, John J., "The False Promise of International Institutions," *International Security*, 19-4(Winter, 1994/1995).

Mearsheimer, John J., "A Realist Reply," *International Security*, 20-1(Summer, 1995).

Mearsheimer, John J., *The Tragedy of Great Power Politics*(New York: W. W. Norton, 2001).

Menon, Anand, "Why ESDP is Misguided and Dangerous for the Alliance," in Jolyon Howorth and John T. S. Keeler(eds.), *Defending Europe: The EU, NATO, and The Quest for European Autonomy*(New York: Palgrave Macmillan, 2003).

Menon, Rajan, *The End of Alliances*(Oxford: Oxford University Press, 2007).

Miller, Brick T., *Transforming the NATO Military Command Structure: A New Framework for Managing the Alliance's Future*(Washington, D. C.: The Atlantic Council of the United States, 2003).

Minustry of Defense(UK), "Defense Policy 2001: Policy Priorities-National and European Security," Morgenthau, Hans J., *Politics among Nations: The Struggle for power and Peace*(New York: Knopf, 1973), 이호재 역, 『현대국제정치론』(서울: 법문사, 1989).

Myers, Steven Lee and David D. Kirkpatrick, "Allies Are Split on Goal and Exit Strategy in Libya," *The New York Times*, March 24, 2011.

NATO, *The North Atlantic Treaty Organization: Facts and Figures, 1949~1989* (Brussels: NATO Information Service, 1989).

NATO, *NATO Handbook*(Brussels: NATO Office of Information and Press, 1995).

NATO, *The Prague Summit and NATO's Transformation*(Brussels: NATO Information and Press, 2003).

NATO, *NATO Handbook*(Brussels: NATO Office of Information and Press, 2006), 한용섭 · 박휘락 역, 『NATO의 실상과 이해』(서울: 국방대학교 안보문제연구소, 2007).

NATO, *NATO Glossary of Terms and Definitions*(Brussels: NATO Standardization Agency, 2009).

NATO, *Towards The New Strategic Concept: A Selection of Background Documents*(Brussels: NATO Public Diplomacy Division, 2010).

NATO C3 Agency, "NC3A Multinational Cooperation Development," *Info Sheet*,

September, 2010.

NATO C3 Agency, *Annual Report 2009–July 2010: Delivering Capability at an Operational Tempo, Responding to Financial Challenges*, NATO Unclassified.

NATO, "NATO and Libya: Operation UNIFIED PROTECTOR-Key Facts and Figures," 1 April, JFC Naples, SHAPE, NATO HQ.

Naumann, Klaus, "NATO's New Military Command Structure," *NATO Review*, 46-1(Spring, 1998).

Neff, Richard, "NATO Political Consultation: Fact or Myth?," *NATO Review*, 23-1(February, 1975).

Nichiporuk, Brian and Carl H. Builder, "Information Technologies and the Future of Land Warfare," in John Arquilla and David Ronfeldt(eds.), *In Athena's Camp: Preparing For Conflict In The Information Age*(Washington, D. C.: RAND, 1997).

Nishihara, Masashi, "Can Japan be a Global Partner for NATO," in Ronald D. Asmus(ed.), *NATO and Global Partners: View from the Outside, Riga Papers*(Washington, D. C.: The German Marshall Fund of the United States, 2006).

Nixon, Richard, "Superpower Summitry," *Foreign Affairs*, 64(1985).

O'hanlon, Michael, *Technological Change and the Future of Warfare*(Washington, DC; Brookings Institution Press, 2000).

Osgood, Robert E., *Alliances and American Foreign Policy*(Baltimore: The Johns Press, 1968).

Osiander, A., *The States System of Europe 1640~1990: Peacemaking and the Condition of International Stability*(Oxford: Oxford University Press, 1994).

Palmer, John, *Europe Without America? The Crisis in Atlantic Relations*(Oxford: Oxford University Press, 1988).

Park, Bill, "NATO Summits," in David H. Dunn(ed.), *Diplomacy at the Highest Level: The Evolution of International Summitry*(New York: St. Martin's Press, Inc., 1996).

Pedlow, Gregory W., "The Evolution of NATO Strategy 1949~1969," in Gregory W. Pedlow(ed.), *NATO STRATEGY DOCUMENTS 1949~1969*(Brussels: NATO Office of Information Service, 1997).

Plischke, Elmer, *Modern Diplomacy: The Art and Artisans*(Washington, D. C.: American Enterprise Institute, 1979).

Pollack, Benny with Hunter Graham, *The Paradox of Spanish Foreign Policy: Spain's International Relations From Franco to Democracy*(London: Pinter, 1987).

Pond, E., *Friendly Fire: The Near-Death of Experience of the Transatlantic Alliance*(Washington, D. C.: The Brookings Institute Press, 2004).

Powaski, Ronald E., *The Entangling Alliance: The United States and European Security, 1950~1993*(London: Greenwood Press, 1994).

Putnam, Robert D., "Summit Sense," *Foreign Policy*, 54(1984~1985).

Ramsbotham, Oliver, *Modernizing NATO's Nuclear Weapons: No Decisions Have Been Made*(London: Oxford Research Group, 1989).

Ray, James Lee, "Friends as Foes: International Conflict and Wars Between Formal Allies," in Charles S. Gochman and Alan Ned Sabrosky(eds.), *Prisoners of War?: Nation-States in the Modern Era*(Lexington, Mass.: Lexington Books, 1990).

Redmond, John, "From European Community Summit to European Council: The Development and Role of Summitry in the European Union," in David H. Dunn(ed.), *Diplomacy at the Highest Level: The Evolution of International Summitry*(New York: St. Martin's Press, Inc., 1996).

Regelsberger, Elfriede, Philippe de Schoutheete de Tervarent, Wolfgang Wessels(eds), *Foreign Policy of the European Union: From EPC to CFSP and Beyond*(London: Lynne Rienner Publishers Inc., 1997).

Reid, Escott, *Time of Fear and Hope: The Making of the North Atlantic Treaty 1947~1949*(Toronto: McClelland & Stewart, 1977).

Ringsmose, Jens and Rynning Sten, *Come Home, NATO?: The Atlantic Alliance's*

New Strategic Concept, DIIS Report, 2009: 04.

Ringsmose, Jens and Rynning Sten, "Introduction, Taking Stock of NATO' s New Strategic Concept," in Jens Ringsmose and Sten Rynning(eds.), *NATO's New Strategic Concept: A Comprehensive Assessment*, DIIS Report 2011: 02.

Risse-Kappen, Thomas, "Collective Identity in a Democratic Communist: The Case of NATO," in Peter J. Katzenstein(ed.), *The Culture of National Security: Norms and Identity in World Politics*(New York: Columbia University Press, 1996).

Rozoff, Rick, "Global Military Bloc: NATO's Drive Into Asia," *Stop NATO*, January 24, 2009.

Rozoff, Rick, "Israel: Global NATO's 29th Member," *Global Research*, January 17, 2010.

Rozoff, Rick, "U. S.－China Military Tensions Grow," *Global Research*, 20 January, 2010.

Ruggie, John Gerard, "Multilateralism: The Anatomy of an Institution," in John Gerard Ruggie(ed.), *Multilateralism Matters*(New York: Columbia University Press, 1993).

Rumsfeld, Donald H., "A New Kind of War," *The New York Times*, September 27, 2001.

Rupp, Richard, "NATO 1949 and NATO 2000: From Collective Defense Toward Collective Security," in Ted Galen Carpenter(ed.), *NATO Enters The 21st Century*(London: Frank Cass, 2001).

Russett, Bruce and Harvey Starr, *World Politics: The Menu for Choice*(New York: W. H. Freeman, 1989).

Sari, Aurel, "Status of Forces and Status of Mission Agreements under the ESDP: The EU's Evolving Practice," *European Journal of International Law*, 19-1(2008).

Sarkesian, Sam Charles with Robert A. Vitas(eds.), *U. S. National Security Policy and Strategy: Documents and Policy Proposals*(New York: Greenwood

Press, 1988).

Sandler, Todd & Keith Hartley, *The Political Economy of NATO: Present, and into the 21st Century*(Cambridge: Cambridge University Press, 1999).

Sclar, E. D., *You Dont' Always Get What You Pay For: The Economics of Privatization*(Ithaca: Cornell University Press, 2000).

Shen, Dingil, "Can Alliances Combat Contemporary?," *The Washington Quarterly*, 27-2(2004).

Schlesinger, James, "The Quest for a Post-Cold War Foreign Policy," *Foreign Affairs*, 72-1(1992~1993).

Schmidt, Helmut, "The 1977 Alastair Buchan Memorial Lecture," *Survival*, XX-1(January/February, 1978).

Schroeder, Paul, "Historical Reality vs. Neo-Realist Theory," *International Security*, 19-1(Summer, 1994).

Schwartz, David N., *NATO's Nuclear Dilemma*(Washington, D. C.: The Brookings Institution, 1983).

Schwatzstein, Stuart D. J., "Introduction," in Stuart D.J. Schwatzstein(ed.), *The Information Revolution and National Security*(Washington, D. C.: CSIS, 1996).

Seib, Gerald F., "Austerity Guides U. S. Strategy," *The Wall Street Journal*, March 22, 2011.

Shen, Dingil, "Can Alliances Combat Contemporary?," *The Washington Quarterly*, 27-2(2004).

Sjøvaag, Marit, "The Single European Act," in Kjell A. Eliassen(ed.), *Foreign and Security Policy in the European Union*(London: ASGE Publications, 1998).

Skolnikoff, Eugene B., *The Elusive Transformation: Science, Technology, and the Evolution of International Politics*(Princeton: Princeton University Press, 1993).

Sloan, Stanley R., "Crisis in NATO: A Problem of Leadership?," *NATO Review*, 30-3(June, 1982).

Smith, E. Timothy, "United States Security and the Integration of Italy into the Western Bloc 1947~1949," in John R. Gillingham and Francis Heller(eds.), *NATO: The Founding of the Atlantic Alliance and the Integration of Europe*(New York: St Martin's Press, 1992).

Smith, Mark, *NATO Enlargement During The Cold War: Strategy and System in the Western Alliance*(New York: Palgrave, 2000).

Snyder, Jed C., "European Security, East-West Policy, and the INF Debate," *Orbis*(Winter, 1984).

Snyder, Glenn H., "The Security Dilemma in Alliance Politics," *World Politics*, 36-4(July, 1984).

Snyder, Glenn H., "Alliance Theory: A Neorealist First Cut," *Journal of International Affairs*, 44-1(Spring/Summer, 1990).

Snyder, Glenn H., "Alliances, Balance, and Stability," *International Organization*, 45-1(Winter, 1991).

Snyder, Glenn H., *Alliance Politics*(Ithaca, N. Y: Cornell University Press, 1997).

Spero, Joshua B., "Deja Vu All Over Again: Poland's Attempt To Avoid Entrapment Between Two Belligerents," in Jacob Kipp(ed.), *Central European Security Concerns: Bridge, Buffer or Barrier?*(London: FRANK CASS & CO, LTD, 1993).

Spero, Joshua B., *Bridging the European Divide: Middle Politics and Regional Security Dilemmas*(New York: Rowman & Littlefield, 2004).

Stafford, Roy W., "Defense Planning in NATO: A Consensual Decision-Making Process," in R. L. Pfaltzgraff and U. Ra'anan(eds.), *National Security Policy: The Decision-Making Process*(Hamden, Conn.: Archon Books, 1984).

Steinberg, James B., *An Ever Closer Union*(Santa Monica, CA.: LAND, 1993).

Strategic Studies Group, *NATO 3.0: Ready for a New World*(Madrid: Strategic Studies Group, 2009).

Stromseth, Jane E., *The Origins of Flexible Response: NATO's Debate Over Strategy in the 1960s*(New York: St. Martin's Press, 1988).

Stuart, Douglas and William Tow, *The Limits of Alliance: NATO out-of-area Problems Since 1949*(Baltimore and London: The Johns Hopkins University Press, 1990).

Suh Jae-Jung, Power, Interests, and Identity in Military Alliances(New York: Palgrave, 2007), 이종삼 역, 『한미동맹은 영구화하는가: 군사동맹과 군사력, 이해관계, 그리고 정체성』(서울: 한울아카데미, 2009).

Tharoor, Shashi, "Should UN Peacekeeping Go Back to Basics?," *Survival*, 37-4(1995~1996).

The Economist, "A New European Order," *The Economist*, 343, 28(May, 1997).

The Vandenberg Resolution, 19 May 1948, *From Congressional Record*, 8th Congress 2nd Session.

Thies, Wallace J., "Learning in U. S. Policy Toward Europe," in George W. Breslauer and Philip E. Tetlock(eds.), *Learning in U. S. and Soviet Foreign Policy*(Boulder: Westview Press, 1991).

Toje, Asle, "The 2003 European Union Security Strategy: A Critical Appraisal," *European Foreign Affairs Review*, 10-1(2005).

Trachtenberg, Marc., "The Nuclearization of NATO and U. S.－West European Relations," in Francis H. Heller and John R. Gillinghan(eds.), *NATO: The Founding of The Atlantic Alliance and The Integration of Europe*(New York: St. Martin's Press, 1992).

Trachtenberg, Marc., *A Constructed Peace: The Making of the European Settlement 1945~1963*(Princeton: Princeton University Press, 1999).

Traynor, Ian and Richard, Norton－Tatlor, "NATO Lacking Strike Aircraft for Libya Campaign," *Guardian.co.uk*, 5 April, 2011.

UN General Assembly, *Report of the Panel on United Nations Peace Operations*, A/55/305-S/2000/809(Brahimi Report).

Usborne, David and John Lichfield, "Opposition to Libya Assault Grows as Allies Battle to Protect United Front," *The Independent*, 22 March 2011,

http://www.independent.co.uk/news/world/politics/opposition-to-libya-assult-grows-...

Valki, Laszlo, "Security Concerns in Central Europe," in Jacob Kipp(ed.), *Central European Security Concerns: Bridge, Buffer or Barrier?*(London: FRANK CASS & CO. LTD, 1993).

van Creveld, Martin, *Technology and War: From 2000 B. C. to the Present*(New York: The Free Press, 1989).

van Creveld, Martin, *The Transformation of War*(New York: The Free Press, 1991).

van Ham, Peter and Sergei Medvedev(eds.), *Mapping European Security after Kosovo*(Manchester and New York: Manchester University Press, 2002).

Vincent, R. J., *Nonintervention and International Order*(Princeton: Princeton University Press, 1974).

Walt, Stephen M., *The Origins of Alliances*(Ithaca and London: Cornell University Press, 1987).

Walt, Stephen M., "Alliances in Theory and Practice: What Lies Ahead?," *Journal of International Affairs*, 43-1(Summer/Fall, 1989).

Waltz, Kenneth N., *Theory of International Politics*(Reading, Mass.: Addison Wesley, 1979).

Waltz, Kenneth N., "The Emerging Structure of International Politics," *International Security*, 18-2(Fall, 1993).

Waltz, Kenneth N., "Structural Realism after the Cold War," *International Security*, 25-1(Summer, 2000).

Webber, Mark, "Security Governance and the Excluded States of Postcommunist Europe," in Andrew Cotty and Derek Averre(eds.), *New Security Challenges in Postcommunist Europe: Securing Europe's East*(Manchester and New York: Manchester University Press, 2002).

Weber, Steve, "Shaping the Postwar Balance of Power: Multilateralism in NATO," in John Gerard Ruggie(ed.), *Multilateralism Matters*(New York: Columbia University Press, 1993).

Weinrod, W. Bruce, "NATO and Asia's Changing Relationship," http://globalasia.org/articles/issue7/iss7_11.html

Weiss, Thomas G.(ed.), *Collective Security in a Changing World*(Boulder & London: Lynne Rienner Publishers, Inc., 1993).

Weller, Marc., "The Rambouillet Conference on Kosovo," *International Affairs*, 75-2(1999).

Weitsman, Patricia, "Intimate Enemies: The Politics of Peacetime Alliance," *Security Studies*, 7(1997).

Wendt, Alexander, "The Agent−Structure Problem in International Relations Theory," *International Organization*, 41(1987).

Wendt, Alexander, "Anarchy is What States Makes of It: The Social Construction of Power Politics," *International Organization*, 46-2(Spring, 1992).

Wendt, Alexander, *Social Theory of International Politics*(Cambridge: Cambridge University Press, 1999).

Wiebes, Cees and Bert Zeeman, "The Pentagon Negotiations March 1948: The Launching of the North Atlantic Treaty," *International Affairs*, 59(1983).

Wijk, Rob de, "The Reform of ESDP and EU−NATO Cooperation," *The International Spectator*, XXXIX(2004).

Winkler, Theodor, "Central Europe and the Post-Cold War European Security Order," in Jacob Kipp(ed.), *Central European Security Concerns: Bridge, Buffer or Barrier?*(London: FRANK CASS & CO, LTD, 1993).

Winn, Neil, "CFSP, ESDP, and the Future of European Security: Whither NATO?," *The Brown Journal of World Affairs*, IX-2(Winter/Spring, 2003).

Williamson, Oliver, E., "Transaction−Cost Economics: The Governance of Contractual Relations," *Journal of Law and Economics*, 22-2(October, 1979).

Williamson, Oliver, E., *The Economic Institutions of Capitalism: Firms, Markets, Relational Contracting*(New York: Free Press, 1985).

Winn, Neil, "CFSP, ESDP, and the Future of European Security: Whither NATO?," *The Brown Journal of World Affairs*, IX-2(Winter/Spring, 2003).

Wohlforth, William C., "The Stability of a Unipolar World," *International Security* (1999).

Wyllie, James H., *European Security in the New Political Environment*(London and New York: Longman, 1997).

Zakaria, Fareed, *From Wealth to Power: The Unusual Origin's America's World Role*(Princeton: Princeton University Press, 1998).

Zakaria, Fareed, *The Post-American World*(New York and London: W. W. Norton & Company, 2008).

3. 인터넷 자료

"Expansion of NATO's presence in Afghanistan," http://www.nato.int/isaf/topics/expansion/index.html

"Kosovo Force(KFOR)," http://www.nato.int/issues/kfor/evolution.html

"NATO in Afghanistan," http://www.nato.int/issues/afghanistan/index.html

http://www.huffingtonpost.com/2011/03/24/nato-command-libya-militaryoperation_n…

http://en.wikipedia.org/wiki/Contact_Group_%28Balkans%29

http://en.wikipedia.org/wiki/Treaty_of_Lisbon

http://europa.eu/scadplus/glossary/ioannina_compromis_en.htm

http://news.yahoo.com/s/nm/20110321/wl_nm/us_libya_italy_nato_2/print

http://www.c2coe.org/c2pedia/index.php?title=NATO_Communication_and_informa…

http://www.c2coe.org/c2pedia/index.php?title=NATO_Consultation,_Command_and…

http://www.nato.int/archives/1st5years/chapter/3.htm

http://www.nato.int/cps/en/natolive/official_texts_68724.htm

http://www.nato.int/cps/en/natolive/topics_48899.htm

http://www.nato.int/cps/en/natolive/topics_49188.htm

http://www.nato.int/cps/en/natolive/topics_50336.htm

http://www.nato.int/cps/en/natolive/topics_71652.htm

http://www.nato.int/docu/comm/2002/0211-prague/more_info/membership.htm

http://www.nato.int/docu/handbook/2001/hb030103.htm

http://www.nato.int/issues/nato-bosnia-herzegovina/index.html

http://www.nc3a.nato.int/About/Pages/Organization.aspx

http://www.state.gov/www/regions/eur/ksvo_rambouillet_text.html

4. 연설 및 기타 자료

"Bucharest Summit Declaration," issued by the Heads of States and Government participating in the meeting of the North Atlantic Council in Bucharest, on 3 April, 2008.

"Bush to Propose Global Partnership for Five Countries Ap NATO Summit Next Week," *International Herald Tribune*, November 21, 2006.

"Formation of Joint Command of the Armed Forces of the State－Participant to the Treaty of Friendship, Co－Operation and Mutual Assistance," 1955.

"Global NATO: Overdue or Overstretch?," Speech by NATO Secretary General, Jaap de Hoop Scheffer at the SDA Conference, Brussels, 6 November, 2006.

"Headline Goal 2010," approved by General Affairs and External Relations Council on 17 May 2004, endorsed by the European Council of 17 and 18 June, 2004.

"Lisbon Summit Declaration" Issued by the Heads of State and Government participating in the meeting of the North Atlantic Council in Lisbon on 20 November, 2010, Press Release PR/CP(2010)0155, 20 November, 2010.

"NATO After the Riga Summit," Speech by ambassador Dr. Edmund Duckwitz at the Konrad Adenauer Foundation European Affairs Office, December 6, 2006.

"Nato Looks to Create a Global Partnership," *Financial Times,* April 3, 2006.

"Poland and European Security," Address by the polish Foreign Minister Krzysztof Skubiszewski to the North Atlantic Assembly, London, 29 November, 1990.

"Prague Summit Declaration," issued by the Heads of States and Government participating in the meeting of the North Atlantic Council in Prague, Czech Repubilc, 21 Nov., 2002.

"President Carter's Address Before the Annual Convention of the American Legion in Boston," August 21, 1980.

"Riga Summit Declaration," issued by the Heads of States and Government participating in the meeting of the North Atlantic Council in Riga, on 29 November, 2006.

"Treaty on European Union," *Official Journal C340*, November, 1997.

"Turkish TV: NATO To Assume Command Libya Operation," Huffpost World, March 25, 2011.

"UN and NATO in Struggle Over Bosnia," Financial Times, 26/27 November, 1994.

Burns, Nicholas R., Under Secretary for Political Affairs, "A Renewed Partnership for Global Engagement," Remarks at the European Institute Annual Gala Dinner, Mayflower Hotel, Washington, DC, December 15, 2005.

Joint Franco-German Declaration on the Occasion of the 40th Anniversary of the Elyse'e Treaty, Paris, 22, January, 2003.

NATO, Final Communique of the North Atlantic Council, 4 June, 1992.

NATO, Statement by the Secretary General following the ACTWARN decision, Vilamoura, 24 September, 1998.

NATO, Statement to the Press by the Secretary General following Decision on the ACTORD, 13 October, 1998.

NATO, Statement to the Press by the Secretary General, 30 January, 1999.

Rush, Kenneth, "The Nixon Administration's Foreign Policy Objectives," remarks before the national foreign policy conference for editors and broadcasters at the Department of State, March 29, 1973.

Secretary Albright's remarks to the North Atlantic Council ministerial meeting, Brussels, December 8, 1998.

북대서양조약 가맹국들은 국제연합헌장의 목적과 원칙에 대한 신념과 모든 민족들 및 모든 정부들과 평화로운 삶을 영위할 바람을 재확인한다.
가맹국들은 민주주의의 원칙, 개인의 자유, 그리고 법의 규칙에 근거하여 국민들의 자유, 공동의 유산과 문명을 보호해야 한다.
가맹국들은 북대서양지역의 안정과 번영의 증진을 추구한다.
가맹국들은 집단방위, 평화와 안보 보존을 위한 공동의 노력을 결의한다.
그러므로 가맹국들은 다음의 북대서양조약에 동의한다.

제1조: 가맹국들은 국제연합헌장에 명시된 바와 같이 가맹국들이 관련될 수 있는 어떠한 국제분쟁이라도 국제평화와 안보 그리고 정의가 위협받지 않을 평화적 수단으로 해결하고, 국제관계에서 국제연합의 목적과 상충하는 어떠한 형태의 위협이나 무력의 사용을 자제한다.

제2조: 가맹국들은 자유제도를 강화함으로써, 이러한 제도들이 수립된 원칙들에 대한 보다 나은 이해를 가져옴으로써, 그리고 안정과 번영의 조

건을 증진함으로써, 평화롭고 우호적인 국제관계의 지속적인 발전에 기여할 것이다. 가맹국들은 국제경제정책에서의 갈등을 제거하고자 할 것이며 가맹국들 간에 경제적 공동협력을 장려할 것이다.

제3조: 가맹국들은 북대서양조약의 목적을 보다 효과적으로 달성하기 위해서 개별적/공동으로, 그리고 지속적이고 효과적인 자구와 상호 원조 수단을 통해 무장공격을 막아내기 위한 개별적/집단적 능력을 유지 · 발전시킬 것이다.

제4조: 가맹국들은 어떤 가맹국의 영토 보전, 정치적 독립이나 안보가 위협받을 경우 언제라도 함께 협의할 것이다.

제5조: 가맹국들은 유럽이나 북미에서 한 가맹국 이상에 대한 무장공격을 가맹국 전체에 대한 공격으로 간주하고 가맹국들은 그러한 무장공격이 발생할 경우, 각 가맹국들은 국제연합헌장 제51조에 의거, 개별적 혹은 집단적 자위권을 행사하여 북대서양지역의 안보를 복원 · 유지하기 위해 무장된 전력의 사용을 포함하여 필요하다고 간주되는 행동을 개별적, 그리고 다른 가맹국들과 협력하여 공격당한 가맹국이나 가맹국들을 도울 것을 결과적으로 합의한다.

따라서 그러한 무장공격과 그러한 결과로 취해진 모든 조치들은 즉각적으로 안전보장이사회에 보고되어야 한다. 그러한 조치들은 안전보장이사회가 국제평화와 안보를 복구 · 유지하기 위해 필요한 조치들을 취했을 경우 종식되어야 한다.

제6조: 제5조의 목적을 위해 한 가맹국 이상에 대한 무장공격은 유럽이

나 북미, 프랑스령 알제리, 유럽의 가맹국에 주둔해 있는 전력, 북회귀선의 북대서양지역 북쪽에 있는 가맹국의 관할권에 있는 제도나 이러한 지역에 있는 어떠한 가맹국의 선박이나 항공기에 대한 무장공격을 포함하는 것으로 간주된다.

제7조: 북대서양조약은 어떠한 상황에서도 국제연합 회원국인 가맹국의 헌장에 따른 권리와 의무, 또는 국제평화와 안보를 유지하기 위한 안전보장이사회의 우선적 책임에 영향을 미치지 않으며, 영향을 미칠 것으로 해석되어서는 안 된다.

제8조: 각 가맹국은 현재 진행 중인 가맹국과 가맹국 간이나 가맹국과 제3국 간의 어떠한 국제적 협약도 이 조약의 규정과 상충하지 않음을 선언하며, 각 가맹국은 이 규정과 상충하는 어떠한 국제적 협약에도 가입하지 않는다.

제9조: 가맹국들은 각 국가가 북대서양조약의 실행에 관련된 사안들을 고려하기 위해 자신들을 대표할 이사회(Council)를 구성한다. 이사회는 즉시 어느 때에나 만날 수 있도록 구성될 것이다. 이사회는 필요할 경우 부수적인 기관들을 설립한다. 특히 이사회는 제3조와 제5조의 실행을 위한 조치들을 추천할 방위위원회(defence committee)를 즉시 수립한다.

제10조: 가맹국들은 만장일치로 북대서양조약의 원칙을 추진하고, 북대서양조약을 따름으로써 북대서양지역의 안보에 기여할 수 있도록 다른 유럽 국가도 초대할 수 있다. 초대된 국가는 미합중국 정부에게 가입 문서를 위탁함으로써 조약의 가맹국이 된다. 미합중국 정부는 각 가맹국에

게 그러한 가입 문서의 위탁을 통지할 것이다.

제11조: 북대서양조약과 조약의 규정은 가맹국 각각의 헌법 절차에 따라 통과되어야 한다. 비준 문서들은 가맹국들을 확인시켜줄 미합중국 정부에 가능한 한 빨리 위탁되어야 할 것이다. 북대서양조약은 가맹국들(벨기에 · 캐나다 · 프랑스 · 룩셈부르크 · 네덜란드 · 영국 · 미국의 비준을 포함한)의 다수가 비준한 이후에, 곧바로 조약을 비준한 국가들 사이에 효력을 발휘한다.

제12조: 북대서양조약이 발효된 지 10년이 지나거나, 그 이상이 지났을 경우, 가맹국들 가운데 어느 한 국가의 요구가 있다면, 전 세계의 발전을 포함한 북대서양지역의 평화와 안보, 그리고 국제평화와 안보를 유지하기 위한 국제연합헌장 하의 지역 협정들에 영향을 미치는 요소들을 고려하여, 조약을 재검토할 목적으로 함께 협의한다.

제13조: 북대서양조약이 발효된 지 20년이 지났을 경우, 어떠한 가맹국이라도 탈퇴 사실을 미합중국 정부에 알린 지 1년이 지난 후에 탈퇴할 수 있다. 미합중국 정부는 다른 가맹국들에게 탈퇴의 사실을 통지할 것이다.

제14조: 영어와 프랑스어 원문이 동등하게 인증된 북대서양조약은 미합중국 정부의 공문서 보관소에 위탁될 것이다. 적절하게 증명된 사본이 미합중국 정부에 의해 가맹국들의 정부로 발송될 것이다.

찾아보기

ㄹ

ㅁ

ㅈ

ㅊ

ㅋ